파이썬
증권 데이터
분석

파이썬 증권 데이터 분석

파이썬 입문, 웹 스크레이핑, 트레이딩 전략, 자동 매매, 딥러닝을 이용한 주가 예측까지

초판 1쇄 발행 2020년 7월 1일
초판 6쇄 발행 2023년 2월 17일

지은이 김황후 / **베타리더** 고요한, 김광호, 김동환, 김지훈, 김호영, 박조은, 송진영, 이동엽, 이봉호, 이석곤, 이정연, 장준규, 정영모, 최희욱, 황시연 / **펴낸이** 김태헌
펴낸곳 한빛미디어(주) / **주소** 서울시 서대문구 연희로2길 62 한빛미디어(주) IT출판2부
전화 02-325-5544 / **팩스** 02-336-7124
등록 1999년 6월 24일 제25100-2017-000058호 / **ISBN** 979-11-6224-320-6 93000

총괄 송경석 / **책임편집** 홍성신 / **기획** 최현우 / **진행** 김대현
디자인 표지 박정화 내지 김연정 / **전산편집** 다인
영업 김형진, 장경환, 조유미 / **마케팅** 박상용, 한종진, 이행은, 고광일, 성화정 / **제작** 박성우, 김정우

이 책에 대한 의견이나 오탈자 및 잘못된 내용에 대한 수정 정보는 한빛미디어(주)의 홈페이지나 아래 이메일로 알려주십시오. 잘못된 책은 구입하신 서점에서 교환해드립니다. 책값은 뒤표지에 표시되어 있습니다.

한빛미디어 홈페이지 www.hanbit.co.kr / 이메일 ask@hanbit.co.kr

지금 하지 않으면 할 수 없는 일이 있습니다.
책으로 펴내고 싶은 아이디어나 원고를 메일(writer@hanbit.co.kr)로 보내주세요.
한빛미디어(주)는 여러분의 소중한 경험과 지식을 기다리고 있습니다.

RESISTANCE

SUPPORT

김황후 지음

파이썬 증권 데이터 분석

한빛미디어
Hanbit Media, Inc.

데이터 분석 방법을 습득하려는 분께 이 책을 추천합니다. 파이썬을 처음 접하는 독자도 따라 할 수 있는 예제와 주식 투자 전반에 걸친 이야기가 풍족해 유익하면서도 재미있습니다. 나만의 멋진 트레이딩 모델을 만드는 데 큰 도움이 되었습니다.

정영모 SC은행 정보시스템개발유지부 차장

애플리케이션 개발과 주식 투자에 대한 저자의 전문성이 돋보이는 책입니다. 무엇보다 파이썬 초보자를 고려한 구성이 장점입니다. 기초 내용부터 단계적으로 깊이 있는 내용까지 다뤄 중급자 역시 많은 도움이 될 겁니다. 자신만의 투자 패턴을 만드는 기초를 쌓고 싶다면 바로 지금 이 책을 읽어보세요.

김광호 코인원 DBA

"남의 말 듣고 하지 마라"라는 주식 투자 격언이 있습니다. 그러려면 자기 주관이 있어야 하고, 명확한 지식을 기반으로 해야 합니다. 이 책은 증권 데이터 분석 방법을 구현하면서 다양한 전략을 세우는 증권 투자 관련 전문 지식을 제공합니다. 올바른 주관을 세우고, 멋진 투자 프로그램을 구현하는 데 이 책을 활용하면 후회하지 않을 겁니다.

최희욱 베타 리더

이 책은 자신만의 투자 전략을 세워 프로그램으로 실행하고 싶은 분을 대상으로 합니다. 알기 쉽게 개발 환경을 설정하고 프로그램을 구현하는 방법을 알려줍니다. 저자의 풍부한 경험과 연구에서 나온 유용한 방법과 노하우를 실제 투자에 접목한다면 가시적이고 효과적인 결과를 얻을 수 있을 겁니다.

김동환 Accenture Financial Services Assoc Manager

이 책에서 다루는 데이터 크롤링, 시세조회 API 구현, DB 구축, 트레이딩 전략, 장고, 슬랙 메시지 전송, 백테스트 그리고 작업 스케줄러는 하나같이 중요합니다. 넘버링해 상세히 설명하는 코드를 하나하나 따라 하면 어느새 자동매매를 하고 있는 본인을 발견하게 될 겁니다. 트레이딩 초급자가 초중급자로 성장하기에 굉장히 좋은 책이기에 강력하게 추천합니다.

장준규 『데이터로 과학하기』 저자, AI 강사

데이터 분석을 활용해서 투자 전략을 수립할 방법을 학습하던 중, 이 책을 접하게 되었습니다. 기본적인 데이터 프레임 조작, API 활용부터 투자 전략 적용까지 구체적인 예시를 들어 제시합니다. 이 책을 읽고 나면 분석 혹은 투자자가 원하는 전략만 구체적으로 수립하는 데 필요한 충분한 기본기를 갖추게 될 겁니다.

이동엽 에스코어 데이터 분석가

한마디로 이 책은 증권 데이터 분석 및 투자 바이블입니다. 투자하려면 알아야 하는 프로그래밍 기초부터 최신 딥러닝 기법까지 딱 필요한 부분을 담았습니다. 그래서 여러 책을 읽을 필요 없이 이 책 한 권만 탐독하면 데이터 기반 투자를 할 수 있게 될 겁니다. 초보자는 입문용으로, 중급자는 참고용으로 꼭 소장해야 할 책입니다.

이봉호 우아한형제들 데이터 분석가

대부분 주식 관련 개발서는 이 책의 1부에 해당하는 파이썬 데이터 분석 기본만 다룹니다. 그런데 이 책은 데이터 분석 기본과 응용까지, 실전 개발에 필요한 모든 부분을 제대로 다룹니다. 인공지능 트레이딩 예측 시스템을 개발하는 분께 적극 추천합니다.

이석곤 엔컴 개발자

'시작이 반이다'라고는 하지만, 누군가에게 시작은 어렵고 막막할 수 있습니다. 특히 퀀트 투자를 하려면 주식 이외에도 파이썬, 데이터베이스, 웹 스크레이핑 등 알아야 할 것이 많습니다. 이 책은 퀀트 투자에 필요한 전반적인 내용을 골고루 다룹니다. 그래서 퀀트 투자의 시작점으로 삼기에 정말 완벽한 교과서입니다. 자신만의 투자 전략을 체계화하고 실제 거래에 반영할 수 있는 매력적인 지침서를 꼭 읽어보시기 바랍니다.

김호영 고등과학원 HPC Architect

이 책은 파이썬 기초부터 DB, 백엔드, 머신러닝과 딥러닝 전반을 다루고 있어서 애플리케이션 개발 전반을 책 한 권으로 익혀볼 수 있습니다. 또 기술뿐 아니라 투자 전략에 대한 핵심도 설명해 유용합니다. 도메인 지식을 바탕으로 애플리케이션 개발 전반을 익히려는 분께 추천합니다.

박조은 오늘코드

투자에는 원금 손실이라는 리스크가 존재하죠. 리스크를 줄이려면 미래를 보는 혜안과 통계 지식이 필요합니다. 이 책은 파이썬으로 증권 데이터를 계량화된 수치로 만드는 방법을 알려주는데요. 다양한 주식 관련 통계 지식과 기법을 활용해 증권 데이터 분석하고 있어서 데이터 분석으로 증권 투자를 하려는 분께 황금 같은 책이 될 겁니다.

황시연 데이터저널리스트

주가 단순 비교, 시세 구하기 등을 다양한 전략을 파이썬으로 구현하며 팬더스, 장고(웹), 텐서플로(머신러닝) 같은 라이브러리를 사용합니다. 책을 읽으면 매매 프로그램 개발 및 증권 데이터 분석에 자신감이 생길 겁니다. 증권 데이터를 분석해 제대로 투자를 하고 싶은 분께 주저 없이 이 책을 추천합니다.

고요한 SOCSOFT 개발자

파이썬으로 증권 데이터를 전반적으로 다루는 방법을 학습할 수 있는 유일한 책입니다. 파이썬을 전문적으로 알지 못하더라도 이 책에서 사용하는 증권 데이터를 다루기에는 충분합니다. 다만 주식 투자에 막 입문하는 분에게는 난도가 높다고 생각합니다. 그렇지만 이 책을 다 이해할 정도가 되면, 증권 데이터는 누구보다 자유롭게 다룰 수 있을 것입니다.

김지훈 데이터 분석을 공부하는 학부생

꽤 많은 내용을 한꺼번에 다루다 보니 초보자에게 버거울지도 모르겠습니다. 하지만 욕심부리지 않고 한 페이지씩 차근차근 공부하면 파이썬으로 증권 데이터를 분석해 자동매매 프로그램을 구현하는 자신을 만날 수 있을 겁니다.

송진영 인사이트마이닝 데이터 분석가

이 책은 증권 투자의 좋은 출발점입니다. 파이썬을 이용해 분석 도구, 스크레이핑, 웹, 자동화 등 종합선물 같은 내용이 잘 소개되어 다른 프로젝트에 응용하기에도 좋습니다. 파이썬을 배우고 난 분께 흥미롭고 흔하지 않으며 경제적으로도 도움이 될 프로젝트로 강력 추천합니다.

이정연 Biomimetics + AI를 꿈꾸는 공학도

볼린저 밴드Bollinger Band를 개발한 존 볼린저는 『볼린저 밴드 투자 기법Bollinger on Bollinger Bands』(이레 미디어, 2010)에서 투자에 앞서 준비할 사항 세 가지를 추천했다. 첫째 대학 교양 강좌 수준의 통계학 지식, 둘째 군중 심리학을 비롯한 심리학 기초 강좌, 셋째 프로그램 작성법이다.

존 볼린저가 책을 집필할 당시에 언급했던 프로그래밍 언어는 베이직BASIC과 리스프LISP였지만, 어느덧 시간은 흘러서 파이썬이 그 자리를 대체했다. 이제는 파이썬으로 고도의 금융/통계학적 지식이 없이도 누구나 증권 데이터를 분석할 수 있는 시대가 되었다.

세상에는 투자 대가들이 공개한 수많은 트레이딩 전략이 존재한다. 나는 그동안 해오던 감에 의존한 투자 방식을 버리고, 파이썬을 이용해 계량화된 수치에 따라 투자를 하고 싶었다. 그러려면 먼저 유명 트레이딩 전략을 파이썬으로 직접 검증해보고, 나에게 맞는 트레이딩 전략이 무엇인지 찾아내는 것이 급선무였다.

시중에 파이썬을 활용한 데이터 분석 서적이 많지만, 정작 도움을 받을 만한 서적을 찾기 어려웠다. 그나마 외국 인터넷 사이트에서 쓸 만한 예제를 발견할 수 있었다. 영어로 작성된 배경지식을 이해하고 예제 코드를 한국 실정에 맞게 수정하는 지루한 작업을 반복했다. 게다가 분석한 기술들을 체계적으로 엮어서 구성하는 일도 쉽지 않았다.

특히 야후 파이낸스와 구글 파이낸스의 주식 시세 조회 API 서비스 중단은 이 책을 쓰게 된 결정적인 계기였다. 당시엔 주식 시세 데이터를 구하려면 네이버 금융 웹 페이지를 스크레이핑하는 방법밖에 없었다. 그렇게 시세 조회 API를 개발한 이후부터는 트레이딩 시스템을 직접 구현하면서 증권 데이터 분석에 필요한 파이썬 기술을 체계화했다. 3년이 넘게 책을 쓰는 것은 확실히 고된 작업이었지만, 해외 서적에서도 찾기 힘든 '파이썬 증권 데이터 분석'이라는 주제로 국내 실정에 맞게 책을 냈다는 점에서 보람을 느낀다.

마지막으로 한 가지 당부드리고 싶은 점이 있다. 주식 투자에 있어서 트레이딩 자동화도 중요하지만 그보다 언제 닥칠지 모르는 위기에 대비해 지속적으로 트레이딩 전략을 관찰하고 보완하는 것이 더 중요하다는 점이다. 시장은 끊임없이 변화하기에, 완벽한 트레이딩 전략이란 실제로 존재하지 않는다. 첨단 자동 항법 장치가 있음에도 불구하고 항공사에서 조종사를 고용하는 것과 같은 이치다(오직 인간만이 예상치 못한 위기에 대처할 수 있다).

이 책을 집필할 수 있었던 것은 아내 지나와 두 딸 지후와 소연이 덕분이다. 퇴근 후와 주말에도 늘 컴퓨터 책상 앞에 앉는 가장을 이해해준 가족에게 사랑한다는 말을 해주고 싶다. 그리고 프로그래머라는 직업을 가지기 전까지 무려 컴퓨터를 7대나 사주신 아버지와, 아들이 필요하다면 무엇이든 과감히 투자해주신 어머니에게도 감사의 말씀을 전한다.

김황후

이 책은 웹 스크레이핑으로 증권 데이터를 주기적으로 자동 수집, 분석, 자동매매, 예측하는 전 과정을 직접 파이썬으로 구현한다. 금융 데이터 처리 기본 라이브러리(팬더스)부터 주가 예측에 딥러닝 라이브러리(텐서플로)까지, 증권 데이터 분석에 필요한 핵심 라이브러리를 빠짐없이 다룬다. 현대 포트폴리오 이론, 볼린저 밴드, 삼중창 매매, 듀얼 모멘텀 등 투자 대가들이 사용하는 트레이딩 전략을 깊이 이해하게 될 것이다.

이 책의 대상 독자 및 주의 사항

이 책은 파이썬을 이용하여 증권 데이터를 계량적으로 분석하여 투자에 활용하려는 금융 비전 문가를 대상으로 한다. 프로그래밍, 투자 기법, 각종 라이브러리와 도구 사용법을 최대한 초보자를 고려해 설명했다. 그럼에도 다루는 내용이 광범위해 초보 개발자에게는 적합하지 않다.

이 책을 선택하기 전에 다음과 같은 주의 사항을 꼭 참고하기 바란다.

1. 파이썬을 처음 접하는 독자도 고려해서 집필했지만, **적어도 다른 프로그래밍 언어로 개발한 경험이 있어야 한다.**

2. 투자 대가들의 트레이딩 전략을 파이썬으로 직접 구현하므로, **증권 투자 관련 지식이 없으면 이해하기 쉽지 않을 수 있다.**

3. 이 책에서 제시한 증권 데이터 분석 기법이 곧 수익을 보장하지는 않는다.

4. 과도한 웹 스크레이핑은 이 책에서 소개한 사이트의 정책에 부합하지 않을 수 있으므로 주의한다.

5. 이 책에서 사용한 개발 환경을 준수하기 바란다. 버전이 상이해 발생하는 문제에 모두 대응하지 못할 수 있다는 점을 미리 밝혀 양해를 구한다.

증권 투자에 필요한 고급 핵심 이론을 다루기 때문에 완독이 쉽지 않겠지만 이 책을 끝까지 공부하면 자신만의 퀀트 투자 초석을 마련하게 될 것이다. 독자의 건승을 빈다.

이 책의 개발 환경

이 책은 다음과 같은 환경을 기반으로 설명했으며, 모든 소스 코드의 구동을 확인했다. 실습에 제시된 환경을 이용하기 바란다.

- 운영체제 : 윈도우 10 (64비트)
- 웹 브라우저 : 크롬 80.0.3987.122 (64비트)
- 마리아디비 : 10.5.1 (64비트)
- 파이썬 및 IDLE : 3.8.1 (64비트), 3.8.0 (32비트)
- 팬더스 : 1.0.1
- 뷰티풀 수프 : 4.8.2
- 맷플롯립 : 3.1.2
- 장고 : 3.0.2
- 텐서플로 : 2.2.0 + 파이썬 3.8.1 (64비트)

예제 소스

이 책에서 사용된 모든 예제는 한빛미디어 홈페이지와 저자의 깃허브 페이지에서 내려받을 수 있다. 저자 깃허브에서 최신 코드를 내려받을 수 있다.

- 깃허브 : github.com/Investar/StockAnalysisInPython
- 한빛미디어 : hanbit.co.kr/src/10320

이 책의 구성

이 책은 1부 '파이썬 데이터 분석 기본'과 2부 '파이썬 데이터 분석 응용'으로 구성되어 있다. 1부에서는 파이썬과 각종 라이브러리를 사용해서 데이터를 취합하고, 시각화하고, 분석하는 방법을 배운다. 2부에서는 주식 시세 데이터베이스를 직접 구축한 뒤, 투자 대가들이 사용하는 트레이딩 전략을 파이썬으로 구현한다. 또한 파이썬을 이용한 백테스팅과 딥러닝 주가 예측과 같은 흥미로운 주제도 추가적으로 다룬다.

1부. 파이썬 데이터 분석 기본

1장. 증권 데이터 분석에 앞서

증권 투자에 앞서 증권 관련 배경지식을 알아본다. 주식회사가 우리나라에 들어오기까지의 과정부터 가치 투자, 서브프라임 금융 위기, 퀀트 투자를 간단히 짚어본다.

2장. 파이썬 프로그래밍

파이썬 설치부터 파이썬 문법 및 외부 라이브러리 사용법을 설명한다. 파이썬을 잘하려면 리스트 자료형를 자유자재로 다룰 수 있어야 한다.

3장. 팬더스를 활용한 데이터 분석

데이터 분석에 필수 라이브러리인 팬더스를 설명한다. 데이터프레임 자료형은 라이브러리 간의 데이터 교환을 담당하는 허브 역할을 하므로 중요하다.

4장. 웹 스크레이핑을 사용한 데이터 분석

한국거래소에서 제공하는 상장법인 목록 엑셀 파일을 다운로드하고, 네이버에서 제공하는 주식 일별 시세 페이지를 스크레이핑하는 방법을 설명한다. 웹 스크레이핑 라이브러리 뷰티풀 수프를 설명한다.

2부. 파이썬 데이터 분석 응용

5장. 시세 DB 구축 및 시세 조회 API 개발

네이버 주식 시세를 웹 페이지에서 읽어 마리아디비에 저장해 나만의 시세 데이터베이스를 구축한다. 이어서 저장된 주식 시세를 조회하는 시세 조회 API를 구현한다.

6장. 트레이딩 전략과 구현

현대 포트폴리오 이론, 볼린저 밴드, 삼중창 매매 시스템, 듀얼 모멘텀 등 전설적인 트레이딩 전략의 핵심을 이해하고 파이썬으로 구현한다.

7장. 장고 웹 서버 구축 및 자동화

파이썬 기반 웹 프레임워크인 장고로 주식 잔고를 확인하는 웹 시스템을 구현한다. 백트레이더를 이용한 백테스팅 방법과 슬랙을 이용한 메시지 전송 방법도 소개한다.

8장. 변동성 돌파 전략과 자동매매

래리 윌리엄스의 변동성 돌파 전략을 국내 증권사 API를 이용하여 구현하고, 거래세 부담이 적은 ETF 종목을 자동으로 매매하는 시스템을 구축한다.

9장. 딥러닝을 이용한 주가 예측

구글 텐서플로로 구현한 딥러닝 기술로 내일 주가를 예상한다. 딥러닝 기본 개념도 익힌다.

CONTENTS

베타리더의 말 ⋯⋯⋯⋯⋯⋯⋯⋯⋯⋯⋯⋯⋯⋯⋯⋯⋯⋯⋯⋯⋯⋯⋯⋯⋯⋯⋯⋯⋯⋯⋯⋯ **4**

지은이의 말 ⋯⋯⋯⋯⋯⋯⋯⋯⋯⋯⋯⋯⋯⋯⋯⋯⋯⋯⋯⋯⋯⋯⋯⋯⋯⋯⋯⋯⋯⋯⋯⋯ **8**

이 책에 대하여 ⋯⋯⋯⋯⋯⋯⋯⋯⋯⋯⋯⋯⋯⋯⋯⋯⋯⋯⋯⋯⋯⋯⋯⋯⋯⋯⋯⋯⋯ **10**

PART 1 파이썬 데이터 분석 기본

CHAPTER 1 증권 데이터 분석에 앞서

1.1 주식회사 역사와 의미 ⋯⋯⋯⋯⋯⋯⋯⋯⋯⋯⋯⋯⋯⋯⋯⋯⋯⋯⋯⋯⋯ **30**

1.2 우리나라의 증권 시장 ⋯⋯⋯⋯⋯⋯⋯⋯⋯⋯⋯⋯⋯⋯⋯⋯⋯⋯⋯⋯⋯ **32**

1.3 워런 버핏과 가치 투자 ⋯⋯⋯⋯⋯⋯⋯⋯⋯⋯⋯⋯⋯⋯⋯⋯⋯⋯⋯⋯⋯ **33**

1.4 얼마나 벌 것인가? ⋯⋯⋯⋯⋯⋯⋯⋯⋯⋯⋯⋯⋯⋯⋯⋯⋯⋯⋯⋯⋯⋯⋯ **36**

　　1.4.1 장기 투자와 수익률 ⋯⋯⋯⋯⋯⋯⋯⋯⋯⋯⋯⋯⋯⋯⋯⋯⋯⋯ **36**

　　1.4.2 삼성전자와 서브프라임 금융 위기 ⋯⋯⋯⋯⋯⋯⋯⋯⋯⋯ **38**

　　1.4.3 백테스트 손실 예상 ⋯⋯⋯⋯⋯⋯⋯⋯⋯⋯⋯⋯⋯⋯⋯⋯⋯⋯ **40**

　　1.4.4 헤지 전략 ⋯⋯⋯⋯⋯⋯⋯⋯⋯⋯⋯⋯⋯⋯⋯⋯⋯⋯⋯⋯⋯⋯⋯ **40**

　　1.4.5 직장인의 투자 규모 ⋯⋯⋯⋯⋯⋯⋯⋯⋯⋯⋯⋯⋯⋯⋯⋯⋯⋯ **41**

1.5 퀀트 투자를 위한 파이썬 ⋯⋯⋯⋯⋯⋯⋯⋯⋯⋯⋯⋯⋯⋯⋯⋯⋯⋯ **43**

1.6 핵심 요약 ⋯⋯⋯⋯⋯⋯⋯⋯⋯⋯⋯⋯⋯⋯⋯⋯⋯⋯⋯⋯⋯⋯⋯⋯⋯⋯⋯ **45**

CHAPTER 2 파이썬 프로그래밍

2.1 파이썬 특징 ⋯⋯⋯⋯⋯⋯⋯⋯⋯⋯⋯⋯⋯⋯⋯⋯⋯⋯⋯⋯⋯⋯⋯⋯⋯⋯ **48**

2.2 파이썬 설치 ⋯⋯⋯⋯⋯⋯⋯⋯⋯⋯⋯⋯⋯⋯⋯⋯⋯⋯⋯⋯⋯⋯⋯⋯⋯⋯ **49**

　　2.2.1 64비트 파이썬 설치 ⋯⋯⋯⋯⋯⋯⋯⋯⋯⋯⋯⋯⋯⋯⋯⋯⋯⋯ **50**

2.2.2 pip를 이용한 패키지 설치 ················ **57**

2.2.3 32비트 파이썬 가상화(venv) 설치 ················ **60**

2.2.4 아나콘다 배포판에 대해 ················ **64**

2.3 문자열과 산술연산 ················ **64**

2.3.1 문자열 ················ **66**

2.3.2 산술 연산 ················ **69**

2.3.3 흐름 제어 ················ **71**

2.4 반복 자료형 ················ **75**

2.4.1 리스트 ················ **75**

2.4.2 변경이 불가능한 튜플 ················ **81**

2.4.3 {키:값} 형태 딕셔너리 ················ **82**

2.4.4 문자열 포맷 출력 ················ **83**

2.4.5 중복 없는 셋 ················ **85**

2.4.6 타임잇으로 성능 측정하기 ················ **87**

2.5 변수와 함수 ················ **88**

2.5.1 변수 ················ **89**

2.5.2 함수 ················ **91**

2.6 모듈과 패키지 ················ **97**

2.6.1 모듈 ················ **97**

2.6.2 패키지 ················ **101**

2.7 객체지향 프로그래밍 ················ **108**

2.7.1 클래스 ················ **108**

2.7.2 상속 ················ **109**

2.7.3 클래스 변수와 인스턴스 변수 ················ **111**

2.7.4 클래스 메서드 ················ **111**

2.8 파일 처리 및 외부 라이브러리 활용 ················ **113**

2.8.1 리퀘스트로 인터넷에서 이미지 파일 가져오기 ················ **114**

CONTENTS

2.8.2 필로로 이미지 보여주기 ·· **115**

2.8.3 'with ~ as 파일 객체'로 이미지 파일 복사 ·················· **116**

2.8.4 SHA-256으로 파일 복사 검증하기 ···························· **117**

2.8.5 맷플롯립으로 이미지 가공하기 ······························· **118**

2.9 핵심 요약 ··· **121**

CHAPTER **3** 팬더스를 활용한 데이터 분석

3.1 넘파이 배열 ··· **124**

3.1.1 배열 생성 ·· **124**

3.1.2 배열 정보 보기 ·· **124**

3.1.3 배열의 접근 ·· **125**

3.1.4 배열 형태 바꾸기 ·· **126**

3.1.5 배열의 연산 ·· **127**

3.1.6 브로드캐스팅 ·· **127**

3.1.7 내적 구하기 ·· **128**

3.2 팬더스 시리즈 ··· **130**

3.2.1 시리즈 생성 ·· **130**

3.2.2 시리즈의 인덱스 변경 ·· **131**

3.2.3 데이터 추가 ·· **132**

3.2.4 데이터 인덱싱 ·· **133**

3.2.5 데이터 삭제 ·· **134**

3.2.6 시리즈 정보 보기 ·· **134**

3.2.7 시리즈 출력하기 ·· **135**

3.3 팬더스 데이터프레임 ·· **136**

3.3.1 딕셔너리를 이용한 데이터프레임 생성 ························· **137**

3.3.2 시리즈를 이용한 데이터프레임 생성 ································· **139**

3.3.3 리스트를 이용한 데이터프레임 생성 ································· **140**

3.3.4 데이터프레임 순회 처리 ·· **141**

3.4 주식 비교하기 ··· **142**

3.4.1 야후 파이낸스로 주식 시세 구하기 ································· **143**

3.4.2 일간 변동률로 주가 비교하기 ·· **147**

3.4.3 주가 일간 변동률 히스토그램 ·· **149**

3.4.4 일간 변동률 누적곱 구하기 ·· **151**

3.5 최대 손실 낙폭 ··· **153**

3.5.1 KOSPI의 MDD ·· **153**

3.5.2 서브프라임 당시의 MDD ··· **153**

3.6 회귀 분석과 상관관계 ·· **156**

3.6.1 KOSPI와 다우존스 지수 비교 ·· **157**

3.6.2 지수화 비교 ··· **158**

3.6.3 산점도 분석 ··· **159**

3.6.4 사이파이 선형 회귀 분석 ··· **163**

3.6.5 선형 회귀 분석 ·· **163**

3.7 상관계수에 따른 리스크 완화 ·· **164**

3.7.1 데이터프레임으로 상관계수 구하기 ································· **165**

3.7.2 시리즈로 상관계수 구하기 ··· **165**

3.7.3 결정계수 구하기 ·· **165**

3.7.4 다우존스 지수와 KOSPI의 회귀 분석 ······························ **166**

3.7.5 상관계수에 따른 리스크 완화 ·· **169**

3.8 핵심 요약 ··· **171**

CONTENTS

CHAPTER **4** 웹 스크레이핑을 사용한 데이터 분석

4.1 팬더스로 상장법인 목록 읽기 ·················· **174**

4.1.1 엑셀 파일 내용 확인하기 ·················· **175**

4.1.2 read_html( ) 함수로 파일 읽기 ·················· **176**

4.2 HTML 익히기 ·················· **179**

4.2.1 HTML 기본 구조 ·················· **179**

4.2.2 HTML 주요 태그 ·················· **179**

4.2.3 HTML 예시 ·················· **180**

4.3 웹에서 일별 시세 구하기 ·················· **182**

4.3.1 네이버 금융 일별 시세 분석하기 ·················· **183**

4.3.2 소스 코드에서 링크 주소 검색하기 ·················· **185**

4.4 뷰티풀 수프로 일별 시세 읽어오기 ·················· **185**

4.4.1 파서별 장단점 ·················· **187**

4.4.2 find_all( ) 함수와 find( ) 함수 비교 ·················· **187**

4.4.3 맨 뒤 페이지 숫자 구하기 ·················· **188**

4.4.4 전체 페이지 읽어오기 ·················· **190**

4.5 OHLC와 캔들 차트 ·················· **191**

4.5.1 OHLC 차트와 캔들 차트의 비교 ·················· **192**

4.5.2 셀트리온 종가 차트 ·················· **192**

4.4.3 셀트리온 캔들 차트 ·················· **194**

4.6 핵심 요약 ·················· **203**

CHAPTER **5** 시세 DB 구축 및 시세 조회 API 개발

5.1 야후 파이낸스와 네이버 금융 비교하기 ·························· **208**

    5.1.1 야후 파이낸스 데이터의 문제점 ·························· **208**

    5.1.2 네이버 금융 데이터로 시세 데이터베이스 구축하기 ·········· **210**

5.2 마리아디비 설치 후 접속 확인 ·························· **212**

    5.2.1 마리아디비 설치 ·························· **212**

    5.2.2 마이에스큐엘 클라이언트로 접속 확인 ·················· **215**

    5.2.3 헤이디에스큐엘 ·························· **217**

    5.2.4 파이마이에스큐엘로 버전 정보 확인하기 ·················· **219**

5.3 주식 시세를 매일 DB로 업데이트하기 ·················· **221**

    5.3.1 DBUpdater 클래스 구조 ·························· **221**

    5.3.2 헤이디에스큐엘로 테이블 생성하기 ·················· **223**

    5.3.3 복합 기본키 ·························· **224**

    5.3.4 파이마이에스큐엘로 테이블 생성하기 ·················· **225**

    5.3.5 종목코드 구하기 ·························· **227**

    5.3.6 종목코드를 DB에 업데이트하기 ·················· **228**

    5.3.7 주식 시세 데이터 읽어오기 ·················· **231**

    5.3.8 일별 시세 데이터를 DB에 저장하기 ·················· **233**

    5.3.9 json을 이용한 업데이트 페이지 수 설정 ·················· **234**

    5.3.10 마리아디비 자동 연결 해제 방지 ·················· **236**

    5.3.11 DBUpdater.py 전체 소스 코드 ·················· **237**

    5.3.12 Run 레지스트리 등록해 자동 실행하기 ·················· **241**

CONTENTS

5.4 일별 시세 조회 API ··· **242**

5.4.1 클래스 구조 ··· **243**

5.4.2 생성자와 소멸자로 DB 연결 관리 ································· **244**

5.4.3 일별 시세 조회 API ·· **244**

5.4.4 기본 인숫값 처리 ··· **245**

5.4.5 정규표현식으로 연-월-일 분리하기 ······························· **245**

5.4.6 회사명으로 종목코드 조회하기 ······································ **246**

5.4.7 Analyzer.py 전체 소스 코드 ······································· **247**

5.5 핵심 요약 ··· **250**

CHAPTER 6 트레이딩 전략과 구현

6.1 현대 포트폴리오 이론 ·· **254**

6.1.1 수익률의 표준편차 ·· **254**

6.1.2 효율적 투자선 ·· **255**

6.2 샤프 지수와 포트폴리오 최적화 ··· **263**

6.2.1 샤프 지수 ·· **263**

6.2.2 포트폴리오 최적화 ·· **264**

6.3 볼린저 밴드 지표 ·· **268**

6.3.1 볼린저 밴드 구하기 ·· **268**

6.3.2 볼린저 밴드 지표 I : %b ··· **270**

6.3.3 볼린저 밴드 지표 II : 밴드폭 ··· **272**

6.4 볼린저 밴드 매매기법 ·· **275**

6.4.1 볼린저 밴드를 이용한 추세 추종 매매기법 ······················ **276**

6.4.2 볼린저 밴드를 이용한 반전 매매기법 ······························ **282**

6.5 심리투자 법칙 ·· **288**

　　6.5.1 시장 지표 ··· **288**

　　6.5.2 단순 이동평균 ··· **289**

　　6.5.3 지수 이동평균 ··· **290**

　　6.5.4 이동평균 수렴확산(MACD) ·································· **291**

　　6.5.5 MACD 히스토그램 ··· **291**

　　6.5.6 스토캐스틱 ··· **292**

6.6 삼중창 매매 시스템 ·· **293**

　　6.6.1 첫 번째 창 – 시장 조류 ·· **293**

　　6.6.2 두 번째 창 – 시장 파도 ·· **297**

　　6.6.3 세 번째 창 – 진입 기술 ·· **299**

　　6.6.4 전체 소스 코드 ·· **300**

6.7 듀얼 모멘텀 투자 ··· **304**

　　6.7.1 모멘텀 현상 ··· **304**

　　6.7.2 듀얼 모멘텀 투자 ··· **306**

　　6.7.3 상대 모멘텀 ··· **308**

　　6.7.4 절대 모멘텀 ··· **311**

　　6.7.5 한국형 듀얼 모멘텀 전략 ······································ **312**

6.8 핵심 요약 ··· **317**

CHAPTER **7** 장고 웹 서버 구축 및 자동화

7.1 장고 웹 프레임워크 ·· **320**

　　7.1.1 장고의 개발 배경 ··· **320**

　　7.1.2 장고 vs. 플라스크 ·· **321**

　　7.1.3 장고 웹 프레임워크 설치 ······································ **321**

CONTENTS

7.1.4 장고 프로젝트 생성하기 ·················· **322**

7.1.5 장고 서버 실행하기 ······················ **323**

7.2 Hello Django 애플리케이션 ················ **324**

7.2.1 MTV 패턴 ····························· **325**

7.2.2 ORM ································· **325**

7.2.3 장고 애플리케이션 생성하기 ··············· **326**

7.2.4 URLConf 설정하기 ······················ **327**

7.2.5 정규표현식으로 URL-View 매핑하기 ········· **328**

7.2.6 views 수정하기 ························· **330**

7.2.7 장고 관리자 페이지 ····················· **331**

7.3 장고 인덱스 페이지 ······················ **333**

7.3.1 index 애플리케이션 생성하기 ·············· **333**

7.3.2 URLConf 추가하기 ······················ **334**

7.3.3 뷰 수정하기 ·························· **334**

7.3.4 템플릿 작성 ·························· **334**

7.3.5 정적인 파일 ·························· **337**

7.3.6 템플릿 태그 ·························· **338**

7.3.7 CSS(캐스케이딩 스타일 시트) ·············· **338**

7.4 웹으로 계좌 잔고 확인하기 ·················· **341**

7.4.1 balance 애플리케이션 생성하기 ············· **342**

7.4.2 URLConf 추가하기 ······················ **342**

7.4.3 현재가 구하기 ························· **343**

7.4.4 뷰 수정하기 ·························· **344**

7.4.5 뷰에서 템플릿으로 컨텍스트 전달하기 ········· **346**

7.4.6 템플릿 작성 ·························· **347**

7.4.7 캐스케이딩 스타일 시트 적용 ··············· **348**

7.4.8 웹으로 계좌 잔고 확인하기 ·· **349**

7.5 슬랙으로 알림 메시지 보내기 ·· **349**

7.5.1 슬랙의 특징 ·· **350**

7.5.2 워크스페이스와 앱 만들기 ·· **350**

7.5.3 봇 기능 추가하기 ·· **352**

7.5.4 토큰 발급하기 ·· **353**

7.5.5 슬랙으로 메시지 보내기 ·· **354**

7.5.6 다양한 포맷으로 메시지 보내기 ·· **355**

7.6 백트레이더를 활용한 백테스트 ·· **357**

7.6.1 백트레이더 설치 ·· **358**

7.6.2 상대적 강도 지수 ·· **359**

7.6.3 RSI를 이용한 단순 백테스트 ·· **360**

7.6.4 RSI_SMA를 이용한 백테스트 ·· **362**

7.7 핵심 요약 ·· **367**

8.1 래리 윌리엄스의 변동성 돌파 전략 ·· **370**

8.1.1 변동성 돌파 전략 ·· **370**

8.2 크레온 플러스 API ·· **371**

8.2.1 크레온 로그인 ·· **372**

8.2.2 크레온 플러스 자동 접속 ·· **374**

8.2.3 크레온 시스템 접속 체크 ·· **377**

8.2.4 크레온 데이터 조회 ·· **378**

8.2.5 로그 메시지 출력 ·· **379**

CONTENTS

8.3 주가 및 계좌 정보 조회 ································· **380**

8.3.1 현재가 조회 ································· **381**

8.3.2 OHLC 조회 ································· **382**

8.3.3 주식 잔고 조회 ································· **384**

8.3.4 주문 가능 금액 조회 ································· **386**

8.4 ETF 매수/매도 ································· **386**

8.4.1 네이버 ETF 정보 스크레이핑 ································· **387**

8.4.2 매수 목표가 계산 ································· **389**

8.4.3 이동평균값 조회 ································· **391**

8.4.4 주식 매매 주문 방식 ································· **392**

8.4.5 최유리 FOK 매수 주문 ································· **393**

8.4.6 최유리 IOC 매도 주문 ································· **396**

8.5 메인 로직과 작업 스케줄러 등록 ································· **397**

8.5.1 메인 로직과 시간대별 처리 ································· **397**

8.5.2 작업 스케줄러 등록 ································· **400**

8.5.3 전체 코드 및 실행 결과 ································· **403**

8.6 핵심 요약 ································· **406**

CHAPTER 9 딥러닝을 이용한 주가 예측

9.1 인공지능 ································· **408**

9.1.1 인공지능 기술의 분류 ································· **408**

9.1.2 머신러닝 ································· **409**

9.1.3 퍼셉트론 알고리즘 ································· **410**

9.1.4 활성화 함수 ································· **412**

9.1.5 다층 퍼셉트론 ································· **421**

9.1.6 딥러닝 ·· **426**

9.2 텐서플로 기초 ·· **426**

9.2.1 텐서플로에서 문자열 출력하기 ······································ **427**

9.2.2 텐서의 차원 ·· **427**

9.3 선형 회귀 문제 ·· **428**

9.3.1 선형 모델 ·· **428**

9.3.2 경사 하강 알고리즘 ·· **430**

9.4 RNN을 이용한 주가 예측 ·· **432**

9.4.1 순환 신경망(RNN) ··· **432**

9.4.2 장단기 기억(LSTM) ·· **433**

9.4.3 주가 예측 ·· **435**

9.4.4 데이터셋 준비하기 ·· **438**

9.4.5 훈련용 데이터셋과 테스트용 데이터셋 분리 ····················· **439**

9.4.6 모델 생성하기 ·· **439**

9.4.7 딥러닝의 학습 ·· **440**

9.4.8 예측치와 실제 종가 비교 ·· **441**

9.4.9 내일의 종가 출력 ·· **442**

9.4.10 전체 소스 코드 ··· **443**

9.5 핵심 요약 ·· **445**

참고 문헌 ·· **447**

찾아보기 ·· **449**

파이썬 데이터 분석 기본

파이썬과 각종 라이브러리를 사용해서 데이터를 취합하고, 시각화하고, 분석하는 방법을 배운다.

Part I

파이썬 데이터 분석 기본

1장   증권 데이터 분석에 앞서

2장   파이썬 프로그래밍

3장   팬더스를 활용한 데이터 분석

4장   웹 스크레이핑을 사용한 데이터 분석

증권 데이터 분석에 앞서

효율적 시장 가설에 따르면 '시장에는 이미 모든 정보가 반영되어 있기 때문에 시장 평균 (인덱스 펀드의 수익률)을 능가하는 수익을 내는 것은 어렵다'고 알려져 있다. 하지만 워런 렌 버핏이나 피터 린치, 에드워드 소프 같은 투자가들은 시장 평균 수익률과는 비교도 안 되는 엄청난 수익률을 올렸으며, 지금도 수많은 사람이 시장을 이길 투자의 성배를 찾고자 애쓰고 있다.

이 책의 목적은 파이썬을 이용하여 증권 데이터를 더 효과적으로 분석할 수 있게 하는 데 있다. 본격적인 학습에 앞서 그동안 주식회사가 발전해온 과정과 왜 파이썬을 투자에 이용 해야 하는지를 알아보자.

1.1 주식회사 역사와 의미

전 세계에서 생산되는 부가가치의 90%가 주식회사에 의해서 창출된다는 점에서 주식회사를 인류 최고의 발명품이라고 일컫는 사람도 있다. 주식회사는 '유한 책임'과 '지분 양도'를 보장함으로써, 일반 대중으로부터 영세 자금을 모아서 대규모 자금을 만드는 데 성공할 수 있었다.

이렇듯 주식은 거대 자본이 필요한 사업들을 가능케 함으로써 인류가 발전하는 데 큰 기여를 하고 있다. 따라서 주식은 선물/옵션이나 FX 마진처럼 누군가가 벌면 누군가는 잃게 되는 단순한 제로섬$^{zero\ sum}$ 게임이 아니라는 점을 이해해야 한다.

네덜란드 동인도 회사

주식 시장에서 대중에게 판매된 최초의 주식은 1602년 네덜란드 동인도 회사$^{The\ Dutch\ East\ India}$ $_{Company}$ 주식이다. 당시 주식 시장은 암스테르담의 암스텔강의 다리에 개설되었는데, 동인도 회사는 주식 판매 대금으로 선박을 구매한 뒤 인도와 동남아로부터 생산되는 후추, 클로브[1], 넉맥[2] 등의 향신료를 독점 수입하여 막대한 수익을 올렸다.

네덜란드 동인도 회사는 역사상 가장 거대한 기업이다. 이 회사의 가치를 현재 가치로 따지면 현대 증권 시장에서 시가총액 1위를 다투는 애플 시가총액의 10배가 넘는다. 이는 세계적인 기업 20개사 시가총액을 모두 더한 규모이기도 하다.

---

1 클로브 : 정향나무로 알려진 클로브. 바닐라 향이 나서 과자에 많이 사용되는 허브
2 넉맥 : 넉맥은 육두구라고도 부르는데 다진 고기 요리에 잘 어울리며 후추, 클로브, 계피와 함께 4대 향신료에 속한다.

그림_ 네덜란드 동인도 회사의 시가총액과 현대 20개 기업 시가총액 비교

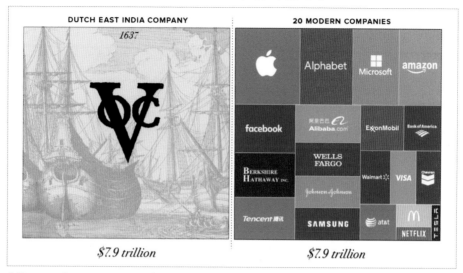

출처 : www.visualcapitalist.com/most-valuable-companies-all-time

동인도 회사는 당시에 주주들에게 배당금으로 연평균 4%를 지급했고, 주주들은 주식을 공매도해 이윤을 남겼다. 동인도 회사는 약 200년 후 해산되기 전까지 신항로 개척이라는 역사적인 역할도 수행했지만, 국가로부터 부여받은 무력 사용권을 남용하여 인도네시아를 수탈하는 등 부정적인 영향을 끼치기도 했다.

당시 일본과의 교역도 동인도 회사의 관할이었는데, 일본으로 항해하던 도중 조선으로 난파되어 최초로 조선인으로 귀화했던 박연(얀 얀스 벨테브레Jan J. Weltevree)과 『하멜 표류기』로 우리나라를 처음으로 유럽에 알린 하멜Hendrik Hamel은 모두 동인도 회사 소속이었다.

주식회사의 의미

주식회사를 영어로 표기할 때 Company(Co.), Corporation(Corp.), Incorporated(Inc.), Limited(Ltd.) 등을 사용한다. 이 중 Corporation이나 Incorporated는 몸을 뜻하는 라틴어인 corpus에서 파생된 단어로, 법인으로 등록되어 법률상 권리와 의무를 가지는 주체임을 의미한다.

또한 Limited는 책임이 유한하다는 의미다. 회사가 잘못되거나 큰 부채가 발생하더라도 그에 대한 주주의 책임은 보유한 주식의 범위로 한정됨을 나타낸다.

1.2 우리나라의 증권 시장

우리나라 증시 역사는 1896년에 인천미두취인소가 설립된 시점을 기준으로 약 120여 년 정도 되었다. 취인소는 지금의 거래소에 해당하는 의미로, 인천미두취인소는 일종의 선물先物, future 거래소였다.

쌀과 콩을 현물 없이 10%의 증거금으로 매매를 먼저 약정하고 나중에 현물과 대금을 주고받는 청산거래 방식을 사용했다. 하지만 실제로 현물 거래는 하지 않고 나중에 차액만 정산하는 방식이다 보니 레버리지[3] 10배의 투기장이나 다름 없었다.

조선취인소

한국 최초 증권 거래시장인 경성주식현물취인소는 1920년에 지금의 명동 롯데백화점 맞은편에 세워졌다. 당시 거래종목은 대부분 일본 도쿄 거래소와 오사카 거래소의 상장주식이었다. 이후 1932년에 근대적인 증권거래소인 조선취인소가 설립되면서 인천미두취인소를 합병했다.

한국거래소Korea exchange, KRX는 조선취인소를 한국 증권 산업의 역사에 포함시키지 않고 있지만, 당시 조선은 이미 주식회사가 보편적인 기업 형태로 자리잡고 있었다. 비록 일제시대에 설립되었으나 법적 근거를 갖는 증권거래소였다. 이후 1956년에 대한증권거래소가 설립되면서 12개 종목이 거래되었고, 지금의 한국거래소로 이어지고 있다.

한국종합주가지수

한국거래소의 대표 지수인 한국종합주가지수Korea composite stock price index, KOSPI는 1983년부터 발표되었으며, 1980년 1월 4일에 상장된 모든 종목의 시가총액을 기준 지수인 100포인트로 집계했다. 따라서 KOSPI 지수 2500은 한국 증시 총액이 1980년 당시보다 25배라는 의미다.

다음은 한국은행 경제통계 시스템에 접속하여 연도별 KOSPI 종가를 그래프로 출력한 결과다. ① 1997년 IMF 외환 위기와 ② 2008년 서브프라임 금융 위기 당시 KOSPI의 하락폭이 컸음을 알 수 있다.

---

3 leverage. 우리말로 번역하면 '지렛대(lever)의 힘'이다. 빚을 이용한 투자를 의미한다. 레버리지 비율은 전체 투자금액을 내가 투자한 금액으로 나눈 것이다.

그림_ KOSPI 지수의 흐름 1980 ~ 2018

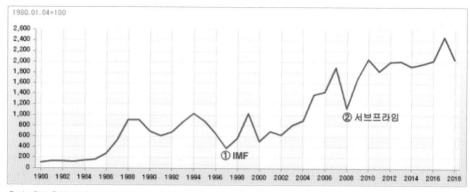

출처 : 한국은행 경제통계 시스템 ecos.bok.or.kr

1.3 워런 버핏과 가치 투자

미국에서 공인 회계사를 취득한 후 주로 기업의 재무 분석 업무를 담당하는 K 씨는 절대로 주식 투자를 하지 않는다. 재무 분석을 할 수 있으니 주식 투자에 많은 도움이 될 것 같은데 참 의아하다. K 씨는 사실 필자의 누나인데 아무리 주식 투자를 권유해도 주식으로 수익을 내느니 돈을 예금에 넣어서 잃지 않는 것이 적성에 맞다며 단칼에 거절한다.

여러분의 주변에서도 같은 이유로 주식 투자를 안 하는 사람을 어렵지 않게 만날 수 있을 것이다. 주식 투자로 세계 최고 부자가 된 워런 버핏도 다음과 같은 격언으로 원금을 잃지 않는 것이 중요하다고 강조했으니, 그렇게 틀린 말은 아닌 것 같다.

규칙 1. 절대 돈을 잃지 마라.

규칙 2. 규칙 1을 절대 잊지 마라.

투자와 투기

어린 시절부터 기술적 분석에 흥미를 느꼈던 워런 버핏이지만 1949년에 출간된 벤자민 그레이엄 교수의 『현명한 투자자The Intelligent Investor』(국일증권경제연구소, 2016)를 읽은 후 기술적 분석을 그만두게 된다. 워런 버핏은 다음 해인 1950년에 그레이엄 교수 강의를 들으려고 컬럼비아대학교로 편입했고, 졸업 후에도 그레이엄-뉴먼Graham-Newman Corporation 사에서 2년 동안 일하며 가치 투자를 익혔다.

워런 버핏이 '지금까지 쓰인 투자 서적 중 최고'라고 추천한 『현명한 투자자』 1장은 투자와 투기Investment versus Speculation를 구별하며 시작한다. 현재 출간된 수많은 주식 서적에서 이를 인용하고 있어서 가끔은 진부하게 느껴지기도 한다.

워런 버핏의 추천사에 혹하여 『현명한 투자자』의 원서와 번역서, 심지어 요약본까지 모두 사서 읽어보았지만, 내용이 다소 어렵고 현대 투자에 활용하기에는 낡은 내용이 많아서 '최고의 투자 서적'이라는 워런 버핏의 의견에 개인적으로는 동의하지 않는다. 그나마 주목할 만한 내용은 투자에 대한 명확한 정의 정도 같다.

> 투자란 안전하게 원금을 보장하면서도 적절한 수익을 돌려줄 수 있는지 분석하는 과정에서 이루어진다. 이러한 조건을 만족하지 못하는 것들은 투기다.

버크셔 해서웨이의 주주 서한

비록 워런 버핏이 벤저민 그레이엄으로부터 많은 영향을 받은 것은 사실이지만, 시간이 지나고 투자 금액이 점점 커지자 자신만의 투자 방식을 개발했다. 벤저민 그레이엄이 정량적 분석으로 시가총액이 순당좌자산[4]의 2/3 이하로 저평가된 종목에 분산 투자하는 데 반하여, 워런 버핏은 경영자의 태도나 브랜드 충성도 같이 계량화가 어려운 정성적 요소도 고려했다.

워런 버핏은 1998년 버크셔 해서웨이Berkshire Hathaway 주주 서한에서 벤저민 그레이엄의 투자법을 길거리에 버려진 담배꽁초를 모아서 한 모금씩 피우는 담배꽁초 투자법cigar butt approach에 비유했다. 이에 반하여 워런 버핏은 돈을 주더라도 새 담배를 사서 길게 피우는 것이 낫다고 생각했다.

---

4 즉시 현금화할 수 있는 당좌자산에서 1년 미만에 갚아야 할 유동부채를 차감한 금액

"그저그런 회사를 매우 싸게 사는 것보다 유망한 회사를 적당한 가격에 사는 것이 훨씬 낫다."

워런 버핏에 대한 서적은 많지만 아쉽게도 직접 집필한 서적은 없다. 따라서 그의 사상을 가장 정확히 이해하려면 그가 매년 작성하는 버크셔 해서웨이의 주주 서한을 읽어봐야 한다. 지금까지의 모든 주주 서한은 버크셔 해서웨이 웹 사이트에서 내려받을 수 있다. 오래되긴 했지만 『워런 버핏의 주주 서한』(서울문화사, 2015)을 참고해도 좋다.

그림_ 버크셔 해서웨이의 주주 서한

출처 : www.berkshirehathaway.com

주식과 채권의 포트폴리오 전략

과연 원금이 보장되면서도 적절한 수익을 돌려주는 투자 기법이 있을까? 놀랍게도 실제로 있다. 원금 보장이 중요한 분은 강환국 저, 『할 수 있다! 퀀트 투자』(에프엔미디어, 2017)에 소개된 '증액투자법'을 검토해보기 바란다. '증액투자법'은 신진오 저, 『Value Timer의 전략적 가치투자』(이콘, 2009)에 처음 소개되었는데, 채권에 투자해서 얻은 이자 수익으로 주식에 재투자하는 투자 기법이다.

채권 수익률은 주식에는 못 미치지만 발행 주체가 망하지 않는 한 수익이 보장된다. 국채 3년물 또는 국채 5년물에 투자하여 수익을 낸 후 그 금액으로 KOSPI 200 지수 같은 국내 주식에 재투자하면, KOSPI 연평균 수익률보다 1~2% 높은 수익률을 기대할 수 있다. 설령 주식에 투자한 금액을 모두 잃더라도 채권의 이자 금액만 잃을 뿐 원금은 보장되므로 리스크를 기피하는 분도 시도해볼 만한 투자법이다.

또한 전체 자산을 KOSPI 지수와 채권 지수에 1:1로 나누어 투자한 뒤 매월 보유 비중을 1:1로 리밸런싱하는 '정률투자법'도 있다. 정기적으로 리밸런싱을 하면 주식 가격이 올랐을 때 매도하고 주식 가격이 내렸을 때 매수하는 효과가 발생하여, KOSPI 수익률과 채권 수익률을 합한 수익률의 평균보다 1% 높은 수익률을 기대할 수 있다.

1.4 얼마나 벌 것인가?

주식 투자를 시작하기 전에 어느 정도를 벌어야 적정한 수준인지 생각해본 적이 있는가? 대부분 사람은 별다른 고민 없이 KOSPI 지수의 평균 수익률 정도는 당연히 벌어야 한다고 생각한다. 반면, 어느 정도 손실이 적정 수준인지 생각해보고 투자하는 사람은 별로 없다. 아마도 손실 발생을 고려했다면 애초부터 투자하지 않을 것이다.

1.4.1 장기 투자와 수익률

가치투자 펀드로 알려진 '한국밸류10년투자펀드'는 펀드명에 10년이라는 단어가 포함되어 있다. 10년 정도 장기 투자를 해야 확실한 수익이 보장되기 때문이다. 2006년에 출시한 이 펀드는 실제로 10년이 지난 2016년이 되자 누적수익률 157%를 기록했다. 같은 기간 KOSPI는 41% 오르는 데 그쳤다.

지금도 해당 펀드를 이끌고 있는 한국투자밸류자산운용 이채원 부사장은 어느 인터뷰에서

KOSPI 지수가 낮을 때 투자하는 것도 중요하지만, 지수가 높을 때 투자하더라도 장기간 투자하는 게 성과가 훨씬 좋았다고 밝혔다. 또한 업계 최초로 '3년 환매 제한' 조건을 내세웠던 것도 3년 정도가 수익이 발생하는 최소 시간이라고 보았기 때문이다. 통계 자료에 의하면 주식 투자 기간이 3년이 이상이면 손실 가능성이 20% 정도로 드라마틱하게 줄고, 10년 이상 투자하면 손실 가능성이 10% 미만으로 준다.

그림_ 투자 기간에 따른 수익 가능성(집계연도 : 1930~2018년)

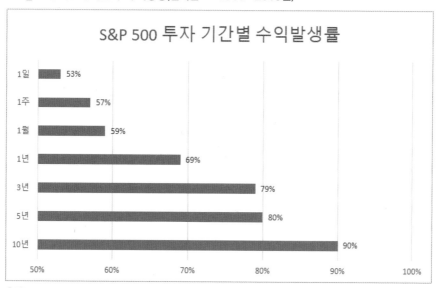

출처 : AIM, Richard Bernstein Advisors, Standard and Poor's, Bloomberg

장기 투자해서 수익을 내기로 마음 먹었다면, 목표 수익률을 얼마로 잡아야 할까? 이미 해리 맥스 마코위츠 같은 경제학자들이 주어진 리스크 수준에서 최상의 기대수익을 얻는 포트폴리오 이론을 창안했지만 이에 대해서는 6장에서 자세히 다루기로 하고, 여기서는 먼저 지난 9년간의 자산별 연평균 수익률을 살펴보자.

자산별 연평균 수익률

- 물가 상승률 2.0%
- 예금 2.5%
- 경제 성장률 3.1%
- 부동산 3.7%
- 한국 채권 4.9%
- 미국 채권 7.7%
- 한국 주식 8.8%
- 미국 주식 9.1%

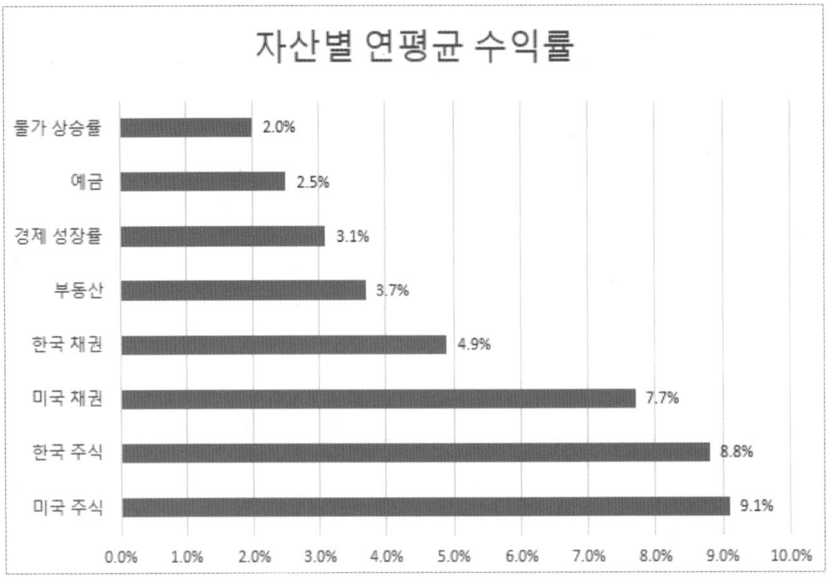

출처 : AIM, Factset., Bloomberg, KB은행, 한국투자증권

위의 차트에는 주식-채권-부동산-예금 순으로 수익률이 표시되어 있다. 비교적 안전 자산인 미국 채권의 수익률이 상당히 높은 점을 유심히 봐두자. 한국 주식의 수익률은 미국 주식에 비해 근소한 차이로 밀리는데, 그 차이가 크지 않기 때문에 집계 연도나 방법에 따라서 1, 2등 간의 순위 변화는 발생할 수 있다.

앞으로도 반드시 그러하리라는 법은 없지만, 지난 9년 동안 우리나라 주식시장이 연평균 8.8% 상승했다는 사실을 반드시 기억하자.

1.4.2 삼성전자와 서브프라임 금융 위기

아래 그림은 파이썬 맷플롯립matplotlib 라이브러리를 이용하여 그린 2018년 5월 액면분할 이전의 삼성전자 주가 그래프다. Close는 삼성전자 종가를, MA[Moving Average]는 이동평균선[5]을 나타낸다.

---

5 특정 기간 주가의 평균치를 연결한 선. 이평선이라고도 한다. 5일 이평선은 5일 동안의 평균 주가를 이어놓은 선을 말한다. 이 책의 6.5.2 절 '단순 이동평균'에서 자세히 다룬다.

현재 국내 시가총액 1위 삼성전자 주가는 1998년 4월 27일에는 65,300원이었다. 액면 분할 직전인 2018년 4월 27일 2,650,000원이 되기까지, 정확히 20년 동안 주가는 무려 3,958%만큼 상승했다. 하지만 우리 주변에서 정작 삼성전자 주식으로 부자가 되었다는 사람은 좀처럼 만나보기 힘들다. 그 이유는 무엇일까?

그림_ 삼성전자 주가의 흐름(집계연도 : 1998~2018년)

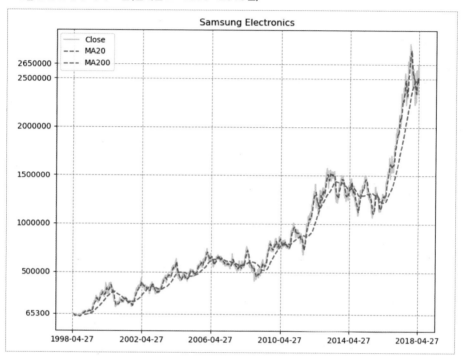

삼성전자 종가 그래프가 우상향이다. 지금까지 그래프를 봐도 그렇고, 여러 연구 조사 결과를 봐도 앞으로 크게 달라질 것 같지도 않다. 하지만 정작 2008년 서브프라임 글로벌 금융 위기 때처럼 KOSPI 지수가 60% 이상 내려가는 극심한 하락장이 오면, 최고의 우량주에 투자했던 사람도 더 견디지 못하고 반토막 난 주식을 손해보고 판다. 그러고는 시장을 떠난다.

1.4.3 백테스트 손실 예상

투자하기 전에 기존 역사적 데이터를 이용하여 백테스트[6]를 해 최대한 잃을 수 있는 손실Maximum Drawdown, MDD을 미리 가늠해보고, 어느 만큼의 손실이 나면 매도할지 손절매stop-loss 기준을 확실히 정해야 한다.

서브프라임 금융 위기 때 나는 이천만 원 정도 금액을 투자하고 있었다. 서브프라임 금융 위기가 발생하기 전만 해도 주식은 직장인 대화의 단골 메뉴였다. 주식을 잘 모르던 사람까지도 무작정 시장에 뛰어들 만큼 상승장이 지속되었다. 피터 린치의 격언대로 '칵테일 파티장에서 주식 이야기가 들리면 시장이 고점에 이르렀다'는 이야기가 딱 들어맞는 시기였다.

강한 상승장 덕분에 미래에셋증권, 메디포스트, 크리스탈 종목으로 각각 100%씩 수익을 냈지만, 서브프라임 사태로 KOSPI 지수가 60% 이상 폭락하자 그동안 벌었던 수익을 다 반납하고도 상당한 손해를 봤다. 손절매 기준이 없다 보니 막연하게 주가 반등만 기다리다 손실만 키웠다.

서브프라임 금융 위기 당시에 주식에 100만 원을 투자하여 50% 손실을 봤다면 남은 금액은 50만 원이다. 다시 본전을 찾으려면 50%가 아니라 주가가 100% 상승해야 원금을 회복할 수 있다. 이를 '손익 비대칭성의 원리'로 표현할 수 있는데, 주식에서 원금 회복이 얼마나 어려운지를 말해준다. 주식 시장에서 수익을 내는 것도 중요하지만 손실을 줄이는 것이 훨씬 더 중요하다.

1.4.4 헤지 전략

헤지hedge란 '가축을 보호하려고 낮은 키의 나무로 만든 울타리'를 뜻하는 그리스어인 hecke에서 유래된 단어다. 투자할 때 발생하는 리스크나 손실을 줄이는 수단 또는 행위를 의미한다. 지금 생각해보면 서브프라임 금융 위기 당시에도 선물/옵션을 활용해 기초 자산의 리스크를 줄이는 헤지 전략에 대해 어렴풋이 알고는 있었지만, 실제로 주식 투자에서 헤지가 얼마나 중요한지는 전혀 몰랐던 것 같다. 서브프라임 금융 위기 덕분에 헤지의 중요성을 깨닫게 되었다.

자산 간의 상관관계에 대해서는 추후 자세히 소개하겠지만, 상관계수 1은 두 자산의 가격 변동 방향이 일치함을, -1은 서로 반대임을 나타낸다. 0은 두 자산의 가격 변동에 서로 영향이 없음을 나타낸다.

---

6 backtest. 자신이 수립한 트레이딩 전략을 과거의 데이터로 시뮬레이션해서 어느 정도의 손익이 발생하는지 검증하는 작업. 파이썬 라이브러리를 활용한 백테스트 기법은 7장에서 자세히 다룬다.

표_ 국내외 주요 자산 수익률 상관계수(집계연도 : 2002~2016년)

	KOSPI	국공채	회사채	전국 아파트	달러/ 원환율	S&P 500	미국채	미국 정크본드	미국 리츠
KOSPI	1.00								
국공채	−0.02	1.00							
회사채	0.05	0.72	1.00						
전국 아파트	0.43	0.25	0.21	1.00					
달러/ 원환율	−0.67	0.18	0.24	−0.28	1.00				
S&P500	−0.10	−0.09	−0.38	−0.66	−0.15	1.00			
미국채	−0.62	0.27	0.30	−0.17	0.97	−0.29	1.00		
미국 정크본드	−0.48	0.09	0.32	−0.63	0.37	0.26	0.34	1.00	
미국 리츠	0.40	0.05	−0.31	−0.11	−0.60	0.65	−0.62	−0.04	1.00

출처 : 한국은행 경제통계정보시스템, Bloomberg

국내 주식 KOSPI에 투자한다면 달러(−0.67)나 미국채(−0.62)처럼 상관계수가 −1에 가까운 해외 자산에 함께 투자하는 것이 바람직하고, 국내에 아파트를 보유한 중장년이라면 미국 주식 S&P500(−0.66)에 투자하는 것이 변동성을 낮추는 데 도움이 된다.

심지어 KOSPI와 미국채에 함께 투자하면 환율 변동에 따른 리스크에도 대비할 수 있다. 미국 채는 직접 구매할 필요 없이 IEF[iShares 7-10 Year Treasury Bond ETF]와 TLT[iShares 20+ Year Treasury Bond ETF] 같 은 ETF[Exchange Traded Fund]에 투자해도 충분히 효과를 거둘 수 있다.

1.4.5 직장인의 투자 규모

계좌 잔고를 책에 공개할지 말지 많은 고민을 했다. 계좌를 공개하는 행위가 경박스러워 보일 수 있기 때문이다. 하지만 저자의 수익이 독자에게 중요한 참고 지표라고 판단해 고심 끝에 공 개한다.

그림_ 주식잔고 화면 캡처

필자가 사회 초년생이던 시절, 주위에는 연봉의 몇 배를 주식에 투자하는 선배들이 있었다. 당시 그렇게 큰돈을 투자하면 회사 생활에 지장이 없을까 궁금했다. 그로부터 십 수년이 지난 지금, 회사 생활에 영향을 끼치는 것은 투자 금액의 크기가 아니라 시장의 변동성을 감내할 수 있는 자신만의 투자 원칙이 있느냐에 달려 있다는 것을 깨달았다.

1.5 퀀트 투자를 위한 파이썬

바야흐로 퀀트 투자 시대가 도래했다. 퀀트 투자에서 퀀트란 '계량적인', '측정 가능한'의 뜻을 지닌 단어 Quantitative에서 따온 것이다. 전통적으로 퀀트 투자란 금융공학자들이 고도의 수학적, 통계적 지식을 바탕으로 파생상품의 가격을 모델링하여 투자하는 것을 의미했지만, 이제는 컴퓨터가 널리 보급되어서 금융 전문 지식이 없는 일반인들도 소프트웨어의 힘을 빌려 계량화된 수치에 따라 퀀트 투자를 할 수 있게 되었다.

글로벌 투자 은행의 변화

미국 하버드대에서 열린 2017 CSE 심포지엄에서 골드만삭스 최고재무책임자 마티 차베스는 "앞으로 투자는 수학 원리와 소프트웨어 프로그램이 주도할 것"이라고 발했다. 약 3만 5000명에 달하는 골드만삭스 전체 임직원의 4분의 1 가량이 컴퓨터 엔지니어라고 밝혔는데, 실제로 한때 600명에 달하던 골드만삭스 주식 매매 트레이더들은 이제 두 명 밖에 남지 않았다. 골드만삭스의 외환 거래 부서에서 딜러 네 명이 담당하던 업무를 지금은 컴퓨터 엔지니어 혼자 담당한다.

퀀트 투자의 장점

퀀트 투자는 정량적인 분석만으로 투자하기 때문에, 주관적인 요소가 개입될 여지가 적다. 얼핏 보면 각종 재무제표와 시계열 데이터에 능통한 기관투자자의 전유물로 생각할 수 있지만, 사실은 주관적인 요소를 배제하기 어려운 일반인에게 오히려 더 적합한 투자 방식이다.

퀀트 투자에서 정량적인 데이터만 다룸으로써 얻게 되는 장점은 백테스트를 통해 내가 세운 투자 전략을 검증한다는 점이다. 과거 데이터에 기반한 시뮬레이션 결과를 살펴봄으로써 나의 투자 전략이 어느 정도의 기간에 걸쳐 얼마나 수익을 낼지 미리 예상해볼 수 있다.

왜 파이썬인가?

빅데이터와 인공지능 기술이 대두되며 파이썬 인기도 나날이 높아지고 있다. 파이썬은 문법이 간단하여 일반인도 쉽게 배울 수 있을 뿐만 아니라, 데이터 수집부터 전처리, 모델링, 시각화 등에 필요한 라이브러리를 모두 갖추고 있어서, 증권 데이터 분석 및 자동매매 시스템을 만드는 최적의 언어로 평가받고 있다.

데이터 과학 분야에서 파이썬과 함께 치열한 경쟁을 벌이는 R 언어는 그 쓰임새가 데이터 과학 분야에 한정된다. 반면 파이썬은 범용적인 언어이기 때문에 배워두면 웹 애플리케이션 개발, 해킹 등 다양한 목적으로 사용할 수 있다. 다음은 앞으로 이 책에서 다룰 파이썬 라이브러리다.

표_ 파이썬 라이브러리별 주요 특징

라이브러리명	주요 특징
팬더스 (pandas)	금융 데이터 분석을 목적으로 만든 라이브러리. 인덱스를 포함하는 테이블 형태 자료형인 데이터프레임을 제공한다. 엑셀, HTML, SQL 및 여러 종류의 파일로부터 데이터를 읽어서 데이터프레임 형태로 가공한 뒤 다시 원본 혹은 다른 데이터 포맷으로 저장할 수 있다.
리퀘스트 (Requests)	HTTP 프로토콜을 이용하여 웹에서 리소스를 가져오거나, HTTP 패킷을 직접 만들어서 전송할 수 있다.
맷플롯립 (Matplotlib)	데이터 시각화 라이브러리. 히스토그램, 바 차트, 파이 차트, 산점도, 3D 플로팅 등 다양한 형태의 차트를 출력할 수 있다.
사이파이 (SciPy)	수학, 과학, 공학용 파이썬 기반 라이브러리. 서브 패키지인 스탯츠(stats)를 활용하면 여러 통계 모델들을 활용할 수 있다.
뷰티풀 수프 (Beautiful Soup)	웹 스크레이핑 라이브러리. HTML과 XML 파일로부터 데이터를 추출하는 데 사용된다.
장고 (django)	웹 프레임워크. MTV(Model-Template-View) 패턴을 이용하면, 더 나은 웹 애플리케이션을 더 적은 코드로 더 신속하게 개발할 수 있다.
슬래커 (Slacker)	협업 개발 도구 슬랙(Slack)용 파이썬 인터페이스. 스마트 폰이나 웹 브라우저를 통해 메시지를 보내거나 개발 관련 리소스를 공유할 수 있다.
백트레이더 (backtrader)	퀀트 투자의 필수 요소인 백테스팅용 파이썬 라이브러리. 비교적 최근에 개발된 만큼 빠른 속도로 사용자 층을 넓혀가고 있다.
텐서플로 (TensorFlow)	데이터 흐름 그래프를 사용하는 수치 연산용 소프트웨어 라이브러리. 구글에서 개발하여 오픈 소스로 공개했으며, 머신 러닝 라이브러리 대표 주자로 자리매김했다.

1.6 핵심 요약

- 네덜란드 동인도 회사는 최초의 주식회사이자 역사상 가장 거대했던 기업이다. 오늘날 애플 시가총액 10배가 넘는 규모다.

- 종합주가지수(KOSPI)는 1980년 1월 4일에 상장된 모든 종목의 시가총액을 기준 지수인 100포인트로 집계한다. KOSPI 지수가 3000이면 1980년 당시보다 30배 올랐다는 의미다.

- 투자는 안전하게 원금을 보장하면서도 적절한 수익을 돌려줄 수 있는지 분석하는 과정에서 이루어진다. 이러한 조건을 만족하지 못하면 투기다.

- 벤저민 그레이엄은 정량적 분석만으로 시가총액이 순당좌자산의 2/3 이하로 매우 저평가된 종목에 분산 투자했다. 반면 워런 버핏은 경영자의 태도나 브랜드 충성도 같이 계량하기 어려운 정성적 요소도 고려한다.

- 투자를 하기 전에 백테스트를 해보자. 최대한 잃을 수 있는 손실(MDD)을 미리 가늠해보고, 얼만큼 손실을 견딜 수 있을지 미리 알아두어야 한다.

- 주식과 채권처럼 상관관계가 낮은 자산에 분산 투자하는 것이 헤지의 기본이다.

- 전통적으로 퀀트 투자란 금융공학자들이 파생상품의 가격을 모델링하여 투자하는 것을 의미했다. 컴퓨터가 널리 보급된 오늘날에는 일반인도 소프트웨어의 힘을 빌려 계량화된 투자를 할 수 있게 되었고, 이를 점차 퀀트 투자로 부르게 되었다.

- 파이썬은 데이터 수집부터 전처리, 모델링, 시각화 등에 필요한 라이브러리를 제공한다. 그래서 증권 데이터 분석 및 자동매매 시스템을 만드는 최적의 언어다.

2

파이썬 프로그래밍

2000년대 초반만 하더라도, 인터프리터 방식 프로그래밍 언어의 양대 산맥이었던 파이썬과 펄[Perl]은 서로 비교 대상이 되기 일쑤였다. 당시 필자도 파이썬과 펄 중에서 어떤 언어를 먼저 배워야 할지 고민했고 나름대로 먼 미래의 활용성까지 예측해 가면서 파이썬을 선택했는데, 다행히도 예측이 맞아떨어졌다. 당시만 해도 텍스트 처리에서는 펄이 다소 낫다는 의견도 있었는데, 현재로서는 강력한 라이브러리 기반의 파이썬이 모든 프로그래밍 언어를 통틀어 대세다. 이장에서는 파이썬 핵심 문법을 살펴본다.

다루는 내용은 다음과 같다.

- 파이썬 특징
- 가상 환경을 이용한 파이썬 32/64비트 병행 설치
- 파이썬 기본 문법
- 파이썬 파일 처리 및 외부 라이브러리 사용법

2.1 파이썬 특징

파이썬은 네덜란드 출신의 프로그래머 귀도 반 로섬이 1991년에 처음 발표한 프로그래밍 언어다. 파이썬은 이미 구글, 페이스북, 인스타그램, 넷플릭스, 드롭박스, 카카오 같은 유수의 IT 기업에서 소프트웨어 개발용 언어로 채택할 만큼 충분히 검증되었다. 현재 미국 상위권 대학 컴퓨터과학 과정의 70%가 제일 먼저 가르치는 언어일 정도로 인기가 많다. 금융공학에서는 금융 이론 검증에 파이썬을 사용한다. 뱅크오브아메리카와 제이피 모건 같은 대형 금융 회사에서도 통합 트레이딩 시스템 및 리스크 관리 플랫폼을 파이썬으로 개발한다.

파이썬이 거대한 비단뱀을 뜻하지만, 실제로 파이썬이라는 이름은 귀도가 좋아하는 영국 BBC의 코미디 프로Monty Python's Flying Circus에서 따온 것이다. 간결한 코드, 풍부한 표준 라이브러리, 직관적인 문법이 파이썬의 대표적인 특징이다.

간결한 코드

우연히 우크라이나 해커가 작성한 파이썬 코드를 분석한 이후부터 파이썬 매력에 빠져들었다. 수년 전에 필자가 개발한 DRM 소프트웨어의 보안 취약점을 발견하고자 우크라이나 해커에게 점검을 받았는데, 취약점 분석에 파이썬을 사용했다.

C++ 언어로 Win32 API 함수 4~5개를 호출해서 구현한 코드가 파이썬으로 한두 줄로 축약되었다. 강력한 라이브러리와 고수준 자료형 덕분에 코드가 그리 짧아질 수 있었지만, 어쨌든 파이썬 코드는 다른 언어와는 비교도 안 될 정도로 간결했다. 이때부터 업무에 필요한 개념 증명Proof of Concept, PoC이나 유틸리티 제작에 파이썬을 사용하니 생산성이 향상되었다.

풍부한 표준 라이브러리

파이썬 공식 문서를 보면 건전지 포함battery included이라는 문구를 접할 수 있을 것이다. 마치 장난감을 샀을 때 건전지가 포함된 것처럼, 파이썬 배포판에는 이미 훌륭한 표준 라이브러리들이 포함되어 있다는 뜻이다. 덕분에 프로그래머는 운영체제, 데이터베이스, 네트워크 등과 같은 라이브러리를 별도의 설치 없이 바로 사용할 수 있다.

직관적인 문법

파이썬은 대소문자를 구별하며, 직관적인 문법을 선호한다. 예를 들어 C/C++에서 ++ 연산자는 위치에 따라 변숫값이 증가되는 시점이 다르다. 세밀한 연산 처리가 가능하지만 가독성이 그만큼 떨어진다. 이러한 이유로 파이썬은 아예 ++ 연산자를 지원하지 않는다.

다른 언어에서는 프로그래머 취향에 따라 같은 기능을 다양하게 표현할 수 있다. 하지만 파이썬에서는 동일한 기능을 한 가지 방식으로 처리하는 것을 선호한다. 직관적인 문법만 허용하면 프로그래머가 다르더라도 작성되는 코드는 일정해지므로, 결과적으로는 가독성이 높아지기 때문이다.

2.2 파이썬 설치

파이썬 설치 파일은 파이썬 공식 사이트에서 받을 수 있다. 국내 증권사에서 제공하는 API$^{\text{Application Programming Interface}}$는 마이크로소프트 COM$^{\text{Component Object Model}}$ 기반인 경우가 많으므로 운영체제는 윈도우가 유리하다. 32비트 파이썬에서만 호출 가능한 증권사 COM API가 있으므로, 먼저 64비트 파이썬을 설치한 뒤 venv$^{\text{virtual environment}}$를 이용하여 가상 환경에 32비트 파이썬을 설치하자.

환경 설치 순서는 다음과 같다.

1 64비트 파이썬 설치

2 32비트 파이썬 설치

3 가상 환경 모듈 실행

4 32비트용 환경 파일 작성

2.2.1 64비트 파이썬 설치

64비트 파이썬을 설치하자.

① 파이썬 공식 사이트에 접속하여 'Downloads' 메뉴에 마우스 커서를 올리자. 그러면 메뉴
가 뜰 것이다.

- 파이썬 홈페이지 : www.python.org

② 메뉴에서 'Windows'를 클릭하자.

그림_ 파이썬 공식 사이트

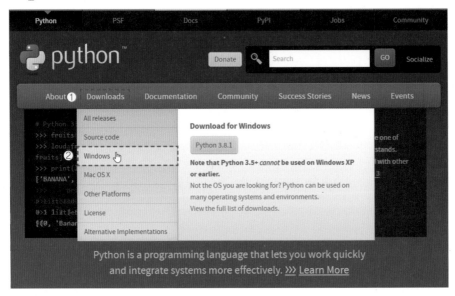

③ 'Download Windows x86-64 executable installer'를 클릭해서 인스톨러 파일을 내려
받은 뒤 실행한다.

그림_ 파이썬 다운로드 버전 선택

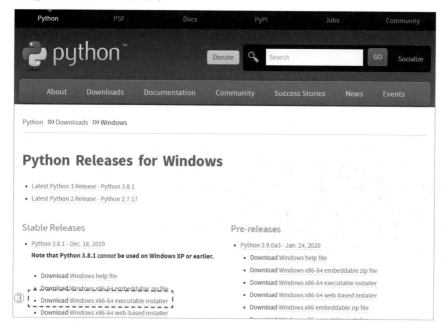

④ 인스톨러 프로그램이 실행되면 'Add Python 3.8 to PATH' 체크 박스에 반드시 체크를 하자. 그래야 인스톨러가 윈도우 path 환경 변수에 Python38 디렉터리와 Scripts 디렉터리를 자동으로 추가해준다.

그림_ 파이썬 인스톨러

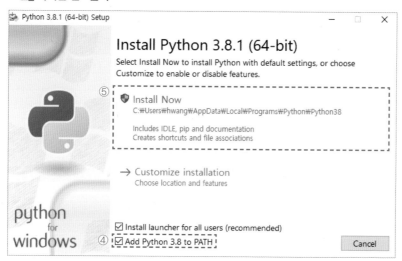

⑤ 'Install Now' 바로 밑에 표시된 파이썬 설치 경로를 유심히 봐두자. 설치 경로를 확인했으면 'Install Now'를 클릭한다.

⑥ 윈도우 명령창을 실행한 뒤 **python --version**을 입력해 파이썬이 잘 설치되었는지 확인한다.

그림_ 파이썬 설치 버전 확인

시스템 환경 변수 편집

파이썬을 설치할 때 'Add Python 3.8 to PATH' 체크 박스를 선택하지 않았다면 사용자가 직접 환경 변수를 설정해야 한다. 체크 박스를 제대로 선택했다면 2.2.2절 'PyPI를 이용한 패키지 설치'로 건너뛰자.

① 윈도우 검색 메뉴에서 '시스템 환경 변수 편집'을 검색한다.

② 시스템 환경 변수 편집을 클릭한다.

그림_ 시스템 환경 변수 편집 검색

③ 시스템 속성 창에서 환경 변수 버튼을 클릭한다.

④ 환경 변수 창의 사용자 변수 리스트에서 'Path' 변수를 선택한다. 윈도우의 환경 변수는 사용자 변수와 시스템 변수가 있는데, 사용자 변수는 해당 사용자에게만 적용되고 시스템 변수는 모든 사용자에게 공통 적용된다.

⑤ 환경 변수 창에서 '편집' 버튼을 클릭한다.

그림_ 환경 변수 편집

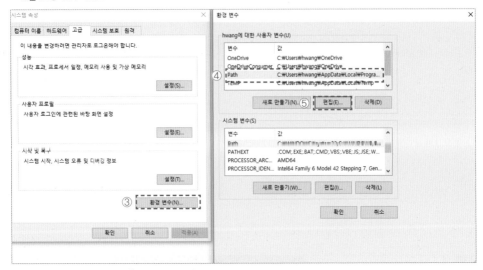

⑥ 환경 변수 편집 창에서 '새로 만들기' 버튼을 클릭한다.

⑦ 파이썬 인스톨러에서 확인했던 설치 경로를 참고해 path 환경변수에 Python38 디렉터리와 Scripts 디렉터리를 추가한다.

그림_ 환경 변수 새로 만들기

Python38 디렉터리에는 파이썬 인터프리터인 python.exe와 pythonw.exe 파일이 존재한다. 파이썬 인터프리터는 파이썬 스크립트를 해석한 후 실행하는 역할을 한다. 파이썬 인터프리터 대신 파이썬 셸이라고 부르기도 한다.

Path 환경 변수에 Python38 디렉터리가 등록되어 있으면, 명령창에서 파일명만 입력해도 Python38 디렉터리에 존재하는 python.exe와 pythonw.exe 파일을 실행할 수 있다. 참고로 python.exe는 CLI^{Command Line Interface} 기반으로 스크립트 실행 시 명령창이 필요하지만, pythonw.exe는 GUI 기반으로 별도의 명령창이 필요 없다.

그림_ 파이썬 버전별 디렉터리

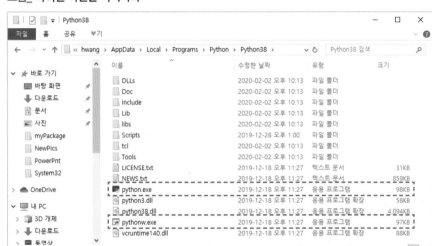

아래 그림에서 볼 수 있듯이 Scripts 디렉터리에는 pip.exe와 easy_install.exe 같은 파이썬 라이브러리 설치 도구가 있다. Python38 디렉터리와 마찬가지로 Path 환경 변수에 Scripts 디렉터리를 등록하면, 명령창에서 파일명만 입력하더라도 pip.exe 같은 도구를 실행할 수 있다.

그림_ 파이썬 Scripts 디렉터리

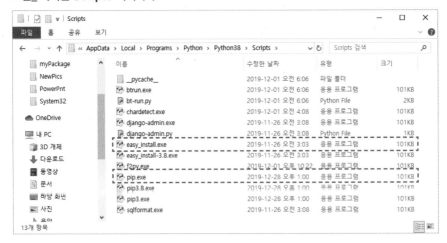

⑧ 새로 설정한 사용자 변수가 적용되도록 명령창을 재시작한 후 **set path**라고 입력하면 Path 환경 변수에 등록된 디렉터리 경로를 바로 확인할 수 있다.

그림_ path 환경 변수 확인

⑨ 환경 변수 설정이 올바르게 되었다면, 명령창에서 **python —version**을 입력했을 때 파이썬 버전이 표시될 것이다.

하위호환성

파이썬은 2.x 버전과 3.x 버전으로 나뉘어져 있는데, 3.x 버전은 의도적으로 2.x 버전과 하위호환성을 지원하지 않는다. 예를 들어 2.x 버전에서는 print를 사용할 때 괄호가 없으면 print 구문print statement으로 동작했지만, 3.x 버전에서는 빌트인 함수로만 동작하기 때문에 괄호를 사용하지 않으면 다음처럼 문법 에러$^{syntax\ error}$가 발생한다.

```
>>> print 'text'
  File "<stdin>", line 1
    print 'text'
          ^
SyntaxError: Missing parentheses in call to 'print'. Did you mean print('text')?
```

3.x 버전에서 하위 호환성$^{backwards\ compatibility}$을 지원하지 않는 것은 기존 파이썬 코드가 어느 버전으로 작성되었는지를 구별할 수 있게 하고, 상위 버전 사용을 유도하기 위함이다. 기존 코드가 2.x 버전에서만 동작하는 라이브러리를 사용했거나, 도저히 3.x 버전으로 포팅하지 못할 만큼 방대한 2.x 버전의 코드를 사용해야 하는 경우가 아니라면, 가급적 3.x 최신 버전으로 설치하는 것이 좋다.

파이썬 3.x 버전에서는 표준 라이브러리가 재배치되었을 뿐만 아니라, 문자열을 기본적으로 유니코드로 처리하기 때문에 한글 처리가 훨씬 용이하다. 따라서 파이썬 공식 문서에서도 파이썬을 처음 배우는 프로그래머는 3.x 버전 사용을 권장한다.

2.2.2 pip를 이용한 패키지 설치

PyPI$^{Python\ Packages\ Index}$에서 21만 개가 넘는 파이썬 패키지를 관리한다. 필요한 패키지가 있다면 PyPI 홈페이지에 접속하여 직접 검색해서 다운로드받거나, 자신이 만든 패키지를 업로드하여 배포할 수도 있다.

- PyPI 홈페이지 : pypi.org

pip와 easy_install 같은 패키지 관리 도구를 이용해 파이썬 패키지를 자동 다운로드받아서 설치할 수 있다. 파이썬 최신 버전을 설치하면 pip$^{package\ installer\ for\ Python}$가 함께 설치되는데, pip가 easy_install보다 향상된 기능을 갖추고 있으며 보안성 측면에서도 더 낫다.

다음은 pip install 명령으로 최신 맷플롯립 패키지를 설치하는 예다.

```
C:\>pip install matplotlib
```

맷플롯립 패키지의 특정 버전을 설치할 때는 다음과 같이 버전을 명시하면 된다.

```
C:\>pip install matplotlib==3.1.2
```

회사나 학교처럼 프록시 서버가 존재하는 환경에서 **pip** 도구를 사용하면, 다음과 같이 **--proxy** 옵션을 추가한다.

```
C:\>pip install matplotlib --proxy http://XXX.XXX.XXX.XXX:8080
```

간혹 **pip**로 설치하는 과정에서 SSL 인증 오류가 발생하는 경우가 있는데, 이때는 pypi.org를 신뢰하는 호스트로 설정하여 오류를 피해갈 수 있다. 만일 프록시 환경이라면 프록시 옵션도 함께 설정한다.

```
C:\>pip install --trusted-host pypi.org --trusted-host files.pythonhosted.org
matplotlib --proxy http://XXX.XXX.XXX.XXX:8080
```

설치된 맷플롯립 패키지 제거에는 다음과 같이 unistall 명령을 이용한다.

```
C:\>pip uninstall matplotlib
```

pip의 list 명령을 이용하면 현재 설치된 모든 패키지 목록과 버전을 확인할 수 있다.

```
C:\>pip list
Package                Version
---------------------- -----------
absl-py                0.9.0
astunparse             1.6.3
backtrader             1.9.74.123
beautifulsoup4         4.8.1
bs4                    0.0.1
... 중간 생략 ...
tensorflow             2.2.0rc2
tensorflow-estimator   2.2.0rc0
```

```
termcolor          1.1.0
urllib3            1.25.7
Werkzeug           1.0.1
wheel              0.34.2
wrapt              1.12.1
```

list 명령은 모든 패키지를 보여주지만 freeze 명령은 여러분이 pip로 설치한 패키지 목록만 보여준다. freeze 명령의 장점은 **pip freeze 〉 requirements.txt** 명령으로 표준 출력 결과를 텍스트 파일(requirements.txt)로 생성해두면, 다른 컴퓨터에 해당 텍스트 파일을 복사한 뒤 **pip install −r requirements.txt**를 입력해서 동일한 패키지 환경을 만들 수 있다는 것이다.

```
C:\>pip freeze
absl-py==0.9.0
astunparse==1.6.3
backtrader==1.9.74.123
beautifulsoup4==4.8.1
bs4==0.0.1
... 중간 생략 ...
tensorflow==2.2.0rc2
tensorflow-estimator==2.2.0rc0
termcolor==1.1.0
urllib3==1.25.7
Werkzeug==1.0.1
wrapt==1.12.1
```

실습용 패키지 한 번에 설치하기

이 책에서 사용한 모든 파이썬 패키지 리스트는 이 책의 깃허브의 02_Python_ Programming 디렉터리에 requirements.txt 파일로 업로드해두었다. 이 파일을 다운로드해서 **pip install −r requirements.txt** 명령을 입력하면 패키지 환경을 간단히 구성할 수 있다.

• 이 책의 깃허브 : github.com/Investar/StockAnalysisInPython

2.2.3 32비트 파이썬 가상화(venv) 설치

64비트 윈도우 환경에서는 당연히 64비트 파이썬을 설치하는 것이 바람직하다. 64비트 윈도우에 32비트 파이썬을 설치하면 2GB 메모리 제한에 걸려 대용량 데이터 처리 과정에서 Memory Error를 발생시킬 수 있다. 참고로 64비트 파이썬에서 프로세스 메모리 제한은 8TB 이므로 메모리 걱정은 안 해도 된다.

그럼에도 불구하고 32비트 파이썬이 필요한 경우가 있는데, 국내 증권사에서 제공하는 COMcomponent object model 방식의 시스템 트레이딩 API를 사용할 때다. 64비트 파이썬에서는 대부분의 국내 증권사 COM API 사용이 불가능하므로 반드시 32비트 파이썬을 설치해야 한다.

64비트 파이썬이 설치되어 있는 PC에서 파이썬 표준 라이브러리인 venv를 이용하면 가상 환경에 32비트 파이썬을 추가로 설치할 수 있다. 이렇게 설치하면, 평소에는 64비트 파이썬을 사용하다가 필요할 때만 32비트 파이썬을 활성화해서 사용할 수 있으므로 효율적이다.

앞에서 3.8.1 버전의 64비트 파이썬을 설치했으므로, 이번에는 3.8.0 버전 32비트 파이썬을 설치해보자. 64비트 파이썬과 32비트 파이썬을 구별하기 쉽도록 버전을 다르게 설치하는 것뿐이므로 64비트 파이썬과 32비트 파이썬을 모두 같은 최신 버전으로 설치해도 무방하다.

① 파이썬 공식 사이트(www.python.org/downloads/release/python-380/)에 접속한 후 'Windows x86 executable installer'를 내려받아서 실행한다.

그림_ 파이썬 3.8.0 다운로드 페이지

② 파이썬 32비트 3.8.0 인스톨러를 실행하면 다음과 같은 화면이 표시되는데, 이때 'Add Python 3.8 to PATH'에는 체크하지 말자.

③ 설치 경로를 확인한 후 'Install Now' 버튼을 클릭한다. Install Now 밑에 적혀있는 설치 경로는 나중에 설정 파일에 반영해야 하므로 반드시 기억해둔다.

그림_ 파이썬 3.8.0 (32비트) 인스톨러

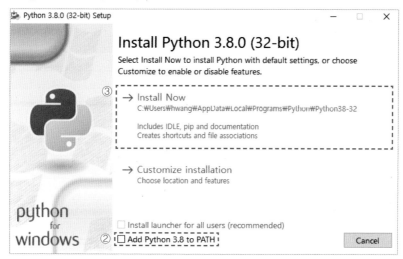

④ 설치가 완료되더라도 별도로 3.8.0 버전 32비트 파이썬에 대한 PATH 설정을 하지 않았기 때문에, 명령창에서 **python ---version**을 실행하면 3.8.1 버전 64비트 파이썬이 실행된다.

⑤ mkdir(make directory) 명령으로 가상 환경에서 사용할 디렉터리(C:\VirtualEnv)를 생성한다.

⑥ 디렉터리가 생성되었다면 cd(change directory) 명령으로 해당 디렉터리로 이동한다.

⑦ **python -m venv Py380_32** 명령을 실행한다. python -m 옵션은 라이브러리 모듈(venv)을 스크립트로 실행하라는 뜻이다. 명령이 제대로 실행되면 C\VirtualEnv\Py380_32 디렉터리 밑에 pyvenv.cfg 설정 파일이 생성될 것이다.

⑧ 노트패드로 pyvenv.cfg 설정 파일을 열어보면 기존에 설치된 3.8.1 버전 64비트 파이썬 정보가 적혀있을 것이다.

그림_ venv 가상 환경 만들기

에딩 정보를 ③ 민세에서 확인했던 3.8.0 버전 32비트 파이썬 경로로 변경한 뒤 저장한다.

그림_ venv 가상 환경 설정

C:\VirtualEnv\Py380_32\Scripts 디렉터리에는 activate.bat 파일과 deactivate.bat 파일이 존재할 것이다. 해당 파일들은 가상화 모드를 활성화 또는 비활성화하는 데 쓰인다.

⑨ 다음과 같이 activate.bat 파일을 실행해 가상 환경을 활성화하자.

그림_ 가상 환경 활성화

⑩ 가상 환경이 활성화되면 명령창의 프롬프트 앞에 가상 환경 이름(Py380_32)이 표시된다. 이 상태에서 **python —version** 명령을 실행하면 3.8.0 버전 32비트 파이썬 버전이 표시된다.

그림_ 가상 환경에서 파이썬 버전 확인

⑪ 가상 환경이 활성화된 상태에서 **pip install blockchain** 명령으로 블록체인[blockchain] 라이브러리를 설치해보자. 블록체인 라이브러리는 기존의 3.8.1 버전 64비트 파이썬 환경이 아닌 가상 환경(3.8.0 버전 32비트 파이썬)에만 설치될 것이다.

⑫ 가상 환경(3.8.0 버전 32비트 파이썬)에 블록체인 라이브러리가 설치되었는지 확인하려면 가상 환경이 활성화된 상태에서 **python** 명령을 실행한다. 윈도우 Path 환경 변수에 3.8.1 버전 64비트 파이썬의 디렉터리가 설정되어 있음에도 불구하고, 3.8.0 버전 32비트 파이썬의 python.exe 인터프리터가 실행된다.

⑬ 블록체인 패키지의 익스체인지레이트[exchangerates] 모듈을 사용하여 비트코인의 15분 전 KRW 시세를 출력해보자.

⑭ quit() 명령을 입력해 파이썬 인터프리터를 종료한다.

⑮ 본인이 pip로 설치한 패키지를 확인하려면 **pip freeze**를 입력한다.

그림_ 가상 환경에서 blockchain 라이브러리 사용

```
(Py380_32) C:\VirtualEnv>python ⑫
Python 3.8.0 (tags/v3.8.0:fa919fd, Oct 14 2019, 19:21:23) [MSC v.1916 32 bit (Intel)] on win32
Type "help", "copyright", "credits" or "license" for more information.
>>>
>>> from blockchain import exchangerates          ⑬
>>> tk = exchangerates.get_ticker()
>>> print('1 bitcoin =', tk['KRW'].p15min, 'KRW')
1 bitcoin = 11314865.9 KRW
>>>
>>> quit() ⑭

(Py380_32) C:\VirtualEnv>pip freeze ⑮
blockchain==1.4.4
enum-compat==0.0.3
future==0.18.2

(Py380_32) C:\VirtualEnv>
```

2.2.4 아나콘다 배포판에 대해

아나콘다 배포판은 여러 파이썬 라이브러리를 간편하게 설치할 수 있는 대신, 설치된 라이브러리를 사용자가 임의로 변경하기가 쉽지 않다. 따라서 이 책에서는 아나콘다 배포판 대신 pip 명령으로 각 라이브러리를 직접 설치해 실습한다.

파이썬 라이브러리 간의 의존성 문제로 인해서 특정 라이브러리를 설치하지 못하는 상황이 발생하면 최후의 수단으로 파이썬을 제거한 후 아나콘다 배포판을 설치하기 바란다.

아나콘다 설치 방법은 다음 링크를 참조하자.

- www.anaconda.com/download

2.3 문자열과 산술연산

새로운 프로그래밍 언어를 배울 때 대게 처음에는 'Hello, world!' 문자열을 출력하는 프로그램을 작성한다. 우리도 'Hello, world!' 문자열을 출력해보자. 파이썬이 설치되어 있다면 명령창에서 python을 입력해서 파이썬 셸을 실행할 수 있다. >>> 프롬프트가 표시되면 print('Hello, world!')를 입력하고 엔터 키를 누르자.

그림_ 파이썬 Hello, world!

위와 같이 명령창에서 실행되는 파이썬 셸을 사용해도 무방하지만, 파이썬과 함께 자동으로 설치되는 IDLE^Python's Integrated Development and Learning Environment을 사용하는 것이 좋다. IDLE은 100% 순수 파이썬으로 작성되었으며, GUI 라이브러리인 티케이인터^tkinter를 이용하여 개발되었다. 윈도우 검색 메뉴에서 'IDLE'을 입력하면 실행할 수 있다.

IDLE은 두 가지 윈도우 모드를 가지고 있는데, IDLE이 실행되면 최초로 표시되는 셸 윈도우는 파이썬 셸의 컬러풀 버전이고, 파일(File) 메뉴로 .py 파일을 열 때 표시되는 창은 파이썬 코드를 편집할 때 사용하는 편집기다. Options 메뉴에서 Configure IDLE 메뉴를 클릭한 뒤 Fonts/Tabs 탭에서 폰트를 Consolas로 선택하고 Highlights 탭에서 하일라이팅 테마를 IDLE dark로 설정해보자. Consolas 폰트를 사용하면 대문자 I와 소문자 L, 대문자 O와 숫자 0 같은 문자를 쉽게 구분할 수 있고, IDLE dark 테마의 하일라이트 기능을 사용하면 코드를 볼 때 훨씬 편하다.

IDLE은 인텔리센스^intelliSense 기능도 제공한다. 객체명 다음에 마침표(.)와 탭 키를 차례로 누르면 해당 객체에서 사용 가능한 속성과 함수가 표시되고, 함수명 다음에 왼쪽 괄호 키 '('와 탭 키를 차례로 누르면 해당 함수의 호출 팁^call tips이 표시된다. 단어를 입력하던 도중에 탭 키를 누르면 자동으로 완성된다.

그림_ IDLE 인텔리센스 기능

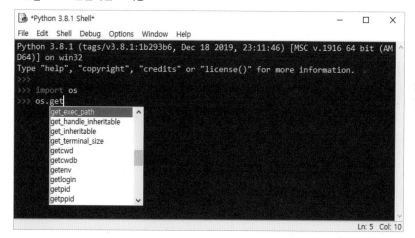

2.3.1 문자열

문자열string이란 말 그대로 문자들이 순서대로 나열된 것이다. 가공되지 않은 대부분 원시 데이터raw data는 문자열 형태로 저장되어 있으므로, 이를 처리하여 가치 있는 정보를 추출하는 것이 데이터 분석의 기본이다.

str 문자열 클래스

print()는 문자열을 출력하는 함수로서, 괄호 안에 인수로 문자열을 넘겨주면 해당 문자열을 표준 출력(모니터)으로 표시해준다. 파이썬에서 문자열은 내장built-in 클래스 str로 처리되는데, 문자열을 작은따옴표로 표시하거나 큰따옴표로 표시해도 내부 처리 결과는 동일하다. 'Hello, world!' 문자열을 type() 함수로 자료형을 확인하면, 따옴표 종류에 상관없이 모두 str 클래스다.

```
>>> type('Hello, world!')
<class 'str'>
```

```
>>> type("Hello, world!")
<class 'str'>
```

이스케이프 문자

문자열 내부에서 영향받지 않도록 표기하는 이스케이프 문자escape character는 \백슬래시로 시작한다. 탭tab 문자는 \t, 줄바꿈newline 문자는 \n, \ 자체를 표시할 때는 \\를 사용한다. 만일 이스케이프 문자를 사용하지 않고, 문자 그대로 표시하고 싶다면 문자열의 앞에 r을 추가하면 된다. 아래에서 첫 번째 \n는 줄바꿈으로 표시되고, 두 번째 \n는 문자 그대로 표시된 예제다.

\n이 줄바꿈으로 처리되는 경우는 다음과 같다.

```
>>> print('C:\Windows\System32\notepad.exe')
C:\Windows\System32
otepad.exe
```

raw string으로 지정하여 \ 문자가 이스케이프 문자가 아닌 문자 \로 처리되는 경우는 다음과 같다.

```
>>> print(r'C:\Windows\System32\notepad.exe')
C:\Windows\System32\notepad.exe
```

문자열 내부에서 작은따옴표나 큰따옴표를 표시해야 하는 경우에는 이스케이프 문자 형식(\'나 \")을 사용하는 것이 편리하다. 만일 이스케이프 문자 형식을 사용하지 않으려면, 문자열을 둘러싸는 따옴표를 문자열 내부에서 쓰이는 따옴표와 구분되도록 다른 종류의 따옴표로 둘러싸야 한다. 파이썬에서는 작은따옴표 세 개 ' ' '나 큰따옴표 세 개 """를 문자열을 나타낼 때 사용할 수 있다.

작은따옴표와 큰따옴표를 이스케이프 문자로 나타낸 경우는 다음과 같다.

```
>>> print('\"It\'s not that I\'m so smart; it\'s just that I stay with problems longer.\" Albert Einstein')
"It's not that I'm so smart; it's just that I stay with problems longer." Albert Einstein
```

작은따옴표와 큰따옴표를 작은따옴표 세 개로 둘러싼 경우는 다음과 같다.

```
>>> print('''"It's not that I'm so smart; it's just that I stay with problems longer." Albert Einstein''')
"It's not that I'm so smart; it's just that I stay with problems longer." Albert Einstein
```

여러 줄에 걸친 문자열을 나타내는 데 작은따옴표 세 개 ' ' '나 큰따옴표 세 개 """를 연달아 사용하면 된다.

```
>>> print('''Wake up, Neo...
The Matrix has you...
Follow the white rabbit.''')
Wake up, Neo...
The Matrix has you...
Follow the white rabbit.
```

참고로, 작은따옴표 세 개나 큰따옴표 세 개는 코드에 주석comment을 달 때에도 사용된다. #은 한 줄짜리 주석을 달 때 사용하고, 여러 줄에 걸친 주석을 달 때는 따옴표 세 개를 이용한다.

인덱싱

문자열에서 인덱스index 숫자를 사용하면 특정 위치의 문자를 지정할 수 있다. 문자열 길이가 n 일 때, 제일 첫 문자의 인덱스는 0 또는 -n으로 표현한다. 제일 마지막 문자의 인덱스는 n-1 또는 -1로 표현한다.

아래 예제에서 'Python' 문자열 길이는 6이다, 따라서 제일 첫 문자 'P'의 인덱스는 0 또는 -6 이고, 제일 마지막 문자 'n'의 인덱스는 5 또는 -1이 된다.

```
>>> word = 'Python'

>>> len(word)
6

>>> word[0] + word[1] + word[2] + word[3] + word[4] + word[5]
'Python'

>>> word[-6] + word[-5] + word[-4] + word[-3] + word[-2] + word[-1]
'Python'
```

보통 문자열의 앞부분에 위치한 문자를 지정하려면, 제일 첫 문자의 인덱스 0을 기준으로 시작 하는 양수형 인덱스를 사용한다. 반면에 문자열의 뒷부분에 위치한 문자를 지정하려면, 제일 마지막 문자의 인덱스 -1을 기준으로 지정하는 음수형 인덱스를 사용하는 것이 편리하다.

표_ **Python 문자열의 인덱스**

P	y	t	h	o	n
0	1	2	3	4	5
-6	-5	-4	-3	-2	-1

슬라이싱

인덱스와 :콜론을 이용하여 문자열의 특정 부분만을 잘라낼 수 있다. 슬라이싱slicing을 이용해 문자열을 나타낼 때, 콜론을 기준으로 앞 인덱스에 해당하는 문자는 포함되지만 뒤 인덱스에 해당하는 문자는 포함되지 않는다.

```
>>> word = 'Python'

>>> word[0:6]
'Python'

>>> word[0:]
'Python'

>>> word[:6]   # 5번째 인덱스에 해당하는 문자(n)까지 표시된다.
'Python'

>>> word[:-1]   # -2번째 인덱스에 해당하는 문자(o)까지 표시된다.
'Pytho'
```

2.3.2 산술 연산

간단한 계산은 파이썬 셸에 입력해 결과를 확인할 수 있다. 가감승제(+, -, *, /)와 나머지(//) 연산 등을 지원한다. 파이썬은 증감 단항연산자(x++, ++x)를 지원하지 않는다.

```
>>> 1 + 2
3

>>> 3 - 4
-1

>>> 5 * 6
30

>>> 2 ** 8   # 2의 8승. pow(2, 8)와 동일함
256

>>> 5 / 3
```

```
1.6666666666666667

>>> 5 // 3  # 나눗셈 결과의 몫
1

>>> 5 % 3  # 나눗셈 결과의 나머지
2

>>> x = 2
>>> x += 1  # x = x + 1과 동일. 파이썬은 단항증감연산자(x++, --x)를 지원 안 함
>>> x
3
```

연산자 우선순위

종류가 다른 연산자가 함께 있을 때 컴퓨터는 우선순위가 높은 연산자부터 계산한다.

다음은 파이썬 연산자 우선순위operator precedence를 나열한 표다. 동일한 칸에 표시된 연산자의 경우, 왼쪽에 표시된 연산자일수록 우선순위가 높다. x는 연산의 대상을 의미하는 피연산자operand를 나타낸다.

표_ 파이썬 연산자 우선순위표

연산자	설명
( )	그루핑
f(args...)	함수 호출
x[index:index]	슬라이싱
x[index]	인덱싱
x.속성	속성 참조(Attribute reference)
**	거듭제곱
~x	비트 연산 NOT (Bitwise NOT)
+x, -x	양, 음
*, /, %	곱셈, 나눗셈, 나머지
+, -	덧셈, 뺄셈
<<, >>	비트 이동

&	비트 연산 AND
^	비트 연산 XOR
|	비트 연산 OR
in, not in, is, is not, <, <=, >, >=, <>, !=, ==	비교
not x	논리 연산 NOT
and	논리 연산 AND
or	논리 연산 OR
lambda	람다표현식

연산자 종류가 제법 많아서 순서를 외우기가 쉽지 않다. 따라서 '우선순위가 제일 높은 연산자는 괄호parentheses다'라는 것만 기억하자. 여러 연산자를 사용할 때 우선순위를 잘 모르겠으면 무조건 괄호를 활용하자.

2.3.3 흐름 제어

파이썬은 기본적으로 맨 윗줄부터 아랫줄로 한 줄씩 실행되지만, if, for while과 같은 흐름 제어문을 사용해 실행 순서를 변경할 수 있다.

if 조건문

조건에 따라 분기할 때 if문을 사용한다. if 조건문을 만족하지 않으면 순차적으로 elif의 조건문을 판단한다. 만일 모든 조건문에 만족하지 않으면 else문을 실행한다. elif와 else문을 생략할 수 있다.

상대강도지수relative strength index, RSI는 시장이나 개별 주식이 과매수 상태인지 또는 과매도 상태인지 판단하는 데 도움을 주는 지표다. 보통 상대강도지수가 70을 초과하면 과매수 상태로 보고, 30 미만이면 과매도 상태로 보는데 이를 조건문으로 판단하면 다음과 같다.

```
>>> rsi = 88
>>> if rsi > 70:
...     print('RSI', rsi, 'means overbought.')
... elif rsi < 30:
...     print('RSI', rsi, 'means oversold.')
... else:
...     print('...')

RSI 88 means overbought.
```

for 반복문

지정된 횟수만큼 반복해서 코드를 실행하려면 for 반복문을 사용한다. in 연산자 뒤에는 리스트 같은 열거형 객체나 range() 함수를 사용할 수 있다. 파이썬에서 리스트는 대괄호를 이용하여 나타내는데 자세한 사용법은 다음 절에서 다루겠다.

```
>>> for i in [1, 3, 5]:
...     print(i)

1
3
5
```

range() 함수를 사용해서 범위를 지정할 때는 시작값과 증가값을 생략할 수 있다. 시작값을 생략하면 기본값 0이 적용되고, 증가값을 생략하면 기본값 1이 적용된다. 멈춤값으로 주어진 수는 반복할 범위에 포함하지 않는다.

```
range([시작값,] 멈춤값[, 증가값])
```

```
>>> for i in range(1, 7, 2):
...     print(i)

1
3
5
```

for 반복문을 파이썬답게 사용하려면 enumerate() 함수와 함께 써보자. 각각의 반복 과정에서 아이템 인덱스를 구할 수 있어서 편리하다. 두 번째 인수는 인덱스 시작값이다. 시작값을 생략하면 첫 번째 인덱스는 0부터 시작한다.

```
enumerate(반복자료형[, 인덱스의 시작값])
```

```
>>> FAANG = ['FB', 'AMZN', 'AAPL', 'NFLX', 'GOOGL']
>>> for idx, symbol in enumerate(FAANG, 1):
...     print(idx, symbol)

1 FB
2 AMZN
3 AAPL
4 NFLX
5 GOOGL
```

while 반복문

어떤 조건을 만족하는 동안 반복해서 실행하는 데 while 반복문을 사용한다. 앞에서 보았던 range() 함수를 이용한 for 반복문은 while 반복문으로 대체할 수 있다.

```
>>> i = 1
>>> while i < 7:
...     print(i)
...     i += 2

1
3
5
```

for, while 반복문에서 continue, break 문을 사용하면 세밀하게 흐름 제어를 할 수 있다. continue는 조건이 맞으면 나머지 코드를 실행하지 말고 다음 반복을 이어서 수행하라는 의미이고, break는 코드 실행을 중단하고 가장 근접한 for, while 반복문을 벗어나라는 의미다.

while else와 for else

while과 for 반복문에 else 문을 같이 쓰면 반복을 종료하고 특정 문장을 실행할 수 있다. 단,
break 문에 의해서 종료되면 실행되지 않는다.

```
>>> i = 0
>>> while i >= 0:
>>>     i += 1
>>>     if (i % 2) == 0:
>>>         continue
>>>     if i > 5:
>>>         break
>>>     print(i)
>>> else:
>>>     print('Condition is False.')

1
3
5
```

try except 예외 처리

일반적으로 프로그램 수행 도중에 예외가 발생하면 프로그램은 예외 메시지를 표시하고 자동
종료된다. 만일 서버 프로그램처럼 종료되면 안 되는 프로그램이라면 예외 처리로 프로그램 종
료를 막을 수 있다.

다음처럼 어떤 수를 0으로 나누는 연산은 수학적으로 불가능하기 때문에 프로그램에서도 예외
가 발생한다. 만일 아래 코드처럼 예외가 발생할 부분을 try 영역으로 지정하고 except 영역
에서 예외를 처리할 코드를 작성해두면 프로그램 강제 종료를 막을 수 있다.

```
>>> try:
...     1/0
... except Exception as e:
...     print('Exception occured :', str(e))

Exception occured : division by zero
```

어떠한 이유로 예외가 발생하는지 모를 때도 위의 코드처럼 Exception 클래스를 문자열로 출력해보자. 예외명만 보더라도 예외가 발생한 이유를 추측할 수 있어서 디버깅에 도움이 된다.

2.4 반복 자료형

지금까지 파이썬에서 문자열이나 숫자로 이루어진 자료^{data}를 다루는 방법을 배웠다. 프로그래밍에서 자료형^{data type}이란 용어는 자료가 가질 수 있는 형태를 의미하는데, 파이썬의 자료형으로는 정수(int), 실수(float), 복소수(complex) 같은 수치형 자료형과 문자열(str) 자료형 등이 있다.

파이썬에서는 한 개의 자료로 이루어진 자료형뿐만 아니라 여러 개로 이루어진 반복 자료형(iterables)도 사용할 수 있다. 대표적인 반복 자료형으로는 리스트(list), 튜플(tuple), 셋(set), 딕셔너리(dictionary)가 있으며, 이들은 '원소를 하나씩 꺼내어서 처리할 수 있다'는 공통적인 특징이 있다.

2.4.1 리스트

파이썬 반복 자료형 중 가장 빈번하게 사용되는 것은 바로 리스트다. 파이썬의 리스트에 포함되는 원소들은 반드시 동일한 자료형이 아니어도 되며, 보통 대괄호 사이에 각 원소들을 쉼표로 구분하여 생성한다. ls = list(['one', 'two', 'three', 4, 5, 6])로도 동일하게 생성할 수 있다.

```
>>> ls = ['one', 'two', 'three', 4, 5, 6]
```

문자열에서 문자 위치를 인덱스라고 하듯이 리스트에서도 원소 위치를 인덱스라고 한다. 리스트 내부 원소는 [] 사이의 인덱스 번호를 사용해 몇 번째 원소인지를 지정한다. ls 리스트의 첫 번째 원소는 ls[0]으로, ls 리스트의 마지막 원소는 ls[-1]로 표시한다.

```
>>> ls[0]; ls[-1]
'one'
6
```

리스트의 원소로 다른 리스트를 포함할 수도 있다. 심지어 다른 반복 자료형도 원소로 포함할
수 있다. 다음과 같이 두 리스트를 원소로 갖는 리스트를 생성할 수 있다.

```
>>> L = [[1, 2], [3, 4]]
```

L 리스트의 첫 번째 원소인 L[0]은 [1, 2] 리스트이고, 두 번째 원소인 L[1]은 [3, 4] 리스
트다. 원소의 자료형이 리스트이므로 각 원소가 []로 둘러싸여 있다.

```
>>> L[0]; L[1]
[1, 2]
[3, 4]
```

중첩된 리스트 내부의 원소에 접근하는 데 L[n][m]과 같이 인덱스를 여러 번 사용할 수도 있
다. L[n][m]은 L[n]에 해당하는 리스트에서 m 인덱스에 해당하는 원소를 나타낸다. 예로 들어
L[1][0]은 L[1]이 [3, 4] 리스트이므로, L[1][0]은 결국 [3, 4] 리스트의 첫 번째 원소인 3
이 된다. L[n][m] 형식으로 L 리스트의 모든 원소를 표시한 예는 다음과 같다.

```
>>> L[0][0]; L[0][1]; L[1][0]; L[1][1]
1
2
3
4
```

덧셈 연산자(+)를 사용하면 리스트 뒤에 리스트를 추가할 수 있다. 아래 예제를 실행하더라도
덧셈 연산의 결과만 표시될 뿐 L 리스트값은 변하지 않는다. 실제로 L 리스트값을 변경하려면
L = L + L이라고 입력해야 한다.

```
>>> L + L
[[1, 2], [3, 4], [1, 2], [3, 4]]
```

곱셈 연산자 *를 사용하면 곱한 숫자만큼 리스트를 반복하여 표시한다.

```
>>> L * 3
[[1, 2], [3, 4], [1, 2], [3, 4], [1, 2], [3, 4]]
```

split() 함수

split() 함수는 문자열을 분리할 때 사용한다. 인수로 주어진 문자열을 구별자로 사용하는데, 구별자를 지정하지 않으면 공백 문자를 기준으로 문자열을 분리한다. 분리된 문자열은 리스트로 반환된다.

```
>>> myList = 'Thoughts become things.'.split()

>>> type(myList)
<class 'list'>

>>> print(myList)
['Thoughts', 'become', 'things.']
```

join() 함수

문자열을 split() 함수를 이용하여 리스트로 변환했듯이, 역으로 join() 함수를 사용하면 리스트를 인수로 받아서 문자열 하나로 만들 수 있다. 아래 예제는 myList라는 리스트를 인수로 받아서 원소들을 공백space 문자로 연결하여 문자열 하나로 생성하는 예제다.

```
>>> myList
['Thoughts', 'become', 'things.']

>>> ' '.join(myList)
'Thoughts become things.'
```

sort()와 sorted()

sort() 함수는 리스트를 직접 정렬하고 None을 반환한다. 리스트에서만 사용할 수 있다.

```
>>> li = [2, 5, 3, 1, 4]
>>> li.sort()
>>> li
[1, 2, 3, 4, 5]
```

반면에 sorted() 함수는 리스트뿐 아니라 문자열, 튜플, 딕셔너리 등 반복 가능한 자료형에 모두 사용할 수 있다. sorted() 함수는 기존 리스트를 복사해서 새로 만들어 반환하기 때문에 sort() 함수보다는 다소 느리며, 기존의 리스트에는 영향을 주지 않는다.

```
>>> li = [4, 3, 1, 2, 5]
>>> sorted(li)
[1, 2, 3, 4, 5]
>>> li
[4, 3, 1, 2, 5]
```

append()와 extend()

append() 함수는 넘겨받은 인수의 자료형에 상관 없이 리스트 뒤에 그대로 추가한다.

```
>>> L = [1, 2]
>>> L.append([3, 4])
>>> L
[1, 2, [3, 4]]
```

extend() 함수는 넘겨받은 인수가 반복 자료형일 경우, 반복 자료형 내부의 각 원소를 추가한다.

```
>>> L = [1, 2]
>>> L.extend([3, 4])
>>> L
[1, 2, 3, 4]
```

구분자 변경하기

split()과 join()을 함께 사용하면 다양한 방식으로 응용할 수 있다. 다음은 날짜 문자열을 구분자 '/'를 기준으로 리스트로 분리한 뒤, 이를 다시 문자열로 합치면서 구분자 '-'로 연결한 예제다.

```
>>> '-'.join('2012/01/04'.split('/')) # 문자열 내부의 '/'를 '-'로 교체
'2012-01-04'
```

파이썬은 문자열에서 특정 문자를 변경하는 replace() 함수를 기본 제공한다.

```
>>> '2012/01/04'.replace('/', '-')
'2012-01-04'
```

천 단위 숫자를 쉼표로 구분하기

천 단위로 구분하여 표시된 숫자에서 쉼표를 제거하려면 다음과 같이 변경하면 된다.

```
>>> ''.join('1,234,567,890'.split(','))
'1234567890'
```

사실 이 역시도 replace() 함수를 사용하면 간단히 처리할 수 있다.

```
>>> '1,234,567,890'.replace(',', '')
'1234567890'
```

반대로 숫자를 표시할 때 천 단위마다 쉼표로 분리해 문자열 형태로 표시하려면 format() 함수를 사용하면 된다.

```
>>> format(1234567890, ',')
'1,234,567,890'
```

리스트 복사

리스트는 문자열과 마찬가지로 인덱싱과 슬라이싱이 가능하며, len() 함수를 비롯한 여러 내장 함수를 사용할 수 있다. [:]를 사용하면 리스트를 복사할 수 있다.

```
>>> myList = ['Thoughts', 'become', 'things.']
>>> newList = myList[:] # 전체 영역 슬라이싱 [:]은 새로운 리스트를 반환한다.
>>> newList
['Thoughts', 'become', 'things.']
```

[:]를 사용하여 리스트를 복사한 경우, 새로운 리스트를 변경하더라도 기존 리스트는 변경되지 않는다.

```
>>> newList[-1] = 'actions.'
>>> newList
['Thoughts', 'become', 'actions.']
>>> myList
['Thoughts', 'become', 'things.']
```

리스트 내포

내포comprehension 기능은 파이썬이 다른 언어들에 비해 얼마나 더 고수준 언어high level language인지를 보여준다. 내포 기능을 사용하면 리스트, 딕셔너리, 셋 같은 열거형 객체의 전체 또는 일부 원소를 변경하여 새로운 열거형 객체를 생성할 수 있다. 보통 다른 언어에서는 이런 작업을 for 반복문으로 처리하는데, 파이썬의 내포 기능을 사용하면 훨씬 간결하게 처리할 수 있다.

다음은 for 반복문을 사용해서 리스트의 모든 원소에 대하여 제곱을 구하는 예제다.

```
>>> nums = [1, 2, 3, 4, 5]
>>> squares = []
>>> for x in nums:
        squares.append(x ** 2)
>>> squares
[1, 4, 9, 16, 25]
```

위의 코드는 리스트 내포를 사용하여 더 간단히 바꿀 수 있다.

```
>>> nums = [1, 2, 3, 4, 5]
>>> squares = [x ** 2 for x in nums]
>>> squares
[1, 4, 9, 16, 25]
```

특히, 리스트에서 조건에 맞는 원소만 골라서 가공한 뒤 새로운 리스트로 생성할 때 편리하게 사용할 수 있으므로 익혀두자. 다음은 결과가 짝수일 때만 원소로 저장하는 코드다.

```
>>> nums = [1, 2, 3, 4, 5]
>>> even_squares = [x ** 2 for x in nums if x % 2 == 0]
>>> even_squares
[4, 16]
```

2.4.2 변경이 불가능한 튜플

튜플은 리스트처럼 다양한 자료형의 원소를 가지지만, 대괄호 대신 소괄호로 표시하며 원소를 변경할 수 없다.

```
# 튜플은 다른 리스트나 내장함수도 원소로 가질 수 있음
>>> myTuple = ('a', 'b', 'c', [10, 20, 30], abs, max)

# 인덱싱을 사용하여 4번째 원소인 리스트를 출력
>>> myTuple[3]
[10, 20, 30]

# 5번째 원소인 내장함수 abs()에 -100을 파라미터로 전달
>>> myTuple[4](-100)
100

# 6번째 원소인 내장함수 max()에 리스트를 파라미터로 전달
>>> myTuple[5](myTuple[3])
30
```

원소에 대한 변경이 정말 안 되는지 확인해보자. 첫 번째 원소에 'A'를 대입해보자. '튜플 객체는 원소 할당item assignment을 지원하지 않는다'는 메시지와 함께 타입 에러가 발생할 것이다.

```
>>> myTuple[0] = 'A'
TypeError: 'tuple' object does not support item assignment
```

2.4.3 {키:값} 형태 딕셔너리

딕셔너리는 다소 특이하게도 키와 값은 하나의 원소로 가지는 순서가 없는 집합이다. 키:값 형태의 원소들을 쉼표로 구분하여, 중괄호로 감싸서 표시한다. 미국의 증권 종목들은 알파벳으로 이루어진 심볼로 표시하는데, 최근 유전자 가위 기술CRISPR로 각광을 받는 미국 대표 기업들을 딕셔너리로 나타내면 다음과 같다.

```
>>> crispr = {'EDIT': 'Editas Medicine', 'NTLA': 'Intellia Therapeutics'}
```

순서가 없으므로 시퀀스 자료형들처럼 인덱스로 값에 접근하는 것은 불가능하다. 만일 다음처럼 인덱스 숫자로 원소에 접근하려고 하면, 인터프리터는 이를 키로 처리하기 때문에 키 에러가 발생한다.

```
>>> crispr[1] # 순서가 없으므로 인덱스 숫자로 접근할 수 없다.
KeyError: 1

>>> crispr['NTLA']
'Intellia Therapeutics'
```

원소를 추가하고 싶다면, 다음과 같이 키와 값을 함께 지정하여야 한다. 다음은 CRSP 키에 'CRISPR Therapeutics'를 값으로 넣는 예제다.

```
>>> crispr['CRSP'] = 'CRISPR Therapeutics'

>>> crispr
{'EDIT': 'Editas Medicine', 'NTLA': 'Intellia Therapeutics', 'CRSP': 'CRISPR
```

```
Therapeutics'}

# CRSP 종목을 추가했으므로 총 원소 개수는 3개다.
>>> len(crispr)
3
```

2.4.4 문자열 포맷 출력

for 반복문을 통해서 crispr 딕셔너리의 모든 키와 값을 출력해보자. 출력 형식^{format} 지정에는
% 기호를 사용하는 방식과 중괄호 {} 기호를 사용하는 방식이 있다. 최근에는 f-strings 방식
이 추가되어 더 편리하게 출력 형식을 지정할 수 있다.

% 기호 방식

% 기호 다음에 특정 문자를 사용하여 출력 형식을 지정한다. 아래 예제에서 %s는 문자열 형식
을 나타내며 crispr의 키와 값을 각각 문자열로 출력하라는 의미다. 문자열(%s) 이외에도 문
자(%c), 십진수(%d), 부동소수(%f), 16진수(%x) 등 다양한 형식으로 출력 형식을 지정할 수
있다.

```
>>> for x in crispr:
...     print('%s : %s' % (x, crispr[x])) # old school format

EDIT : Editas Medicine
NTLA : Intellia Therapeutics
CRSP : CRISPR Therapeutics
```

{ } 기호 방식

이전 방식인 % 기호 방식과 사용법은 유사하다. 아래 예제처럼 {} 기호만 사용하면 format()
함수에 주어진 인수의 자료형에 맞게 자동으로 출력해준다. % 기호 방식을 {} 기호 방식으로
바꾸는 공식은 % 문자를 : 문자로 바꾼 후 중괄호 {}를 씌워 주는 것이다. 예를 들어 %.2f의 경
우 {:.2f}로 변형하면 된다.

```
>>> for x in crispr:
...     print('{} : {}'.format(x, crispr[x])) # new school format

EDIT : Editas Medicine
NTLA : Intellia Therapeutics
CRSP : CRISPR Therapeutics
```

f-strings 방식

f-strings 방식은 파이썬 3.6 버전 이후부터 지원되는 최신 포맷 방식으로, {} 안에 출력할 값과
포맷 형식을 지정할 수 있다. 문법 형태가 간결하여 읽기 쉬워졌고 속도면에서도 더 빨라졌다.

```
>>> for x in crispr:
...     print(f'{x} : {crispr[x]}') # brand new school format

EDIT : Editas Medicine
NTLA : Intellia Therapeutics
CRSP : CRISPR Therapeutics
```

문자열 포맷별 출력 비교표

아래 포맷을 모두 외울 필요는 없다. 세 가지 방식에서 공통적으로 쓰이는 문자열(s), 문자
(c), 십진수(d), 부동소수(f), 16진수(x)에 해당하는 알파벳 정도만 이해하고 필요할 때마다
찾아서 쓰다 보면 자연스럽게 외워질 것이다.

표_ 파이썬 문자열 포맷별 출력 비교표

포맷 구분	% 기호 방식	{} 기호 방식	f-strings 방식	출력 결과
문자열	'%s' % 'string'	'{}'.format('string')	s = 'STRING'; f'{s.lower()}'	'string'
문자	'%c' % 0x41	'{:c}'.format(0x41)	f'{0x41:c}'	'A'
십진수	'%d' % 0xFFFF	'{:d}'.format(0xFFFF)	f'{0xFF00+0x00FF:d}'	'65535'
부동소수	'%.2f' % 3.141592	'{:.2f}'.format(3.141592)	f'{3.141592:.2f}'	'3.14'

16진수 (소문자)	'%x' % 65535	'{:x}'.format(65535)	f'{65535:x}'	'ffff'
16진수 (대문자)	'%X' % 65535	'{:X}'.format(65535)	f'{65535:X}'	'FFFF'
천 단위 쉼표	N/A	'{:,d}'.format(1234567)	f'{1234567:,d}'	'1,234,567'
리터럴 %	'%d%%' % 100	N/A	N/A	'100%'
리터럴 {}	N/A	'{{curly brace}}'.format()	f'{{curly brace}}'	'{curly brace}'
문자열 좌측 정렬	'%-10s' % 'left'	'{:<10s}'.format('left')	f'{"left":<10}'	'left '
문자열 우측 정렬	'%10s' % 'right'	'{:>10s}'.format('right')	f'{"right":>10}'	' right'
문자열 가운데 정렬 후 채우기	N/A	'{:_^10s}'.format('center')	f'{"center":_^10}'	'__center__'

2.4.5 중복 없는 셋

셋(set)은 **중복이 없는 원소 집합을 나타낸다.** 셋을 생성하려면 중괄호 사이에 원소들을 쉼표로 구분하여 나열하면 된다. 단, 중복을 허용하지 않기 때문에 원소를 중복해서 생성하더라도 해당 원소는 하나만 존재한다.

```
>>> s = {'A', 'P', 'P', 'L', 'E'}
>>> s
{'A', 'P', 'L', 'E'}
```

한 가지 기억할 점은 반드시 우리가 생성한 순서대로 원소가 저장되지는 않는다는 점이다.

```
>>> mySet = {'B', 6, 1, 2}
>>> mySet
{1, 2, 'B', 6}
```

셋 내부에 특정 원소가 존재하는지 검사하려면 다음과 같이 `if ~ in ~` 비교 구문으로 확인하면 된다. 셋은 다른 반복 자료형보다 훨씬 빨리 원소의 존재 여부를 검사할 수 있다.

```
>>> if 'B' in mySet:
...     print("'B' exists in", mySet)

'B' exists in {1, 2, 'B', 6}
```

셋의 원소들은 인덱싱이 불가능한 대신, 원소들의 교집합, 합집합, 차집합을 구할 수 있다.

```
>>> setA = {1, 2, 3, 4, 5}
>>> setB = {3, 4, 5, 6, 7}

>>> setA & setB  # setA.intersection(setB)
{3, 4, 5}

>>> setA | setB  # setA.union(setB)
{1, 2, 3, 4, 5, 6, 7}

>>> setA - setB  # setA.difference(setB)
{1, 2}

>>> setB - setA  # setB.difference(setA)
{6, 7}
```

아쉽게도 셋은 반복 자료형처럼 리터럴로 원소가 없는 상태에서 생성할 수 없다. s = {}으로 생성하면 실제로는 딕셔너리가 생성되니 주의하자. 빈 셋은 **s = set()**으로 생성해야 한다.

```
>>> ls = []  # ls = list() 와 같은 결과
>>> d = {}   # d = dict() 와 같은 결과
>>> t = ()   # t = tuple() 과 같은 결과
>>> s = set()
```

중복 없는 셋의 특징을 이용하면 다음처럼 리스트에서 중복 원소를 간단히 제거할 수 있다.

```
>>> ls = [1, 3, 5, 2, 2, 3, 4, 2, 1, 1, 1, 5]
>>> list(set(ls))
[1, 2, 3, 4, 5]
```

2.4.6 타임잇으로 성능 측정하기

앞에서 셋이 다른 반복자료형보다 검색 시간이 훨씬 빠르다고 했는데, 이 말이 사실인지 실제로 확인해보자. 일반적으로 파이썬 프로그램 성능 측정에 표준 라이브러리 타임잇timeit을 사용한다.

> timeit(테스트 구문, setup=테스트 준비 구문, number=테스트 반복 횟수)

순회 속도 비교하기

setup 구문에서 0부터 9999까지 정수 1만 개를 원소로 갖는 리스트, 튜플, 셋을 생성한 후, 각 반복 자료형별로 모든 원소를 처음부터 끝까지 순회(for ~ in ~)하는 동작을 1000번 반복하는 데 걸린 총 시간을 비교해보자.

```
>>> import timeit

>>> iteration_test = """
... for i in itr :
...     pass
... """
>>> timeit.timeit(iteration_test, setup='itr = list(range(10000))', number=1000)
0.07704654849908366 # list

>>> timeit.timeit(iteration_test, setup='itr = tuple(range(10000))', number=1000)
0.08224796956687896 # tuple

>>> timeit.timeit(iteration_test, setup='itr = set(range(10000))', number=1000)
0.12235342350368228 # set
```

순회 속도는 리스트, 튜플, 셋 순서로 빠르나, 큰 차이는 없어보인다.

검색 속도 비교하기

다음은 표준 라이브러리인 random 모듈의 randint() 함수를 이용하여 0 이상 9999 이하의 임의의 난수를 생성한 후, 0부터 9999까지 정수 1만 개로 구성된 반복 자료형에 존재하는지 검색(if ~ in ~)하는 코드다.

```
>>> search_test  = """
... import random
... x = random.randint(0, len(itr)-1)
... if x in itr :
...     pass
... """
```

임의의 난수를 검색하는 작업을 1000번씩 반복해서 수행한 결과, 셋의 검색 속도가 리스트나 듀플보다 월등히 빠른 것으로 나타났다.

```
>>> timeit.timeit(search_test, setup='itr = set(range(10000))', number=1000)
0.001627368529625528 # set

>>> timeit.timeit(search_test, setup='itr = list(range(10000))', number=1000)
0.061079634144334705 # list

>>> timeit.timeit(search_test, setup='itr = tuple(range(10000))', number=1000)
0.06475888972886423 # tuple
```

성능 측정 결과를 종합하면, 방대한 원소 중에 특정 원소가 존재하는지 검색하는 데 셋이 가장 효율적이라는 사실을 알 수 있다.

2.5 변수와 함수

학창 시절 수학 시간에 다음과 같은 문장을 본 기억이 있을 것이다.

> 두 변수 x, y 사이에 x값이 결정되면 그에 대응하는 y값이 결정된다고 할 때, 'y는 x의 함수'라고 하고 $y = f(x)$라고 적는다.

컴퓨터 프로그래밍에서도 변수와 함수가 쓰이는데 기본적인 개념은 크게 다르지 않다.

파이썬에서는 변수와 함수를 어떻게 사용하는지 알아보자.

2.5.1 변수

컴퓨터 프로그래밍에서 변수는 '데이터를 저장할 수 있는 메모리 공간'을 의미한다. 데이터는 컴퓨터에서 처리하는 값을 의미하며, 데이터 종류를 자료형이라고 한다. 파이썬에서는 변수를 선언할 때 자료형을 지정하지 않으며, 변수의 값을 변경할 때도 자료형에 상관없이 변경할 수 있다.

전역 변수와 지역 변수

변수는 유효 범위에 따라 전역 변수global variable와 지역 변수local variable로 구분할 수 있다. 함수 밖에서 선언된 전역 변수는 코드 전반에 걸쳐서 유효하지만 함수 안에서 선언된 지역 변수는 해당 함수 내부에서만 유효하다.

내장 객체와 자료형

파이썬에서는 변수에 값을 대입하면 값의 자료형대로 변수의 자료형, 즉 변수형이 정해진다. 내장 함수built-in functions인 type() 함수를 호출하여 변수형을 확인할 수 있는데 정수는 int 클래스로, 실수는 float 클래스로, 문자열은 str 클래스로 처리되며 이와 같은 클래스를 내장 클래스built-in classes라고 한다. 클래스는 변수와 함수가 함께 존재하는 형태의 자료형으로, 객체지향 프로그래밍에서 상세히 다룰 것이다.

```
# 정수형
>>> i = 3
>>> type(i)
<class 'int'>

# 실수형
>>> f = 1.0
>>> type(f)
<class 'float'>

# 정수형과 실수형의 계산 결과는 실수형으로 처리된다.
```

```
>>> var = i * f
>>> print('{} : {}'.format(var, type(var)))
3.0 : <class 'float'>
```

제한 없는 정수형

파이썬은 다른 프로그래밍 언어들과 달리 정수형(int 클래스) 크기에 제한이 없기 때문에 10의 100승을 나타내는 구골[1] 같이 큰 수도 처리할 수 있다.

```
>>> googol = 10 ** 100 # pow(10, 100)
>>> type(googol)
<class 'int'>
>>> googol
10000000000000000000000000000000000000000000000000000000000000000000000000
0000000000000000000000
```

dir() 함수

파이썬 셸에서 인수 없이 dir()만 입력하면, 현재 셸에서 사용할 수 있는 객체가 표시된다. dir() 함수를 호출하면서 인수로 객체를 넘겨주면 해당 객체가 갖고 있는 함수와 변수를 리스트(list 클래스) 형태로 보여준다.

```
>>> s = 'string' # 문자열

>>> type(s)
<class 'str'>

>>> dir(s)
['__add__', '__class__', '__contains__', '__delattr__', '__dir__', '__doc__',
'__eq__', '__format__', '__ge__', '__getattribute__', '__getitem__',
'__getnewargs__', '__gt__', '__hash__', '__init__', '__init_subclass__',
'__iter__', '__le__', '__len__', '__lt__', '__mod__', '__mul__', '__ne__',
'__new__', '__reduce__', '__reduce_ex__', '__repr__', '__rmod__', '__rmul__',
'__setattr__', '__sizeof__', '__str__', '__subclasshook__', 'capitalize',
```

----

[1] 10의 100제곱을 가리키는 숫자. 즉, 1 뒤에 0이 백 개 달린 수다.

```
'casefold', 'center', 'count', 'encode', 'endswith', 'expandtabs', 'find',
'format', 'format_map', 'index', 'isalnum', 'isalpha', 'isdecimal', 'isdigit',
'isidentifier', 'islower', 'isnumeric', 'isprintable', 'isspace', 'istitle',
'isupper', 'join', 'ljust', 'lower', 'lstrip', 'maketrans', 'partition',
'replace', 'rfind', 'rindex', 'rjust', 'rpartition', 'rsplit', 'rstrip', 'split',
'splitlines', 'startswith', 'strip', 'swapcase', 'title', 'translate', 'upper',
'zfill']
```

예약어

파이썬에서 변수명은 반드시 영문자 또는 밑줄 문자로 시작해야 하며, 두 번째 문자부터는 영문자, 밑줄 문자와 더불어 숫자도 사용할 수 있다. 단, 영문자는 대소문자를 구분한다. 하지만 변수명으로 사용할 수 없는 단어도 있는데, 이를 파이썬 예약어keyword라고 하며 다음과 같이 help('keywords') 명령으로 확인할 수 있다.

```
>>> help('keywords')

Here is a list of the Python keywords.  Enter any keyword to get more help.

False           def             if              raise
None            del             import          return
True            elif            in              try
and             else            is              while
as              except          lambda          with
assert          finally         nonlocal        yield
break           for             not
class           from            or
continue        global          pass
```

2.5.2 함수

함수function는 영어 단어만 봐도 알 수 있듯이 특정 기능을 수행하는 코드다. 수학에서 어떠한 입력값이 주어졌을 때 이를 계산하는 단위를 함수라고 하듯이, 프로그래밍 언어에서도 마찬가지로 입력받은 데이터를 계산하거나 처리하는 단위를 함수라고 한다.

보통 함수는 프로그램의 중요 단위가 되며, 한 함수에 한 기능만 부여하는 것이 좋다. 함수는 인수로 주어지는 데이터가 달라지더라도 동일한 기능을 수행할 수 있기 때문에 코드 재사용성을 높일 수 있는 장점이 있다.

들여쓰기

파이썬에서는 함수를 작성할 때 예약어 def를 사용하며, 반드시 들여쓰기를 해야 한다. 들여쓰기indentation는 탭 문자나 스페이스 문자를 조합하여 사용할 수 있으며, 코드 레벨에 맞게 들여쓰기를 하지 않으면 에러가 발생한다.

참고로 탭 키는 스페이스 문자 4개로 설정해두는 것이 좋다. 스페이스 문자 4개로 들여쓰기 한 코드를 작성해두면, 개발 도구와 상관없이 일정한 들여쓰기를 유지할 수 있다.

연평균 성장률(CAGR) 구하기

연평균 성장률CAGR을 계산하는 함수를 작성해보자. CAGR은 Compound Annual Growth Rates의 약자로 우리말로는 '복합 연평균 성장률' 또는 '연복리 수익률'이라고도 부른다.

CAGR은 1년 동안 얼마 만큼씩 증가하는지를 나타내는 값으로, 주로 투자 수익률을 표시하는 데 사용되지만, 판매수량이나 사용자 증가율 등을 나타낼 때도 쓴다.

$$CAGR = \left(\frac{L}{F}\right)^{\left(\frac{1}{Y}\right)} - 1$$

- F = 처음 값

- L = 마지막 값

- Y = 처음 값과 마지막 값 사이의 연(year) 수

위의 수학 공식을 파이썬 함수로 옮겨보면 다음과 같다.

```
def getCAGR(first, last, years):
    return (last/first)**(1/years) - 1
```

삼성전자는 1998년 4월 27일 65,300원이던 주가가 액면 분할 직전인 2018년 4월 27일 2,669,000원이 되기까지, 정확히 20년 동안 무려 4,087%로 상승했다. 이 기간 연평균 성장률을 구하면 20.38%가 나온다.

```
>>> cagr = getCAGR(65300, 2669000, 20)

>>> print("SEC CAGR : {:.2%}".format(cagr))
SEC CAGR : 20.38%
```

None 반환값

함수를 정의할 때 반환값을 지정하지 않으면 None을 반환한다. 따라서 아래 세 함수는 모두 None을 반환한다. 참고로 다음처럼 세미콜론 ;을 사용하면 여러 줄 명령을 한 줄에 작성해 실행할 수 있다.

```
def func1():
  pass

def func2():
  return

def func3():
  return None

>>> print(func1()); print(func2()); print(func3())
None
None
None
```

None은 NoneType 클래스의 객체이며, None이 반환되었는지 확인하려면 == 또는 is 연산자를 사용한다.

```
>>> type(None)
<class 'NoneType'>

>>> func1() == None
True

>>> func1() is None
True
```

함수, 프로시저, 메서드

프로그래밍 언어에 따라 결괏값을 반환하는 것을 함수로, 결괏값을 반환하지 않는 것을 프로시저procedure로 구분하기도 한다.

파이썬에서는 함수가 존재하는 위치에 따라 명칭이 달라지는데, 클래스에 속하지 않는 함수를 함수로, 클래스에 속하는 함수를 메서드method로 구분해서 사용한다.

여러 결괏값 반환

파이썬은 함수 호출이 끝나고 결괏값을 반환할 때, 여러 결괏값을 한꺼번에 반환할 수 있다. 여러 결괏값은 기본적으로 튜플 객체로 변환되어 반환된다.

```
def myFunc():
    var1 = 'a'
    var2 = [1, 2, 3]
    var3 = max
    return var1, var2, var3 # 여러 개의 결괏값은 기본적으로 튜플 타입으로 반환된다.

>>> myFunc()
('a', [1, 2, 3], <built-in function max>)
```

함수 결괏값을 튜플 객체 하나로 받지 않고, 함수에서 반환한 순서대로 여러 객체로 나누어 받으려면 변수를 쉼표로 구분하여 받으면 된다.

```
>>> s, l , f = myFunc()

>>> s
'a'

>>> l
[1, 2, 3]

>>> f
<built-in function max>
```

람다

람다^{lambda}는 이름 없는 간단한 함수를 만들 때 사용한다. 'lambda 인수 : 표현식' 형태로 사용하며, 아래에 선언된 함수 객체와 비슷하게 동작한다.

```
def lambda ( 인수 ) :
    return 표현식
```

람다로 천 단위 숫자에 쉼표 삽입해보자.

```
>>> insertComma = lambda x : format(x, ',')
>>> insertComma(1234567890)
'1,234,567,890'
```

내장 함수 리스트

파이썬의 예약어를 변수명으로 사용할 수 없다. 사실 파이썬 예약어를 변수명으로 사용해서 값을 할당하는 것은 문법 오류^{syntax error}가 발생하기 때문에 원천적으로 불가능하다. 하지만 파이썬의 내장 함수명이나 내장 클래스명을 변수명으로 사용하면 문법 오류가 발생하지는 않는다. 대신 해당 내장 객체를 호출하지 못한다.

```
>>> abs = 1
>>> abs(-100)
Traceback (most recent call last):
  File "<stdin>", line 1, in <module>
TypeError: 'int' object is not callable
```

따라서 다음 표에 있는 파이썬 내장 함수는 변수명으로 부적절하다. 각각의 내장 함수에 대한 설명과 예제는 분량이 많은 관계로 깃허브(github.com/INVESTAR/StockAnalysisInPython)에 PDF 파일로 정리하여 업로드해두었다.

표_ 파이썬 내장 함수 리스트

abs()	all()	any()	ascii()
bin()	bool()	bytearray()	bytes()
callable()	chr()	classmethod()	compile()
complex()	delattr()	dict()	dir()
divmod()	enumerate()	eval()	exec()
filter()	float()	format()	frozenset()
getattr()	globals()	hasattr()	hash()
help()	hex()	id()	input()
int()	isinstance()	issubclass()	iter()
len()	list()	locals()	map()
max()	memoryview()	min()	next()
object()	oct()	open()	ord()
pow()	print()	property()	range()
repr()	reversed()	round()	set()
setattr()	slice()	sorted()	@staticmethod()
str()	sum()	super()	tuple()
type()	vars()	zip()	

2.6 모듈과 패키지

이번 절에서는 직접 모듈을 작성해서 패키지를 생성하고, 생성된 패키지를 불러와서 사용해보 겠다. 파이썬은 다른 프로그래밍 언어보다 훨씬 강력한 라이브러리를 제공하기 때문에 초반에 모듈과 패키지 개념을 확실히 잡아두면 향후 프로그래밍이 한결 수월해질 것이다.

2.6.1 모듈

프로그램을 개발할 때 모든 기능을 처음부터 끝까지 개발하는 경우는 극히 드물다. 이미 누군 가 모듈module 단위로 코드를 작성해두었기 때문에, 남이 만들어 놓은 모듈을 활용하면서 꼭 필 요한 부분만 직접 개발하면 된다.

보통 모듈은 컴파일이 완료된 바이너리를 의미하지만 파이썬에서는 .py 확장자를 갖는 파일 모 두를 모듈이라고 부를 수 있다. 또한 여러 모듈(.py 파일)을 특정 디렉터리에 모아 놓은 것을 패 키지package라고 부르며, 이러한 모듈 또는 패키지를 가리켜 라이브러리library라고 부르기도 한다.

help() 함수

파이썬 라이브러리는 크게 표준 라이브러리와 외부 라이브러리로 구분한다. 표준 라이브러리 는 별도의 설치 없이 import 명령으로 바로 불러와서 사용할 수 있지만, 외부 라이브러리는 사 용자가 직접 설치한 후 import 명령으로 불러와서 사용해야 한다. 현재 PC에 설치된 모듈 목 록은 **help('modules')** 명령으로 확인할 수 있다.

```
>>> help('modules')

Please wait a moment while I gather a list of all available modules...

__future__          _weakref            heapq               select
_ast                _weakrefset         hmac                selectors
_asyncio            _winapi             html                setuptools
_bisect             abc                 http                shelve
_blake2             aifc                idlelib             shlex
_bootlocale         antigravity         imaplib             shutil

~~~ 이하 생략 ~~~
```

또한 사용법도 확인할 수 있다. **help('modules 키워드')** 형식으로 명령하면 모듈명에 키워드가
포함되어 있거나, 요약 설명에 키워드가 포함된 모듈을 모두 표시한다.

```
>>> help('modules time')

Here is a list of modules whose name or summary contains 'time'.
If there are any, enter a module name to get more help.

_datetime - Fast implementation of the datetime type.
time - This module provides various functions to manipulate time values.
_strptime - Strptime-related classes and functions.
datetime - Concrete date/time and related types.

~~~ 이하 생략 ~~~
```

help('모듈명')으로 명령하면 해당 모듈명에 대한 상세 설명을 표시한다.

```
>>> help('datetime')

Help on module datetime:

NAME
    datetime - Fast implementation of the datetime type.

CLASSES
    builtins.object
        date
            datetime
        time
        timedelta
        tzinfo
            timezone

    class date(builtins.object)
     |  date(year, month, day) --> date object
     |
     |  Methods defined here:
     |
     |  __add__(self, value, /)
     |      Return self+value.

~~~ 이하 생략 ~~~
```

파일명에서 .py 확장자를 제외한 파일명이 모듈명과 같다. 모듈명은 모듈 내부의 __name__ 속성에도 저장되어 있다. __name__처럼 밑줄 문자 두 개로 둘러싼 형태는 특별히 정의된 파이썬에서 사용하는 함수나 변수를 나타낸다.

import

파이썬 모듈은 변수, 함수, 클래스를 포함할 수 있으며, import 예약어를 사용해 다른 모듈에 정의된 변수, 함수, 클래스 등을 자유롭게 불러와서 사용할 수 있다.

```
import 모듈명
import 패키지명.모듈명
```

다음은 keyword 모듈을 임포트import하여 파이썬 예약어를 확인하는 예제다. 물론 kwlist의 자료형은 리스트다.

```
>>> import keyword
>>> keyword.kwlist
['False', 'None', 'True', 'and', 'as', 'assert', 'break', 'class', 'continue',
'def', 'del', 'elif', 'else', 'except', 'finally', 'for', 'from', 'global',
'if', 'import', 'in', 'is', 'lambda', 'nonlocal', 'not', 'or', 'pass', 'raise',
'return', 'try', 'while', 'with', 'yield']
```

__file__ 속성

임포트한 모듈이나 패키지의 실제 파일 위치를 알아보려면, __file__ 문자열 속성을 확인하면 된다.

```
>>> keyword.__file__
'C:\\Users\\investar\\AppData\\Local\\Programs\\Python\\Python37\\lib\\
keyword.py'
```

from ~ import ~

from 예약어를 사용하면, 실행 과정에서 from 다음에 지정한 패키지명이나 모듈명을 생략할
수 있다는 장점이 있다.

```
from 모듈명 import 클래스명, 함수명 등
from 패키지명 import 모듈명
```

'import 모듈명' 형식으로 calendar 모듈을 임포트한 경우, calendar 모듈 내의 month() 메
서드를 호출하려면 다음 예제의 calendar.month()처럼 모듈명을 먼저 적어주어야 한다.

```
>>> import calendar
>>> print(calendar.month(2020, 1))  # 모듈명(calendar) 생략 불가
    January 2020
Mo Tu We Th Fr Sa Su
       1  2  3  4  5
 6  7  8  9 10 11 12
13 14 15 16 17 18 19
20 21 22 23 24 25 26
27 28 29 30 31
```

하지만 'from 모듈명 import 메서드명' 형식으로 임포트한 경우에는 다음처럼 모듈명 없이
메서드명을 바로 사용할 수 있다.

```
>>> from calendar import month
>>> print(month(2020, 1))  # 모듈명(calendar) 생략 가능
    January 2020
Mo Tu We Th Fr Sa Su
       1  2  3  4  5
 6  7  8  9 10 11 12
13 14 15 16 17 18 19
20 21 22 23 24 25 26
27 28 29 30 31
```

import ~ as ~

as 예약어를 사용하면 이름이 긴 모듈명을 프로그래머가 원하는 별칭alias으로 줄여서 사용할 수 있다.

```
import 이름이_긴_모듈명 as 별칭
from ~ import ~ as 별칭
```

```
>>> import datetime
>>> print(datetime.datetime.now())  # 별칭을 사용하지 않은 경우
2020-01-04 01:02:03.029210
```

datetime 모듈의 datetime 타입을 dt라는 별칭으로 지정하면, datetime.datetime.now() 대신 dt.now()처럼 코드 길이를 짧게 줄일 수 있다.

```
>>> from datetime import datetime as dt
>>> print(dt.now())  # 별칭(dt)을 사용한 경우
2020-01-04 01:02:03.029210
```

2.6.2 패키지

패키지는 여러 모듈(.py 파일)을 특정 디렉터리에 모아놓은 것이다. 패키지명 뒤에 '.'을 붙이고 모듈명을 사용할 수 있다. 예를 들어 A.B로 표기하면 A 패키지의 하위 모듈 B를 명시한 것이다. 이렇게 사용하면 여러 모듈을 사용할 때 모듈명이나 전역변수가 겹치는 문제를 피할 수 있다. 다음은 urllib 패키지의 request 모듈의 자료형을 type() 함수로 확인한 예다.

```
>>> import urllib.request
>>> type(urllib.request) # urllib.request 모듈의 타입은 module이다.
<class 'module'>
```

패키지의 경로 속성

한 가지 명심할 점은 패키지가 특별한 형태의 모듈이라는 것이다. 따라서 모든 패키지를 모듈이라고 부를 수 있지만, 모든 모듈이 패키지는 아니다. 엄밀히 말하자면 모듈 중에서도 경로 속성을 갖는 것들만 패키지다.

아래 urllib은 type() 함수로 확인해보면 module로 표시되지만, 경로 속성을 가지고 있기 때문에 패키지라고 부를 수 있다.

```
>>> import urllib
>>> type(urllib)  # urllib의 타입은 module로 표시된다.
<class 'module'>

>>> urllib.__path__  # urllib은 __path__ 속성이 있으므로 패키지다.
['C:\\Users\\investar\\AppData\\Local\\Programs\\Python\\Python37\\lib\\urllib']

>>> urllib.__package__  # urllib이 속한 패키지는 urllib이다.
'urllib'
```

패키지 생성하기

C: 드라이브 밑에 myPackage 디렉터리를 생성한 후, 해당 디렉터리 안에 moduleA.py와 moduleB.py 파일을 생성하고 파이썬 코드를 다음과 같이 작성한다. 각각의 모듈은 함수명을 출력하는 함수 하나와 __name__ 속성을 출력하는 코드 한 줄로 이루어져 있다. 이처럼 단순히 디렉터리 안에 여러 모듈 파일(.py)을 넣는 것만으로도 패키지 생성은 완료된다.

코드_ 모듈 A (C:\myPackage\moduleA.py)

```
def functionA():
    print('FUNCTION_A')

print('MODULE_A :', __name__)
```

코드_ 모듈 B (C:\myPackage\moduleB.py)

```
def functionB():
    print('FUNCTION_B')

print('MODULE_B :', __name__)
```

__name__ 속성

명령창에서 파이썬 셸을 이용하여 moduleA 모듈을 실행할 수 있다. 함수 정의를 제외한 나머지 부분이 실행되므로 print('MODULE_A :', __name__) 코드에 의해 'MODULE_A : __main__'이 출력된다.

```
C:\>python C:\myPackage\moduleA.py
MODULE_A : __main__
```

moduleA 모듈을 직접 실행하지 않고 파이썬 셸에서 임포트만 해도 print('MODULE_A :', __name__) 코드가 실행되면서 'MODULE_A : myPackage.moduleA'이 출력된다. 이처럼 __name__ 속성은 단독으로 실행될 때는 '__main__' 문자열이 되고, 임포트할 때는 실제 모듈명('myPackage.moduleA')이 된다.

```
C:\>python
Python 3.8.1 (tags/v3.8.1:1b293b6, Dec 18 2019, 23:11:46) [MSC v.1916 64 bit
(AMD64)] on win32
Type "help", "copyright", "credits" or "license" for more information.

>>> import myPackage.moduleA
MODULE_A : myPackage.moduleA

>>> myPackage.moduleA.functionA()
FUNCTION_A
```

__pycache__ 디렉터리

임포트하는 순간 현재 디렉터리의 하위에 '__pycache__'라는 디렉터리가 생기고 그 안에 .pyc 파일Compiled Python File이 자동으로 생성된다. 한 번 컴파일한 모듈을 .pyc 파일로 캐시cache 해놓고, 다음 번에 모듈을 임포트할 때 컴파일 작업 없이 바로 .pyc 파일을 사용함으로써 속도를 높인다.

그림_ 파이썬 캐시 디렉터리

__init__.py 패키지 초기화 파일

디렉터리에 여러 모듈을 추가한 뒤, __init__.py라는 이름의 파일을 생성하면, 파이썬은 해당 디렉터리를 패키지로 인식한다. 이때 __init__.py 파일을 패키지 초기화 파일이라고 부르며, 파일 내용은 비어 있어도 상관없다. 만일 패키지 내의 모든 모듈에서 공통적으로 사용할 속성이 있다면 패키지 초기화 파일에 정의하면 된다.

파이썬 3.3 버전부터는 __init__.py 파일을 굳이 생성하지 않아도 패키지로 인식한다. 하지만, from 패키지명 import * 명령으로 패키지 하부에 정의된 모든 객체를 한 번에 임포트하려면 여전히 __init__.py 파일이 필요하다.

__init__.py 파일을 생성한 뒤 __all__ = ['moduleA', 'moduleB']라고 적어보자. from myPackage import * 명령을 입력하여 임포트하면 moduleA와 moduleB가 함께 임포트된다. 하지만 from ~ import * 명령은 이름 영역이 겹치는 경우가 발생하므로 * 대신 임포트할 모듈을 직접 지정하는 것이 더 바람직하다.

```
C:\>type C:\myPackage\__init__.py
__all__ = ['moduleA', 'moduleB']

C:\>python
Python 3.8.1 (tags/v3.8.1:1b293b6, Dec 18 2019, 23:11:46) [MSC v.1916 64 bit
(AMD64)] on win32
Type "help", "copyright", "credits" or "license" for more information.


>>> from myPackage import *
MODULE_A : myPackage.moduleA
MODULE_B : myPackage.moduleB

>>> moduleA.functionA()
FUNCTION_A
```

main() 함수 만들기

moduleA.py의 코드를 조금만 변경하자. 모듈이 실행될 때 main() 함수가 자동으로 호출되도록 하는 것이 목적이다.

예_ moduleA.py

```
def functionA():
    print('FUNCTION_A')

def main():
    print('MAIN_A :', __name__)

if __name__ == '__main__':
    main()
```

모듈이 단독으로 실행될 때 __name__ 속성이 __main__ 문자열로 변하므로 if __name__ ==
'__main__': 비교 구문이 참이 되어 main() 함수가 자동으로 호출된다. main() 함수 내부에
서 __name__ 속성을 출력하므로 __main__ 문자열이 표시된다.

```
C:\>python C:\myPackage\moduleA.py
MAIN_A : __main__
```

임포트 과정에서는 __name__ 속성이 실제 모듈명인 **myPackage.moduleA** 문자열로 변하므로 if __name__ == '__main__': 비교 구문이 거짓이 되어 아무런 코드도 실행되지 않는다. 만일 main() 함수를 호출하려면 **패키지명.모듈명.함수명** 순으로 직접 입력해야 한다.

```
C:\>python
Python 3.8.1 (tags/v3.8.1:1b293b6, Dec 18 2019, 23:11:46) [MSC v.1916 64 bit
(AMD64)] on win32
Type "help", "copyright", "credits" or "license" for more information.

# import 과정에서는 아무런 코드도 실행되지 않는다.
>>> import myPackage.moduleA

# main 함수를 실행하려면 직접 호출해야 한다.
>>> myPackage.moduleA.main()
MAIN_A : myPackage.moduleA
```

최종적으로 생성된 파일들의 구조는 다음과 같다.

```
myPackage/
    __pycache__/ ← 컴파일된 모듈이 존재하는 캐시 디렉터리
        moduleA.cpython-38.pyc
        moduleB.cpython-38.pyc
    __init__.py ← Python 3.3 이상에서는 파일이 없어도 된다.
    moduleA.py
    moduleB.py
```

파이썬의 선

파이썬 셸에서 **import this**를 타이핑하면 '파이썬의 선The Zen of Python' 전문이 출력된다. 다음은 import 명령을 이용해서 this 모듈을 실행한 결과다.

```
>>> import this
The Zen of Python, by Tim Peters

Beautiful is better than ugly.
Explicit is better than implicit.
Simple is better than complex.
Complex is better than complicated.
Flat is better than nested.
Sparse is better than dense.
Readability counts.
Special cases aren't special enough to break the rules.
Although practicality beats purity.
Errors should never pass silently.
Unless explicitly silenced.
In the face of ambiguity, refuse the temptation to guess.
There should be one-- and preferably only one --obvious way to do it.
Although that way may not be obvious at first unless you're Dutch.
Now is better than never.
Although never is often better than *right* now.
If the implementation is hard to explain, it's a bad idea.
If the implementation is easy to explain, it may be a good idea.
Namespaces are one honking great idea -- let's do more of those!
```

파이썬의 선(禪) – Tim Peters –

아름다운 것이 추한 것보다 더 좋다.

명시적인 것이 암시적인 것보다 더 좋다.

단순한 것이 복잡한 것보다 더 좋다.

복잡한 것이 풀기 어려운 것보다 더 좋다.

단조로운 것이 중첩된 것보다 더 좋다.

여유 있는 것이 밀집한 것보다 더 좋다.

가독성은 중요하다.

특별한 경우라도 규칙을 깰 만큼 특별하지는 않다. 비록 실용적인 것이 순수함을 이기더라도,

에러는 조용히 넘어가서는 안 된다. 조용히 넘어가라고 명시되어 있지 않는 한,

모호함에 마주쳤을 때 추측하려는 유혹을 뿌리쳐라.

일을 하기 위해서는 한 가지-- 가급적이면 오직 한 가지 -- 명확한 방법이 있어야 한다. 당신이 네덜란드인[2]이 아닌 한 처음에는 명확하지 않을지라도

지금 하는 것이 하지 않는 것보다 낫다. 비록 하지 않는 것이 지금 당장 하는 것보다 나을 때가 가끔 있지만,

구현 방법이 설명하기 어렵다면 그것은 나쁜 아이디어이며 구현 방법이 설명하기 쉽다면 그것은 아마 좋은 아이디어일 것이다.

네임스페이스는 정말로 대단한 아이디어다. 더 많이 사용하자.

2.7 객체지향 프로그래밍

객체지향 프로그래밍object oriented programming, OOP이란 말 그대로 소프트웨어 개발에 필요한 모든 요소를 객체화하여 프로그래밍하는 기법을 말한다. 프로그램의 설계도에 해당하는 클래스를 작성한 뒤 클래스로부터 객체를 생성하여 원하는 동작을 수행시킨다.

일반적인 객체와 클래스에서 생성한 객체를 구분하기 위해 클래스에서 생성한 객체를 특별히 인스턴스instance라고 부르기도 한다.

2.7.1 클래스

클래스Class란 객체를 생성하는 틀template로, 데이터 멤버data member라고도 불리는 속성attribute 과 동작을 수행하는 메서드method로 구성된다. 클래스로부터 객체를 생성하는 것을 인스턴스

---

2 위에서 네덜란드인은 파이썬을 만든 귀도 반 로썸을 나타낸다. 일을 하는 데 명확한 한 가지 방법만 필요하다는 것은 래리 월이 만든 펄 (Perl)에는 한 가지 일을 하는 데 여러 방법이 있다는 것에 빗댄 말이다.

화^{instantiation}라고 하며, 생성된 인스턴스가 가지고 있는 속성과 메서드는 . 표기법$^{dot\ notation}$을 사용해서 접근할 수 있다.

다음은 MyFirstClass라는 클래스로부터 mfc 인스턴스를 생성해서 . 표기법으로 인스턴스의 clsVar 속성에 접근하고 clsMethod() 메서드를 호출하는 예제다.

```
>>> class MyFirstClass:
...     clsVar = 'The best way to predict the future is to invent it.'
...     def clsMethod(self):
...         print(MyFirstClass.clsVar + '\t- Alan Curtis Kay -')
...

>>> mfc = MyFirstClass()  # 인스턴스화

>>> mfc.clsVar  # 클래스 변수에 접근
The best way to predict the future is to invent it.

>>> mfc.clsMethod()  # 클래스 메서드 호출
The best way to predict the future is to invent it. - Alan Curtis Kay -
```

2.7.2 상속

상속은 클래스가 가지는 모든 속성과 메서드를 다른 클래스에게 물려주는 기법이다. 이때 상속을 해주는 클래스를 부모 클래스 또는 슈퍼 클래스라고 하고, 상속받는 클래스를 자식 클래스 또는 서브 클래스라고 한다.

```
class 자식 클래스(부모 클래스 1, 부모 클래스 2, ...):
    pass
```

자식 클래스는 여러 부모 클래스로부터 상속받을 수 있는데, 이를 다중 상속이라고 한다. 아래 예에서 C 클래스는 A 클래스와 B 클래스로부터 다중 상속을 받았기 때문에 methodA() 메서드와 methodB() 메서드를 가지게 된다.

클래스 C는 method() 메서드를 가지고 있는데, 이처럼 자식 클래스에서 부모 클래스와 같은 변수나 메소드가 존재하면 자식 클래스에 정의된 것이 사용된다. 부모의 변수나 메소드를 사용

할 때는 super() 내장 함수를 호출하면 된다.

```python
class A:
    def methodA(self):
        print("Calling A's methodA")
    def method(self):
        print("Calling A's method")

class B:
    def methodB(self):
        print("Calling B's methodB")

class C(A, B):
    def methodC(self):
        print("Calling C's methodC")
    def method(self):
        print("Calling C's overridden method")
        super().method()

c = C()
c.methodA()
c.methodB()
c.methodC()
c.method()
```

```
Calling A's methodA
Calling B's methodB
Calling C's methodC
Calling C's overridden method
Calling A's method
```

위 예제의 method() 메서드처럼 자식 클래스에서 부모 클래스의 메서드 이름과 인수 형식과 동일하게 메서드를 재정의하는 것을 오버라이딩overriding이라고 한다. 참고로 메서드 이름이 같고 인수 형식이 다른 여러 메서드를 작성하는 것을 오버로딩overloading이라고 한다.

2.7.3 클래스 변수와 인스턴스 변수

클래스 내부에 존재하면서 메서드 밖에 정의된 변수를 클래스 변수class variable라고 하며, 클래스의 모든 인스턴스는 클래스 변수를 공유한다. 반면에 인스턴스 변수instance variable는 메서드 내부에서 정의되며 변수명 앞에 self가 붙는데, 해당 인스턴스에서만 사용할 수 있다.

2.7.4 클래스 메서드

클래스 메서드는 클래스 내부에 정의된 함수다. 클래스 외부에서 정의되는 일반 함수와 달리 클래스 메서드의 첫 번째 인수는 self로 정의해야 한다. 클래스 메서드를 호출할 때는 우리가 self값을 넘겨주지 않아도 파이썬이 알아서 값을 넘겨준다. 이 특별한 self 변수는 객체 자신을 의미한다.

__init__ 생성자

__init__ 함수는 클래스 인스턴스가 생성될 때 자동으로 호출되는 메서드로서 생성자constructor라고 부른다. 일반적으로 인스턴스 변수를 정의하는 데 사용한다. __init__ 생성자 내부에서 self.으로 시작하는 변수들은 인스턴스 변수로서 사용 범위가 인스턴스 내부로 국한된다. __init__ 생성자에서 인수를 넘겨받는 용도의 변수나 앞에 self.이 붙지 않은 변수들은 지역변수local variable다. 지역 변수는 해당 메서드 내부에서만 사용할 수 있다.

__del__ 소멸자

__del__ 함수는 인스턴스가 메모리에서 제거될 때 자동으로 호출되는 함수로서 소멸자destructor라고 부른다. 더 이상 참조가 되지 않는 인스턴스는 가비지 컬렉터garbage collector에 의해서 자동적으로 메모리에서 제거되지만 명시적으로 메모리에서 인스턴스를 제거할 때 del() 함수를 사용한다.

```python
class NasdaqStock:
    """Class for NASDAQ stocks""" # 독스트링
    count = 0 # 클래스 변수
    def __init__(self, symbol, price):
        """Constructor for NasdaqStock""" # 독스트링
```

```
        self.symbol = symbol # 인스턴스 변수
        self.price = price   # 인스턴스 변수
        NasdaqStock.count += 1
        print('Calling __init__({}, {:.2f}) > count: {}'.format
              (self.symbol, self.price, NasdaqStock.count))

    def __del__(self):
        """Destructor for NasdaqStock""" # 독스트링
        print('Calling __del__({})'.format(self))

gg = NasdaqStock('GOOG', 1154.05)
del(gg)
ms = NasdaqStock('MSFT', 102.44)
del(ms)
amz = NasdaqStock('AMZN', 1746.00)
del(amz)
```

```
Calling __init__(GOOG, 1154.05) > count: 1
Calling __del__(<__main__.NasdaqStock object at 0x06103B30>)
Calling __init__(MSFT, 102.44) > count: 2
Calling __del__(<__main__.NasdaqStock object at 0x070076D0>)
Calling __init__(AMZN, 1746.00) > count: 3
Calling __del__(<__main__.NasdaqStock object at 0x07007890>)
```

새 인스턴스가 생성될 때마다 __init__ 생성자가 호출되고 클래스 변수 count가 1씩 증가한다. 또한 del() 함수를 사용하여 명시적으로 인스턴스를 제거하면 __del__ 소멸자가 호출된다.

__doc__ 독스트링

독스트링docstring은 클래스나 메서드를 설명하는 문자열이다. 클래스나 메서드명 바로 아랫 줄에 위치한다. help() 함수에서 클래스나 메서드 설명을 출력하는 데 쓰인다. 클래스 객체나 메서드 객체 다음에 .__doc__를 붙여서도 확인할 수 있다.

```
>>> help(NasdaqStock)
Help on class NasdaqStock in module __main__:

class NasdaqStock(builtins.object)
 |  Class for NASDAQ stocks
 |
 |  Methods defined here:
 |
 |  __del__(self)
 |      Destructor for NasdaqStock
 |
 |  __init__(self, symbol, price)
 |      Constructor for NasdaqStock
 |
 |  ----------------------------------------------------------------
 |  Data descriptors defined here:
 |
 |  __dict__
 |      dictionary for instance variables (if defined)
 |
 |  __weakref__
 |      list of weak references to the object (if defined)
 |
 |  ----------------------------------------------------------------
 |  Data and other attributes defined here:
 |
 |  count = 3
```

2.8 파일 처리 및 외부 라이브러리 활용

지금까지 파이썬 프로그래밍에 필요한 문법을 학습했다. 하지만, 제대로 된 프로그램을 작성하려면 단순히 문법만 알아서는 부족하다. 프로그래밍에서 기본적으로 필요한 파일 처리 기법과 필요에 따라 외부 라이브러리를 선택해서 사용하는 법을 추가적으로 익혀야 한다.

파이썬을 이용하여 인터넷에서 이미지 파일을 다운로드받은 후 파일 객체를 이용하여 파일을 복사해보자. 동일하게 복사되었는지 여부는 SHA-256 해시를 비교해서 확인한다. 복사한 이미지 파일을 간단히 가공 처리한 후 파이썬의 강력한 시각화 라이브러리인 맷플롯립을 이용해 이미지를 표시해볼 것이다. 이번 절에서 실습하게 될 순서는 다음과 같다.

- 리퀘스트로 인터넷에서 이미지 파일 가져오기

- 파일 객체를 이용하여 일정 크기로 읽고 쓰면서 파일 복사하기

- SHA-256 해시값으로 두 파일의 동일 여부 확인하기

- 맷플롯립으로 이미지를 가공해서 비교하기

2.8.1 리퀘스트로 인터넷에서 이미지 파일 가져오기

리퀘스트^{Requests} 패키지에서 제공하는 get( ) 함수와 post( ) 함수를 사용하면 'HTTP for Humans'라는 멋진 슬로건에 걸맞게 자유자재로 HTTP 패킷을 주고받을 수 있다(나는 웹 사이트의 취약점을 분석할 때 와이어샤크[3]로 캡처한 HTTP 패킷들을 조작해서 전송하는 용도로 리퀘스트를 사용한다).

- 리퀘스트 홈페이지 : python-requests.org

먼저 명령창에서 **pip install requests** 명령을 입력하여 리퀘스트 패키지를 설치하자. 이처럼 사용자가 직접 설치해야 하는 패키지를 외부 라이브러리라고 한다. 리퀘스트의 자세한 사용법은 공식 홈페이지에서 찾을 수 있다.

아래 코드는 인터넷에 있는 이미지 파일을 다운로드하는 GET 요청 예제다.

```
# ch02_01_ImageProcessing.py
import requests

url = 'http://bit.ly/3ZZyeXQ'
r = requests.get(url, stream=True).raw
```

---

3 Wireshark. 오픈 소스 패킷 분석 프로그램. libpcap을 이용하여 네트워크 패킷을 캡처한다. 원래 명칭은 Ethereal이었으나 2006년 5월에 상표 문제로 인해 와이어샤크로 이름을 바꾸었다.

2.8.2 필로로 이미지 보여주기

GET 요청에 대한 응답 결과를 이미지 객체로 처리하려면 이미지 처리 패키지인 필로^{pillow}가 필요하다. 우선 **pip install pillow** 명령으로 설치하자. 리퀘스트로부터 받은 응답 객체를 이미지로 열어서 show() 함수를 호출하면 여자 어린이 사진이 보일 것이다. 이를 save() 함수를 이용하여 src.png 파일로 저장한다.

```python
from PIL import Image

img = Image.open(r)
img.show()
img.save('src.png')
```

실행 결과_ 필로 이미지 표시

그림 파일에 대한 정보를 구하려면 **img** 객체의 get_format_mimetype 속성을 출력해보자. 이미지가 PNG 포맷이고, RGB 모드이며, 2918x3024 크기임을 알 수 있다.

```
>>> print(img.get_format_mimetype)
<bound method ImageFile.get_format_mimetype of <PIL.PngImagePlugin.PngImageFile
image mode=RGB size=2918x3024 at 0x154C29A36D0>>
```

2.8.3 'with ~ as 파일 객체:'로 이미지 파일 복사

원본 이미지 파일(src.png)을 대상 이미지 파일(dst.png)로 복사하자. 그림 파일은 바이너리 형식이기 때문에 바이너리 읽기 모드(rb)로 열어서 바이너리 쓰기 모드(wb)로 파일을 쓰면 된다. 'with ~ as 파일 객체:' 형식으로 파일을 열어서 사용하면, 파일 객체에 대해 별도로 close()를 호출하지 않아도 되므로 편리하다.

read() 함수나 write() 함수에 인수를 주지 않으면 한꺼번에 모든 내용을 읽거나 쓸 수 있다. 하지만 파일 크기가 수백 메가나 기가 단위로 크면 문제가 발생할 수 있기 때문에 일정한 길이로 나눠서 읽고 쓰도록 처리하는 것이 좋다.

```
BUF_SIZE = 1024
with open('src.png', 'rb') as sf, open('dst.png', 'wb') as df:  # ①
    while True:
        data = sf.read(BUF_SIZE) # ②
        if not data:
            break # ③
        df.write(data) # ④
```

① 원본 이미지 파일(src.png)을 바이너리 읽기 모드로 열어서 sf 파일 객체를 생성하고, 대상 이미지 파일(dst.png)을 바이너리 쓰기 모드로 열어서 df 파일 객체를 생성한다.

② sf 파일 객체로부터 1024바이트씩 읽는다.

③ 읽을 data가 없다면 while 반복문을 빠져나온다.

④ 읽어온 data를 df 파일 객체에 쓰고 ②부터 다시 반복한다.

2.8.4 SHA-256으로 파일 복사 검증하기

해시는 암호화폐 지갑의 주소처럼 긴 데이터값을 입력받아서 고정 길이의 고유한 값으로 변환하는 것이 핵심 기능이다. 해시는 입력값이 같으면 생성되는 해시값도 같아서 파일의 변경 여부를 파악하거나 두 파일의 내용이 동일한지 비교하는 데 주로 사용된다.

SHA-2^{Secure Hash Algorithm-2}는 미국 국가안보국^{NSA}이 설계한 해시 함수들의 집합으로 이중 SHA-256은 256비트, 즉 64바이트의 해시값을 반환한다.

앞에서 다운로드받은 src.png 파일과 이를 바이너리 복사해서 생성한 dst.png 파일의 SHA-256 해시값을 구해보자. 제대로 복사가 완료되었다면, 파일 내용이 동일하기 때문에 해시값이 같아야 한다.

```python
import hashlib

sha_src = hashlib.sha256() # ①
sha_dst = hashlib.sha256()

with open('src.png', 'rb') as sf, open('dst.png', 'rb') as df: # ②
    sha_src.update(sf.read()) # ③
    sha_dst.update(df.read())

print("src.png's hash : {}".format(sha_src.hexdigest())) # ④
print("dst.png's hash : {}".format(sha_dst.hexdigest()))
```

① 원본 이미지 파일과 사본 이미지 파일에 대한 해시 객체를 각각 생성한다.

② 원본 이미지 파일(src.png)을 바이너리 읽기 모드(rb)로 열어서 sf 파일 객체를 생성하고, 사본 이미지 파일(dst.png)도 바이너리 읽기 모드(rb)로 열어서 df 파일 객체를 생성한다.

③ sf 파일 객체로부터 전체 내용을 읽어서 원본 이미지에 대한 해시 객체(sha_src)를 업데이트한다. df 파일 객체로부터 전체 내용을 읽어서 사본 이미지에 대한 해시 객체(sha_dst)를 업데이트한다.

④ 원본 이미지 파일과 사본 이미지 파일의 해시값을 16진수로 각각 출력한다.

```
src.png's hash : c297b8f0d3fd8a4c38bc826607d744778e11815ba3e22ffde1dc69d8dfe5800a
dst.png's hash : c297b8f0d3fd8a4c38bc826607d744778e11815ba3e22ffde1dc69d8dfe5800a
```

예상대로 동일한 해시값이 출력되었다. 위에서 해시값이 128자로 출력된 것은 해시값 1바이트가 16진수 두 자리로 표시되는 hexdigest() 메서드로 출력했기 때문이다. 실제로 SHA-256 해시값은 64바이트다.

2.8.5 맷플롯립으로 이미지 가공하기

맷플롯립matplotlib은 파이썬의 대표적인 데이터 시각화 라이브러리로서 각종 그래프를 그리거나 이미지 처리에 사용된다. 일반적으로 맷플롯립을 그래프만 그리는 용도로 생각하는 경우가 많지만, 지형도나 기상도 등의 이미지를 기반으로 데이터를 시각화할 때도 자주 쓰인다.

앞에서 복사한 이미지 파일을 의사 색상pseudo color으로 변경해보자. 의사 색상은 이미지의 색상 대비contrast를 향상시켜서 데이터를 쉽게 시각화하는 용도로 사용된다. 맷플롯립이 설치되어 있지 않다면 **pip install matplotlib**으로 설치한다.

맷플롯립은 기본적으로 PNGportable network graphics 이미지 포맷만 지원한다. 픽셀 하나의 색상을 나타내는 데 빨간색Red, 녹색Green, 파란색Blue 채널별로 8비트 데이터(0~255)를 0.0과 1.0 사이의 부동소수점 데이터로 재조정해서 기록한다. 사본 파일(dst.png)로부터 읽어드린 이미지를 print() 함수로 출력해보면 다음처럼 3차원 부동소수점 데이터로 구성되어 있을 것이다.

```
import matplotlib.pyplot as plt
import matplotlib.image as mpimg

dst_img = mpimg.imread('dst.png')
```

```
>>> print(dst_img)
[[[0.5686275  0.58431375 0.5803922 ]
  [0.5647059  0.5803922  0.5764706 ]
  [0.5803922  0.59607846 0.5921569 ]
  ...
```

```
 [0.83137256 0.8352941  0.8509804 ]
 [0.83137256 0.8352941  0.8509804 ]
 [0.8352941  0.8392157  0.85490197]]]
```

의사 색상 적용하기

사본 이미지에 의사 색상을 적용하려면 다음처럼 이미지 객체에서 인덱싱을 이용해 RGB 채널 중에서 한 가지 채널만 선택하면 된다.

```
>>> pseudo_img = dst_img [:, :, 0]  # ①
>>> print(pseudo_img)
[[0.5686275  0.5647059  0.5803922  ... 0.80784315 0.8039216  0.8        ]
 [0.57254905 0.5764706  0.5647059  ... 0.8        0.79607844 0.79607844]
 [0.5568628  0.5764706  0.5686275  ... 0.8        0.79607844 0.79607844]
 ...
 [0.7137255  0.7058824  0.70980394 ... 0.83137256 0.83137256 0.83137256]
 [0.7058824  0.69803923 0.7019608  ... 0.83137256 0.8352941  0.8352941 ]
 [0.7058824  0.7019608  0.7137255  ... 0.83137256 0.83137256 0.8352941 ]]
```

①에서 RGB 채널 중 첫 번째 채널(0)만 슬라이싱해서 저장한 관계로 부동소수점 데이터가 2차원으로 변경되었다.

맷플롯립으로 이미지 비교하기

subplot( ) 함수로 두 이미지를 나란히 표시하자.

```
plt.suptitle('Image Processing', fontsize=18)
plt.subplot(1, 2, 1)  # ①
plt.title('Original Image')
plt.imshow(mpimg.imread('src.png'))

plt.subplot(122)  # ②
plt.title('Pseudocolor Image')
dst_img = mpimg.imread('dst.png')
pseudo_img = dst_img [:, :, 0]
plt.imshow(pseudo_img)
plt.show()
```

① 인수를 1, 2, 1 처럼 쉼표로 구분해 넘겨주면 1행 2열의 행렬에서 첫 번째(1) 그림을 설정하는 것이다.

② 인수를 쉼표 구분 없이 모두 붙여서 전달할 수도 있다. 예를 들어 1행 2열의 행렬에서 두 번째 그림을 설정할 때는 인수를 122처럼 숫자를 모두 붙여 넘겨줄 수도 있다.

실행 결과_ 맷플롯립으로 이미지 가공하기

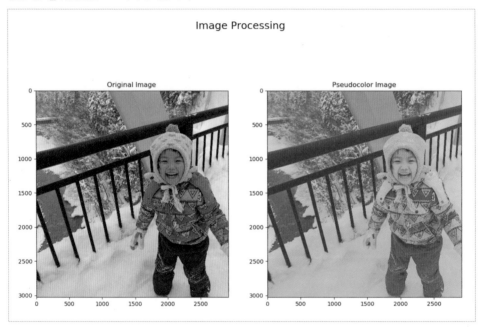

왼쪽은 원본 이미지(src.png)이고, 오른쪽은 사본 이미지(dst.png)에 의사 색상을 적용한 그림이다. 인터넷에서 이미지를 다운로드해서 가공하는 일련의 과정을 실습해 2장에서 배웠던 파이썬 프로그래밍을 전반적으로 정리해보기를 바란다.

2.9 핵심 요약

- 파이썬 3.x 버전은 의도적으로 2.x 버전과의 하위 호환성을 지원하지 않는다. 파이썬 3.x 버전에서는 표준 라이브러리들이 재배치되었을 뿐만 아니라, 문자열을 기본적으로 유니코드로 처리하여 한글 사용이 용이하므로 파이썬 3.x 최신 버전을 사용하자.

- 증권사 COM API는 32비트 파이썬에서만 호출이 가능한 경우가 있으므로, 먼저 64비트 파이썬을 설치한 뒤 32비트 파이썬은 venv를 이용하여 가상 환경에 설치하자.

- 문자열에서 인덱스 숫자를 사용하여 특정 위치의 문자를 지정할 수 있다. 제일 첫 문자의 인덱스는 0이고 제일 마지막 문자의 인덱스는 −1이다. 인덱스와 콜론(:)을 이용하여 문자열의 일부를 슬라이싱할 수 있는데, 이때 뒷부분의 인덱스에 해당하는 문자는 포함되지 않는다.

- 우선순위가 제일 높은 연산자는 괄호다. 여러 종류의 연산자를 사용해야 하는데 우선순위를 잘 모르겠을 때는 먼저 연산을 해야 하는 부분에 괄호를 치자.

- 파이썬에서는 리스트를 배열처럼 취급한다. 파이썬의 리스트에 포함되는 원소들은 반드시 같은 자료형이 아니어도 되며, 리스트의 원소로 다른 리스트를 포함할 수도 있다.

- 파이썬의 정수형은 제한이 없기 때문에 10의 100승을 나타내는 구골 같이 큰 수도 처리할 수 있다.

- 파이썬에서는 .py 확장자를 갖는 파일을 모듈이라고 부른다. 여러 모듈(.py 파일)들을 특정 디렉터리에 모아 놓은 것을 패키지라고 하는데, 엄밀히 구분하자면 모듈 중에서도 __path__ 속성을 갖는 것들만 패키지로 부를 수 있다. 이러한 모듈 또는 패키지를 가리켜 라이브러리라고 한다.

- 클래스가 가지는 모든 속성과 메서드들은 상속을 통해서 다른 클래스에게 물려줄 수 있다. 만일 자식 클래스 내부에 부모 클래스와 동일한 변수나 메서드가 존재한다면, 자식 클래스에 정의된 것이 우선적으로 사용된다.

- 클래스 내부에서 정의된 메서드를 클래스 메서드라고 부르며, 일반 함수와 달리 클래스 메서드를 정의할 때는 첫 번째 인수로 self를 정의해야 한다. 클래스 메서드를 호출할 때는 우리가 self값을 넘겨주지 않아도 파이썬이 대신 넘겨준다.

- 'with ~ as 파일 객체:' 형식으로 파일을 열어서 사용하면, 파일 객체에 대해 별도로 close() 함수를 호출하지 않아도 되므로 편리하다.

팬더스를 활용한 데이터 분석

넘파이Numpy와 팬더스Pandas는 파이썬 데이터 분석에 필수 라이브러리다. 넘파이는 배열 처리가 강점이라 빠른 계산 처리를 자랑한다. 넘파이를 기반으로 작성된 팬더스는 엑셀 데이터 같은 테이블 형태 데이터 가공에 적합하다.

이번 장에서는 넘파이와 팬더스를 차례로 학습한 후 서로 다른 자산 간의 상관계수[1]를 직접 구하고, 상관계수에 따른 리스크 완화 효과를 알아본다.

---

1 두 변수 x, y 사이의 상관관계의 정도를 −1부터 +1까지의 수치로 나타낸다. 상관계수의 절대값이 클수록 x, y 사이에 강한 관계가 있음을 의미한다.

3.1 넘파이 배열

넘파이^{NumPy}는 Numerical Python의 줄임말로, 파이썬으로 수치 해석이나 통계 관련 작업을 구현할 때 가장 기본이 되는 모듈이다. 넘파이는 ndarray라는 고성능 다차원 배열 객체와 이를 다루는 여러 함수를 제공한다.

넘파이는 상당 부분이 C 언어와 포트란^{Fortran}으로 작성되어 있기 때문에, 파이썬 기본 자료 구조를 사용할 때보다 더 빠르게 수치 해석과 통계 관련 작업을 처리할 수 있다. 특히 넘파이에서 제공하는 다차원 배열의 연산 기능은 인공지능 관련 개발을 할 때 반드시 필요하다. 넘파이를 pip install numpy 명령으로 설치하자.

3.1.1 배열 생성

배열^{array}은 동일한 자료형이 메모리에 연속으로 존재하는 형태를 말하며, 파이썬에서는 배열이 필요할 때 넘파이를 사용한다. 보통 **import numpy as np** 구문을 이용해 np로 줄여서 쓴다.

넘파이 모듈은 리스트를 인수로 받아서 배열을 생성하는 array() 함수를 제공한다. 따라서 (중첩된 리스트인) [[1, 2], [3, 4]]를 array() 함수의 인수로 넘겨주면 2차원 배열을 생성할 수 있다.

```
>>> import numpy as np
>>> A = np.array([[1, 2], [3, 4]])
>>> A
array([[1, 2],
       [3, 4]])
```

3.1.2 배열 정보 보기

넘파이 배열은 ndarray 타입 클래스다. 배열은 차원을 나타내는 ndim 속성과 각 차원의 크기를 튜플로 나타내는 shape 속성을 지닌다. 속성과 자료형을 출력해보자.

```
>>> type(A)
<class 'numpy.ndarray'>

>>> A.ndim # 배열의 차원
2

>>> A.shape # 배열 크기
(2, 2)

>>> A.dtype # 원소 자료형
dtype('int32')
```

A 배열의 shape 속성은 2행 2열이고, dtype 속성은 int32이다. 넘파이 배열 객체는 원소별
최댓값, 평균값, 최솟값, 합계를 구하는 함수도 제공한다.

```
>>> print(A.max(), A.mean(), A.min(), A.sum())
4 2.5 1 10
```

3.1.3 배열의 접근

배열의 각 요소에 접근하는 데 대괄호를 사용하며, 리스트와 마찬가지로 인덱싱과 슬라이싱을
할 수 있다. A[0]은 A 배열의 첫 번째 행을 가리키고, A[1]은 A 배열의 두 번째 행을 가리킨다.

```
>>> A[0]; A[1]
array([1, 2])
array([3, 4])
```

A 배열의 원소에 접근하는 데 A[행 인덱스][열 인덱스] 형식을 사용해도 되고 A[행 인덱스,
열 인덱스] 형식을 사용해도 된다. 아래에서 사용한 인덱싱 표기법은 달라도 출력된 결과는 동
일하다.

```
>>> print(A[0][0], A[0][1]); print(A[1][0], A[1][1])
1 2
3 4
```

```
>>> print(A[0, 0], A[0, 1]); print(A[1, 0], A[1, 1])
1 2
3 4
```

조건에 맞는 원소들만 인덱싱할 수도 있다. 다음은 A 배열의 원소 중 1보다 큰 것들만 출력한다.

```
>>> A[A>1]
array([2, 3, 4])
```

3.1.4 배열 형태 바꾸기

전치^{transpose}란 배열의 요소 위치를 주대각선[2]을 기준으로 뒤바꾸는 것이다. T 속성이나 transpose() 함수를 사용해 배열의 전치를 구할 수 있다.

```
>>> A
array([[1, 2],
       [3, 4]])

>>> A.T # A.transpose()와 같다.
array([[1, 3],
       [2, 4]])
```

flatten() 함수는 다차원 배열을 1차원 배열 형태로 바꾸는 데 사용하며, 이를 평탄화한다고 표현한다.

```
>>> A
array([[1, 2],
       [3, 4]])

>>> A.flatten()
array([1, 2, 3, 4])
```

---

2 행렬의 왼쪽 위에서 오른쪽 아래를 이은 선

3.1.5 배열의 연산

같은 크기의 행렬끼리는 사칙 연산을 할 수 있다. 두 행렬에서 같은 위치에 있는 원소끼리 연산을 하면 된다. 이러한 연산을 원소별element-wise 연산이라고 한다.

```
>>> A
array([[1, 2],
       [3, 4]])

# np.add(A, A)와 같다.
>>> A + A
array([[2, 4],
       [6, 8]])

# np.subtract(A, A)와 같다.
>>> A - A
array([[0, 0],
       [0, 0]])

# np.multiply(A, A)와 같다.
>>> A * A
array([[ 1,  4],
       [ 9, 16]])

# np.divide(A, A)와 같다.
>>> A / A
array([[1., 1.],
       [1., 1.]])
```

3.1.6 브로드캐스팅

수학에서는 크기(shape 속성)가 같은 행렬끼리만 연산할 수 있다. 하지만 넘파이에서는 행렬 크기가 달라도 연산할 수 있게 크기가 작은 행렬을 확장해주는데, 이를 브로드캐스팅broadcasting 이라고 한다. 다음은 B 행렬을 A 행렬의 크기에 맞게 브로드캐스팅하여 연산한 예다.

```
>>> A
array([[1, 2],
       [3, 4]])

>>> B = np.array([10, 100])

>>> A * B
array([[ 10, 200],
       [ 30, 400]])
```

행렬 B는 [10, 100]에서 [[10, 100], [10, 100]]으로 브로드캐스팅되어 곱하기 연산을 수행한다. 자세한 과정은 다음 그림을 참조하기 바란다.

그림_ 배열의 브로드캐스팅

3.1.7 내적 구하기

행렬 A가 m × k 행렬이고 행렬 B가 k × n 행렬이라고 할 때, 행렬 A와 행렬 B를 곱한 행렬 C는 m × n 행렬이 된다. 이때 행렬 C의 i행 j열에 해당하는 원소를 행렬 A의 i행과 행렬 B의 j열의 내적inner product이라고 한다.

그림_ 행렬의 내적

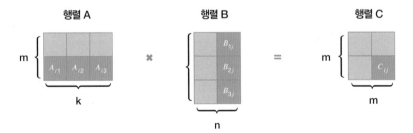

내적의 결괏값은 스칼라이기 때문에 기하학적으로 표현할 수 없으며, 인공지능 분야에서 신경 망을 통해 전달되는 신호값을 계산할 때 주로 쓰인다.

넘파이에서는 벡터를 1차원 배열로, 행렬을 2차원 배열로 처리한다. 넘파이에서 배열끼리 곱 셈 연산(*)을 할 때 기본적으로 원소별 연산을 수행하기 때문에, 두 배열의 내적 곱$^{dot\ product}$을 구하려면 dot() 함수를 사용해야 한다.

원래 내적 곱은 크기가 같은 행 벡터와 열 벡터에 대해 정의되지만, 넘파이에서는 아래의 예처 럼 1차원 배열끼리도 내적 곱을 구할 수 있다. 이때 넘파이는 앞에 오는 1차원 배열을 행 벡터 로 뒤에 오는 1차원 배열을 열 벡터라고 가정한다.

```
>>> B.dot(B)  # np.dot(B, B)와 같다.
10100
```

$$B \times B = \begin{pmatrix} b_1 & b_2 \end{pmatrix} \times \begin{pmatrix} b_1 \\ b_2 \end{pmatrix} = \begin{pmatrix} 10 & 100 \end{pmatrix} \times \begin{pmatrix} 10 \\ 100 \end{pmatrix}$$

$$(10 \times 10 + 100 \times 100) = 10100$$

다음은 A 행렬(2×2)과 B 행렬(2×1)의 내적 곱을 구한 예다.

```
>>> A.dot(B)
array([210, 430])
```

$$A \times B = \begin{pmatrix} a_{11} & a_{12} \\ a_{21} & a_{22} \end{pmatrix} \times \begin{pmatrix} b_{11} \\ b_{21} \end{pmatrix} = \begin{pmatrix} a_{11}b_{11} + a_{12}b_{21} \\ a_{21}b_{11} + a_{22}b_{21} \end{pmatrix} = \begin{pmatrix} 1 \times 10 + 2 \times 100 \\ 3 \times 10 + 4 \times 100 \end{pmatrix} = \begin{pmatrix} 210 \\ 430 \end{pmatrix}$$

3.2 팬더스 시리즈

팬더스Pandas는 금융 데이터 분석을 목적으로 개발되었으며 구조화된 데이터를 쉽고 빠르게 가공할 수 있는 자료형과 함수를 제공한다. 팬더스 이름은 계량 경제학에서 동일한 조사 대상으로부터 여러 시점에 걸쳐 반복적으로 수집한 데이터를 지칭하는 패널 데이터panel data와 파이썬 데이터 분석Python data analysis에서 유래했다.

팬더스는 넘파이를 기반으로 구현했기 때문에 대부분의 함수가 넘파이와 유사하다. 또한 파이썬 기반 데이터 시각화 라이브러리인 파이플롯pyplot과도 쉽게 호환되기 때문에 데이터 과학용 기본 라이브러리로 널리 활용된다

팬더스의 개발자 웨스 매키니는 설계 당시부터 R 언어의 data.frame 객체를 고려했기 때문에, 팬더스도 시리즈Series와 데이터프레임DataFrame 자료형 객체를 제공한다.

시리즈는 인덱스 처리가 된 1차원 벡터 형태의 자료형이다. 시간의 흐름에 따라 기록한 데이터를 시계열time series이라고 부르는데, 시리즈는 이러한 시계열 데이터를 다루는 데 적합하다. 데이터프레임은 여러 시리즈가 한 가지 인덱스를 기준으로 합쳐진 형태다. 이번 절에서 팬더스의 시리즈를 알아보고 나서, 다음 절에서 데이터프레임을 알아본다.

3.2.1 시리즈 생성

팬더스를 **pip install pandas** 명령으로 설치한 뒤 시리즈를 생성해보자. 시리즈는 리스트, 튜플 등의 시퀀스를 생성자의 인수로 받을 수 있다. 시리즈로 생성할 데이터를 리스트 형태로 Series() 생성자에 넘겨주는 것만으로도 간단히 시리즈를 생성할 수 있다. 먼저 다음처럼 임의의 소수를 원소로 갖는 시리즈를 생성해보자.

```
>>> import pandas as pd
>>> s = pd.Series([0.0, 3.6, 2.0, 5.8, 4.2, 8.0]) # 리스트로 시리즈 생성
>>> s
0    0.0
1    3.6
2    2.0
3    5.8
4    4.2
5    8.0
dtype: float64
```

시리즈에 인덱스를 별도로 지정하지 않으면, 0부터 시작하는 정수형 인덱스가 자동으로 생성된다. 위의 예제에서 인덱스를 별도로 지정하지 않았지만 첫 번째 열에서 0부터 5까지 인덱스가 자동으로 생성된 것을 볼 수 있다.

3.2.2 시리즈의 인덱스 변경

시리즈의 index 속성을 이용하여 인덱스 정보를 설정하거나 변경할 수 있다. 0부터 5까지의 정수형 인덱스를 [0.0, 1.2, 1.8, 3.0, 3.6, 4.8]로 변경하고, 인덱스명을 'MY_IDX'로 설정하자. s 시리즈를 출력해보면 인덱스 열 위에 인덱스명이 표시된다.

```
>>> s.index = pd.Index([0.0, 1.2, 1.8, 3.0, 3.6, 4.8]) # 인덱스 변경
>>> s.index.name = 'MY_IDX' # 인덱스명 설정
>>> s
MY_IDX
0.0    0.0
1.2    3.6
1.8    2.0
3.0    5.8
3.6    4.2
4.8    8.0
dtype: float64
```

인덱스 열과 인덱스에 해당하는 값이 표시되었지만, 수치만 봐서는 어떤 형태의 그래프인지 가늠하기 어렵다.

시리즈명은 name 속성으로 설정한다. 시리즈명을 'MY_SERIES'로 설정한 뒤 출력해보면 마지막 줄에 시리즈명 'MY_SERIES'가 표시된다.

```
>>> s.name = 'MY_SERIES' # 시리즈명 설정
>>> s
MY_IDX
0.0    0.0
1.2    3.6
1.8    2.0
3.0    5.8
3.6    4.2
4.8    8.0
Name: MY_SERIES, dtype: float64
```

3.2.3 데이터 추가

다음처럼 []를 이용하여 인덱스 레이블과 인덱스에 해당하는 값을 한 번에 지정하면 시리즈에 값을 쉽게 추가할 수 있다. 인덱스 레이블 5.9와 이에 해당하는 값 5.5를 추가해보자.

```
>>> s[5.9] = 5.5
>>> s
MY_IDX
0.0    0.0
1.2    3.6
1.8    2.0
3.0    5.8
3.6    4.2
4.8    8.0
5.9    5.5
Name: MY_SERIES, dtype: float64
```

다른 추가 방법은 새로운 시리즈를 생성해서 append() 메서드로 추가하는 것이다. 두 시리즈가 하나가 되는 과정에서 기존에 설정했던 시리즈명과 인덱스명이 사라지므로, 필요하다면 시리즈명과 인덱스명은 다시 설정해야 한다.

다음은 [6.8, 9.0]을 인덱스로 갖고 [6.7, 4.2]를 데이터로 갖는 ser 시리즈를 생성해서 기존의 s 시리즈에 추가하는 예다.

```
>>> ser = pd.Series([6.7, 4.2], index=[6.8, 8.0]) # ser 시리즈를 생성
>>> s = s.append(ser) # 기존 s 시리즈에 신규 ser 시리즈를 추가
>>> s
0.0    0.0
1.2    3.6
1.8    2.0
3.0    5.8
3.6    4.2
4.8    8.0
5.9    5.5
6.8    6.7
8.0    4.2
dtype: float64
```

3.2.4 데이터 인덱싱

데이터를 구하기 전에 먼저 인덱스값을 구해보자. 인덱스값은 인덱스 레이블이라고도 하는데 index 속성을 이용해 구한다. -1은 제일 마지막을 의미하므로 제일 마지막 인덱스값인 8.0이 표시된다.

```
>>> s.index[-1]
8.0
```

인덱스 순서에 해당하는 데이터를 구하려면 values 속성을 사용한다. 제일 마지막 인덱스 (-1)에 해당하는 값인 4.2가 표시된다.

```
>>> s.values[-1]
4.2
```

인덱스를 이용해서 실제로 가리키는 작업을 수행하는 인덱서를 사용해서 데이터를 표시할 수도 있다. 인덱스값을 사용하는 loc 인덱서와 정수 순서를 사용하는 iloc 인덱서가 있다. 다음은 loc 인덱서를 사용해 인덱스값에 해당하는 데이터를 표시한 예다.

```
>>> s.loc[8.0] # 로케이션 인덱서
4.2
```

iloc 인덱서는 [] 안에 지정한 정수 인덱스에 해당하는 값을 표시한다.

```
>>> s.iloc[-1] # 인티저 로케이션 인덱서
4.2
```

iloc과 values는 인덱스 순서에 해당하는 데이터를 출력한다는 점에서 동일하지만, values는 결괏값이 복수 개일 때 배열로 반환하고, iloc은 시리즈로 반환하는 차이점이 있다.

```
>>> s.values[:]
array([0. , 3.6, 2. , 5.8, 4.2, 8. , 5.5, 6.7, 4.2])
```

```
>>> s.iloc[:]
0.0    0.0
1.2    3.6
1.8    2.0
3.0    5.8
3.6    4.2
4.8    8.0
5.9    5.5
6.8    6.7
8.0    4.2
dtype: float64
```

3.2.5 데이터 삭제

시리즈의 원소를 삭제하려면 drop() 메서드의 인수로 삭제하고자 하는 원소의 인덱스값을 넘겨주면 된다. 여기서는 마지막 인덱스 값인 8.0을 인수로 전달해 마지막 원소를 삭제해보자.

```
>>> s.drop(8.0) # s.drop(s.index[-1])과 같다.
0.0    0.0
1.2    3.6
1.8    2.0
3.0    5.8
3.6    4.2
4.8    8.0
5.9    5.5
6.8    6.7
dtype: float64
```

위의 예에서 drop() 메서드 결과를 s에 대입하지 않았다. 출력된 결과에서 마지막 원소가 보이지 않지만, 실제로 s 시리즈에는 변화가 없다. 만일 마지막 원소를 삭제한 결과를 s 시리즈에도 반영하려면 s = s.drop(8.0)으로 입력해야 한다.

3.2.6 시리즈 정보 보기

시리즈 객체의 정보를 확인하는 데 describe() 메서드를 이용한다. 원소 개수, 평균, 표준편차, 최솟값, 제1 사분위수, 제2 사분위수, 제3 사분위수, 최댓값을 확인할 수 있다. 참고로 사분위수는 측정값을 낮은 순에서 높은 순으로 정렬한 후 4등분 했을 때 각 등위에 해당하는 값을 나타낸다.

```
>>> s.describe()
count    9.000000   # 원소 개수
mean     4.444444   # 평균
std      2.430078   # 표준편차
min      0.000000   # 최솟값
25%      3.600000   # 제1 사분위수
50%      4.200000   # 제2 사분위수
75%      5.800000   # 제3 사분위수
max      8.000000   # 최댓값
dtype: float64
```

3.2.7 시리즈 출력하기

시리즈 인덱스값을 x값으로, 시리즈 데이터값을 y값으로 생각해보면, 시리즈는 2차원 데이터 값을 시각화하는 최적의 자료형으로 볼 수 있다. 맷플롯립을 사용하면 앞에서 생성한 s 시리즈를 바로 시각화할 수 있다.

위에서 생성한 s 시리즈 객체를 맷플롯립의 plot() 함수로 출력해보자. 전체 소스 코드는 다음과 같다.

```
import pandas as pd
s = pd.Series([0.0, 3.6, 2.0, 5.8, 4.2, 8.0, 5.5, 6.7, 4.2]) # 시리즈 생성
s.index = pd.Index([0.0, 1.2, 1.8, 3.0, 3.6, 4.8, 5.9, 6.8, 8.0]) # 시리즈 인덱스
변경
s.index.name = 'MY_IDX' # 시리즈 인덱스명 설정
s.name = 'MY_SERIES' # 시리즈 이름 설정

import matplotlib.pyplot as plt
plt.title("ELLIOTT_WAVE")
plt.plot(s, 'bs--') # 시리즈를 bs--(푸른 사각형과 점선) 형태로 출력
plt.xticks(s.index) # x축의 눈금값을 s 시리즈의 인덱스값으로 설정
plt.yticks(s.values) # y축의 눈금값을 s 시리즈의 데이터값으로 설정
```

```
plt.grid(True)
plt.show()
```

그래프로 출력해보니 엘리어트 파동이 한눈에 보인다. 이처럼 수치 데이터를 시각화하면 쉽게 형태를 확인할 수 있다.

그림_ 시리즈로 표시한 엘리어트 파동[3]

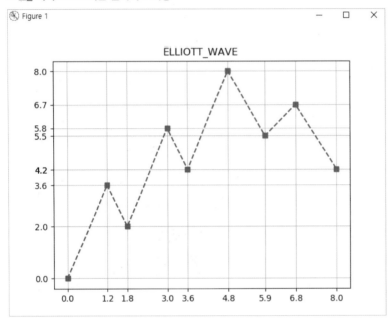

3.3 팬더스 데이터프레임

시리즈는 단일 변수의 관측값을 기록하기에 적합하지만, 여러 변수에 대한 관측값을 함께 기록하기에는 적합하지 않다. 예를 들어 삼성전자 일별 주식 가격처럼 단일 변수 관측값은 시리즈

---

3   미국의 회계사 출신인 랄프 넬슨 엘리어트(Ralph Nelson Elliott)가 『파동이론(The Wave Principle)』(1938)에서 발표한 이론이다. 주가 흐름은 상승 5파와 하락 3파로 구성된 패턴에 의해서 끊임없이 반복되며, 각 패턴이 결합하여 형태는 같지만 더 큰 패턴을 형성한다는 것이 주된 내용이다.

객체 하나에 기록하면 되지만, 삼성전자의 일별 시가, 고가, 저가, 종가[4]를 함께 기록하려면 시리즈 네 개가 필요하다. 이럴 때는 데이터프레임DataFrame을 사용하는 게 효율적이다. 데이터프레임을 쉽게 설명하자면 인덱스 하나와 여러 시리즈를 합친 자료형이라고 할 수 있다.

팬더스 라이브러리를 사용하면 엑셀 파일, HTML 파일, 데이터베이스로부터 데이터를 읽어와 데이터프레임 형태로 가공할 수 있다. 반대로 데이터를 데이터프레임을 가공하여 엑셀 파일, HTML 파일, 데이터베이스 등으로 저장할 수 있다.

그림_ 팬더스 데이터프레임을 통한 데이터 처리

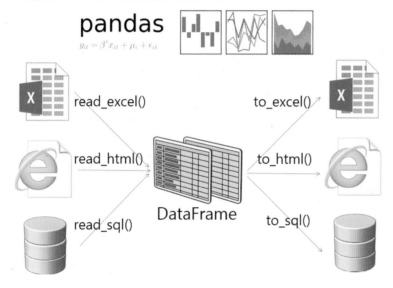

3.3.1 딕셔너리를 이용한 데이터프레임 생성

2014년부터 2018년까지 KOSPI 지수와 KOSDAQ 지수를 이용하여 데이터프레임을 만들자. 편의상 지숫값의 소숫점 이하를 생략했다. 데이터프레임 생성자에 각각의 지수 데이터를 딕셔너리 형식으로 넣어주면 된다. 시리즈와 마찬가지로, 데이터프레임을 생성할 때 별도로 인덱스를 지정하지 않으면 0부터 시작하는 정수 인덱스가 자동으로 생성된다.

---

4   시가, 고가, 저가, 종가는 시작 가격, 최고 가격, 최저 가격, 종료 가격을 나타낸다. 영어로는 OHLC(Open, High, Low, Close)로 표기한다.

```
>>> import pandas as pd
>>> df = pd.DataFrame({'KOSPI': [1915, 1961, 2026, 2467, 2041],
...     'KOSDAQ': [542, 682, 631, 798, 675]})
>>> df
   KOSPI  KOSDAQ
0   1915     542
1   1961     682
2   2026     631
3   2467     798
4   2041     675
```

다음과 같이 데이터프레임의 생성자에 인덱스 인수를 추가하면 원하는 형태로 인덱스값을 설정할 수도 있다.

```
>>> df = pd.DataFrame({'KOSPI': [1915, 1961, 2026, 2467, 2041],
...     'KOSDAQ': [542, 682, 631, 798, 675]},
...     index=[2014, 2015, 2016, 2017, 2018])
>>> df
      KOSPI  KOSDAQ
2014   1915     542
2015   1961     682
2016   2026     631
2017   2467     798
2018   2041     675
```

데이터프레임 객체에 포함된 데이터의 전체적인 모습을 확인하고 싶다면, 시리즈와 마찬가지로 describe() 메서드를 이용하면 된다.

```
>>> df.describe()
             KOSPI       KOSDAQ
count     5.000000     5.000000   # 원소의 개수
mean   2082.000000   665.600000   # 평균
std     221.117616    92.683871   # 표준편차
min    1915.000000   542.000000   # 최솟값
25%    1961.000000   631.000000   # 제1 사분위수
50%    2026.000000   675.000000   # 제2 사분위수
75%    2041.000000   682.000000   # 제3 사분위수
max    2467.000000   798.000000   # 최댓값
```

또한 데이터프레임의 인덱스 정보, 칼럼 정보, 메모리 사용량 등을 확인하는 데 **info()** 메서드를 이용할 수도 있다.

```
>>> df.info()
<class 'pandas.core.frame.DataFrame'>
Int64Index: 5 entries, 2014 to 2018   # 인덱스 정보
Data columns (total 2 columns):       # 전체 칼럼 정보
KOSPI     5 non-null int64            # 첫 번째 칼럼 정보
KOSDAQ    5 non-null int64            # 두 번째 칼럼 정보
dtypes: int64(2)                      # 자료형
memory usage: 120.0 bytes             # 메모리 사용량
```

3.3.2 시리즈를 이용한 데이터프레임 생성

시리즈 여러 개를 합해서 데이터프레임을 생성할 수 있다. 이를 위해 KOSPI 지수와 KOSDAQ 지수를 각 시리즈 형태로 생성해보자. 먼저 KOSPI 지수에 대한 시리즈를 다음처럼 생성한다.

```
>>> kospi = pd.Series([1915, 1961, 2026, 2467, 2041],
...     index=[2014, 2015, 2016, 2017, 2018], name='KOSPI')
>>> kospi
2014    1915
2015    1961
2016    2026
2017    2467
2018    2041
Name: KOSPI, dtype: int64
```

KOSDAQ 지수에 대한 시리즈도 동일한 방법으로 생성한다.

```
>>> kosdaq = pd.Series([542, 682, 631, 798, 675],
...     index=[2014, 2015, 2016, 2017, 2018], name='KOSDAQ')
>>> kosdaq
2014    542
2015    682
2016    631
```

```
2017    798
2018    675
Name: KOSDAQ, dtype: int64
```

생성된 두 시리즈를 다음처럼 딕셔너리 형태로 구성하여, 데이터프레임의 생성자로 넘겨주면 된다. 이때 각 시리즈는 데이터프레임의 칼럼으로 합쳐진다.

```
>>> df = pd.DataFrame({kospi.name: kospi, kosdaq.name: kosdaq})
>>> df
      KOSPI   KOSDAQ
2014   1915    542
2015   1961    682
2016   2026    631
2017   2467    798
2018   2041    675
```

3.3.3 리스트를 이용한 데이터프레임 생성

리스트를 이용하여 한 행씩 추가해서 데이터프레임을 생성할 수도 있다.

```
>>> columns = ['KOSPI', 'KOSDAQ']
>>> index = [2014, 2015, 2016, 2017, 2018]
>>> rows = []
>>> rows.append([1915, 542]) # ①
>>> rows.append([1961, 682])
>>> rows.append([2026, 631])
>>> rows.append([2467, 798])
>>> rows.append([2041, 675])
>>> df = pd.DataFrame(rows, columns=columns, index=index) # ②
>>> df
      KOSPI   KOSDAQ
2014   1915    542
2015   1961    682
2016   2026    631
2017   2467    798
2018   2041    675
```

① 데이터프레임의 행에 해당하는 리스트를 각각 생성한 뒤, 이를 rows 리스트에 추가한다.
② 데이터프레임의 생성자에 rows 리스트를 넘겨주면 데이터프레임 객체가 생성된다.

3.3.4 데이터프레임 순회 처리

데이터프레임은 다양한 방법으로 순회 처리할 수 있다. 처음으로 알아볼 순회 방법은 인덱스를
사용하는 방법이다.

```
>>> for i in df.index:
...     print(i, df['KOSPI'][i], df['KOSDAQ'][i])

2014 1915 542
2015 1961 682
2016 2026 631
2017 2467 798
2018 2041 675
```

그다음 방법은 데이터프레임에서 제공하는 몇 가지 메서드를 이용하는 것이다. 이들 메서드는
각 행을 순회처리하는 자료형만 다를뿐 사용법이나 기능은 비슷하다. itertuples() 메서드는
데이터프레임의 각 행을 이름있는 튜플[5] 형태로 반환한다.

```
>>> for row in df.itertuples(name='KRX'):
...     print(row)

KRX(Index=2014, KOSPI=1915, KOSDAQ=542)
KRX(Index=2015, KOSPI=1961, KOSDAQ=682)
KRX(Index=2016, KOSPI=2026, KOSDAQ=631)
KRX(Index=2017, KOSPI=2467, KOSDAQ=798)
KRX(Index=2018, KOSPI=2041, KOSDAQ=675)
```

실제로 itertuples() 메서드를 사용할 때는 다음처럼 순회처리하는 것이 편하다. 일반적으로
itertuples() 메서드가 iterrows() 메서드를 사용할 때보다 더 빠르다고 알려져 있다.

----

5 namedtuple. 보통의 튜플이 인덱스를 이용하여 데이터에 접근하는 것에 반해 이름 있는 튜플은 인덱스뿐만 아니라 키값을 통해 데이터
   에 접근할 수 있다.

```
>>> for row in df.itertuples():
...     print(row[0], row[1], row[2])

2014 1915 542
2015 1961 682
2016 2026 631
2017 2467 798
2018 2041 675
```

iterrows() 메서드는 데이터프레임의 각 행을 인덱스와 시리즈로 조합으로 반환한다. 사용법은 itertuples() 메서드와 비슷하다.

```
>>> for idx, row in df.iterrows():
...     print(idx, row[0], row[1])

2014 1915 542
2015 1961 682
2016 2026 631
2017 2467 798
2018 2041 675
```

3.4 주식 비교하기

예전에는 야후 파이낸스와 구글 파이낸스에서 팬더스-데이터리더pandas-datareader 기반의 API와 주식 데이터를 제공했지만 2017년에 모두 중단되었으며, 2019년 8월 현재 야후 파이낸스만 복구되었다.

야후 파이낸스(finance.yahoo.com)의 경우, 미국 주식의 데이터는 정확하지만 국내 주식의 경우 데이터가 누락되거나 값이 틀린 경우가 있으니 주의하자. 이번 절에서는 국내 시가총액 1위 삼성전자와 미국 시가총액 1위 마이크로소프트의 일별 주가 데이터를 야후 파이낸스로부터 다운로드받아서 어떤 종목의 수익률이 더 좋았는지 확인할 것이다.

3.4.1 야후 파이낸스로 주식 시세 구하기

야후 파이낸스에서 제공하는 삼성전자와 마이크로소프트 주식 시세를 데이터프레임으로 받아서 분석해보자.

① 야후 파이낸스를 **pip install yfinance**로 설치하자. 비교적 라이브러리가 자주 업데이트되는 편이며 변경 사항은 개발자 깃허브에서 확인할 수 있다.

  • 야후 파이낸스 개발자 깃허브 : github.com/ranaroussi/yfinance

② 팬더스-데이터리더 라이브러리도 **pip install pandas-datareader**로 추가로 설치해주자. 주식 시세를 구하는 데는 **get_data_yahoo()** 함수를 사용한다.

> get_data_yahoo(조회할 주식 종목 [, start=조회 기간의 시작일] [, end=조회 기간의 종료일]

주식 종목은 문자열(str)이나 리스트며, 조회 기간을 생략하면 야후가 보유한 데이터에서 제일 오래된 일자부터 제일 최신 일자까지로 설정된다. 국내 기업 주식 데이터를 조회하려면 코스피 종목은 6자리 종목코드 뒤에 .KS를 붙이고 코스닥 종목은 종목코드 뒤에 .KQ를 붙인다. 예를 들어 삼성전자는 005930.KS로 조회한다. 미국 기업의 주식 데이터를 조회하려면 애플의 'AAPL'처럼 심볼[6]을 사용하여 조회한다. 조회할 종목이 여럿이면 리스트로 인수를 넘겨줄 수도 있다.

야후 파이낸스에서 삼성전자(005930.KS)와 마이크로소프트(MSFT)의 주식 데이터를 가져오자.

```
from pandas_datareader import data as pdr
import yfinance as yf
yf.pdr_override() # ①

sec = pdr.get_data_yahoo('005930.KS', start='2018-05-04') # ②
msft = pdr.get_data_yahoo('MSFT', start='2018-05-04')
```

------

6 국내 주식 종목은 보통 6자리 숫자 코드로 나타내지만, 미국에서는 심볼(symbol) 또는 티커(ticker)라고 부르는 알파벳을 사용하여 주식 종목을 나타낸다. www.nasdaq.com/screening/company-list.aspx에서 미국에 상장된 전체 회사 리스트와 주식 심볼을 확인할 수 있다.

① pdr_override() 함수와 pandas_datareader.data.get_data_yahoo() 함수를 사용하여 빠르게 데이터를 다운로드할 수 있다. ② 조회 시작일은 삼성전자 액면 분할 이후인 2018-05-04일부터로 지정했다. 조회 종료일은 생략했기 때문에 오늘 날짜로 지정된다.

head() 메서드로 삼성전자 데이터프레임의 맨 앞 10행을 출력해 데이터가 제대로 다운로드되었는지 확인해보자. head() 함수의 인수를 생략하면 기본값인 5로 처리된다.

```
>>> sec.head(10)                                    # ①            ②
              High       Low      Open     Close      Volume     Adj Close
Date
2018-05-04  53900.0   51800.0   53000.0   51900.0   39565391.0  50660.105469
2018-05-08  53200.0   51900.0   52600.0   52600.0   23104720.0  51343.382812
2018-05-09  52800.0   50900.0   52600.0   50900.0   16128305.0  49683.992188
2018-05-10  51700.0   50600.0   51700.0   51600.0   13905263.0  50367.269531
2018-05-11  52200.0   51200.0   52000.0   51300.0   10314997.0  50074.437500
2018-05-14  51100.0   49900.0   51000.0   50100.0   14909272.0  48903.105469
2018-05-15  50400.0   49100.0   50200.0   49200.0   18709146.0  48024.605469
2018-05-16  50200.0   49150.0   49200.0   49850.0   15918683.0  48659.078125
2018-05-17  50500.0   49400.0   50300.0   49400.0   10365440.0  48219.828125
2018-05-18  49900.0   49350.0   49900.0   49500.0    6706570.0  48317.437500
```

주식 데이터가 OHLC와 더불어 ① 거래량(Volume)과 ② 수정 종가(Adj Close)도 표시된다.

수정 종가는 액면 분할 등으로 인해 주식 가격에 변동이 있을 경우 가격 변동 이전에 거래된 가격을 현재 주식 가격에 맞춰 수정하여 표시한 가격이다. 액면 분할 이후에는 종가(Close)와 수정 종가(Adj Close)가 동일해야 하는데 아쉽게도 국내 주식에 대한 액면 분할 처리가 제대로 되지 않아서 수정 종가가 잘못 나와있다. 따라서 우리는 종가(Close)만 사용할 것이다.

```
>>> tmp_msft = msft.drop(columns='Volume')  # ①
>>> tmp_msft.tail()                                          # ②            ③
                High         Low        Open        Close     Adj Close
Date
2019-08-30  139.179993  136.270004  139.149994  137.860001  137.860001
2019-09-03  137.199997  135.699997  136.610001  136.039993  136.039993
2019-09-04  137.690002  136.479996  137.300003  137.630005  137.630005
2019-09-05  140.380005  138.759995  139.110001  140.050003  140.050003
2019-09-06  140.179993  138.199997  140.029999  139.100006  139.100006
```

이번에는 마이크로소프트 주가 데이터를 확인해보자. 거래량 칼럼까지 표시하면 줄바꿈이 되어 보기에 좋지 않으므로 ① 거래량 칼럼을 제거한 새로운 데이터프레임 tmp_msft를 생성했다. tail() 메서드로 데이터프레임의 제일 뒤 5행을 출력해보면 마이크로소프트 ② 종가(Close)와 ③ 수정 종가(Adj Close)가 동일함을 확인할 수 있다.

추가적으로 데이터프레임이 어떻게 구성되었는지 확인하려면, 먼저 인덱스를 확인해본다. 삼성전자 데이터프레임은 인덱스가 datetime형으로 되어 있고 모두 328개가 있다.

```
>>> sec.index
DatetimeIndex(['2018-05-04', '2018-05-08', '2018-05-09', '2018-05-10',
               '2018-05-11', '2018-05-14', '2018-05-15', '2018-05-16',
               '2018-05-17', '2018-05-18',
               ...
               '2019-08-23', '2019-08-26', '2019-08-27', '2019-08-28',
               '2019-08-29', '2019-08-30', '2019-09-02', '2019-09-04',
               '2019-09-05', '2019-09-06'],
              dtype='datetime64[ns]', name='Date', length=328, freq=None)
```

데이터프레임의 칼럼들에 대한 정보는 columns 속성으로 확인할 수 있다.

```
>>> sec.columns
Index(['High', 'Low', 'Open', 'Close', 'Volume', 'Adj Close'], dtype='object')
```

삼성전자와 마이크로소프트의 종가 데이터를 이용해서 그래프를 출력해보자.

```
plot(x, y, 마커 형태 [, label='Label'])
```

x에 해당하는 y좌표에 마커를 표시한다. 마커 형태는 색상, 모양, 선 종류를 문자열로 표시하는데, 'bo-'는 푸른색 원을 점선으로 연결하라는 의미다. Label은 범례legend에서 해당 데이터값이 어떤 데이터인지 표시할 때 쓰인다.

```
from pandas_datareader import data as pdr
import yfinance as yf
yf.pdr_override()
```

```
sec = pdr.get_data_yahoo('005930.KS', start='2018-05-04')
msft = pdr.get_data_yahoo('MSFT', start='2018-05-04')

import matplotlib.pyplot as plt

plt.plot(sec.index, sec.Close, 'b', label='Samsung Electronics')  # ①
plt.plot(msft.index, msft.Close, 'r--', label='Microsoft')
plt.legend(loc='best')  # ②
plt.show()
```

①에서 x좌표는 삼성전자 데이터프레임의 날짜 인덱스이고, y좌표는 삼성전자 데이터 프레임의 종가(Close) 데이터이며, 마커 형태는 푸른 색 실선이고, 범례에 표시될 레이블은 'Samsung Electronics'가 된다. ②에서처럼 범례의 위치를 best로 지정하면, 그래프가 표시되지 않는 부분을 찾아서 적절한 위치에 범례를 표시해준다.

50,000원 대의 삼성전자와 130달러 대의 마이크로소프트 주가를 한 번에 표시하다 보니, 수치 차이가 커서 마이크로소프트 주가는 거의 0에 가까운 직선처럼 표시된다. 이렇게 되면 주식별 수익률 비교가 어렵기 때문에, 이어서 일간 변동률을 이용해서 비교하는 법을 알아보자.

그림_ 삼성전자와 마이크로소프트 주가의 단순 비교

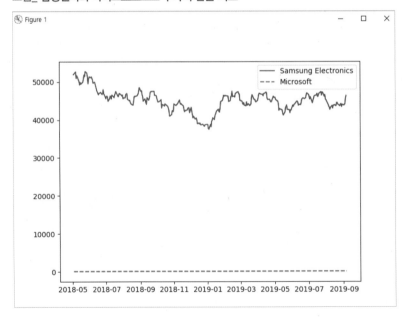

3.4.2 일간 변동률로 주가 비교하기

일간 변동률daily percent change을 구하면 가격이 다른 두 주가의 수익률을 비교할 수 있다. 일간 변동률을 구하는 식은 다음과 같다.

$$R_t(\text{오늘 변동률}) = \left(\frac{R_t(\text{오늘 종가}) - R_{t-1}(\text{어제 종가})}{R_{t-1}(\text{어제 종가})} \right) \times 100$$

위의 수학식을 파이썬 코드로 옮기는 데 시리즈 모듈에서 제공하는 shift() 함수를 사용한다. 데이터프레임의 칼럼은 시리즈이기 때문에 종가 칼럼인 sec['Close']의 자료형을 확인해보면 시리즈로 표시된다.

```
>>> type(sec['Close'])
<class 'pandas.core.series.Series'>
```

먼저 삼성전자 종가 칼럼의 데이터를 확인해보자.

```
>>> sec['Close']
Date
2018-05-04    51900.0    # ①
2018-05-08    52600.0
2018-05-09    50900.0
2018-05-10    51600.0
2018-05-11    51300.0
                ...
2019-08-30    44000.0
2019-09-02    43800.0
2019-09-04    44100.0
2019-09-05    45700.0
2019-09-06    46300.0
Name: Close, Length: 328, dtype: float64
```

①에서 액면 분할 후 첫 날인 2018년 5월 4일 종가가 51,900원인 것을 볼 수 있다.

shift() 함수를 이용하여 어제 종가 칼럼을 구해보자. 여기서 어제의 종가란 정확히 말하면 이전 거래일의 종가를 의미한다. shift() 함수는 데이터를 이동시킬 때 사용하는 함수로, 인수로 n을 줄 경우 전체 데이터가 n행씩 뒤로 이동한다.

```
>>> sec['Close'].shift(1)
Date
2018-05-04        NaN  # ①
2018-05-08    51900.0  # ②
2018-05-09    52600.0
2018-05-10    50900.0
2018-05-11    51600.0
                 ...
2019-08-30    43400.0
2019-09-02    44000.0
2019-09-04    43800.0
2019-09-05    44100.0
2019-09-06    45700.0
Name: Close, Length: 328, dtype: float64
```

①에서는 2018년 5월 4일은 전 날 데이터가 존재하지 않으므로 NaN[Not a Number]으로 표시되었고, ②에서는 5월 8일의 이전 거래일 종가가 5월 4일 종가 51,900원으로 표시되었다.

이제 일간 변동률을 구해보자. 앞에서 봤던 수학식을 거의 그대로의 파이썬 코드로 표현할 수 있다.

```
>>> sec_dpc = (sec['Close'] / sec['Close'].shift(1) - 1) * 100
>>> sec_dpc.head()
Date
2018-05-04         NaN
2018-05-08    1.348748
2018-05-09   -3.231939
2018-05-10    1.375246
2018-05-11   -0.581395
Name: Close, dtype: float64
```

첫 번째 일간 변동률의 값이 NaN인데, 향후 계산을 위해서 NaN을 0으로 변경할 필요가 있다.

```
>>> sec_dpc.iloc[0] = 0 # ①
>>> sec_dpc.head()
```

```
Date
2018-05-04    0.000000
2018-05-08    1.348748
2018-05-09   -3.231939
2018-05-10    1.375246
2018-05-11   -0.581395
Name: Close, dtype: float64
```

①에서 인티저 로케이션 인덱서를 사용해서 시리즈의 첫 번째 데이터를 0으로 변경한다.

삼성전자 데이터프레임에서 일간 변동률을 구했듯이 마이크로소프트 데이터 프레임도 동일하게 처리해준다.

3.4.3 주가 일간 변동률 히스토그램

히스토그램histogram은 도수 분포frequency distribution를 나타내는 그래프로서, 데이터값들에 대한 구간별 빈도수를 막대 형태로 나타낸다. 이때 구간 수를 빈스bins라고 하는데 hist() 함수에서 사용되는 빈스의 기본값은 10이다. 빈스에 따라 그래프 모양이 달라지므로 관측한 데이터 특성을 잘 보여주도록 빈스값을 정해야 한다.

삼성전자 주식 종가의 일간 변동률을 히스토그램으로 출력해보자. 맷플롯립에서 히스토그램은 hist() 함수를 사용한다. 삼성전자의 일간 변동률을 18개 구간으로 나누어 빈도수를 표시한다.

```python
import matplotlib.pyplot as plt
sec_dpc = (sec['Close']-sec['Close'].shift(1)) / sec['Close'].shift(1) * 100
sec_dpc.iloc[0] = 0
plt.hist(sec_dpc, bins=18)
plt.grid(True)
plt.show()
```

출력된 결과를 보면 삼성전자 일간 변동률 분포가 0 bin을 기준으로 좌우 대칭적이다. 정규분포[7] 형태와 비슷하다. 엄밀히 얘기하자면, 주가 수익률은 정규분포보다 중앙 부분이 더 뾰족하

....
[7] normally distributed. 정규분포란 평균(μ)과 표준편차(σ)를 이용하여 수집된 자료의 분포 상태를 나타낼 때 사용된다. 중심값(평균)을 기준으로 빈도수가 가장 높으면서 좌우 대칭을 이루고, 좌우 극단으로 갈수록 빈도수가 낮아져서 종 모양을 나타낸다. 정규분포 중에서도

고 분포의 양쪽 꼬리는 더 두터운 것으로 알려져 있다. 이를 각각 급첨 분포^{leptokurtic distribution}와 팻 테일^{fat tail}이라 부른다.

그림_ 삼성전자 종가의 일간 변동률

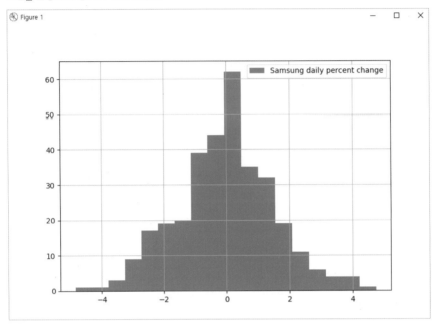

주가 수익률이 급첨 분포를 나타낸다는 것은 정규분포와 비교했을 때 주가의 움직임이 대부분 매우 작은 범위 안에서 발생한다는 것을 의미한다. 그리고 두꺼운 꼬리를 가리키는 팻 테일은 '그래프의 좌우 극단 부분에 해당하는 아주 큰 가격 변동이 정규분포보다 더 많이 발생한다'는 의미다.

시리즈의 describe() 메서드를 이용하면 평균과 표준편차를 확인할 수 있다.

```
>>> sec_dpc.describe()
count    327.000000   # ①
mean      -0.022991   # ②
std        1.546331   # ③
min       -4.856512
25%       -0.991194
50%        0.000000
```

```
75%         0.935733
max         4.744958
Name: Close, dtype: float64
```

삼성전자의 일간 변동률의 ① 전체 데이터 개수는 327개, ② 평균값은 -0.02, ③ 표준편차는 1.54다.

3.4.4 일간 변동률 누적곱 구하기

sec_dpc는 일간 변동률이기 때문에 종목별로 전체적인 변동률을 비교해보려면, 일간 변동률의 누적곱Cumulative Product을 계산해야 한다. 누적곱은 시리즈에서 제공하는 cumprod() 함수를 이용하여 구할 수 있다. 일간 변동률 데이터 중에 0이 존재할 경우 전체 누적곱의 계산 결과도 0이 되므로, 이를 피하기 위해 일간 변동률에 100을 더하여 계산한다. 삼성전자의 일간 변동률 누적곱을 구해보니, 조회 기간 동안 -10.7% 손실을 기록했다.

```
>>> sec_dpc_cp = ((100+sec_dpc)/100).cumprod()*100-100 # 일간 변동률의 누적곱
>>> sec_dpc_cp
Date
2018-05-04         NaN
2018-05-08    1.348748
2018-05-09   -1.926782
2018-05-10   -0.578035
2018-05-11   -1.156069
                ...
2019-08-30  -15.606936
2019-09-02  -16.666667
2019-09-04  -15.028902
2019-09-05  -11.946050
2019-09-06  -10.789981
Name: Close, Length: 328, dtype: float64
```

마이크로소프트 데이터도 같은 방식으로 처리해 그래프로 출력해보자. 기존에 설명했던 코드에 이어서 맷플롯립으로 그래프를 출력하는 부분만 추가하면 된다. 최종 소스 코드는 아래와 같다.

```
from pandas_datareader import data as pdr
import yfinance as yf
yf.pdr_override()

sec = pdr.get_data_yahoo('005930.KS', start='2018-05-04')
sec_dpc = (sec['Close']-sec['Close'].shift(1)) / sec['Close'].shift(1) * 100
sec_dpc.iloc[0] = 0 # 일간 변동률의 첫 번째 값인 NaN을 0으로 변경한다.
sec_dpc_cp = ((100+sec_dpc)/100).cumprod()*100-100 # 일간 변동률 누적곱 계산

msft = pdr.get_data_yahoo('MSFT', start='2018-05-04')
msft_dpc = (msft['Close'] / msft['Close'].shift(1) -1) * 100
msft_dpc.iloc[0] = 0
msft_dpc_cp = ((100+msft_dpc)/100).cumprod()*100-100

import matplotlib.pyplot as plt
plt.plot(sec.index, sec_dpc_cp, 'b', label='Samsung Electronics')
plt.plot(msft.index, msft_dpc_cp, 'r--', label='Microsoft')
plt.ylabel('Change %')
plt.grid(True)
plt.legend(loc='best')
plt.show()
```

그림_ 삼성전자와 마이크로소프트 주식수익률 비교

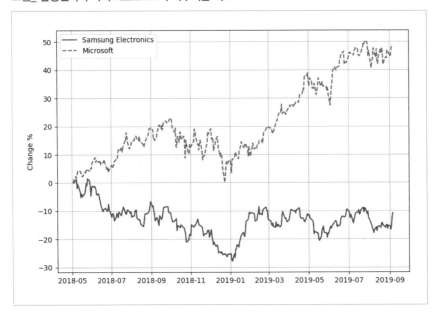

삼성전자가 액면 분할을 실시한 2018년 5월 4일에 삼성전자에 투자했다면 약 10%의 손실을 입었을 것이고, 같은 기간 동안 마이크로소프트에 투자했다면 48%가 넘는 수익을 얻을 수 있었을 것이다.

3.5 최대 손실 낙폭

MDD^Maximum Drawdown, 최대 손실 낙폭은 특정 기간에 발생한 최고점에서 최저점까지의 가장 큰 손실을 의미한다. 퀀트 투자에서는 수익률을 높이는 것보다 MDD를 낮추는 것이 더 낫다고 할 만큼 중요한 지표로서, 특정 기간 동안 최대한 얼마의 손실이 날 수 있는지를 나타낸다.

$$MDD = \frac{최저점 - 최고점}{최고점}$$

3.5.1 KOSPI의 MDD

KOSPI^Korea Composite Stock Price Index, 한국종합주가지수는 1983년부터 발표되었으며, 1980년 1월 4일에 상장된 모든 종목의 시가 총액을 기준 지수 100포인트로 집계한다. 따라서 KOSPI 지수 2500은 한국 증시가 1980년 당시보다 25배가 올랐음을 나타낸다.

KOSPI는 1994년 1145.66포인트에서 1998년 277.37포인트까지 4년 동안 무려 75.8%가 하락했는데, 이 기간 MDD는 -75.8%이다. 전체 주식 시장이 1/4 토막 난 것이 KOSPI 역사상 최대 손실 낙폭이라고 할 수 있다.

3.5.2 서브프라임 당시의 MDD

야후 파이낸스로부터 2004년부터 현재까지의 KOSPI 지수 데이터를 다운로드받아서 KOSPI의 MDD를 구해보자. MDD를 구하려면 기본적으로 rolling() 함수에 대해서 알아야 한다.

```
시리즈.rolling(윈도우 크기 [, min_periods=1]) [.집계 함수()]
```

rolling() 함수는 시리즈에서 윈도우 크기에 해당하는 개수만큼 데이터를 추출하여 집계 함수에 해당하는 연산을 실시한다. 집계 함수로는 최댓값 max(), 평균값 mean(), 최솟값 min()을 사용할 수 있다. min_periods를 지정하면 데이터 개수가 윈도우 크기에 못미치더라도 min_periods로 지정한 개수만 만족하면 연산을 수행한다.

다음은 야후 파이낸스에서 KOSPI 지수 데이터를 다운로드한 뒤 rolling() 함수를 이용하여 1년 동안의 최댓값과 최솟값을 구하여 MDD를 계산하는 예다.

코드_ KOSPI의 MDD 구하기

```
# ch03_01_KOSPI_MDD.py
from pandas_datareader import data as pdr
import yfinance as yf
yf.pdr_override()
import matplotlib.pyplot as plt

kospi = pdr.get_data_yahoo('^KS11', '2004-01-04') # ①

window = 252 # ②
peak = kospi['Adj Close'].rolling(window, min_periods=1).max() # ③
drawdown = kospi['Adj Close']/peak - 1.0 # ④
max_dd = drawdown.rolling(window, min_periods=1).min() # ⑤

plt.figure(figsize=(9, 7))
plt.subplot(211) # 2행 1열 중 1행에 그린다.
kospi['Close'].plot(label='KOSPI', title='KOSPI MDD', grid=True, legend=True)
plt.subplot(212) # 2행 1열 중 2행에 그린다.
drawdown.plot(c='blue', label='KOSPI DD', grid=True, legend=True)
max_dd.plot(c='red', label='KOSPI MDD', grid=True, legend=True)
plt.show()
```

① KOSPI 지수 데이터를 다운로드한다. KOSPI 지수의 심볼은 **^KS11**이다.

② 산정 기간에 해당하는 window값은 1년 동안의 개장일을 252일로 어림잡아 설정했다.

③ KOSPI 종가 칼럼에서 1년(거래일 기준) 기간 단위로 최고치 peak를 구한다.

④ drawdown은 최고치(peak) 대비 현재 KOSPI 종가가 얼마나 하락했는지를 구한다.

⑤ drawdown에서 1년 기간 단위로 최저치 max_dd를 구한다. 마이너스값이기 때문에 최저치가
바로 최대 손실 낙폭이 된다.

그림_ KOSPI 최대 손실 낙폭

서브프라임 금융 위기 당시였던 2008년 10월 24일에 KOSPI 지수가 10.57% 하락하면서
MDD가 -54.5%를 기록했다. 정확한 MDD는 min() 함수로 구하면 된다.

```
>>> max_dd.min()
-0.545366491512700
```

MDD를 기록한 기간을 구하려면 다음과 같이 인덱싱 조건(max_dd==-0.545366491
5127007)을 적용하면 된다.

```
>>> max_dd[max_dd==-0.5453664915127007]  # ①
Date
2008-10-24    -0.545366
```

```
2008-10-27    -0.545366
2008-10-28    -0.545366
2008-10-29    -0.545366
2008-10-30    -0.545366
                ...
2009-10-16    -0.545366
2009-10-19    -0.545366
2009-10-20    -0.545366
2009-10-21    -0.545366
2009-10-22    -0.545366
Name: Adj Close, Length: 252, dtype: float64
```

① 2008년 10월 24일부터 2009년 10월 22일까지 1년(252일) 동안 주어진 **max_dd**과 일치했다.

3.6 회귀 분석과 상관관계

회귀 분석은 데이터의 상관관계를 분석하는 데 쓰이는 통계 분석 방법이다. 회귀 분석은 회귀 모형을 설정한 후 실제로 관측된 표본을 대상으로 회귀 모형의 계수를 추정한다. 독립변수[8]라고 불리는 하나 이상의 변수와 종속변수라 불리는 하나의 변수 간의 관계를 나타내는 회귀식이 도출되면, 임의의 독립변수에 대하여 종속변숫값을 추측해볼 수 있는데 이를 예측[prediction]이라고 한다.

되돌아간다는 뜻의 회귀[Regression]가 실제 분석 방법과는 관련이 없어보이지만, 회귀라는 단어는 영국의 통계학자 프랜시스 골턴[Francis Galton]이 수행한 부모 자식간의 키의 상관관계 연구에서 유래되었다. 골턴은 연구를 통해서 키가 매우 큰 부모의 자식들은 크긴 하되 부모들보다 대부분 작고, 키가 매우 작은 부모들의 자식 역시 작지만 그래도 부모들보다는 대부분 크다는 사실을 발견했다. 즉, 키는 평균으로 회귀하려는 경향이 있음을 알아냈고, 이때부터 회귀 분석이라는 용어를 사용했다.

---

8 데이터를 입력받아서 카테고리별로 출력하는 분류자(classifier)를 y = f(x)로 표기할 수 있다. 이때 입력 데이터 x를 독립변수(independent variable), 출력 카테고리 y를 종속변수(dependent variable)라고 부른다.

3.6.1 KOSPI와 다우존스 지수 비교

국내 주식과 미국 주식의 상관관계를 비교해보자. 야후 파이낸스로부터 2000년 1월 4일부터 현재까지 KOSPI 지수와 다우존스[9] 지수 데이터를 구하자.

```python
from pandas_datareader import data as pdr
import yfinance as yf
yf.pdr_override()

dow = pdr.get_data_yahoo('^DJI', '2000-01-04')    # ①
kospi = pdr.get_data_yahoo('^KS11', '2000-01-04') # ②

import matplotlib.pyplot as plt
plt.figure(figsize=(9, 5))
plt.plot(dow.index, dow.Close, 'r--', label='Dow Jones Industrial') # ③
plt.plot(kospi.index, kospi.Close, 'b', label='KOSPI')              # ④
plt.grid(True)
plt.legend(loc='best')
plt.show()
```

① 2000년 이후의 다우존스 지수(^DJI) 데이터를 야후 파이낸스로부터 다운로드한다.

② 2000년 이후의 KOSPI(^KS11) 데이터를 야후 파이낸스로부터 다운로드한다.

③ 다우존스 지수를 붉은 점선으로 출력한다.

④ KOSPI를 푸른 실신으로 출력한다.

지수 기준값이 달라서, 어느 지수가 더 좋은 성과를 냈는지는 한눈에 알아보기가 어렵다.

---

9 찰스 다우(Charles Dow)가 창안한 주가 지수로서 미국 증권거래소에 상장된 30개 우량기업으로 구성된다. 시가 총액이 아닌 주가 평균 방식으로 계산하기 때문에 주가가 큰 종목의 움직임에 민감하게 반응한다.

그림_ 다우존스 지수와 **KOSPI**의 단순 비교

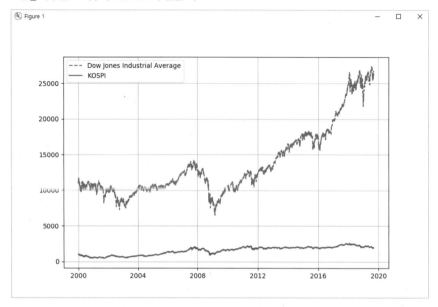

3.6.2 지수화 비교

일별 종가만으로는 KOSPI와 다우존스 지수의 상관관계를 비교하기가 어려웠다. 이번에는 현재 종가를 특정 시점의 종가로 나누어 변동률을 구해보자.

```python
d = (dow.Close / dow.Close.loc['2000-01-04']) * 100      # ① 지수화
k = (kospi.Close / kospi.Close.loc['2000-01-04']) * 100  # ② 지수화

import matplotlib.pyplot as plt
plt.figure(figsize=(9, 5))
plt.plot(d.index, d, 'r--', label='Dow Jones Industrial Average')
plt.plot(k.index, k, 'b', label='KOSPI')
plt.grid(True)
plt.legend(loc='best')
plt.show()
```

① 금일 다우존스 지수를 2000년 1월 4일 다우존스 지수로 나눈 뒤 100을 곱한다.

② 금일 KOSPI 지수를 2000년 1월 4일 KOSPI 지수로 나눈 뒤 100을 곱한다.

오늘 종가를 2000년 1월 4일 종가로 나눈 뒤 100을 곱하면, 2000년 1월 4일 종가 대비 오늘의 변동률을 구할 수 있다. 이를 지수화^indexation라고 한다. 일간 변동률의 누적곱을 구하는 것보다 더 수월하게 처리할 수 있다. 지수화를 하고 나니, 지난 20년간 KOSPI의 상승률이 다우존스 지수의 상승률과 엇비슷했음을 확인할 수 있다.

그림_ 다우존스 지수와 KOSPI의 지수화 비교

3.6.3 산점도 분석

다우존스 지수와 KOSPI의 관계를 분석하는 데 산점도^Scatter plot를 사용해보자. 산점도란 독립변수 x와 종속변수 y의 상관관계를 확인할 때 쓰는 그래프다. 가로축은 독립변수 x를, 세로축은 종속변수 y를 나타낸다. 미국 시장과 국내 시장의 상관관계를 알아보고자 x를 다우존스 지수로, y를 KOSPI 지수로 정했다.

```
>>> len(dow); len(kospi) # ①
4951
4851
>>> plt.scatter(dow, kospi, marker='.') # ②
ValueError: x and y must be the same size
```

파이썬 셸에서 ① 다우존스 지수 데이터 개수와 KOSPI 지수 데이터 개수를 len() 함수로 출력해보면 데이터 개수가 다르다. ② 산점도를 그리려면 x, y의 사이즈가 동일해야 한다. 지금 이대로는 오류가 발생한다.

```
>>> df = pd.DataFrame({'DOW': dow['Close'], 'KOSPI': kospi['Close']}) # ①
>>> df
                 DOW    KOSPI
Date
2000-01-03  11357.51      NaN
2000-01-04  10997.93  1059.04
2000-01-05  11122.65   986.31
2000-01-06  11253.26   960.79
2000-01-07  11522.56   948.65
...              ...      ...
2019-09-02       NaN  1969.19
2019-09-03  26118.02  1965.69
2019-09-04  26355.47  1988.53
2019-09-05  26728.15  2004.75
2019-09-06  26797.46  2009.13

[5101 rows x 2 columns] # ②
```

① 다우존스 지수의 종가 칼럼과 KOSPI 지수의 종가 칼럼을 합쳐서 데이터프레임 df를 생성하자. 한 쪽에 데이터가 없으면 값이 없다는 의미의 NaN으로 자동적으로 채워주기 때문에 전체 데이터 개수가 둘 다 ② 5101개로 늘었다.

그런데 아직도 산점도를 출력하면 NaN을 포함하고 있어 에러 메시지가 출력된다. 산점도를 출력하려면 NaN을 제거해야 한다.

```
>>> plt.scatter(df['DOW'], df['KOSPI'], marker='.')
ValueError: Input contains NaN, infinity or a value too large for
dtype('float64').
```

데이터프레임의 fillna() 함수를 사용하여 NaN을 채울 수 있는데, 인수로 bfill(backward fill)을 주면 NaN 뒤에 있는 값으로 NaN을 덮어쓴다. 이를 활용해 NaN을 없애보자.

```
>>> df = df.fillna(method='bfill')
>>> df
                 DOW     KOSPI
Date
2000-01-03  11357.51   1059.04
2000-01-04  10997.93   1059.04
2000-01-05  11122.65    986.31
2000-01-06  11253.26    960.79
2000-01-07  11522.56    948.65
...              ...       ...
2019-09-02  26118.02   1969.19
2019-09-03  26118.02   1965.69
2019-09-04  26355.47   1988.53
2019-09-05  26728.15   2004.75
2019-09-06  26797.46   2009.13

[5101 rows x 2 columns]
```

위의 `fillna()` 함수의 수행 결과를 보면, 2000년 1월 3일과 2019년 9월 2일의 NaN이 뒤에 있던 값으로 채워졌다. 그런데 공교롭게도 데이터프레임의 마지막 행에 NaN이 있으면 `bfill` 방식으로는 모든 NaN을 없앨 수 없다. 그럴 때에는 `ffill`(forward fill) 방식으로 `fillna()` 함수를 한 번 더 호출함으로써 제일 마지막 행의 이전 행에 있던 값으로 NaN을 덮어 쓸 수 있다.

한편, `dropna()` 함수를 사용해 NaN이 있는 행을 한 번에 모두 제거하는 방법도 있다. 하지만 `fillna()` 함수를 사용했을 때보다 표본 데이터 수가 적어지므로 상황에 맞게 적절히 선택해서 사용하자.

데이터가 모두 준비되었으면 scatter() 함수를 사용하여 산점도를 그려보자.

코드_ 다우존스 지수와 KOSPI의 산점도 분석

```python
# ch03_02_DowKospi_Scatter.py
import pandas as pd
from pandas_datareader import data as pdr
import yfinance as yf
yf.pdr_override()

dow = pdr.get_data_yahoo('^DJI', '2000-01-04')
```

```
kospi = pdr.get_data_yahoo('^KS11', '2000-01-04')

df = pd.DataFrame({'DOW': dow['Close'], 'KOSPI': kospi['Close']}) # ①
df = df.fillna(method='bfill') # ②
df = df.fillna(method='ffill')

import matplotlib.pyplot as plt
plt.figure(figsize=(7, 7))
plt.scatter(df['DOW'], df['KOSPI'], marker='.') # ③
plt.xlabel('Dow Jones Industrial Average')
plt.ylabel('KOSPI')
plt.show()
```

① 다우존스 지수의 종가 칼럼과 코스피 지수의 종가 칼럼으로 데이터프레임을 생성한 뒤 ②에서 모든 NaN을 제거한다. ③에서 다우존스 지수를 x로, KOSPI 지수를 y로 산점도를 그리되, 점은 작은 원(.) 모양으로 표시한다.

실행 결과_ 다우존스 지수와 KOSPI의 산점도 분석

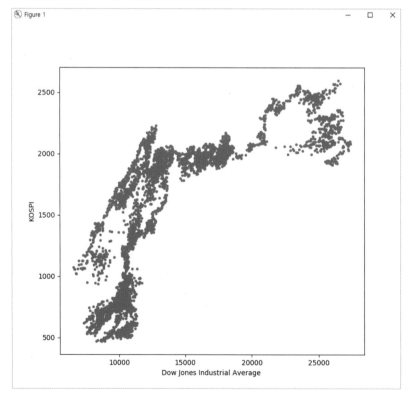

미국 증권 시장과 우리나라 증권 시장의 관계를 살펴보고자 다우존스 지수와 KOSPI 지수를 산점도로 표시해보았다. 점의 분포가 y = x인 직선 형태에 가까울수록 직접적인 관계가 있다고 볼 수 있는데, 다우존스 지수와 KOSPI 지수는 어느 정도 영향을 미치긴 하지만 그리 강하지는 않다. 산점도 그래프만 봐서는 정확한 분석이 어려우므로 선형 회귀 분석으로 더 정확히 분석해보자.

3.6.4 사이파이 선형 회귀 분석

사이파이^{SciPy}는 파이썬 기반 수학, 과학, 엔지니어링용 핵심 패키지 모음이다. 사이파이는 넘파이 기반의 함수들과 수학적 알고리즘의 모음으로 넘파이, 맷플롯립^{Matplotlib}, 심파이^{Sympy}, 팬더스 등을 포함한다. IPython과 함께 사용하면 매트랩^{MATLAB}이나 R-Lab과 같은 데이터 처리 환경을 대체할 수 있다. **pip install scipy** 명령으로 설치하자.

3.6.5 선형 회귀 분석

회귀 모델이란 연속적인 데이터 Y와 이 Y의 원인이 되는 X 간의 관계를 추정하는 관계식을 의미한다. 실제로 데이터 값에는 측정 상의 한계로 인한 잡음^{noise}이 존재하기 때문에 정확한 관계식을 표현하는 확률 변수인 오차항을 두게 된다.

독립변수 X와 종속변수 Y의 관계가 다음처럼 1차식으로 나타날 때 선형 회귀 모델^{linear regression model}이라고 부른다.

$$Y_i = \beta_0 + \beta_1 X_i + \varepsilon_i\, (i = 1,\ 2,\ \dots,\ n)$$

- Y_i : i 번째 종속변수의 값
- X_i : i 번째 독립변수의 값
- β_0 : 선형 회귀식의 절편(intercept)
- β_1 : 선형 회귀식의 기울기(slope)
- ε_i : 오차항(종속변수 Y의 실제값과 기대치의 차이)

Y의 기대치는 $E(Y) = \beta_0 + \beta_1 X_i$로 나타낼 수 있으며, 이를 회귀 함수regression function라고 한다.

사이파이 패키지의 서브 패키지인 스탯츠stats는 다양한 통계 함수를 제공한다. ① linregress() 함수를 이용하면 시리즈 객체 두 개만으로 간단히 선형 회귀 모델을 생성하여 분석할 수 있다.

```
model = stats.linregress(독립변수 x, 종속변수 y)
```

```
>>> from scipy import stats
>>> regr = stats.linregress(df['DOW'], df['KOSPI']) # ①
>>> regr
LinregressResult(
slope=0.08921552052448947,      # 기울기
intercept=310.1914657230154,    # y절편
rvalue=0.7577630160615159,      # r값(상관계수)
pvalue=0.0,                     # p값
stderr=0.0010758826134964752)   # 표준편차
```

stats에서 생성한 모델을 이용하면 선형 회귀식을 구할 수 있다. 기울기(slope)가 약 0.09이고 y절편(intercept)이 약 310.19이므로, Y의 기대치 $E(Y) = \beta_0 + \beta_1 X_i = 310.19 + 0.09$ * x로 나타낼 수 있다. 따라서 임의의 x값이 주어질 경우 이에 해당하는 y값을 예측할 수 있다.

3.7 상관계수에 따른 리스크 완화

상관계수Coefficient of Correlation란 독립변수와 종속변수 사이의 상관관계의 정도를 나타내는 수치다. 상관계수 r은 항상 $-1 \leq r \leq 1$을 만족시킨다. 양의 상관관계가 가장 강한 값을 1로, 음의 상관관계가 가장 강한 값을 -1로 나타내며, 상관관계가 없을 때 r은 0이다.

A 자산과 B 자산의 상관계수가 1이면, A 자산 가치가 x%만큼 상승할 때 B 자산 가치도 x% 만큼 상승한다. A 자산과 B 자산의 상관계수가 -1이면, A 자산 가치가 x%만큼 상승할 때 B 자산의 가치는 x%만큼 하락한다. A 자산과 B 자산의 상관계수가 0이면 두 자산의 움직임이 서로 전혀 연관성이 없다.

3.7.1 데이터프레임으로 상관계수 구하기

데이터프레임은 상관계수를 구하는 corr() 함수를 제공하기 때문에 데이터프레임의 각 칼럼 간의 상관계수를 쉽게 구할 수 있다.

```
>>> df.corr()
            DOW     KOSPI
DOW     1.000000  0.757763
KOSPI   0.757763  1.000000
```

DOW 지수와 KOSPI 지수의 상관계수가 0.757763이다.

3.7.2 시리즈로 상관계수 구하기

시리즈도 상관계수를 구하는 corr() 함수를 제공한다. corr() 함수의 인수로 상관계수를 구할 다른 시리즈 객체를 넣어준다.

```
>>> df['DOW'].corr(df['KOSPI'])  # df.DOW.corr(df.KOSPI)와 같다.
0.7577630160615157
```

3.7.3 결정계수 구하기

결정계수$^{R\text{-}squared}$는 관측된 데이터에서 추정한 회귀선이 실제로 데이터를 어느 정도 설명하는 지를 나타내는 계수로, 두 변수의 상관관계 정도를 나타내는 상관계수$^{R\ value}$를 제곱한 값이다.

상관계수는 시리즈나 데이터프레임에서 corr() 함수를 호출해서 구해도 되고, 스탯츠 패키지를 이용하여 선형회귀 모델을 생성해서 구해도 된다. 데이터프레임의 corr() 함수의 결과는 테이블 형태이므로, 여기서는 제일 간편한 방식인 시리즈의 corr() 함수를 사용해 상관계수를 구하겠다.

```
>>> r_value = df['DOW'].corr(df['KOSPI'])
>>> r_value
0.7577630160615157
```

결정계수는 상관계수를 제곱해 구한다.

```
>>> r_squared = r_value ** 2  # pow(r_value, 2)와 같다.
>>> r_squared
0.5742047885106449
```

결정계수가 1이면 모든 표본 관측치가 추정된 회귀선 상에만 있다는 의미다. 즉, 추정된 회귀선이 변수 간의 관계를 완벽히 설명한다. 반면에 결정계수가 0이면 추정된 회귀선이 변수 사이의 관계를 전혀 설명하지 못한다는 의미다.

3.7.4 다우존스 지수와 KOSPI의 회귀 분석

앞 절에서 우리는 다우존스 지수와 KOSPI의 상관관계를 산점도를 이용해 분석했다. 이번에는 스탯츠 모델의 linregress() 함수를 이용하여 선형회귀 모델을 생성한 뒤 회귀선을 그려서 분석해볼 것이다. 전체 소스 코드도 한 눈에 볼 수 있도록 다시 정리했다.

코드_ 다우존스 지수와 KOSPI의 회귀 분석

```
# ch03_03_DowKospi_Regression.py
import pandas as pd
from pandas_datareader import data as pdr
import yfinance as yf
yf.pdr_override()
from scipy import stats
import matplotlib.pylab as plt

dow = pdr.get_data_yahoo('^DJI', '2000-01-04')  # ①
kospi = pdr.get_data_yahoo('^KS11', '2000-01-04')

df = pd.DataFrame({'X': dow['Close'], 'Y': kospi['Close']})  # ②
df = df.fillna(method='bfill')  # ③
df = df.fillna(method='ffill')
```

```
regr = stats.linregress(df.X, df.Y)  # ④
regr_line = f'Y = {regr.slope:.2f} * X + {regr.intercept:.2f}'  # ⑤

plt.figure(figsize=(7, 7))
plt.plot(df.X, df.Y, '.')  # ⑥
plt.plot(df.X, regr.slope * df.X + regr.intercept, 'r')  # ⑦
plt.legend(['DOW x KOSPI', regr_line])
plt.title(f'DOW x KOSPI (R = {regr.rvalue:.2f})')
plt.xlabel('Dow Jones Industrial Average')
plt.ylabel('KOSPI')
plt.show()
```

① 다우존스 지수를 야후 파이낸스로부터 다운로드받는다.

② 다우존스 지수를 X 칼럼으로 KOSPI 지수를 Y 칼럼으로 갖는 데이터프레임을 생성한다.

③ NaN을 제거한다.

④ 다우존스 지수 X와 KOSPI 지수 Y로 선형회귀 모델 객체 regr을 생성한다.

⑤ 범례에 회귀식을 표시하는 레이블 문자다.

⑥ 산점도를 작은 원으로 나타낸다.

⑦ 회귀선을 붉은 색으로 그린다.

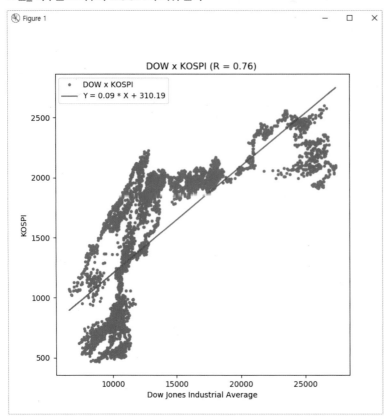

다우존스 지수와 KOSPI 지수의 상관계수가 0.76이다. 두 자산에 분산 투자를 할 경우 약간의 리스크 완화 효과를 기대할 수 있다. 상관계수에 따른 리스크 완화 효과에 대해서는 이 절의 마지막 부분에서 다시 다룰 것이다.

회귀식은 Y = 0.09 * X + 310.19로 도출되었다. 따라서 우리는 임의의 다우존스 지수 값이 주어졌을 때 KOSPI 지수가 대략 어떤 값을 나타낼지 예측해볼 수 있다.

동일한 방법으로 KOSPI 지수와 미국 국채의 상관관계도 살펴보자. 다우존스 지수 데이터 대신 미국 국채에 해당하는 iShares 20 + Year Treasury Bond ETF(TLT) 데이터를 다운로드하면 된다. 야후 파이낸스로부터 조회할 심볼을 '^DJI' 대신 'TLT'로 변경하고, 조회 시작일을 2002년 7월 30일로 변경하면 다음과 같이 그래프가 표시된다.

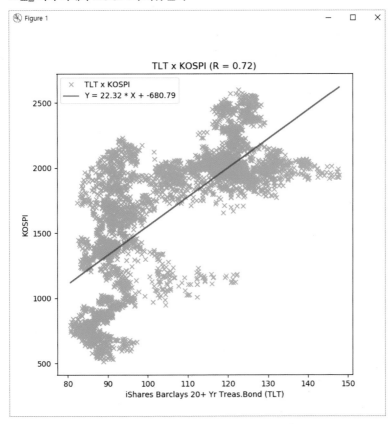

ETF 데이터로 분석한 결과 미국 국채와 KOSPI 지수의 상관계수는 0.72다. 기대했던 것만큼 낮은 수치는 아니지만 다우존스 지수와 KOSPI 지수의 상관계수가 0.76이었던 것에 비하면 0.04만큼 낮다. 큰 차이는 아니지만 국내 주식에 이미 투자를 하고 있다면 다우존스 지수에 분산 투자하는 것보다 미국 채권에 분산 투자하는 것이 리스크 완화에 도움이 된다는 의미다.

3.7.5 상관계수에 따른 리스크 완화

노벨경제학상을 수상한 해리 마코위츠Harry Markowitz 박사가 체계화한 현대 포트폴리오 이론modern portfolio theory, MPT은 '투자에 대한 수익과 위험은 평균과 분산으로 나타낼 수 있으며, 상관관계가 낮은 자산을 대상으로 분산 투자하면 위험을 감소시킬 수 있다'는 이론이다.

상관관계가 낮은 대표적인 예로 주식과 채권을 들 수 있는데, 이처럼 상관관계가 낮은 자산들로 포트폴리오를 구성하면 약세장과 강세장에서 모두 실적을 낼 수 있다.

표_ 상관계수에 따른 리스크 완화 효과

상관계수	리스크 완화 효과
+1.0	리스크 완화 효과가 없음
+0.5	중간 정도의 리스크 완화 효과가 있음
0	상당한 리스크 완화 효과가 있음
−0.5	대부분의 리스크를 제거함
−1.0	모든 리스크 제거함

실제로 파이썬에서 상관관계가 어떻게 표시되는지 확인해보자. 먼저 시리즈 세 개를 생성한 뒤 이를 이용하여 데이터프레임을 생성한다.

```
>>> import pandas as pd
>>> s1 = pd.Series([+10, -20, +30, -40, +50]) # ①
>>> s2 = pd.Series([ +1,  -2,  +3,  -4,  +5]) # ②
>>> s3 = pd.Series([-10, +20, -30, +40, -50]) # ③
>>> df = pd.DataFrame({'S1': s1, 'S2': s2, 'S3': s3}) # ④
>>> df
   S1  S2  S3
0  10   1 -10
1 -20  -2  20
2  30   3 -30
3 -40  -4  40
4  50   5 -50
```

① 임의의 정수로 시리즈를 생성한다. ②는 ①의 시리즈와 변동 비율과 부호가 같지만, 값은 다른 시리즈를 생성한다. ③는 ①의 시리즈와 절대값은 같지만, 부호가 다른 시리즈를 생성한다. ④는 ①, ②, ③을 칼럼으로 갖는 데이터프레임을 생성한다.

데이터프레임에서 제공하는 corr() 함수를 이용하여 각 시리즈 간의 상관관계를 확인해보자. S1과 S2처럼 변동 비율이 같고 부호가 같을 경우 상관관계가 1로 표시된다. S1과 S3 또는 S2와 S3처럼 변동 비율이 같지만 부호가 반대일 경우 상관관계가 −1로 표시된다.

```
>>> df.corr()
     S1   S2   S3
S1  1.0  1.0 -1.0
S2  1.0  1.0 -1.0
S3 -1.0 -1.0  1.0
```

3.8 핵심 요약

- 팬더스에서 제공하는 시리즈는 인덱스를 지니는 1차원 벡터이고, 데이터프레임은 인덱스를 지니는 테이블 형태 자료형이다. 시리즈는 데이터프레임의 칼럼에 해당한다.

- 팬더스를 이용하면 엑셀 파일, HTML 파일, 데이터베이스로부터 데이터를 읽어 데이터프레임 형태로 가공할 수 있다.

- 가격대가 다른 두 주식 종목의 수익률을 비교하려면 종가 대신 일간 변동률의 누적곱을 구해서 비교해야 한다.

- MDD(최대 손실 낙폭)는 포트폴리오의 특정 기간 중 최고점부터 최저점까지의 가장 큰 손실을 의미한다. 수익률을 높이는 것만큼이나 MDD를 낮추는 것이 중요하다.

- 회귀 분석은 데이터의 상관관계를 분석하는 데 많이 쓰이는 통계 분석 방법이다. 회귀식을 구한 뒤 임의의 독립변수에 대하여 종속변수의 값을 추측해볼 수 있는데, 이를 예측이라고 한다.

- 오늘의 종가를 특정일의 종가로 나눈 뒤 100을 곱하면, 특정일의 종가 대비 오늘의 변동률을 구할 수 있다. 이렇게 가격이 다른 두 주식 종목의 수익률을 비교하는 방법을 지수화라고 한다.

- 상관계수란 독립변수와 종속변수 사이의 상관관계의 정도를 나타내는 수치다. 양의 상관관계가 가장 강한 값을 1로, 음의 상관관계가 가장 강한 값을 −1로 나타내며, 상관관계가 없을 때 0이다.

- 상관계수는 시리즈나 데이터프레임에서 corr( ) 함수를 호출해서 구할 수 있고, 사이파이의 서브 패키지인 스탯츠로 선형회귀 모델을 생성하여 구할 수도 있다.

- 현대 포트폴리오 이론의 성과 중 하나는 주식과 채권처럼 상관관계가 낮은 자산으로 포트폴리오를 구성함으로써, 포트폴리오의 전반적인 위험을 줄일 수 있다는 것을 알려주었다는 점이다.

## CHAPTER 4

웹 스크레이핑을 사용한 데이터 분석

한국거래소 시장 정보, 한국은행 경제통계시스템, 공공데이터포털 등에서 증권 데이터를 비롯해 투자에 활용할 수 있는 다양한 데이터를 엑셀 형태로 수집할 수 있다. 또한 네이버 금융이나 다음 금융 같은 포털 사이트에서 증권 관련 데이터를 직접 웹 스크레이핑으로 수집할 수 있다.

이번 장에서는 한국거래소에서 제공하는 상장법인 목록을 다운로드해 국내 상장 기업 주식 종목코드를 구한 뒤, 네이버 금융에서 일자별 주가 데이터를 웹 스크레이핑할 것이다. 최종 수집한 주가 데이터를 캔들 차트로 그려봄으로써 인터넷에서 증권 데이터를 수집하여 분석하는 일련의 과정에 대해 알아볼 것이다.

4.1 팬더스로 상장법인 목록 읽기

증권 데이터 분석을 하려면 종목코드를 알아야 한다. 전체 종목코드가 있어야 종목별로 급등순위, 시가총액 순위 등의 통계를 낼 수 있기 때문이다. 종목코드를 구하는 방법부터 알아보자.

① 한국거래소 기업공시채널(kind.krx.co.kr)에 접속해 '상장법인상세정보' → '상장법인목록'으로 이동한다. ② EXCEL 버튼을 눌러 상장법인 목록을 내려받자.

그림_ 한국거래소 기업공시채널

4.1.1 엑셀 파일 내용 확인하기

다운로드받은 '상장법인목록.xls' 파일을 엑셀 프로그램으로 열면 다음과 같이 표시될 것이다.

그림_ '상장법인목록.xls' 파일을 엑셀 프로그램으로 개봉한 모습

회사명	종목코드	업종	주요제품	상장일	결산월
DSR	155660	1차 비철금속 제조업	합섬섬유로프	2013-05-15	12월
GS글로벌	001250	상품 종합 도매업	수출입업(시멘트,철강금속,전기전자,섬유,기계화학),상품중개,광업,채석업/하수처리 서비스/부동산 임대	1976-06-26	12월
HSD엔진	082740	일반 목적용 기계 제조업	대형선박용엔진,내연발전엔진	2011-01-04	12월
KG케미칼	001390	기초 화학물질 제조업	콘크리트혼화제, 비료, 친환경농자재, 수처리제	1989-08-25	12월
LG이노텍	011070	전자부품 제조업	기타 전자부품 제조업	2008-07-24	12월
OCI	010060	기초 화학물질 제조업	타르제품,카본블랙,무수프탈산,농약원제,석탄화학제품,정밀화학제품,플라스틱창호재 제조,판매	1985-07-09	12월
SK네트웍스	001740	기타 전문 도매업	종합무역업(전자전기제품,섬유,에너지화학제품,철강금속제품),의류,수입산합판,MDF판매,정보통신사업,에너지유통사	1977-06-30	12월
SK이노베이션	096770	석유 정제품 제조업	석유정제,석유화학제품,윤활유제품,아스팔트제품,의약중간체 제조,판매,유전개발,대체에너지사업	2007-07-25	12월
STX	011810	상품 종합 도매업	에너지 원료(석탄,석유),산업기자재(기계	1990-09-12	12월

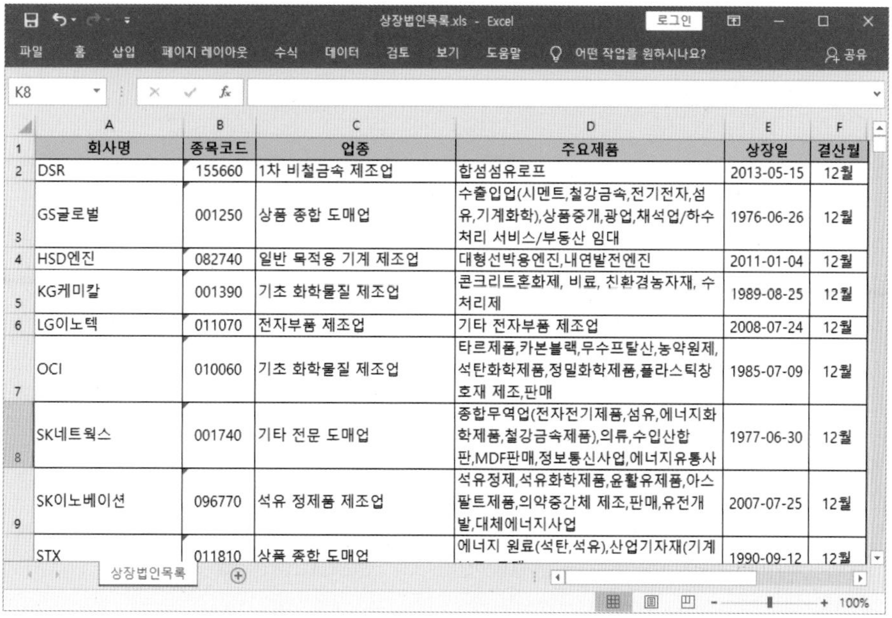

하지만 '상장법인목록.xls' 파일을 메모장으로 열어보면, 아래 그림처럼 파일 내용이 HTML 형태다. '상장법인목록.xls'의 확장자가 .xls이긴 하지만, 실제 내용이 HTML이므로 팬더스의 read_excel() 함수로는 읽을 수 없다. 따라서 우리는 팬더스의 read_html() 함수를 이용하여 파일을 읽어야 한다.

그림_ '상장법인목록.xls' 파일을 메모장으로 개봉한 모습

```
상장법인목록.xls - Windows 메모장                               —    □    ×
파일(F)  편집(E)  서식(O)  보기(V)  도움말
<html xmlns="http://www.w3.org/1999/xhtml">
<head>
<meta http-equiv="Content-Type" content="text/html; charset=euc-kr" />
<title>상장법인목록(EXCEL)</title>
</head>
<body>
        <table cellpadding="0" cellspacing="1" class="bbs_tb" border="1">
        <col width="20%" />
        <col width="10%" />
        <col width="15%" />
        <col width="20%" />
        <col width="10%" />
        <col width="5%" />
        <col width="8%" />
        <col width="7%" />
        <col width="5%" />
        <tr>
                <th bgcolor="#66FF99" >회사명</th>
                <th bgcolor="#66FF99" >종목코드</th>
                <th bgcolor="#66FF99" >업종</th>
                <th bgcolor="#66FF99" >주요제품</th>
                <th bgcolor="#66FF99" >상장일</th>
                <th bgcolor="#66FF99" >결산월</th>
                <th bgcolor="#66FF99" >대표자명</th>
                <th bgcolor="#66FF99" >홈페이지</th>
                <th bgcolor="#66FF99" >지역</th>
        </tr>

                        Ln 1, Col 1        100%    Windows (CRLF)    ANSI
```

만일 팬더스의 read_excel() 함수로 읽기를 원한다면 '상장법인목록.xls' 파일을 엑셀 프로그램으로 먼저 개봉한 뒤 xlsx 확장자 형태로 다시 저장해야 한다. xlsx 파일 형태로 변경된 후에는 팬더스의 read_excel() 함수를 이용하여 읽을 수 있다.

4.1.2 read_html( ) 함수로 파일 읽기

팬더스의 read_html() 함수로 상장법인 목록을 읽어보자. read_html() 함수를 호출할 경우, html5lib이나 lxml 라이브러리를 추가로 설치하라면서 에러가 발생할 수 있는데 그럴 때는 **pip install html5lib** 또는 **pip install lxml** 명령으로 설치해주면 된다.

read_html() 함수는 인수로 받은 경로의 HTML 파일 내부에 존재하는 TABLE 태그를 분석하여 데이터프레임으로 변환해준다. read_html() 함수는 결괏값으로 데이터프레임 객체를 원소로 가지는 리스트를 반환한다.

```
>>> import pandas as pd
>>> krx_list = pd.read_html('C:/Users/Investar/Downloads/상장법인목록.xls')
>>> krx_list[0]  # ①

        회사명          종목코드   ...   홈페이지                         지역
0       DSR          155660   ...   http://www.dsr.com           부산광역시
1       GS글로벌        1250    ...   http://www.gsgcorp.com       서울특별시
2       HSD엔진        82740   ...   http://www.doosanengine.com  경상남도
3       KG케미칼        1390    ...   http://www.kgchem.co.kr      울산광역시
4       LG이노텍        11070   ...   http://www.lginnotek.co.kr   서울특별시
...     ...          ...      ...   ...                          ...
2302    지앤이헬스케어    299480   ...   http://www.hannahpad.com     경기도
2303    툴젠           199800   ...   http://www.toolgen.com       서울특별시
2304    틸론           217880   ...   http://www.tilon.co.kr       서울특별시
2305    판도라티비       202960   ...   http://www.pandora.tv        경기도
2306    한국비엔씨       226610   ...   http://www.bnckorea.co.kr    대구광역시

[2307 rows x 9 columns]
```

① 리스트의 첫 번째 원소를 인덱싱해 데이터프레임으로 출력한다. 출력된 데이터프레임을 보면 현재 2307개 종목이 상장되어 있다. 그런데 자세히 보니 엑셀 프로그램에서 여섯 자리던 종목코드가 앞 자리 0이 사라져 다섯 자리로 표시되었다. map() 함수를 사용해 이를 보정해보자.

시리즈에서 제공하는 map() 함수는 인수로 받은 함수를 이용하여 값을 변경한다.

```
>>> krx_list[0].종목코드 = krx_list[0].종목코드.map('{:06d}'.format)  # ②
>>> krx_list[0]

        회사명          종목코드   ...   홈페이지                         지역
0       DSR          155660   ...   http://www.dsr.com           부산광역시
1       GS글로벌        001250   ...   http://www.gsgcorp.com       서울특별시
2       HSD엔진        082740   ...   http://www.doosanengine.com  경상남도
3       KG케미칼        001390   ...   http://www.kgchem.co.kr      울산광역시
4       LG이노텍        011070   ...   http://www.lginnotek.co.kr   서울특별시
...     ...          ...      ...   ...                          ...
2302    지앤이헬스케어    299480   ...   http://www.hannahpad.com     경기도
2303    툴젠           199800   ...   http://www.toolgen.com       서울특별시
2304    틸론           217880   ...   http://www.tilon.co.kr       서울특별시
2305    판도라티비       202960   ...   http://www.pandora.tv        경기도
2306    한국비엔씨       226610   ...   http://www.bnckorea.co.kr    대구광역시

[2307 rows x 9 columns]
```

②에서 format() 함수를 인수로 넘겨주었는데, {:06d}는 여섯 자리 숫자 형식으로 표현하되 빈 앞 자리를 0으로 채우라는 뜻이다.

read_html() 함수는 로컬 드라이브에 있는 파일뿐 아니라, URL을 이용해 인터넷 상 파일도 읽을 수도 있다. 다음은 인터넷에 있는 '상장법인목록.xls' 파일을 바로 읽어오는 예다. 추가적으로 종목코드를 기준으로 오름차순 정렬을 해보았다.

```
>>> df = pd.read_html('http://kind.krx.co.kr/corpgeneral/corpList.do?method=downl
oad&searchType=13')[0]  # ③
>>> df['종목코드'] = df['종목코드'].map('{:06d}'.format)  # ④
>>> df = df.sort_values(by='종목코드')  # ⑤
>>> df
         회사명      종목코드   ...  홈페이지                           지역
914     동화약품      000020   ...   http://www.dong-wha.co.kr     서울특별시
581     KR모터스     000040   ...   http://www.krmotors.com       경상남도
1457    경방        000050   ...   http://www.kyungbang.co.kr    서울특별시
1481    메리츠화재    000060   ...   http://www.meritzfire.com     서울특별시
39      삼양홀딩스    000070   ...   http://www.samyang.com        서울특별시
...     ...        ...      ...  ...                           ...
188     엑세스바이오   950130   ...   http://www.accessbio.net      미국
1375    잉글우드랩    950140   ...   http://www.englewoodlab.com   미국
1392    코오롱티슈진   950160   ...   http://tissuegene.com         미국
683     JTC        950170   ...   http://www.groupjtc.com/korean/  일본
395     SNK        950180   ...   http://www.snk-corp.co.jp     일본

[2307 rows x 9 columns]
```

③ read_html() 함수의 인수로 파일 경로 대신 URL을 주었다. read_html() 함수 뒤에 [0]을 붙임으로써 결괏값을 데이터프레임으로 받는다.

④는 ②와 동일한 기능을 수행하는 코드다. 취향에 맞게 골라 쓰면 된다.

⑤ 종목코드 칼럼의 값으로 정렬했다. 기본은 오름차순 정렬이며, ascending=False를 인수를 추가하면 내림차순으로 정렬된다.

4.2 HTML 익히기

웹 스크레이핑을 본격적으로 시작하기에 앞서 HTML을 알아보자. 웹 페이지는 JSP, ASP, PHP 등 다양한 언어로 작성할 수 있지만, 웹 브라우저에서는 최종적으로 HTML로 변환된 결과를 렌더링해서 표시하기 때문에 웹 스크레이핑을 하려면 HTML을 기본적으로 알아야 한다.

4.2.1 HTML 기본 구조

HTML은 HyperText Markup Language 약자다. 하이퍼텍스트[HyperText]는 다른 문서를 연결하는 텍스트를 의미한다. 인터넷에서 뉴스 제목을 클릭했을 때 뉴스 본문 페이지로 이동하는 경험을 해봤을 것이다. 이때 뉴스 제목에 해당하는 부분을 하이퍼텍스트라고 부른다.

마크업[Markup]은 텍스트가 화면에서 어떻게 보여야 하는지 정의하는 기법을 의미한다. HTML에서 텍스트를 어떻게 표시할지 나타내는 데 태그를 사용한다. 예를 들어 'This is bold text.'를 `<b>This is bold text.</b>`라고 쓰면 텍스트를 볼드체로 표시한다. 여기서 `<>`로 둘러싸인 부분을 태그[tag]라고 하는데, 텍스트 앞에 위치한 `<b>`를 여는 태그라고 하고 텍스트 뒤에 위치한 `</b>`를 닫는 태그라고 한다.

줄바꿈을 나타내는 `<br>` 태그처럼 텍스트를 둘러싸지 않고 단독으로 사용되는 태그도 있는데 이러한 태그는 여는 태그만 사용해도 무방하지만, 브라우저 호환성을 고려해 여닫음을 동시에 나타내는 `<br />` 형식으로 사용하는 것이 좋다.

4.2.2 HTML 주요 태그

태그는 속성[attribute]이라는 추가 정보를 지닐 수 있다. 예를 들어 하이퍼링크를 정의하는 `<a>` 태그는 링크 목적지를 나타내는 `href` 속성을 가진다. 다음은 HTML에서 주로 사용되는 태그와 속성을 정리한 표다.

표_ HTML 주요 태그 리스트

태그	속성	의미
html		HTML 문서
head		문서 헤더
title		문서 제목
body	text, background, bgcolor	문서 바디
h1, h2, h3		머리말(heading)
p		문단(paragraph)
br		줄바꿈(line break)
b		볼드체
i		이탤릭체
s		취소선(strike)
ol, ul	type	순서 리스트, 비순서 리스트
li	type	리스트 아이템
table	width, border, cellpadding	테이블
tr	align	테이블 행
th, td	colspan	테이블 헤더, 테이블 데이터
a	href, target	하이퍼링크
img	src, width, height	이미지
<!--...-->		주석

4.2.3 HTML 예시

HTML 파일은 기본적으로 <html> 태그 안에 <head> 태그와 <body> 태그를 갖는다. <head> 태그는 HTML 페이지 정보를 제공한다. 웹 브라우저에서 보이는 부분은 <body> 태그 내부에 있다.

```
<!-- 04_WebScraping\HtmlSample.htm -->
<html>
    <head>
        <title>This is title.</title>
    </head>
    <body>
        <h1>This is heading1 text.</h1>
        <h2>This is heading2 text.</h2>
        <h3>This is heading3 text.</h3>
        <p>This is a paragraph.</p>
        This is plain text.<br />
        <b>This is bold text.</b><br />
        <i>This is Italic text.</i><br />
        <s>This is strike text.</s><br />
        <ol>
            <li>the first orderd list</li>
            <li>the second orderd list</li>
            <li>the third orderd list</li>
        </ol>
        <ul>
            <li>unorderd list</li>
            <li>unorderd list</li>
            <li>unorderd list</li>
        </ul>
        <table border=1>
            <tr>
                <th>table header 1</th>
                <th>table header 2</th>
                <th>table header 3</th>
            </tr>
            <tr>
                <td>table data 4</td>
                <td>table data 5</td>
                <td>table data 6</td>
            </tr>
            <tr>
                <td>table data 7</td>
                <td>table data 8</td>
                <td>table data 9</td>
            </tr>
        </table><br />
        <a href="https://www.python.org">Visit Python homepage!<br />
        <img src="https://www.python.org/static/img/python-logo.png" /></a>
    </body>
</html>
```

위의 코드를 HtmlSample.htm 파일로 저장한 후 웹 브라우저로 열어보면 다음과 같이 표시된다.

그림_ **HTML 주요 태그 예시**

4.3 웹에서 일별 시세 구하기

네이버 금융에 접속하면 한국거래소에 상장된 종목의 일별 시세를 확인할 수 있다. 네이버 금융에서 셀트리온을 검색해보자.

그림_ 네이버 금융 페이지

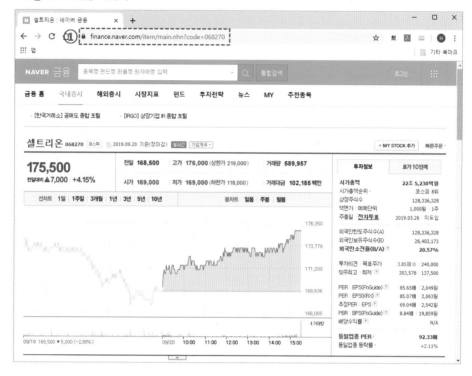

① 웹 브라우저의 주소창에 다음과 같은 URL이 표시되어 있다.

- http://finance.naver.com/item/main.nhn?code=068270

주소 끝에 있는 숫자 068270은 셀트리온 종목코드다. 따라서 다른 종목 종가를 확인하려면 이 종목코드를 바꾸면 된다.

4.3.1 네이버 금융 일별 시세 분석하기

셀트리온 일별 시세 데이터를 전부 가져오자. 먼저 네이버 금융에서 일별 시세 페이지를 분석해보자. 셀트리온의 주가가 페이지당 10개씩 표시되고 있다. 첫 페이지의 주가는 최신 날짜의 주가다.

① '맨뒤'를 클릭하여 제일 오래된 일자의 주가도 확인해보자.

그림_ 셀트리온 일별 시세 페이지

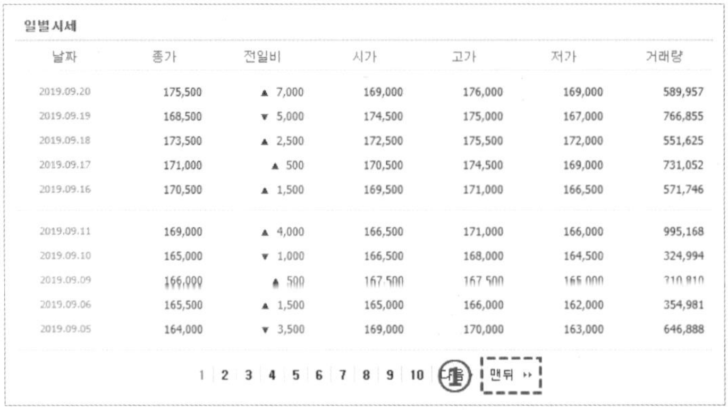

날짜	종가	전일비	시가	고가	저가	거래량
						일별 시세
2019.09.20	175,500	▲ 7,000	169,000	176,000	169,000	589,957
2019.09.19	168,500	▼ 5,000	174,500	175,000	167,000	766,855
2019.09.18	173,500	▲ 2,500	172,500	175,500	172,000	551,625
2019.09.17	171,000	▲ 500	170,500	174,500	169,000	731,052
2019.09.16	170,500	▲ 1,500	169,500	171,000	166,500	571,746
2019.09.11	169,000	▲ 4,000	166,500	171,000	166,000	995,168
2019.09.10	165,000	▼ 1,000	166,500	168,000	164,500	324,994
2019.09.09	166,000	▲ 500	167,500	167,500	165,000	310,810
2019.09.06	165,500	▲ 1,500	165,000	166,000	162,000	354,981
2019.09.05	164,000	▼ 3,500	169,000	170,000	163,000	646,888

1 2 3 4 5 6 7 8 9 10 다음 맨뒤 ››

'맨뒤'를 클릭하면 가장 오래된 날짜의 종가가 표시된다. 2019년 9월 22일 현재 '맨뒤' 글자를 클릭하면 351페이지로 이동된다. 맨 뒤에 해당하는 페이지 번호는 상장일이 오래될수록 크다. 동일 종목이라 하더라도 거래일 기준으로 열흘마다 한 페이지씩 늘어나므로 항상 변한다.

다음 그림을 보면 셀트리온 주가가 2005년 7월 19일에 6,700원으로 시작하여 7,700원으로 마감했다. 일별 시세 페이지를 마우스 우클릭한 후 크롬 웹 브라우저의 ② '페이지 소스 보기' 메뉴를 실행하면 주소창에 아래의 주소가 표시된다.

• view-source:https://finance.naver.com/item/sise_day.nhn?code=068270&page=351

그림_ 크롬 웹 브라우저로 페이지 소스 보기

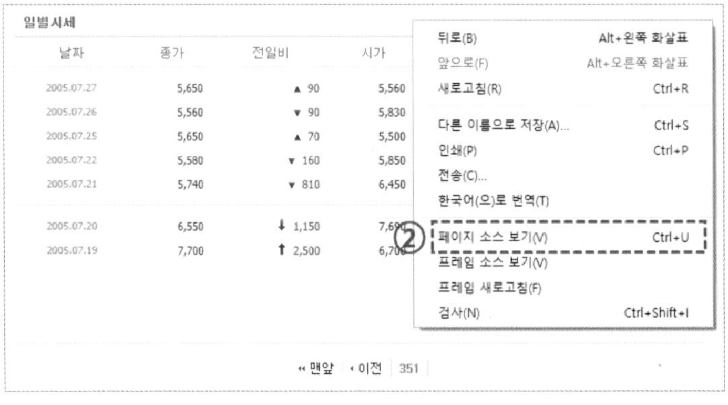

날짜	종가	전일비	시가			
				일별 시세		
				뒤로(B)		Alt+왼쪽 화살표
				앞으로(F)		Alt+오른쪽 화살표
2005.07.27	5,650	▲ 90	5,560	새로고침(R)		Ctrl+R
2005.07.26	5,560	▼ 90	5,830			
2005.07.25	5,650	▲ 70	5,500	다른 이름으로 저장(A)...		Ctrl+S
2005.07.22	5,580	▼ 160	5,850	인쇄(P)		Ctrl+P
2005.07.21	5,740	▼ 810	6,450	전송(C)...		
				한국어(으)로 번역(T)		
2005.07.20	6,550	↓ 1,150	7,69	② 페이지 소스 보기(V)		Ctrl+U
2005.07.19	7,700	↑ 2,500	6,70	프레임 소스 보기(V)		
				프레임 새로고침(F)		
				검사(N)		Ctrl+Shift+I

‹‹ 맨앞 ‹ 이전 351

URL 주소 뒤에 종목코드(code=068270)와 페이지 숫자(page=351)를 파라미터로 넘겨주면, 해당 종목 일별 시세에서 지정한 페이지로 접속한다.

4.3.2 소스 코드에서 링크 주소 검색하기

크롬 웹 브라우저에서 셀트리온 일별 시세 첫 페이지(https://finance.naver.com/item/sise_day.nhn?code=068270&page=1)에 접속한 뒤 Ctrl + U 키를 눌러서 소스 코드를 확인해보자. 검색창에서 '맨뒤'라는 글자로 검색해보면 '맨뒤' 글자에 링크된 페이지가 351페이지임을 확인할 수 있다(원고를 작성하는 시점에서 351페이지이므로 아마도 여러분들이 검색할 때 쯤이면 맨 뒤 페이지의 숫자는 훨씬 늘어나 있을 것이다).

```
<td class="pgRR">
    <a href="/item/sise_day.nhn?code=068270&amp;page=351">맨뒤
        <img src="https://ssl.pstatic.net/static/n/cmn/bu_pgarRR.gif" width="8"
height="5" alt="" border="0">
    </a>
</td>
```

'맨뒤'라는 글자 앞의 351 숫자를 추출할 수 있다면, 첫 페이지부터 351페이지까지 차례대로 읽어 셀트리온의 전체 일별 시세를 구할 수 있다. 웹 페이지로부터 HTML 소스 코드를 읽어와 맨 뒤 페이지가 실제로 몇 페이지인지 알아내는 과정을 웹 스크레이핑 파이썬 라이브러리인 뷰티풀 수프로 진행해보자.

4.4 뷰티풀 수프로 일별 시세 읽어오기

뷰티풀 수프Beautiful Soup는 HTML, XML 페이지로부터 데이터를 추출하는 파이썬 라이브러리다. 흔히 웹 크롤러Web Crawler나 웹 스크레이퍼Web Scraper로 불리기도 하는데, 크롤의 사전적 의미는 '기어가다'이다. 웹에 링크된 페이지들을 따라 돌아다니며 웹 사이트의 데이터들을 읽어온다는 의미다. 반면에 스크레이프는 크롤링해서 모은 데이터에서 원하는 정보를 추출한다는 의미다. 따라서 정확한 의미로 따지자면 뷰티풀 수프는 웹 스크레이퍼라고 할 수 있다.

뷰티풀 수프라는 이름은 라이브러리 이름 치고는 다소 특이한데, 구조적으로 잘못된 태그들로 구성된 HTML을 일컫는 용어인 태그 수프Tag Soup에서 유래되었다. 뷰티풀 수프는 내부적으로 HTML을 XML 형태의 파이썬 객체로 변환해서 처리하기 때문에 구조적으로 잘못된 HTML도 문제 없이 분석할 수 있다. 참고로 뷰티풀 수프는 이상한 나라의 앨리스에서 가짜 거북이가 부르는 노래 가사에 나오기도 한다. 그래서인지 뷰티풀 수프의 공식 홈페이지에 앨리스와 가짜 거북이가 이야기를 나누는 모습을 볼 수 있다.

그림_ 뷰티풀 수프 공식 사이트

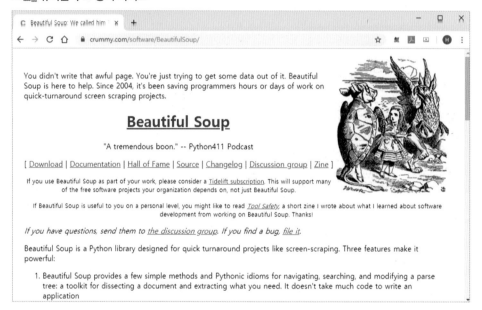

이 책에서 웹 페이지를 스크레이핑하는 방법을 설명하지만, 적법하게 데이터를 수집하고 사용하는 것은 여러분들의 몫이다. 접근 권한이 있는 저작권 자료를 스크레이핑해서 분석 목적으로 사용하는 것은 괜찮지만, 원저작자의 허가를 받지 않고 자신의 웹에 게시하거나 다른 사람이 다운로드하도록 공유하면 안 된다. 또한 잦은 웹 스크레이핑으로 상대방 시스템 성능에 지장을 주는 경우도 문제가 될 수 있으니, 합법적으로 허용되는 범위가 어디까지인지 반드시 확인한 후 웹 스크레이핑을 수행하기 바란다.

뷰티풀 수프 역시 PyPIthe Python Package Index를 통해서 제공되므로 **pip install beautifulsoup4**로 설치하면 된다.

4.4.1 파서별 장단점

뷰티풀 수프는 HTML 페이지를 분석할 때 네 가지 인기 파서 라이브러리를 골라서 쓸 수 있다. 파서별로 장단점이 있으므로 파싱하려는 페이지 특성을 고려하여 지정하면 된다.

표_ 파서별 장단점

파서	문자열	장점	단점
Python's html.parser	'html.parser'	기본 옵션으로 설치되어 있다. 속도가 적절하고, 유연한 파싱이 가능하다.	lxml 파서보다 느리고, html5lib 파서만큼 유연하지 못하다.
lxml's HTML parser	'lxml'	속도가 매우 빠르고, 유연한 파싱이 가능하다.	
lxml's XML parser	'lxml-xml', 'xml'	속도가 매우 빠르고, 유연한 파싱이 가능하다.	XML 파일에만 사용할 수 있다.
html5lib	'html5lib'	웹 브라우저와 동일한 방식으로 파싱한다. 극도로 유연하여 복잡한 구조의 HTML 문서를 파싱하는 데 사용한다.	매우 느리다.

뷰티풀 수프는 기본적으로 html 파서를 지원하지만, 우리는 속도가 빠르면서도 유연한 파싱이 가능한 lxml 파서를 사용할 예정이므로 **pip install lxml**로 lxml 파서 라이브러리도 함께 설치하자.

4.4.2 find_all() 함수와 find() 함수 비교

뷰티풀 수프로 네이버 금융에서 제공하는 셀트리온 일별 시세를 읽어보자. 이를 위해 먼저 할 일은 셀트리온 일별 시세의 전체 페이지 수를 구하는 것이다. 아마도 뷰티풀 수프에서 가장 중요한 함수는 원하는 태그를 찾아주는 find_all() 함수와 find() 함수일 것이다.

```
find_all(['검색할 태그'][, class_='클래스 속성값'][, id='아이디 속성값'][,
limit=찾을 개수])

find(['검색할 태그'][, class_='클래스 속성값'][, id='아이디 속성값'])
```

find_all() 함수는 문서 전체를 대상으로 조건에 맞는 모든 태그를 찾는다. <body> 태그처럼 문서 내에서 하나뿐인 태그를 찾을 때 사용하면 시간을 낭비할 수 있다. 물론 **limit=1** 인수를 줘서 태그 하나만 찾게 할 수도 있지만, find() 함수를 사용하면 더 간편하다. 아무것도 못 찾으면 find_all() 함수는 빈 리스트를, find() 함수는 None을 반환한다.

4.4.3 맨 뒤 페이지 숫자 구하기

먼저 뷰티풀 수프를 이용하여 네이버 금융에서 셀트리온의 맨 뒤 페이지 숫자를 구해보자. 2021년 1월 7일부터 네이버 금융 웹 서버는 브라우저 정보(User-agent)가 없는 웹 스크레이핑을 차단하기 때문에, 웹 스크레이핑을 하기 위해서는 requests 라이브러리를 이용해 HTTP 패킷 헤더에 브라우저 정보를 추가하여 웹 페이지를 요청해야 한다. requests가 설치되어 있지 않다면 pip install requests로 설치한다.

```
>>> from bs4 import BeautifulSoup
>>> import requests
>>> url = 'https://finance.naver.com/item/sise_day.nhn?code=068270&page=1'
>>> html = requests.get(url, headers={'User-agent': 'Mozilla/5.0'}).text
>>> bs = BeautifulSoup(html, 'lxml')  # ①
>>> pgrr = bs.find('td', class_='pgRR')  # ②
>>> print(pgrr.a['href'])  # ③

/item/sise_day.nhn?code=068270&page=351
```

① 뷰티풀 수프 생성자의 첫 번째 인수로 HTML/XML 페이지를 넘겨주고, 두 번째 인수로 페이지를 파싱할 방식을 넘겨준다.

② find 함수를 통해서 class 속성이 'pgRR'인 td 태그를 찾으면, 결괏값은 'bs4.element. Tag' 타입으로 pgrr 변수에 반환된다. 'pgRR'은 Page Right Right 즉, 맨 마지막(오른쪽) 페이지를 의미한다. find() 함수의 인수인 class 속성을 굳이 class_로 적은 이유는 파이썬에 이미 class라는 지시어가 존재하기 때문에, 인터프리터가 구분할 수 있도록 하기 위함이다.

4.3.2 절에서 우리는 셀트리온 일별 시세의 전체 페이지 수를 구하려면 'pgRR'을 클래스 속성값으로 갖는 <td> 태그 하부에 있는 <a> 태그의 href 속성값이 필요하다는 것을 알았다. pgrr

이 'pgRR' 클래스 속성의 <td> 태그이므로 ③ pgrr.a['href']를 출력하면 <td> 태그 하부 <a> 태그의 href 속성값인 '/item/sise_day.nhn?code=068270&page=351' 문자열을 얻을 수 있다.

pgrr 변수에 검색 결과가 담겨져 있으므로 pgrr의 전체 텍스트를 확인하려면 getText 속성을 이용하면 된다. 다음처럼 prettify() 함수를 호출하면 pgrr의 getText 속성값을 계층적으로 보기 좋게 출력할 수 있다.

```
>>> print(pgrr.prettify())

<td class="pgRR">
 <a href="/item/sise_day.nhn?code=068270&amp;page=351">
  맨뒤
  <img alt="" border="0" height="5"
src="https://ssl.pstatic.net/static/n/cmn/bu_pgarRR.gif" width="8"/>
 </a>
</td>
```

만일 태그를 제외한 텍스트 부분만 구할 때는 다음처럼 text 속성을 이용하면 된다.

```
>>> print(pgrr.text)

맨뒤
```

문자열을 리스트로 얻어 전체 페이지 수를 확인해보자.

```
s = str(pgrr.a['href']).split('=')  # ④
# s는 ['/item/sise_day.nhn?code', '068270&page', '351']
last_page = s[-1]  # ⑤
```

④ pgrr.a['herf']로 구한 문자열을 '=' 문자를 기준으로 split() 함수로 분리해 3개 문자열을 리스트로 얻었다. ⑤ 리스트 제일 마지막 원소가 바로 구하려는 전체 페이지 수다.

4.4.4 전체 페이지 읽어오기

일별 시세의 전체 페이지 수를 구했으므로 첫 페이지부터 마지막 페이지까지 차례대로 반복하면서 일별 시세를 읽자. 일별 시세는 테이블 형태의(tabular) 데이터이므로 팬더스의 **read_html()** 함수를 사용해 읽는 것이 효과적이며, 한 페이지씩 읽어온 데이터를 데이터프레임에 추가하면 전체 페이지의 일별 시세 데이터를 구할 수 있다.

```python
df = pd.DataFrame()  # ①
sise_url = 'https://finance.naver.com/item/sise_day.nhn?code=068270'

for page in range(1, int(last_page)+1):  # ②
    url = '{}&page={}'.format(sise_url, page)  # ③
    html = requests.get(url, headers={'User-agent': 'Mozilla/5.0'}).text
    df = df.append(pd.read_html(html, header=0)[0])  # ④

df = df.dropna()  # ⑤
```

① 일별 시세를 저장할 df 변수가 데이터프레임형임을 인터프리터에 알려준다.

② 1페이지부터 last_page(351페이지)까지 반복한다.

③ for문의 page 숫자를 이용하여 요청할 URL 페이지 수를 변경한다.

④ read_html() 함수로 읽은 한 페이지 분량의 데이터프레임을 df 객체에 추가한다.

⑤ 값이 빠진 행을 제거한다.

데이터프레임 객체에 저장된 셀트리온 일별 시세를 print() 함수로 출력해보자. 2005년 7월 19일부터 오늘까지 약 14년간 일별 시세가 출력된다.

```
>>> print(df)

     날짜          종가        전일비      시가        고가        저가        거래량
1    2019.09.20  175500.0  7000.0  169000.0  176000.0  169000.0  589957.0
2    2019.09.19  168500.0  5000.0  174500.0  175000.0  167000.0  766855.0
3    2019.09.18  173500.0  2500.0  172500.0  175500.0  172000.0  551625.0
4    2019.09.17  171000.0   500.0  170500.0  174500.0  169000.0  731052.0
5    2019.09.16  170500.0  1500.0  169500.0  171000.0  166500.0  571746.0
...       ...         ...      ...       ...       ...       ...       ...
```

```
5253   2005.07.25      5650.0      70.0      5500.0      5950.0      5500.0      61036.0
5254   2005.07.22      5580.0     160.0      5850.0      5850.0      5530.0      69921.0
5255   2005.07.21      5740.0     810.0      6450.0      6580.0      5730.0     182685.0
5259   2005.07.20      6550.0    1150.0      7690.0      7690.0      6550.0     422688.0
5260   2005.07.19      7700.0    2500.0      6700.0      7700.0      6510.0     499088.0

[3507 rows x 7 columns]
```

4.5 OHLC와 캔들 차트

OHLC는 Open-High-Low-Close를 나타내며 시가–고가–저가–종가를 의미한다. 우리나라 뿐만 아니라 전 세계에서 사용하는 캔들 차트는 OHLC에 해당하는 네 가지 가격을 이용하여 일정 기간의 가격 변동을 표시한다.

캔들 차트는 250여 년 전 일본 오사카의 상인이었던 혼마 무네히사[1]가 쌀 가격의 변동을 파악하는 용도로 고안한 것으로 알려졌다. 차트에 표시된 바bar 모양이 양초를 닮았다 하여 서양에서는 일본식 캔들 차트Japanese Candle Chart로 부른다.

그림_ OHLC 가격 변동에 따른 캔들 차트

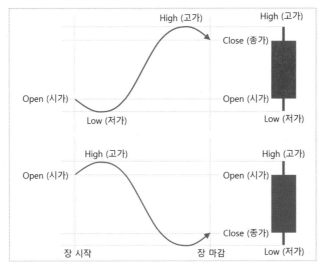

....
1 本間宗久, 1717~1803

캔들 차트는 시가-고가-저가-종가를 이용하여 하루 동안의 가격 변동을 표시하는데 시가보다 종가가 높으면 붉은 양봉으로 표시하고, 고가와 저가를 실선으로 연결한다. 반대로 시가보다 종가가 낮으면 푸른 음봉으로 표시하고, 고가와 저가를 실선으로 연결한다. 인쇄 매체에서는 양봉을 흰 색으로 음봉을 검은 색으로 표시하기도 하고, 미국에서는 양봉을 녹색으로 음봉을 붉은 색으로 표시하는 것을 선호한다.

4.5.1 OHLC 차트와 캔들 차트의 비교

다음은 미국에서 시용하는 OHLC 차드(바 차드라고토 부금)와 우리나라에서 사용하는 캔들 차트를 비교한 그림이다. 둘 다 OHLC를 기반으로 그리는 차트이기 때문에 표현 방식만 다를 뿐 내용은 같다고 볼 수 있다.

그림_ OHLC 차트와 캔들 차트의 비교

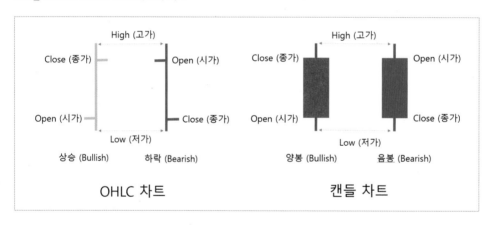

미국에서는 상승장을 황소로 하락장을 곰으로 표현하는데, 이는 상승장의 주가가 황소가 싸울 때 뿔로 들이받듯이 아래에서 위로 이동하고, 하락장의 주가가 곰이 싸울 때 발톱으로 내리치 듯이 위에서 아래로 이동하는 데서 착안한 표현이다.

4.5.2 셀트리온 종가 차트

캔들 차트를 그리려면 OHLC(시가, 고가, 저가, 종가) 데이터를 하나의 캔들로 나타내야 하기 때문에 라이브러리를 사용하더라도 다소 복잡하다. 따라서 캔들 차트를 그리기에 앞서 종가만으로 가격 변동을 표시해보자. 종가 차트를 그린 다음 캔들 차트를 그려보면 차이점이 느껴질 것이다.

다음은 셀트리온의 최근 30개 종가 데이터를 이용하여 차트로 표시하는 코드다. 보통 일주일에 5일 개장하므로 약 한 달 반 정도 데이터에 해당한다. x축은 날짜 칼럼의 데이터를 사용하고 y축은 종가 칼럼의 데이터를 사용해서 차트를 그린다.

코드_ 셀트리온 종가 차트

```python
# ch04_01_Celltrion_PlotChart.py
import pandas as pd
import requests
from bs4 import BeautifulSoup
from matplotlib import pyplot as plt

# 맨 뒤 페이지 숫자 구하기
url = 'https://finance.naver.com/item/sise_day.nhn?code=068270&page=1'
html = requests.get(url, headers={'User-agent': 'Mozilla/5.0'}).text
bs = BeautifulSoup(html, 'lxml')
pgrr = bs.find('td', class_='pgRR')
s = str(pgrr.a['href']).split('=')
last_page = s[-1]

# 전체 페이지 읽어오기
df = pd.DataFrame()
sise_url = 'https://finance.naver.com/item/sise_day.nhn?code=068270'
for page in range(1, int(last_page)+1):
    url = '{}&page={}'.format(sise_url, page)
    html = requests.get(url, headers={'User-agent': 'Mozilla/5.0'}).text
    df = df.append(pd.read_html(html, header=0)[0])

# 차트 출력을 위해 데이터프레임 가공하기
df = df.dropna()
df = df.iloc[0:30]  # ①
df = df.sort_values(by='날짜')  # ②

# 날짜, 종가 컬럼으로 차트 그리기
plt.title('Celltrion (close)')
plt.xticks(rotation=45)  # ③
plt.plot(df['날짜'], df['종가'], 'co-')  # ④
plt.grid(color='gray', linestyle='--')
plt.show()
```

① 14년간 데이터는 너무 많으므로 최근 데이터 30행만 사용한다.

② 네이버 금융의 데이터가 내림차순으로 되어 있어서 오름차순으로 변경한다.

③ x축 레이블의 날짜가 겹쳐서 보기에 어려우므로 90도로 회전하여 표시한다.

④ x축은 날짜 데이터로 y축은 종가 데이터로 출력한다. co는 좌표를 청록색(cyan) 원으로, -는 각 좌표를 실선으로 연결해서 표시하라는 의미다.

그림_ 셀트리온 종가 차트

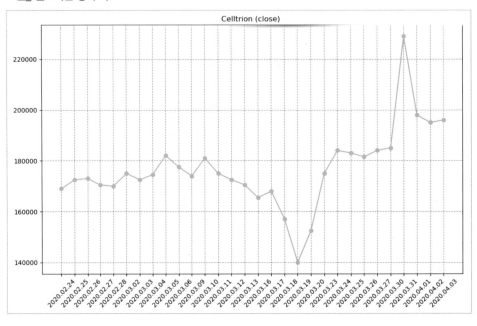

종가 그래프로는 한 달 반 동안의 종가 흐름을 파악할 수 있으나, 일자별 변동폭을 파악하기 어렵다.

4.4.3 셀트리온 캔들 차트

맷플롤립으로 종가 그래프를 그리다 보면 캔들 차트는 어떻게 그리는지 궁금한 독자가 있을 것이다. 원래 캔들 차트 기능은 matplotlib.finance 모듈에 포함되어 있으나 맷플롯립에서 제거되면서 엠피엘_파이낸스[mpl_finance] 패키지로 이동했고, 메인테이너의 부재로 한 동안 업데이트가 이루어지지 않았다.

하지만 2019년 11월부터 다니엘 골드팝^{Daniel Goldfarb}이 메인테이너를 맡으면서부터 엠피엘_파이낸스 패키지는 폐기되었고 엠피엘파이낸스^{mplfinance} 패키지로 새롭게 바뀌었다. 패키지명이 비슷해서 헷갈리는 분은 패키지명 중간에 하이픈(-)이나 언더스코어(_)가 있으면 예전 패키지이고, 중간에 아무 문자도 없는 것이 새로운 패키지라고 생각하면 쉬울 것이다.

지금까지 파이썬 캔들 차트는 대부분 엠피엘_파이낸스 패키지를 기반으로 작성되어 있는데 패키지 사용법이 꽤 어려웠다. 또한 처음 파이썬 캔들 차트를 접하는 독자는 구식과 신식 구분이 어려우므로 이 책에서는 두 가지 모두를 설명한다. 구식 라이브러리(엠피엘_파이낸스)에 대해 관심이 없는 독자라면 신식 라이브러리(엠피엘파이낸스)로 바로 건너 뛰어도 좋다.

구 버전으로 캔들 차트 그리기

먼저 예전 방식대로 엠피엘_파이낸스 패키지를 이용해 캔들 차트를 그려보자. **pip install matplotlib** 명령으로 맷플롯립을 먼저 설치한 뒤, **pip install mpl_finance** 로 엠피엘_파이낸스 패키지를 추가 설치해야 한다.

만일 매번 실행될 때마다 표시되는 폐기 경고 메시지가 눈에 거슬린다면 **pip install --upgrade mplfinance** 명령으로 엠피엘파이낸스로 업그레이드한 후, `from mpl_finance import candlestick_ohlc` 구문을 `from mplfinance.original_flavor import candlestick_ohlc` 구문으로 변경함으로써 기존 코드는 그대로 유지한 채 엠피엘파이낸스 패키지를 이용해 경고 메시지 없이 실행할 수 있다.

코드_ 셀트리온 캔들 차트 구버전

```python
# ch04_02_Celltrion_CandleChart_OldSchool.py
import pandas as pd
import requests
from bs4 import BeautifulSoup
from matplotlib import pyplot as plt
from matplotlib import dates as mdates
from mpl_finance import candlestick_ohlc
from datetime import datetime

# 맨 뒤 페이지 숫자 구하기
```

```
url = 'https://finance.naver.com/item/sise_day.nhn?code=068270&page=1'
html = requests.get(url, headers={'User-agent': 'Mozilla/5.0'}).text
bs = BeautifulSoup(html, 'lxml')
pgrr = bs.find('td', class_='pgRR')
s = str(pgrr.a['href']).split('=')
last_page = s[-1]

# 전체 페이지 읽어오기
df = pd.DataFrame()
sise_url = 'https://finance.naver.com/item/sise_day.nhn?code=068270'
for page in range(1, int(last_page)+1):
    url = '{}&page={}'.format(sise_url, page)
    html = requests.get(url, headers={'User-agent': 'Mozilla/5.0'}).text
    df = df.append(pd.read_html(html, header=0)[0])

# 차트 출력을 위해 데이터프레임 가공하기
df = df.dropna()
df = df.iloc[0:30]
df = df.sort_values(by='날짜')
for idx in range(0, len(df)):
    dt = datetime.strptime(df['날짜'].values[idx], '%Y.%m.%d').date()  # ①
    df['날짜'].values[idx] = mdates.date2num(dt)  # ②
ohlc = df[['날짜','시가','고가','저가','종가']]  # ③

# 엠피엘_파이낸스로 캔들 차트 그리기
plt.figure(figsize=(9, 6))
ax = plt.subplot(1, 1, 1)
plt.title('Celltrion (mpl_finance candle stick)')
candlestick_ohlc(ax, ohlc.values, width=0.7, colorup='red',
    colordown='blue')  # ④
ax.xaxis.set_major_formatter(mdates.DateFormatter('%Y-%m-%d'))  # ⑤
plt.xticks(rotation=45)
plt.grid(color='gray', linestyle='--')
plt.show()
```

① 날짜 칼럼의 %Y.%m.%d 형식 문자열을 datetime형으로 변환한다.

②는 ①의 datetime형을 다시 float형으로 변환한다.

③ 날짜(float형), 시가, 고가, 저가, 종가 칼럼만 갖는 별도의 데이터프레임을 생성한다.
candlestick_ohlc() 함수를 호출할 때 필요한 두 번째 인수로 사용할 것이다.

④ candlestick_ohlc() 함수를 이용하여 캔들 차트를 그린다.

⑤ x축의 레이블이 숫자다. %Y-%m-%d 형식 문자열로 변환해서 표시한다.

그림_ 셀트리온 캔들 차트 구버전

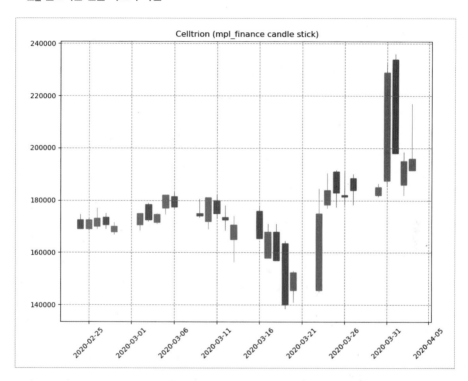

위의 그림처럼 캔들 차트를 이용하면 종가만 표시했을 때는 보이지 않던 하룻 동안의 주가의 변동폭을 한 눈에 살펴볼 수 있어 좋지만, 캔들 차트를 그리려면 ④ candlestick_ohlc() 함수를 써야 하는데 이 함수를 호출하려면 두 번째 인수를 (time, open, high, low, close, …) 형태로 넘겨줘야 한다.

특히 time은 반드시 float형으로 넘겨줘야 해서 시간 데이터를 매번 float형으로 변경해 처리해야 한다. 또한 x축의 레이블을 표시하려면 다시 일자 형식으로 변경해야 하므로 여러모로 불편한 점이 많다. 만일 시간 데이터를 float형으로 변경하기 싫다면 candlestick2_ohlc() 함수처럼 인수 자료형이 다른 함수를 사용해야 한다.

신버전으로 캔들 차트 그리기

새로 출시된 엠피엘파이낸스 패키지를 이용하면 캔들 차트를 더 쉽게 그릴 수 있다. 엠피엘파이낸스는 맷플롯립과 팬더스 라이브러리가 필요하다. **pip install --upgrade mplfinance** 명령으로 설치한다.

엠피엘파이낸스의 가장 큰 장점은 OHLC 데이터 칼럼과 날짜시간 인덱스(DatetimeIndex)를 포함한 데이터프레임만 있으면 기존에 사용자들이 수동으로 처리했던 데이터 변환 작업을 모두 자동화해준다는 점이다.

기본적인 사용법은 다음과 같이 매우 간단하다.

```
import mplfinance as mpf
mpf.plot(OHLC 데이터프레임 [, title=차트제목] [, type=차트형태]
        [, mav=이동평균선] [, volume=거래량 표시여부] [, ylabel=y축 레이블])
```

새로운 API는 사용법이 워낙 간단하므로 코드부터 먼저 살펴보자. 네이버로부터 셀트리온 시세 데이터를 가져오는 부분은 변동 사항이 없기 때문에 앞에서 작성한 코드를 그대로 사용하면 된다.

코드_ 셀트리온 캔들 차트 신버전

```python
# ch04_03_Celltrion_CandleChart_NewSchool.py
import pandas as pd
import requests
from bs4 import BeautifulSoup
import mplfinance as mpf

# 맨 뒤 페이지 숫자 구하기
url = 'https://finance.naver.com/item/sise_day.nhn?code=068270&page=1'
html = requests.get(url, headers={'User-agent': 'Mozilla/5.0'}).text
bs = BeautifulSoup(html, 'lxml')
pgrr = bs.find('td', class_='pgRR')
s = str(pgrr.a['href']).split('=')
last_page = s[-1]

# 전체 페이지 읽어오기
df = pd.DataFrame()
sise_url = 'https://finance.naver.com/item/sise_day.nhn?code=068270'
```

```python
for page in range(1, int(last_page)+1):
    url = '{}&page={}'.format(sise_url, page)
    html = requests.get(url, headers={'User-agent': 'Mozilla/5.0'}).text
    df = df.append(pd.read_html(html, header=0)[0])

# 차트 출력을 위해 데이터프레임 가공하기
df = df.dropna()
df = df.iloc[0:30]  # ①
df = df.rename(columns={'날짜':'Date', '시가':'Open', '고가':'High', '저가':'Low',
    '종가':'Close', '거래량':'Volume'})  # ②
df = df.sort_values(by='Date')  # ③
df.index = pd.to_datetime(df.Date)  # ④
df = df[['Open', 'High', 'Low', 'Close', 'Volume']]  # ⑤

# 엠피엘파이낸스로 캔들 차트 그리기
mpf.plot(df, title='Celltrion candle chart', type='candle')  # ⑥
```

① 최근 셀트리온 데이터 30행만 슬라이싱한다.

② 한글 칼럼명을 영문 칼럼명으로 변경한다.

③ 네이버 데이터는 날짜가 내림차순으로 정렬되어 있으므로, 이를 오름차순으로 변경한다.

④ Date 칼럼을 DatetimeIndex형으로 변경한 후 인덱스로 설정한다.

⑤ Open, High, Low, Close, Volume 칼럼만 갖도록 데이터프레임 구조를 변경한다.

⑥ 셀트리온 시세 데이터를 첫 번째 인수로 넘겨주면서 캔들 차트 형태로 출력한다.

기존 엠피엘_파이낸스 라이브러리를 사용했을 때에는 날짜 인덱스를 부동소수로 변경하는 등 데이터형 변경 과정이 복잡했지만, 새로운 엠피엘파이낸스 라이브러리는 데이터프레임 형태의 시세 데이터만 있다면 ⑥ 코드 한 줄로 다음과 같은 캔들 차트를 출력할 수 있다.

실행 결과 #1_ 셀트리온 기본형 캔들 차트

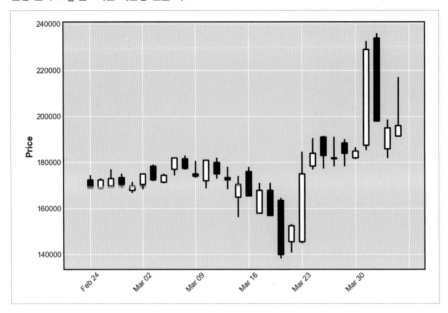

앞의 코드에서 맨 마지막 줄을 다음처럼 고쳐보자.

```
mpf.plot(df, title='Celltrion ohlc chart', type='ohlc')
```

단지 **type** 인수를 'ohlc'로 변경했을 뿐인데 OHLC 차트가 다음처럼 출력될 것이다. 미국에서 개발된 라이브러리인 관계로 **type**을 지정하지 않으면 기본적으로 'ohlc' 차트로 설정된다.

실행 결과 #2_ 셀트리온 기본형 OHLC 차트

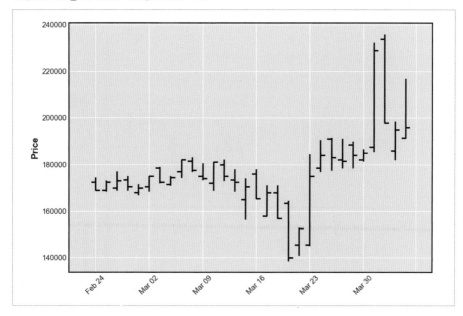

캔들의 색상을 바꾸거나 차트하단에 그래프를 추가하여 거래량을 표시하는 것도 가능하다. 심지어 이동평균선도 세 개까지 지정해서 출력할 수 있다.

```
kwargs = dict(title='Celltrion customized chart', type='candle',
    mav=(2, 4, 6), volume=True, ylabel='ohlc candles')  # ①
mc = mpf.make_marketcolors(up='r', down='b', inherit=True)  # ②
s  = mpf.make_mpf_style(marketcolors=mc)  # ③
mpf.plot(df, **kwargs, style=s)  # ④
```

① kwargs는 keyword arguments의 약자이며, mpf.plot() 함수를 호출할 때 쓰이는 여러 인수를 담는 딕셔너리다.

② 마켓 색상은 스타일을 지정하는 필수 객체로서, 상승은 빨간색(red)으로 하락은 파란색 (blue)으로 지정하고, 관련 색상은 이를 따르도록 한다.

③ 마켓 색상을 인수로 넘겨줘서 스타일 객체를 생성한다.

④ 셀트리온 시세 OHLCV 데이터와 kwargs로 설정한 인수들과 스타일 객체를 인수로 넘겨주면서 mpf.plot() 함수를 호출하여 차트를 출력한다.

실행 결과 #3_ 셀트리온 캔들 차트

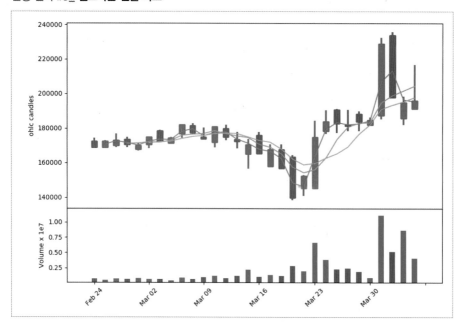

몇 줄 안 되는 코드로 이렇게 멋진 캔들 차트와 거래량 차트를 함께 출력할 수 있는 것은 파이썬 개발자만의 특권이라고 생각한다. 현재 개발 중인 엠피엘파이낸스 라이브러리는 기존 라이브러리가 지녔던 불편함을 획기적으로 개선했기 때문에 머지않아 파이썬 베스트 라이브러리로 자리매김할 것이다. 엠피엘파이낸스에 대해 더 많은 정보를 원하는 독자는 개발자 깃허브를 참고하기 바란다.

• 엠피엘파이낸스 개발자 깃허브 : github.com/matplotlib/mplfinance

4.6 핵심 요약

- 한국거래소 기업공시 채널에서 상장 법인 목록을 엑셀 파일로 다운로드할 수 있다.

- 크롬 웹 브라우저에서 F12 키를 누르면 웹 브라우저의 개발자 도구 기능을 이용할 수 있다. 뷰티풀 수프로 스크레이핑하기 전에 웹 페이지 소스 코드를 분석하여 어떻게 스크레이핑할지 구상한다.

- 네이버 일별 시세 페이지에는 종목별로 페이지당 종가 10개를 표시한다. 웹 페이지의 소스 코드에서 '맨 뒤'라는 문자열을 검색해보면 전체 페이지 수를 확인할 수 있다.

- 뷰티풀 수프 생성자의 첫 번째 인수에는 스크레이핑할 웹 페이지의 파일 경로나 URL을 넘겨주고, 두 번째 인수에는 웹 페이지 파싱 방식을 넘겨준다. 파싱된 결과는 bs4.BeautifulSoup 객체 타입으로 반환한다.

- 뷰티풀 수프의 find() 함수를 이용하면 웹 페이지 소스 코드에서 특정 속성값을 갖는 특정 태그를 찾을 수 있다.

- find_all() 함수는 문서 전체를 대상으로 조건에 맞는 모든 태그를 찾는다. 문서에 하나뿐인 태그를 찾을 때는 find() 함수를 사용하는 것이 낫다.

- OHLC는 Open-High-Low-Close를 나타내며 시가-고가-저가-종가를 의미한다. OHLC는 네 가지의 가격을 이용하여 가격의 변동을 표시한다. 캔들 차트 역시 같다.

- 캔들 차트를 그리려면 예전 방식인 엠피엘_파이낸스(mpl_finance) 패키지를 사용하는 방법과 새로 출시된 엠피엘파이낸스(mplfinance) 패키지를 사용하는 방법이 있다. 엠피엘파이낸스 패키지는 데이터프레임 형태의 시세 데이터만 있으면 기존 라이브러리에서 사용자가 직접 수행하던 작업을 자동화하여 캔들 차트로 바로 출력한다.

파이썬 데이터 분석 응용

주식 시세 데이터베이스를 직접 구축한 뒤, 투자 대가들이 사용하는 트레이딩 전략을 파이썬으로 구현한다. 또한 파이썬을 이용한 백테스팅과 딥러닝 주가 예측과 같은 흥미로운 주제도 살펴본다.

Part II

파이썬 데이터 분석 응용

5장 시세 DB 구축 및 시세 조회 API 개발

6장 트레이딩 전략과 구현

7장 장고 웹 서버 구축 및 자동화

8장 변동성 돌파 전략과 자동매매

9장 딥러닝을 이용한 주가 예측

시세 DB 구축 및 시세 조회 API 개발

증권 데이터를 분석하려면 종목별로 OHLC 데이터를 구해야 한다. 앞에서 살펴본 야후 파이낸스 API는 국내 주식 데이터에 잘못되거나 누락된 부분이 존재하기 때문에 실제로 트레이딩을 목적으로 적합하지 않다. 가급적 무료 API를 이용하는 것이 좋겠으나 아쉽게도 무료이면서 정확한 데이터를 제공하는 API는 없다.

정확한 데이터를 확보하려면 네이버 금융의 일별 시세 데이터를 스크레이핑할 텐데, 문제는 웹 스크레이핑 속도가 느리다는 점이다. 따라서 주기적으로 종목별 OHLC 데이터를 스크레이핑해서 데이터베이스에 저장해두고, 필요할 때마다 조회하는 방식이 효율적이다. 그런 이유로 이 번 장에서는 야후 파이낸스 API와 같은 시세 조회 API를 직접 제작해본다.

이 장에서 다루는 내용은 다음과 같다.

- 야후 파이낸스와 네이버 금융의 데이터 비교하기
- 마리아디비(MariaDB)를 설치하고 파이마이에스큐엘(PyMySQL)로 접속하기
- 매일 네이버 금융을 웹 스크레이핑해서 마리아디비에 업데이트하기
- 일별 시세 조회 API 만들기

5.1 야후 파이낸스와 네이버 금융 비교하기

야후 파이낸스의 주식 데이터와 네이버 금융의 주식 데이터를 이용하여 그래프를 그려서 비교해보자. 데이터 시각화data visualization를 거치면 단순히 시각적으로 보기 좋을 뿐만 아니라, 수치만 봤을 때에는 알 수 없었던 정보를 발견할 수도 있다.

5.1.1 야후 파이낸스 데이터의 문제점

야후 파이낸스 주식 데이터에 어떠한 문제점이 있는지 삼성전자 종가 수정종가 거래량을 그래프로 그려 파악해보자.

코드_ 야후 파이낸스 삼성전자 데이터

```python
# ch05_01_YahooFinance_SEC.py
from pandas_datareader import data as pdr
import yfinance as yf
yf.pdr_override()
import matplotlib.pyplot as plt

df = pdr.get_data_yahoo('005930.KS', '2017-01-01')  # ①

plt.figure(figsize=(9, 6))
plt.subplot(2, 1, 1)  # ②
plt.title('Samsung Electronics (Yahoo Finance)')
plt.plot(df.index, df['Close'], 'c', label='Close')  # ③
plt.plot(df.index, df['Adj Close'], 'b--', label='Adj Close')  # ④
plt.legend(loc='best')
plt.subplot(2, 1, 2)  # ⑤
plt.bar(df.index, df['Volume'], color='g', label='Volume')  # ⑥
plt.legend(loc='best')
plt.show()
```

① 삼성전자 데이터를 2017년 1월 1일부터 조회한다.

② 2행 1열 영역에서 첫 번째 영역을 선택한다.

③ 삼성전자 종가(Close)를 청록색 실선으로 표시한다.

④ 삼성전자의 수정 종가(`Adj Close`)를 파란색 점선으로 표시한다.

⑤ 2행 1열의 영역에서 두 번째 영역을 선택한다.

⑥ 삼성전자 거래량을 바 차트로 그린다.

출력결과_ 야후 파이낸스 삼성전자 데이터

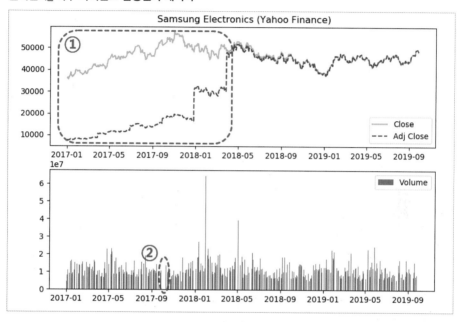

야후 파이낸스 주식 데이터가 사용하기에 편리하지만, 그래프로 출력해서 유심히 살펴보면 다음과 같은 문제점을 발견할 수 있다.

- 한국 주식 종목들의 데이터는 종가 및 수정 종가가 정확하지 않다(삼성전자가 2018년 5월 초에 액면 분할을 시행했음에도 불구하고 ① 액면 분할 이전의 종가와 수정 종가가 틀리게 표시된다. 액면 분할 이전의 종가는 250만 원 대로, 수정종가는 5만 원 대로 표시돼야 맞다).
- 한국 주식 종목들은 ② 2017년 10월에 3주 가량의 데이터가 비었다.

이처럼 과거 데이터가 잘못되어 있으면 실제 투자에 활용할 수 없다. 부정확한 야후 파이낸스 데이터 대신 네이버 금융의 주식 데이터를 스크레이핑해서 데이터베이스를 구축한 뒤, 이를 언제든지 조회할 수 있도록 시세 조회 API를 만들어보자.

5.1.2 네이버 금융 데이터로 시세 데이터베이스 구축하기

이번 장에서 제작할 시세 조회 API를 미리 살펴보자. 우리가 제작할 시세 조회 API는 Investar 패키지의 Analyzer 모듈에 포함되어 있으며, MarketDB 클래스의 get_daily_price() 메서드다.

Analyzer.py 전체 소스 코드는 깃허브에 업로드된 소스 코드를 확인하거나, 이 장의 마지막 부분에서 수록된 소스 코드를 보면 된다. 시세 조회를 하는 get_daily_price() 메서드를 사용하려면, 먼저 마리아디비[1]를 설치하고 DBUpdater.py를 이용해 일별 시세 데이터를 업데이트하는 작업을 진행해야 한다.

일단 마리아디비를 구축해서 네이버 금융 데이터를 업데이트했다고 가정하고, 앞에서 야후 파이낸스 데이터로 그렸던 그래프를 네이버 금융 데이터를 이용해 그려보자.

코드_ 네이버 시세 데이터베이스 삼성전자 데이터

```python
# ch05_02_NaverDatabase_SEC.py
import matplotlib.pyplot as plt
from Investar import Analyzer  # ①

mk = Analyzer.MarketDB()  # ②
df = mk.get_daily_price('005930', '2017-07-10', '2018-06-30')  # ③

plt.figure(figsize=(9, 6))
plt.subplot(2, 1, 1)
plt.title('Samsung Electronics (Investar Data)')
plt.plot(df.index, df['close'], 'c', label='Close')  # ④
plt.legend(loc='best')
plt.subplot(2, 1, 2)
plt.bar(df.index, df['volume'], color='g', label='Volume')
plt.legend(loc='best')
plt.show()
```

① Investar 패키지의 Analyzer 모듈을 임포트한다. Investar 패키지는 이 책에서 실습용으로 제작하는 패키지이기 때문에 pip 도구로 설치할 수 없다. 대신 Investar 디렉터리를 생성한 뒤 Analyzer.py, DBUpdater.py, MarketDB.py 파일을 복사해서 사용하면 된다. 마리아

---

1 MariaDB. 오라클의 마이에스큐엘 라이선스 정책에 반발하여 탄생한 오픈 소스 관계형 데이터베이스 관리 시스템(RDBMS)

디비를 설치한 후 이번 장에서 나오는 내용을 전부 따라하다 보면 `get_daily_price()` 메서드를 이용해 일별 시세를 조회할 수 있다.

② `MarketDB` 클래스로부터 `mk` 객체를 생성한다.

③ 야후 파이낸스 API와 마찬가지로 조회할 종목과 조회할 기간만 인수로 넘겨주면 사용할 수 있다. 네이버 금융에서는 수정 종가를 제공하지 않기 때문에 ④ 종가만 청록색으로 표시했다.

출력결과_ 네이버 시세 데이터베이스 삼성전자 데이터

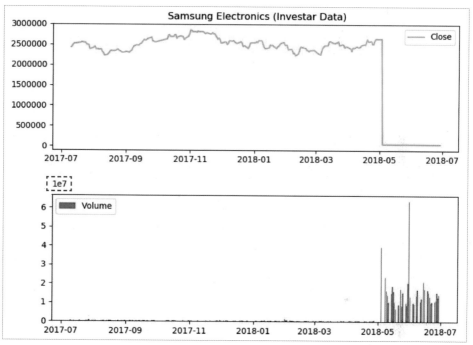

삼성전자가 2018년 5월 초에 1/50 파격적인 액면 분할을 시행한 덕분에, 액면 분할 이후의 거래량에 비해 액면 분할 이전의 거래량은 눈에 보이지 않을 정도로 적게 표시된다. 거래량을 나타내는 y축의 제일 위에 표시된 1e7은 1 * (10 ** 7)을 의미한다.

앞에서 야후 파이넌스 데이터로 그린 그래프와 완전히 다른 형태지만, 네이버 금융 데이터로 그린 아래가 올바른 그래프다.

5.2 마리아디비 설치 후 접속 확인

마리아디비는 오픈소스 관계형 데이터베이스 관리 시스템[RDBMS]으로서, 오픈소스 서버 시스템의 대명사인 LAMP(리눅스 운영체제, 아파치 웹서버, 마이에스큐엘 데이터베이스, PHP 웹페이지)의 마이에스큐엘과 완벽하게 호환되는 API를 제공한다.

핀란드 출신의 개발자이자 마이에스큐엘의 창업자인 몬티 와이드니어스[Michael Monty Widenius]는 자신의 회사(MySQL AB)를 썬 마이크로시스템에 10억 달러, 우리 돈으로 약 1조원에 판매를 했다. 썬 마이크로시스템이 오라클에 인수된 이후부터 폐쇄적인 소프트웨어 라이선스 정책으로 마이에스큐엘이 발전하지 못하는 모습을 본 몬티는 오라클을 퇴사한 뒤 마이에스큐엘과 호환되는 마리아디비를 개발하여 GPL 라이선스로 배포했다.

마리아디비는 마이에스큐엘 API와 명령을 그대로 사용할 수 있을 뿐만 아니라, MyISAM의 트랜잭션 기능을 보완하는 아리아[Aria] 엔진과 오라클 이노디비[InnoDB]를 대체하는 엑스트라디비[XtraDB] 엔진 등을 포함한다. 마이에스큐엘과 비교하여 많은 부분이 개선되었다.

참고로 마이에스큐엘은 몬티의 첫째 딸 마이[My]의 이름에서 따온 것인데, 마리아디비 역시 그의 둘째 딸인 마리아[Maria]의 이름에서 따온 것이라고 한다.

5.2.1 마리아디비 설치

마리아디비 공식 홈페이지(www.mariadb.com)에서 다운로드해 설치하면 된다.

① 사이트 우측 상단의 'DOWNLOAD'를 클릭한다.

그림_ 마리아디비 홈페이지

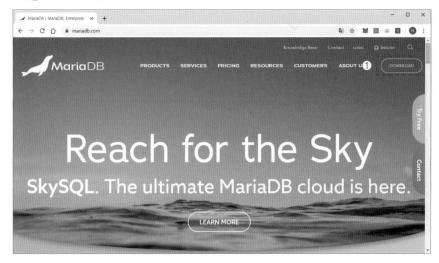

② 마리아디비를 최신 버전으로 선택하고 운영체제로 'MS Windows (64 bit)'를 선택한다.
필자와 동일한 버전으로 설치하려면 mariadb-10.5.1-winx64.msi로 설치한다.

그림_ 마리아디비 다운로드 페이지

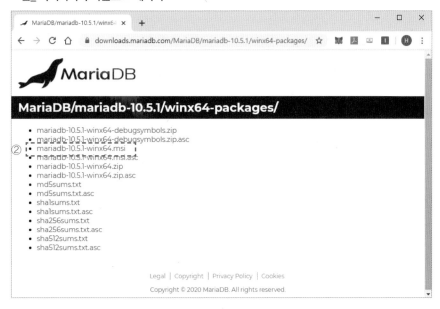

다운로드한 설치 파일을 실행하면 소프트웨어 라이선스 안내가 표시되고 다음처럼 ③ 설치 경로가 표시된다. 마리아디비의 설치 경로를 기억한 뒤 ④ 'Next' 버튼을 클릭한다.

그림_ 마리아디비 인스톨러 – 설치 항목 설정

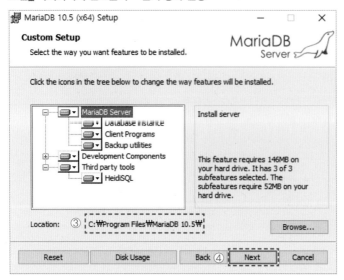

⑤ 데이터베이스 관리자(root) 암호를 설정한 후 ⑥ 'Next' 버튼을 클릭한다.

그림_ 마리아디비 인스톨러 – 관리자 암호 설정

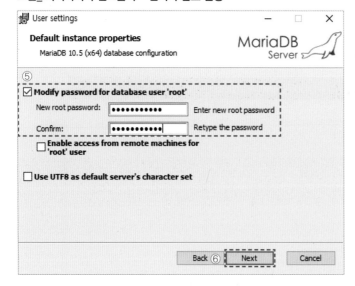

다음 화면에서는 이노디비 엔진의 버퍼 풀 사이즈를 설정할 수 있다. 디비 전용 서버라면 물리적 여유 메모리의 80%까지 할당할 수 있지만 일반적으로 60% 정도를 할당하면 된다. ⑦ 'Next' 버튼을 클릭해서 설치를 완료한다.

그림_ 마리아디비 인스톨러 – 데이터베이스 기본 속성 설정

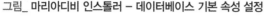

이후는 기본값대로 진행해 설치를 완료한다.

5.2.2 마이에스큐엘 클라이언트로 접속 확인

마리아디비는 내부적으로는 MySQL이라는 이름을 사용한다. 설치 과정 ④에서 확인했던 경로 밑의 bin 폴더에서 마이에스큐엘 클라이언트(mysql.exe)를 클릭해 실행하자. 만일 커맨드 창에서는 다음처럼 디렉터리를 이동하여 -u 옵션과 -p 옵션으로 실행해야 한다.

```
C:\>cd "C:\Program Files\MariaDB 10.5\bin"
C:\Program Files\MariaDB 10.5\bin>mysql.exe -u root -p
```

① 마이에스큐엘 클라이언트가 실행되면 설치 과정에서 설정했던 패스워드를 입력해야 한다. 앞에서 설정했던 패스워드를 입력한 다음 ② **CREATE DATABASE Investar;** 명령을 입력하

여 데이터베이스를 생성하자. 데이터베이스명은 Investar 대신 여러분이 원하는 데이터베이스명으로 설정해도 된다. ③ **SHOW DATABASES;** 명령을 입력하면 생성된 데이터베이스 목록을 볼 수 있다.

그림_ 마이에스큐엘 클라이언트로 데이터베이스 생성하기

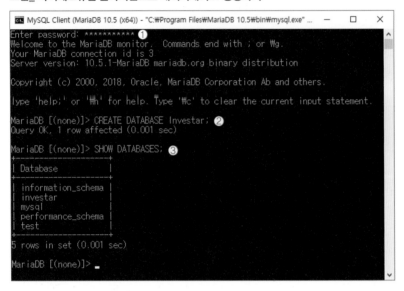

데이터베이스가 생성되었으면 ④ **USE Investar;** 명령을 입력하자. 사용할 데이터베이스가 Investar로 잘 변경되었다면 Database changed라고 표시될 것이다.

⑤ **SHOW TABLES;** 명령으로 데이터베이스에 존재하는 테이블들을 확인해보자. 아직까지 생성한 테이블이 없기 때문에 빈 결과(empty set)가 나올 것이다. 참고로 관계형 데이터베이스의 모든 데이터는 기본적으로 테이블이라는 단위로 관리한다.

⑥ **SELECT VERSION();** 명령을 입력하면 현재 마리아의 버전 정보를 확인할 수 있다. 마리아디비 5.5까지 버전은 마이에스큐엘과 동일한 버전 체계를 사용했다. 하지만 마리아디비 10.0부터 다른 버전을 사용했다. 마리아디비 10.0은 마이에스큐엘 5.6에 해당되고, 마리아디비 10.2는 마이에스큐엘 5.7에 해당된다. 현재 최신 버전인 마리아디비 10.5는 마이에스큐엘 8.0에 해당된다.

마지막으로 ⑦ **DROP DATABASE Investar;** 명령을 입력하여 생성했던 데이터베이스를 제거하자.

그림_ 마이에스큐엘 클라이언트로 마리아디비 버전 정보 확인하기

5.2.3 헤이디에스큐엘

앞에서 살펴본 명령행 인터페이스^{Command Line Interface, CLI} 기반인 마이에스큐엘 클라이언트를 사용해도 되지만, 마리아와 함께 설치된 그래픽 사용자 인터페이스^{Graphic User Interface, GUI} 기반 헤이디에스큐엘^{HeidiSQL}로도 똑같은 작업을 수행할 수 있다.

헤이디에스큐엘을 사용하면 간편하게 데이터를 조회하고 수정할 수 있을 뿐만 아니라, 각종 프로시져, 트리거, 이벤트 등을 쉽게 관리할 수 있다. C:\Program Files (x86)\Common Files\MariaDBShared\HeidiSQL\heidisql.exe 파일을 실행하자.

헤이디에스큐엘이 실행되면 세션 관리자 창이 표시된다. 좌측 하단의 ① 신규 버튼을 클릭하면 신규 세션이 'Unnamed'로 생성된다. ② 'Unnamed'를 마우스 우클릭한 뒤 '이름 바꾸기(F2)'를 클릭하여 원하는 세션 이름으로 설정한다(여기서는 Investar_session로 설정했다). 마리아디비를 설치하며 설정한 ③ root 계정의 암호를 입력하고, ④ '열기' 버튼을 클릭한다.

그림_ 헤이디에스큐엘 세션 관리자 창

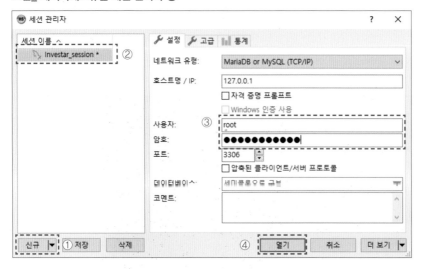

헤이디에스큐엘의 좌측 윈도우에서 ⑤ 세션명(Investar_session)을 마우스 우클릭한 뒤, ⑥ '새로 생성' 메뉴를 클릭하고 ⑦ '데이터베이스(T)' 메뉴를 차례로 클릭하자.

그림_ 헤이디에스큐엘로 데이터베이스 생성하기

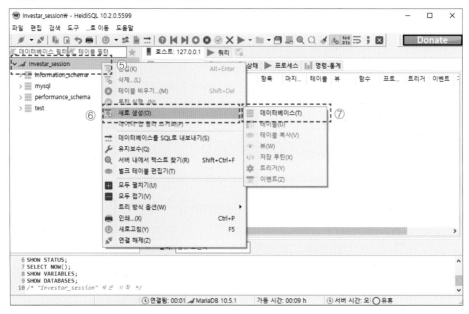

데이터베이스 생성 창이 표시되면 ⑧ 데이터베이스 이름을 지정하고, 인코딩 방식을 ⑨ utf8 _
general _ci로 변경한 후 '확인' 버튼을 클릭한다. **CREATE DATABASE INVESTAR;** 명령을
입력한 것과 같은 효과를 내어 investar 데이터베이스가 생성되었다.

그림_ 헤이디에스큐엘로 데이터베이스 인코딩 방식 설정하기

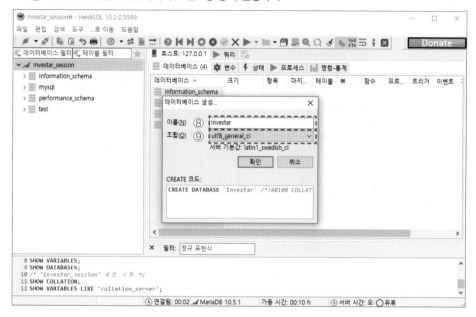

5.2.4 파이마이에스큐엘로 버전 정보 확인하기

파이썬 프로그램 내부에서 마리아디비를 사용하려면 파이마이에스큐엘 라이브러리가 필요하
다. **pip install pymysql**로 파이마이에스큐엘 라이브러리를 설치하면, 다음과 같이 파이썬 프
로그램 내부에서 커서(cursor) 객체를 생성하여 SQL문을 실행할 수 있다. 이번 예제의 목표
는 **SELECT** 쿼리문을 실행하여 마리아디비 버전 정보를 확인하는 것이다.

데이터베이스에서 변경된 내역을 영구적으로 확정하는 것을 커밋commit이라고 한다. 파이마이
에스큐엘의 connection 객체의 autocommit 속성은 기본적으로 False이기 때문에 INSERT,
UPDATE, DELETE문으로 데이터를 변경하더라도 connection.commit() 함수를 호출해야 실제
로 데이터베이스에 반영된다. 이때 commit() 함수는 커서 객체가 아닌 커넥션 객체에서 호출

해야 된다는 점에 유의하자.

만일 아래 예제처럼 ① connect() 함수를 호출할 때 **autocommit** 인수를 **True**로 설정해주면 별도로 **commit()** 함수를 호출하지 않아도 SQL문의 실행 결과가 데이터베이스에 반영된다.

```python
# ch05_03_SelectVersion.py
import pymysql

connection = pymysql.connect(host='localhost', port=3306, db='INVESTAR',
    user='root', passwd='myPa$$word', autocommit=True)  # ①

cursor = connection.cursor()  # ②
cursor.execute("SELECT VERSION();")  # ③
result = cursor.fetchone()  # ④

print ("MariaDB version : {}".format(result))

connection.close()
```

① connect() 함수를 사용해 connection 객체를 생성한다. 'myPa$$word'는 자신이 설정한 패스워드로 대체하기 바란다.

② cursor() 함수를 사용해 cursor 객체를 생성한다.

③ cursor 객체의 execute() 함수를 사용해 SELECT문을 실행한다.

④ cursor 객체의 fetchone() 함수를 사용해 ③의 실행 결과를 튜플로 받는다.

```
MariaDB version : ('10.5.1-MariaDB',)
```

참고로 result 객체를 출력을 살펴보면 괄호로 둘러쌓여 있다. 따라서 튜플이다. 문자열 원소 '10.5.1-MariaDB' 옆에 쉼표가 표시되어 있으니 원소가 하나인 튜플이다. 이전에도 언급했듯이 파이썬에서는 여러 값을 리턴할 때 일반적으로 튜플을 사용한다.

5.3 주식 시세를 매일 DB로 업데이트하기

이번 절에서는 네이버 금융의 주식 시세를 뷰티풀 수프와 팬더스로 읽어와서 마리아디비에 매일 자동으로 업데이트해주는 DBUpdater 모듈을 만들 것이다.

그림_ DBUpdater가 주식 시세를 DB로 업데이트하는 모습

이 이미지는 DBUpdater가 한국거래소(KRX)로부터 전체 종목 리스트를 조회한 뒤 네이버로부터 일별 시세를 읽어와서 마리아로 업데이트하는 모습이다.

굳이 주식 시세 데이터베이스까지 만들 필요가 있을까 싶겠지만, 자동 분석 시스템을 운영하려면 데이터베이스를 구축하는 것이 안정적이고 편리하다.

5.3.1 DBUpdater 클래스 구조

C:\myPackage 디렉터리를 만들고 그 안에 Investar 패키지를 생성할 Investar 디렉터리를 만들자. 앞으로 C:\myPackage 디렉터리는 이 책에서 작성하는 코드들을 저장하는 기본 경로로 사용한다. 물론 여러분이 원하는 패키지명으로 변경해도 좋다. 그다음 패키지명에 해당하

는 디렉터리 내부에 DBUpdater.py 파일을 생성하면 된다.

다음은 이번 장에서 작성할 DBUpdater.py 모듈의 스텁[2] 코드다.

```python
# 05_StockPriceAPI\Investar\DBUpdater.py
class DBUpdater:
    def __init__(self):
        """생성자: MariaDB 연결 및 종목코드 딕셔너리 생성"""

    def __del__(self):
        """소멸자: MariaDB 연결 해제"""

    def read_krx_code(self):
        """KRX로부터 상장법인목록 파일을 읽어와서 데이터프레임으로 반환"""

    def update_comp_info(self):
        """종목코드를 company_info 테이블에 업데이트한 후 딕셔너리에 저장"""

    def read_naver(self, code, company, pages_to_fetch):
        """네이버 금융에서 주식 시세를 읽어서 데이터프레임으로 반환"""

    def replace_into_db(self, df, num, code, company):
        """네이버 금융에서 읽어온 주식 시세를 DB에 REPLACE"""

    def update_daily_price(self, pages_to_fetch):
        """KRX 상장법인의 주식 시세를 네이버로부터 읽어서 DB에 업데이트"""

    def execute_daily(self):
        """실행 즉시 및 매일 오후 다섯시에 daily_price 테이블 업데이트"""

if __name__ == '__main__':
    dbu = DBUpdater()
    dbu.execute_daily()
```

---

2 인터페이스는 정의되어 있으나 실제 코드가 구현되지 않은 상태의 코드

5.3.2 헤이디에스큐엘로 테이블 생성하기

먼저 Investar 데이터베이스에 회사명과 종목코드를 저장할 company_info 테이블과 주식 시세를 저장할 daily_price 테이블을 생성하자. 테이블을 생성하는 쿼리문은 다음과 같다.

```sql
# ch05_04_CreateTable.sql
CREATE TABLE IF NOT EXISTS company_info (
    code VARCHAR(20),
    company VARCHAR(40),
    last_update DATE,
    PRIMARY KEY (code)
);

CREATE TABLE IF NOT EXISTS daily_price (
    code VARCHAR(20),
    date DATE,
    open BIGINT(20),
    high BIGINT(20),
    low BIGINT(20),
    close BIGINT(20),
    diff BIGINT(20),
    volume BIGINT(20),
    PRIMARY KEY (code, date)
);
```

헤이디에스큐엘을 이용하여 쿼리문을 실행하려면 아래 그림처럼 쿼리 창을 이용하면 된다. 좌측 세션 창에서 ① 데이터베이스명을 클릭한 후 ② '쿼리' 탭을 클릭한 후 ③ 실행할 쿼리를 입력한다. ④ 쿼리 실행 버튼(▶)을 클릭하면 쿼리 창에 입력했던 쿼리문이 실행되면서 데이터베이스에 실제로 테이블이 생성된다.

그림_ 헤이디에스큐엘로 쿼리문 실행하기

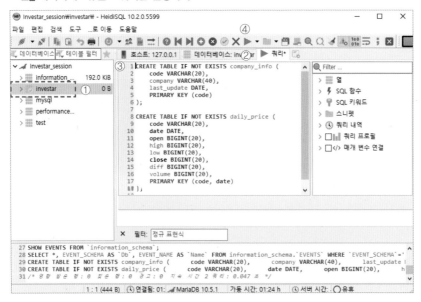

5.3.3 복합 기본키

헤이디에스큐엘 도구의 좌측 세션 창에서 ⑤ Investar 데이터베이스를 마우스 우클릭한 후 '새로 고침' 메뉴를 클릭하면 테이블 두 개가 표시된다. daily_price 테이블을 클릭해보면 해당 테이블의 칼럼을 볼 수 있다.

관계형 데이터베이스에서 테이블에 저장된 레코드를 고유하게 식별할 수 있는 칼럼을 기본키primary key라고 하는데, 하나의 칼럼이 아닌 둘 이상의 칼럼을 묶어서 기본키로 사용할 경우 복합 기본키composite primary key라고 한다. daily_price 테이블에서 code와 date 칼럼 옆에 ⑥ 노란 열쇠가 표시된 것은 두 칼럼에 복합 기본키를 지정했기 때문이다.

그림_ 헤이디에스큐엘로 테이블 정보 보기

기본키에는 자동으로 색인^{index}이 설정되므로 code와 date 칼럼을 이용하여 데이터를 조회하면 다른 칼럼으로 조회할 때보다 속도가 훨씬 빠르다. 기본키는 중복을 허용하지 않기 때문에 동일한 code와 date를 가지는 데이터 행^{row}은 daily_price 테이블에 중복해서 삽입할 수 없다. 즉, 테이블에 2020년 2월 16일 삼성전자 데이터가 존재하면, 해당 테이블에는 더 이상 2020년 2월 16일 삼성전자 데이터를 중복해서 삽입할 수 없다.

5.3.4 파이마이에스큐엘로 테이블 생성하기

파이마이에스큐엘 라이브러리를 이용하여 파이썬 프로그램에서 직접 SQL 구문을 실행할 수 있다. 다음은 매일 일정한 시간에 네이버 금융 데이터를 웹 스크레이핑해서 마리아디비에 업데이트하는 DBUpdater 클래스다.

```python
import pymysql

class DBUpdater:
    def __init__(self):
        """생성자: MariaDB 연결 및 종목코드 딕셔너리 생성"""
```

```python
        self.conn = pymysql.connect(host='localhost', user='root',
            password='****', db='INVESTAR', charset='utf8')  # ①

        with self.conn.cursor() as curs:
            sql = """
            CREATE TABLE IF NOT EXISTS company_info (   # ②
                code VARCHAR(20),
                company VARCHAR(40),
                last_update DATE,
                PRIMARY KEY (code))
            """
            curs.execute(sql)
            sql = """
            CREATE TABLE IF NOT EXISTS daily_price (
                code VARCHAR(20),
                date DATE,
                open BIGINT(20),
                high BIGINT(20),
                low BIGINT(20),
                close BIGINT(20),
                diff BIGINT(20),
                volume BIGINT(20),
                PRIMARY KEY (code, date))
            """
            curs.execute(sql)
        self.conn.commit()

        self.codes = dict()
        self.update_comp_info()    # ③

    def __del__(self):
        """소멸자: MariaDB 연결 해제"""
        self.conn.close()
```

DBUpdater 클래스는 객체가 생성될 때 마리아디비에 접속하고, 소멸될 때 접속을 해제한다.

Investar 데이터베이스의 company_info 테이블은 회사명 칼럼에서 한글 회사명을 사용하기 때문에 인코딩 오류가 발생할 수 있다. 이를 피하려면 ① connect() 함수를 호출할 때 charset='utf8'로 인코딩 형식을 미리 지정해주어야 한다. 별것 아닌 것 같지만 실제로 인코딩 오류가 발생하면 원인을 찾기가 힘드니, 반드시 지정해주자.

이미 존재하는 테이블에 **CREATE TABLE** 구문을 사용하면 오류가 발생하면서 프로그램이 종료된다. 따라서 ② **IF NOT EXISTS** 구문을 추가하여 경고 메시지만 표시하고 프로그램은 계속 실행될 수 있도록 처리해야 한다.

생성자가 수행하는 또 다른 기능은 ③ update_comp_info() 메서드로 KRX 주식 코드를 읽어와서 마리아의 company_info 테이블에 업데이트하는 것이다.

5.3.5 종목코드 구하기

다음은 한국거래소 사이트에서 제공하는 '상장법인목록.xls 파일'을 다운로드해 문자열로 변경하는 코드다. 법인목록 파일을 읽어서 데이터프레임으로 반환한 뒤 종목코드와 회사명을 제외한 나머지 칼럼을 제거해보자.

```python
import pandas as pd
class DBUpdater:
    def read_krx_code(self):
        """KRX로부터 상장기업 목록 파일을 읽어와서 데이터프레임으로 반환"""
        url = 'http://kind.krx.co.kr/corpgeneral/corpList.do?method='\
            'download&searchType=13'
        krx = pd.read_html(url, header=0)[0]  # ①
        krx = krx[['종목코드', '회사명']]  # ②
        krx = krx.rename(columns={'종목코드':'code','회사명':'company'}) # ③
        krx.code = krx.code.map('{:06d}'.format)  # ④
        return krx
```

① 상장법인목록.xls 파일을 read_html() 함수로 읽는다.

② 종목코드 칼럼과 회사명만 남긴다. 데이터프레임에 [[]]을 사용하면 특정 칼럼만 뽑아서 원하는 순서대로 재구성할 수 있다.

③ 한글 칼럼명을 영문 칼럼명으로 변경한다.

④ 종목코드 형식을 {:06d} 형식의 문자열로 변경한다.

5.3.6 종목코드를 DB에 업데이트하기

KRX 사이트로부터 종목코드 리스트를 읽어오는 데 다소 시간이 걸리므로, 하루에 한 번만 읽어서 업데이트하자. company_info 테이블에 last_update 칼럼을 조회하여 오늘 날짜로 업데이트한 기록이 있으면 더는 업데이트하지 않도록 했다.

REPLACE INTO 구문

일반적으로 테이블에 데이터 행을 삽입하는 데 INSERT INTO 구문을 사용하지만, INSERT INTO 구문 역시 데이터 행이 테이블에 이미 존재하면 오류가 발생해 프로그램이 종료된다.

표준 SQL문은 아니지만 마리아디비에서 제공하는 REPLACE INTO 구문을 사용하면, 동일한 데이터 행이 존재하더라도 오류를 발생하지 않고 UPDATE를 수행한다. REPLACE INTO 구문처럼 INSERT와 UPDATE를 합쳐놓은 기능을 UPSERT라고 부르기도 한다.

```python
import pandas as pd
from datetime import datetime

class DBUpdater:
    def update_comp_info(self):
        """종목코드를 company_info 테이블에 업데이트한 후 딕셔너리에 저장"""
        sql = "SELECT * FROM company_info"
        df = pd.read_sql(sql, self.conn)  # ①
        for idx in range(len(df)):
            self.codes[df['code'].values[idx]]=df['company'].values[idx] #②
        with self.conn.cursor() as curs:
            sql = "SELECT max(last_update) FROM company_info"
            curs.execute(sql)
            rs = curs.fetchone()  # ③
            today = datetime.today().strftime('%Y-%m-%d')

            if rs[0] == None or rs[0].strftime('%Y-%m-%d') < today:  # ④
                krx = self.read_krx_code()  # ⑤
                for idx in range(len(krx)):
                    code = krx.code.values[idx]
                    company = krx.company.values[idx]
                    sql = f"REPLACE INTO company_info (code, company, last"\
                        f"_update) VALUES ('{code}', '{company}', '{today}')"
                    curs.execute(sql)  # ⑥
```

```
            self.codes[code] = company  # ⑦
        tmnow = datetime.now().strftime('%Y-%m-%d %H:%M')
        print(f"[{tmnow}] {idx:04d} REPLACE INTO company_info "\
            f"VALUES ({code}, {company}, {today})")
    self.conn.commit()
    print('')
```

① company_info 테이블을 read_sql() 함수로 읽는다.

② ①에서 읽은 데이터프레임을 이용해서 종목코드와 회사명으로 codes 딕셔너리를 만든다.

③ SELECT max() ~ 구문을 이용해서 DB에서 가장 최근 업데이트 날짜를 가져온다.

④ ③에서 구한 날짜가 존재하지 않거나 오늘보다 오래된 경우에만 업데이트한다.

⑤ KRX 상장기업 목록 파일을 읽어서 krx 데이터프레임에 저장한다.

⑥ REPLACE INTO 구문을 이용해서 '종목코드, 회사명, 오늘날짜' 행을 DB에 저장한다.

⑦ codes 딕셔너리에 '키-값'으로 종목코드와 회사명을 추가한다.

company_info 테이블 확인하기

지금까지 KRX로부터 상장법인 목록 파일을 읽어와서 마리아디비의 company_info 테이블에
기록하는 코드를 작성했다. 앞서 작성한 함수를 모아 만든 DBUpdater 클래스 구조는 다음과
같다.

```
import pandas as pd
import pymysql
from datetime import datetime

class DBUpdater:
    def __init__(self):  # ②
        """생성자: MariaDB 연결 및 종목코드 딕셔너리 생성"""

    def __del__(self):
        """소멸자: MariaDB 연결 해제"""

    def read_krx_code(self):  # ④
```

```
        """KRX로부터 상장법인목록 파일을 읽어와서 데이터프레임으로 반환"""

    def update_comp_info(self):
        """종목코드를 company_info 테이블에 업데이트한 후 딕셔너리에 저장"""

if __name__ == '__main__':
    dbu = DBUpdater()   # ①
    dbu.update_comp_info()   # ③
```

① DBUpdater.py가 단독으로 실행되면 **DBUpdater** 객체를 생성한다.

② **DBUpdater**의 생성자 내부에서 마리아디비에 연결한다.

③ `company_info` 테이블에 오늘 업데이트된 내용이 있는지 확인하고, 없으면 ④를 호출하여 `company_info` 테이블에 업데이트하고 `codes` 딕셔너리에도 저장한다.

④ KRX로부터 상장법인 목록 파일을 읽어온다.

DBUpdater.py 모듈을 실행해서 지금까지 작성한 코드가 잘 동작하는지 점검해보자. 윈도우 명령창에 **python C:\myPackage\Investar\DBUpdater.py** 명령을 입력하면 DBUpdater. py 모듈이 실행되면서 다음처럼 ① 2,354행(종목코드, 회사명, 오늘날짜)이 `company_info` 테이블에 저장된다. 이는 현재 한국거래소에 주식 종목이 2,354개 상장되어 있다는 의미이다.

그림_ DBUpdater가 한국거래소 종목코드를 DB에 업데이트하는 모습

```
선택 명령 프롬프트 - python  DBUpdater.py                                    —   □   ×
[2020-02-16 11:48] #2330 REPLACE INTO company_info VALUES (149980, 하이로닉, 2020-02-16)
[2020-02-16 11:48] #2331 REPLACE INTO company_info VALUES (126700, 하이비젼시스템, 2020-02-16)
[2020-02-16 11:48] #2332 REPLACE INTO company_info VALUES (066130, 하츠, 2020-02-16)
[2020-02-16 11:48] #2333 REPLACE INTO company_info VALUES (034950, 한국기업평가, 2020-02-16)
[2020-02-16 11:48] #2334 REPLACE INTO company_info VALUES (281410, 한국제6호스팩, 2020-02-16)
[2020-02-16 11:48] #2335 REPLACE INTO company_info VALUES (052600, 한네트, 2020-02-16)
[2020-02-16 11:48] #2336 REPLACE INTO company_info VALUES (092460, 한라IMS, 2020-02-16)
[2020-02-16 11:48] #2337 REPLACE INTO company_info VALUES (222810, 한류AI센터, 2020-02-16)
[2020-02-16 11:48] #2338 REPLACE INTO company_info VALUES (060560, 홈센타홀딩스, 2020-02-16)
[2020-02-16 11:48] #2339 REPLACE INTO company_info VALUES (115160, 휴맥스, 2020-02-16)
[2020-02-16 11:48] #2340 REPLACE INTO company_info VALUES (200670, 휴메딕스, 2020-02-16)
[2020-02-16 11:48] #2341 REPLACE INTO company_info VALUES (284610, TST릴리온, 2020-02-16)
[2020-02-16 11:48] #2342 REPLACE INTO company_info VALUES (076340, 관악산업, 2020-02-16)
[2020-02-16 11:48] #2343 REPLACE INTO company_info VALUES (288490, 나라소프트, 2020-02-16)
[2020-02-16 11:48] #2344 REPLACE INTO company_info VALUES (086220, 네추럴FNP, 2020-02-16)
[2020-02-16 11:48] #2345 REPLACE INTO company_info VALUES (232680, 라온테크, 2020-02-16)
[2020-02-16 11:48] #2346 REPLACE INTO company_info VALUES (162120, 루켄테크놀러지스, 2020-02-16)
[2020-02-16 11:48] #2347 REPLACE INTO company_info VALUES (236340, 메디젠휴먼케어, 2020-02-16)
[2020-02-16 11:48] #2348 REPLACE INTO company_info VALUES (258250, 셀젠텍, 2020-02-16)
[2020-02-16 11:48] #2349 REPLACE INTO company_info VALUES (224020, 에스케이씨에스, 2020-02-16)
[2020-02-16 11:48] #2350 REPLACE INTO company_info VALUES (234070, 에이원알폼, 2020-02-16)
[2020-02-16 11:48] #2351 REPLACE INTO company_info VALUES (278380, 원바이오젠, 2020-02-16)
[2020-02-16 11:48] #2352 REPLACE INTO company_info VALUES (299480, 지앤이헬스케어, 2020-02-16)
[2020-02-16 11:48] #2353 REPLACE INTO company_info VALUES (189350, 코셋, 2020-02-16)
[2020-02-16 11:48] #2354 REPLACE INTO company_info VALUES (331660, 한국미라클피플사, 2020-02-16)
                    ①
```

실제로 DB에 저장되었는지 확인하기 위해서 헤이디에스큐엘 도구의 쿼리창에 ② **SELECT * FROM company_info**를 입력해보면 ③ 2,354 행이 조회된다.

그림_ 헤이디에스큐엘로 company_info 테이블 조회하기

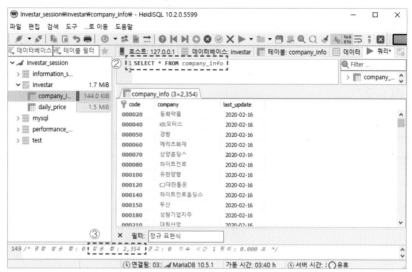

5.3.7 주식 시세 데이터 읽어오기

KRX 종목코드를 DB에 업데이트했으므로 이제 네이버 금융으로부터 모든 종목의 일별 시세 데이터를 스크레이핑하자. 네이버의 시세 페이지를 스크레이핑하는 코드는 뷰티풀 수프를 설명할 때 사용했던 코드와 같다.

다만 pgRR 클래스의 <td> 태그가 존재하지 않으면 AttributeError가 발생하면서 프로그램이 종료되므로, find() 함수 결과가 None인 경우에는 다음 종목을 처리하도록 변경했다.

try except 예외 처리

다음은 네이버 금융에서 일별 시세를 스크레이핑하는 코드다. 뷰티풀 수프로 전체 페이지 수를 구했다면, 팬더스의 read_html() 함수를 이용하여 첫 페이지부터 마지막 페이지까지 순차적으로 주식 시세 데이터를 읽어와야 한다.

read_html() 함수로 주식 시세 페이지를 읽어올 때도 HTTP Error가 발생하면서 프로그램이 종료될 수 있으므로, 이때도 역시 **try except** 구문으로 예외 처리를 할 필요가 있다.

```python
def read_naver(self, code, company, pages_to_fetch):
    """네이버에서 주식 시세를 읽어서 데이터프레임으로 반환"""
    try:
        url = f"http://finance.naver.com/item/sise_day.nhn?code={code}"
        html = requests.get(url, headers={'User-agent':'Mozilla/5.0'}).text
        bs = BeautifulSoup(html, "lxml")
        pgrr = bs.find("td", class_="pgRR")
        if pgrr is None:
            return None
        s = str(pgrr.a["href"]).split('=')
        lastpage = s[-1]  # ①
        df = pd.DataFrame()
        pages = min(int(lastpage), pages_to_fetch)  # ②
        for page in range(1, pages + 1):
            url = '{}&page={}'.format(url, page)
            req = requests.get(u, headers={'User-agent': 'Mozilla/5.0'})
            df = df.append(pd.read_html(req.text, header=0)[0])  # ③
            tmnow = datetime.now().strftime('%Y-%m-%d %H:%M')
            print('[{}] {} ({}) : {:04d}/{:04d} pages are downloading...'.
                format(tmnow, company, code, page, pages), end="\r")
        df = df.rename(columns={'날짜':'date','종가':'close','전일비':'diff'
            ,'시가':'open','고가':'high','저가':'low','거래량':'volume'})  # ④
        df['date'] = df['date'].replace('.', '-')  # ⑤
        df = df.dropna()
        df[['close','diff','open','high','low','volume']] = df[['close',
            'diff','open','high','low','volume']].astype(int)  # ⑥
        df = df[['date','open','high','low','close','diff','volume']]  # ⑦
    except Exception as e:
        print('Exception occured :', str(e))
        return None
    return df
```

① 네이버 금융에서 일별 시세의 마지막 페이지를 구한다.

② 설정 파일에 설정된 페이지 수(**pages_to_fetch**)와 ①의 페이지 수에서 작은 것을 택한다.

③ 일별 시세 페이지를 **read_html()**로 읽어서 데이터프레임에 추가한다.

④ 네이버 금융의 한글 칼럼명을 영문 칼럼명으로 변경한다.

⑤ 연.월.일 형식의 일자 데이터를 연-월-일 형식으로 변경한다.

⑥ 마리아디비에서 BIGINT형으로 지정한 칼럼들의 데이터형을 int형으로 변경한다.

⑦ 원하는 순서로 칼럼을 재조합하여 데이터프레임을 만든다.

5.3.8 일별 시세 데이터를 DB에 저장하기

다음은 read_naver() 메서드로 읽어온 네이버 일별 시세를 DB에 저장하는 replace_into_db 메서드다. 팬더스의 to_sql() 함수를 사용해서 DB에 저장할 수도 있지만, 그러려면 종목별로 테이블을 구성해야 하고 to_sql() 함수가 데이터를 저장할 때 기존 테이블을 전체적으로 교체하기 때문에 효율적이지 않다.

다음처럼 한 테이블에 전체 종목의 시세 데이터를 기록하면 테이블 크기가 커져서 성능 면에서 다소 바람직하지 않지만, 소스 코드를 간단히 작성할 수 있다. 여기서는 daily_price 테이블 하나에 전체 종목의 시세 데이터를 저장했다.

```python
def replace_into_db(self, df, num, code, company):
    """네이버에서 읽어온 주식 시세를 DB에 REPLACE"""
    with self.conn.cursor() as curs:
        for r in df.itertuples():  # ①
            sql = f"REPLACE INTO daily_price VALUES ('{code}', "\
                f"'{r.date}', {r.open}, {r.high}, {r.low}, {r.close}, "\
                f"{r.diff}, {r.volume})"
            curs.execute(sql)  # ②
        self.conn.commit()  # ③
        print('[{}] #{:04d} {} ({}) : {} rows > REPLACE INTO daily_'\
            'price [OK]'.format(datetime.now().strftime('%Y-%m-%d'\
            ' %H:%M'), num+1, company, code, len(df)))
```

① 인수로 넘겨받은 데이터프레임을 튜플로 순회처리한다.

② REPLACE INTO 구문으로 daily_price 테이블을 업데이트한다.

③ commit() 함수를 호출해 마리아디비에 반영한다.

update_daily_price()은 전체 상장법인의 주식 시세를 네이버에서 읽어 DB에 업데이트하는 메서드다.

```
def update_daily_price(self, pages_to_fetch):
    """KRX 상장법인의 주식 시세를 네이버로부터 읽어서 DB에 업데이트"""
    for idx, code in enumerate(self.codes): # ①
        df = self.read_naver(code, self.codes[code], pages_to_fetch)  # ②
        if df is None:
            continue
        self.replace_into_db(df, idx, code, self.codes[code])  # ③
```

① self.codes 딕셔너리에 저장된 모든 종목코드에 대해 순회처리한다.

② read_naver() 메서드를 이용하여 종목코드에 대한 일별 시세 데이터 프레임을 구한다.

③ 일별 시세 데이터프레임이 구해지면 replace_into_db() 메서드로 DB에 저장한다.

5.3.9 json을 이용한 업데이트 페이지 수 설정

config.json 파일을 이용해 DBUpdater가 처음 실행되었는지 여부를 체크한다. config.json 파일이 없으면 DBUpdater가 처음 실행되는 경우이므로 네이버 시세 데이터를 종목별로 100 페이지씩 가져온다. 최초 업데이트한 이후부터는 1페이지씩 가져오도록 config.json 파일이 자동으로 변경된다. 만일 업데이트할 페이지 수를 변경하려면 config.json 파일의 pages_to_fetch값을 수정하면 된다.

그림_ 업데이트 페이지 수 설정하기

네이버 시세 데이터는 한 페이지에 10일 치 종가 데이터를 제공하므로 100페이지는 1,000일 치 데이터다. 1년에 250일 정도 개장한다고 가정했을 때, 100페이지는 약 4년간 데이터로 보

면 된다(네이버에서 전체 종목별로 100페이지를 읽어오는 데 5시간이 들었고, 파일 용량은 189MB 정도였다).

다음 execute_daily() 메서드는 DBUpdater.py 모듈의 시작 포인트다. 타이머가 매일 오후 5시에 호출한다.

```python
def execute_daily(self):
    """실행 즉시 및 매일 오후 5시에 daily_price 테이블 업데이트"""
    self.update_comp_info()  # ①
    try:
        with open('config.json', 'r') as in_file:  # ②
            config = json.load(in_file)
            pages_to_fetch = config['pages_to_fetch']  # ③
    except FileNotFoundError:  # ④
        with open('config.json', 'w') as out_file:
            pages_to_fetch = 100  # ⑤
            config = {'pages_to_fetch': 1}
            json.dump(config, out_file)
    self.update_daily_price(pages_to_fetch)  # ⑥

    tmnow = datetime.now()
    lastday = calendar.monthrange(tmnow.year, tmnow.month)[1]  # ⑦
    if tmnow.month == 12 and tmnow.day == lastday:
        tmnext = tmnow.replace(year=tmnow.year+1, month=1, day=1,
            hour=17, minute=0, second=0)
    elif tmnow.day == lastday:
        tmnext = tmnow.replace(month=tmnow.month+1, day=1, hour=17,
            minute=0, second=0)
    else:
        tmnext = tmnow.replace(day=tmnow.day+1, hour=17, minute=0,
            second=0)
    tmdiff = tmnext - tmnow
    secs = tmdiff.seconds

    t = Timer(secs, self.execute_daily)  # ⑧
    print("Waiting for next update ({}) ... ".format(tmnext.strftime
        ('%Y-%m-%d %H:%M')))
    t.start()
```

① update_comp_info() 메서드를 호출하여 상장 법인 목록을 DB에 업데이트한다.

② DBUpdater.py가 있는 디렉터리에서 config.json 파일을 읽기 모드로 연다.

③ 파일이 있다면 `pages_to_fetch`값을 읽어서 프로그램에서 사용한다.

④ ①에서 열려고 시도했던 config.json 파일이 존재하지 않는 경우

⑤ 최초 실행 시 프로그램에서 사용할 `page_to_fetch`값을 100으로 설정한다(config.json 파일에 `page_to_fetch`값을 1로 저장해서 이후부터는 1페이지씩 읽음).

⑥ `pages_to_fetch`값으로 `update_daily_price()` 메서드를 호출한다.

⑦ 이번 달의 마지막 날(lastday)을 구해 다음 날 오후 5시를 계산하는 데 사용한다.

⑧ 다음 날 오후 5시에 `execute_daily()` 메서드를 실행하는 타이머(Timer) 객체를 생성한다.

5.3.10 마리아디비 자동 연결 해제 방지

매일 오후 5시 정각에 DB를 업데이트하려면 마리아디비 설정 파일에서 wait_timeout값을 변경해야 한다. `DBUpdater`의 생성자에서 `connect()` 함수로 마리아디비에 연결한 뒤 8시간 이상 사용하지 않으면 ConnectionAbortedError(10053)가 발생해 자동으로 마리아디비와 연결이 종료되기 때문이다.

그림_ 마리아디비 대기 시간 설정하기

마리아디비 설정 파일(C:\Program Files\MariaDB 10.5\data\my.ini)에서 `mysqld` 섹션의 `wait_timeout`값을 288000초(80시간)로 설정하면 장시간 대기로 인한 ConnectionAbortedError(10053)를 피할 수 있다.

5.3.11 DBUpdater.py 전체 소스 코드

다음은 DBUpdater.py의 전체 소스 코드다. 한 가지 유의할 점은 32비트 파이썬 환경에서는 2GB 프로세스 메모리 제한으로 Memory Error가 발생할 수 있다는 것이다. 가급적 64비트 파이썬 환경에서 실행하기 바란다.

코드_ 일별 시세를 매일 DB로 업데이트하기

```python
# 05_StockPriceAPI\Investar\DBUpdater.py
import pandas as pd
from bs4 import BeautifulSoup
import requests, pymysql, calendar, time, json
from datetime import datetime
from threading import Timer

class DBUpdater:
    def __init__(self):
        """생성자: MariaDB 연결 및 종목코드 딕셔너리 생성"""
        self.conn = pymysql.connect(host='localhost', user='root',
            password='******', db='Investar', charset='utf8')

        with self.conn.cursor() as curs:
            sql = """
            CREATE TABLE IF NOT EXISTS company_info (
                code VARCHAR(20),
                company VARCHAR(40),
                last_update DATE,
                PRIMARY KEY (code))
            """
            curs.execute(sql)
            sql = """
            CREATE TABLE IF NOT EXISTS daily_price (
                code VARCHAR(20),
                date DATE,
                open BIGINT(20),
                high BIGINT(20),
                low BIGINT(20),
                close BIGINT(20),
                diff BIGINT(20),
                volume BIGINT(20),
                PRIMARY KEY (code, date))
            """
```

```python
            curs.execute(sql)
        self.conn.commit()
        self.codes = dict()

    def __del__(self):
        """소멸자: MariaDB 연결 해제"""
        self.conn.close()

    def read_krx_code(self):
        """KRX로부터 상장기업 목록 파일을 읽어와서 데이터프레임으로 반환"""
        url = 'http://kind.krx.co.kr/corpgeneral/corpList.do?method='\
            'download&searchType=13'
        krx = pd.read_html(url, header=0)[0]
        krx = krx[['종목코드', '회사명']]
        krx = krx.rename(columns={'종목코드': 'code', '회사명': 'company'})
        krx.code = krx.code.map('{:06d}'.format)
        return krx

    def update_comp_info(self):
        """종목코드를 company_info 테이블에 업데이트한 후 딕셔너리에 저장"""
        sql = "SELECT * FROM company_info"
        df = pd.read_sql(sql, self.conn)
        for idx in range(len(df)):
            self.codes[df['code'].values[idx]] = df['company'].values[idx]

        with self.conn.cursor() as curs:
            sql = "SELECT max(last_update) FROM company_info"
            curs.execute(sql)
            rs = curs.fetchone()
            today = datetime.today().strftime('%Y-%m-%d')

            if rs[0] == None or rs[0].strftime('%Y-%m-%d') < today:
                krx = self.read_krx_code()
                for idx in range(len(krx)):
                    code = krx.code.values[idx]
                    company = krx.company.values[idx]
                    sql = f"REPLACE INTO company_info (code, company, last"\
                        f"_update) VALUES ('{code}', '{company}', '{today}')"
                    curs.execute(sql)
                    self.codes[code] = company
                    tmnow = datetime.now().strftime('%Y-%m-%d %H:%M')
                    print(f"[{tmnow}] #{idx+1:04d} REPLACE INTO company_info "\
                        f"VALUES ({code}, {company}, {today})")
```

```python
                self.conn.commit()
                print('')

    def read_naver(self, code, company, pages_to_fetch):
        """네이버에서 주식 시세를 읽어서 데이터프레임으로 반환"""
        try:
            url = f"http://finance.naver.com/item/sise_day.nhn?code={code}"
            html = requests.get(url, headers={'User-agent':'Mozilla/5.0'}).text
            bs = BeautifulSoup(html, "lxml")
            pgrr = bs.find("td", class_="pgRR")
            if pgrr is None:
                return None
            s = str(pgrr.a["href"]).split('=')
            lastpage = s[-1]
            df = pd.DataFrame()
            pages = min(int(lastpage), pages_to_fetch)
            for page in range(1, pages + 1):
                url = '{}&page={}'.format(url, page)
                req = requests.get(url, headers={'User-agent':'Mozilla/5.0'})
                df = df.append(pd.read_html(req.text, header=0)[0])
                tmnow = datetime.now().strftime('%Y-%m-%d %H:%M')
                print('[{}] {} ({}) : {:04d}/{:04d} pages are downloading...'.
                    format(tmnow, company, code, page, pages), end="\r")
            df = df.rename(columns={'날짜':'date','종가':'close','전일비':'diff'
                ,'시가':'open','고가':'high','저가':'low','거래량':'volume'})
            df['date'] = df['date'].replace('.', '-')
            df = df.dropna()
            df[['close','diff','open','high','low','volume']] = df[['close',
                'diff','open','high','low','volume']].astype(int)
            df = df[['date', 'open', 'high', 'low', 'close', 'diff', 'volume']]
        except Exception as e:
            print('Exception occured :', str(e))
            return None
        return df

    def replace_into_db(self, df, num, code, company):
        """네이버에서 읽어온 주식 시세를 DB에 REPLACE"""
        with self.conn.cursor() as curs:
            for r in df.itertuples():
                sql = f"REPLACE INTO daily_price VALUES ('{code}', "\
                    f"'{r.date}', {r.open}, {r.high}, {r.low}, {r.close}, "\
                    f"{r.diff}, {r.volume})"
                curs.execute(sql)
```

```python
            self.conn.commit()
            print('[{}] #{:04d} {} ({}) : {} rows > REPLACE INTO daily_'\
                'price [OK]'.format(datetime.now().strftime('%Y-%m-%d'\
                ' %H:%M'), num+1, company, code, len(df)))

    def update_daily_price(self, pages_to_fetch):
        """KRX 상장법인의 주식 시세를 네이버로부터 읽어서 DB에 업데이트"""
        for idx, code in enumerate(self.codes):
            df = self.read_naver(code, self.codes[code], pages_to_fetch)
            if df is None:
                continue
            self.replace_into_db(df, idx, code, self.codes[code])

    def execute_daily(self):
        """실행 즉시 및 매일 오후 다섯 시에 daily_price 테이블 업데이트"""
        self.update_comp_info()
        try:
            with open('config.json', 'r') as in_file:
                config = json.load(in_file)
                pages_to_fetch = config['pages_to_fetch']
        except FileNotFoundError:
            with open('config.json', 'w') as out_file:
                pages_to_fetch = 100
                config = {'pages_to_fetch': 1}
                json.dump(config, out_file)
        self.update_daily_price(pages_to_fetch)

        tmnow = datetime.now()
        lastday = calendar.monthrange(tmnow.year, tmnow.month)[1]
        if tmnow.month == 12 and tmnow.day == lastday:
            tmnext = tmnow.replace(year=tmnow.year+1, month=1, day=1,
                hour=17, minute=0, second=0)
        elif tmnow.day == lastday:
            tmnext = tmnow.replace(month=tmnow.month+1, day=1, hour=17,
                minute=0, second=0)
        else:
            tmnext = tmnow.replace(day=tmnow.day+1, hour=17, minute=0,
                second=0)
        tmdiff = tmnext - tmnow
        secs = tmdiff.seconds

        t = Timer(secs, self.execute_daily)
        print("Waiting for next update ({}) ... ".format(tmnext.strftime
```

```
        ('%Y-%m-%d %H:%M')))
        t.start()

if __name__ == '__main__':
    dbu = DBUpdater()
    dbu.execute_daily()
```

5.3.12 Run 레지스트리 등록해 자동 실행하기

윈도우 업데이트 등으로 서버가 재시작하더라도 자동으로 실행되게 하려면 Run 레지스트리에 등록해야 한다. 먼저 다음과 같이 DBUpdater.bat 파일을 생성하여 C:\myPackage로 복사한다.

그림_ DBUpdater 배치 파일

윈도우 키 + R 키를 함께 클릭하여 '실행' 창을 띄운 뒤 'regedit'를 입력하여 레지스트리 편집기를 실행한다.

① HKEY_LOCAL_MACHINE\SOFTWARE\Microsoft\Windows\CurrentVersion\Run 키를 마우스 우클릭한 후 ② 새로 만들기 메뉴를 클릭하고 ③ 문자열 값 메뉴를 클릭해서 ④ DBUPDATER라는 문자열 값으로 C:\myPackage\DBUpdater.bat 경로를 지정해두면, 윈도우 서버가 재시작되더라도 자동으로 DBUpdater.bat가 실행되어 최종적으로 DBUpdater.py 모듈이 실행된다.

그림_ Run 레지스트리에 DBUpdater 배치 파일 등록하기

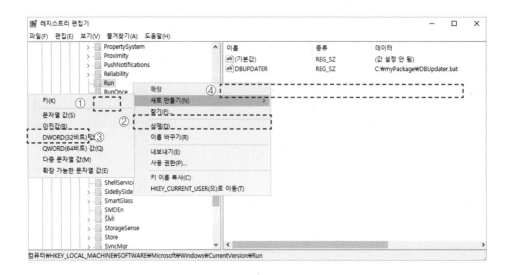

5.4 일별 시세 조회 API

지금까지 네이버 금융의 일별 시세를 마리아디비로 복제하는 DBUpdater 클래스를 만들었다. 이제는 야후 파이낸스에서 제공하는 get_data_yahoo() 함수처럼, 우리가 구축한 마리아디비에서 일별 시세를 직접 조회하는 API를 제작해보자. 이번에 새로 작성할 API에는 다음과 같은 장점이 있다.

- 야후 파이낸스와 달리 검증된 국내 데이터를 조회할 수 있다.
- 종목코드를 몰라도 상장기업명으로 조회할 수 있다.
- 조회 일자 형식을 틀리게 입력하더라도 자동으로 조회 일자 양식에 맞추어 변경해준다.

아래 그림은 이번 장에서 개발할 일별 시세 조회 API를 실제로 실행한 모습이다. 한국거래소에 상장된 종목들의 일별 시세를 조회할 수 있고, 종목코드에 해당하는 기업명도 확인할 수 있다.

```
Python 3.8.1 (tags/v3.8.1:1b293b6, Dec 18 2019, 23:11:46) [MSC v.1916 64 bit (AMD64
)] on win32
Type "help", "copyright", "credits" or "license()" for more information.
>>>
================ RESTART: C:\myPackage\Investar\Analyzer.py ================
>>> mk = MarketDB()
>>> mk.get_daily_price('삼성에스디에스', '2020-02-10', '2020/02/14')
                code        date    open    high     low   close  diff  volume
date
2020-02-10  018260  2020-02-10  196000  199000  194500  198500   500   69634
2020-02-11  018260  2020-02-11  199000  201000  197500  199500  1000  108382
2020-02-12  018260  2020-02-12  198000  202000  198000  200500  1000   77691
2020-02-13  018260  2020-02-13  200500  201500  198000  198000  2500  121745
2020-02-14  018260  2020-02-14  196000  201000  195500  200000  2000   77940
>>> mk.codes['018260']
'삼성에스디에스'
>>> mk.get_daily_price(
         (code, start_date=None, end_date=None)
         KRX 종목의 일별 시세를 데이터프레임 형태로 반환
          - code       : KRX 종목코드('005930') 또는 상장기업명('삼성전자')
          - start_date : 조회 시작일('2020-01-01'), 미입력 시 1년 전 오늘
          - end_date   : 조회 종료일('2020-12-31'), 미입력 시 오늘 날짜
```

5.4.1 클래스 구조

MarketDB 클래스의 구조는 매우 단순하다. 한국거래소 종목코드에 해당하는 상장기업명을 찾는 인스턴스 멤버로 codes 딕셔너리와 사용자가 일별 시세를 조회할 때 호출하는 get_daily_price() 메서드가 전부다.

```python
# 05_StockPriceAPI\Investar\MarketDB.py
class MarketDB:
    def __init__(self):
        """생성자: MariaDB 연결 및 종목코드 딕셔너리 생성"""

    def __del__(self):
        """소멸자: MariaDB 연결 해제"""

    def get_comp_info(self):
        """company_info 테이블에서 읽어와서 codes에 저장"""

    def get_daily_price(self, code, start_date=None, end_date=None):
        """KRX 종목별 시세를 데이터프레임 형태로 반환"""
```

5.4.2 생성자와 소멸자로 DB 연결 관리

MarketDB 클래스 생성자 함수를 구현하자.

```
class MarketDB:
    def __init__(self):
        """생성자: MariaDB 연결 및 종목코드 딕셔너리 생성"""
        self.conn = pymysql.connect(host='localhost', user='root',
            password='********', db='INVESTAR', charset='utf8')
        self.codes = {}  # ①
        self.get_comp_info()  # ②
```

생성자는 마리아디비에 접속해서 인스턴스 멤버인 conn 객체를 생성한다. 그다음 인스턴스 멤버로 codes 딕셔너리를 생성하는데, DBUpdater 클래스에서처럼 **self.codes = dict()**로 생성할 수도 있지만, 조금 더 파이썬답게 생성하고자 ① 리터럴을 사용하여 생성했다. 그다음에는 ② get_comp_info() 함수를 호출하여 마리아디비에서 company_info 테이블을 읽어와서 codes에 저장한다.

마리아디비와 연결을 해제하는 소멸자를 구현하자. 소멸자 함수는 객체가 삭제되는 시점에서 실행되므로, 사용자가 **mk = MarketDB()**로 객체를 생성했다면, **del mk**로 명시적으로 객체를 삭제해야 마리아디비와 연결이 해제된다.

```
class MarketDB:
    def __del__(self):
        """소멸자: MariaDB 연결 해제"""
        self.conn.close()
```

5.4.3 일별 시세 조회 API

MarketDB에서 중요한 부분은 get_daily_price() 함수이고 그중에서도 특히 아래 코드가 핵심이다. ① 팬더스의 read_sql() 함수를 이용해 SELECT 결과를 데이터프레임으로 가져오면 정수형 인덱스가 별도로 생성된다. 따라서 ② **df.index = df['date']**로 데이터프레임의 인덱스를 date 칼럼으로 새로 설정해야 한다.

```
class MarketDB:
    def get_daily_price(self, code, start_date=None, end_date=None):
        """KRX 종목의 일별 시세를 데이터프레임 형태로 반환"""
        ... 중간 생략 ...
        sql = f"SELECT * FROM daily_price WHERE code = '{code}'"\
            f" and date >= '{start_date}' and date <= '{end_date}'"
        df = pd.read_sql(sql, self.conn)  # ①
        df.index = df['date']  # ②
        return df
```

5.4.4 기본 인숫값 처리

조회 시작일과 조회 종료일을 인수로 넘겨주지 않았을 때 기본 인숫값으로 처리하는 함수를 작성하자.

```
class MarketDB:
    def get_daily_price(self, code, start_date=None, end_date=None):  # ①
        """KRX 종목의 일별 시세를 데이터프레임 형태로 반환"""
        if start_date is None:  # ②
            one_year_ago = datetime.today() - timedelta(days=365)
            start_date = one_year_ago.strftime('%Y-%m-%d')  # ③
            print("start_date is initialized to '{}'".format(start_date))
        ... 이하 생략 ...
```

① **인수=None** 형식을 사용하면 인숫값이 주어지지 않았을 때 기본값으로 처리한다. ② 만일 조회시작일로 넘겨받은 인수가 None이면, 인수가 입력되지 않은 경우이므로 ③ 1년 전 오늘 날짜로 **%Y-%m-%d** 형식의 문자열로 처리한다.

5.4.5 정규표현식으로 연-월-일 분리하기

사용자가 조회 시작일을 입력할 때 '2020-08-30'처럼 정확히 입력할 수도 있지만, '2020-8-30', '2020-8-30', '2020.8.30' 등 다양한 형식으로도 입력할 수 있다. 다음처럼 정규표현식regular expression을 사용하여 연, 월, 일에 해당하는 세 숫자를 분리하면 사용자가 어떤 형식으로 입력하더라도 제대로 처리할 수 있다.

\d는 숫자 문자를 나타내며 [0-9]와 같다. \D는 숫자가 아닌 문자를 나타내며 [^0-9]와 같다. +는 한 번 또는 한 번 이상 출현하는 것을 나타내므로 \D+는 숫자가 아닌 문자들로 이루어진 문자열이라고 할 수 있다.

```python
import re
start_date = "2020 year 8/30"
start_lst = re.split('\D+', start_date)  # ①
start_year = int(start_lst[0])
start_month = int(start_lst[1])
start_day = int(start_lst[2])
start_date = f"{start_year:04d}-{start_month:02d}-{start_day:02d}"  # ②
print("start_date: ", start_date)
```

① 정규표현식 \D+로 분리하면 연, 월, 일에 해당하는 숫자만 남게 된다.

② 분리된 연, 월, 일을 다시 {:04d}-{:02d}-{:02d} 형식 문자열로 구성하면 DB에서 저장된 날짜 형식과 같게 된다. {:02d}는 2자리 숫자로 표시하되 앞 자리가 비었으면 0으로 채우라는 뜻이다.

위 코드의 결과는 다음과 같다.

```
start_date:  2020-08-30
```

5.4.6 회사명으로 종목코드 조회하기

codes 딕셔너리의 키keys는 종목코드이고 값values은 회사명이다. 종목코드 '005930'에 해당하는 회사명 '삼성전자'를 찾으려면 codes['005930']로 쉽게 조회가 가능하지만, 반대로 값인 '삼성전자'로 키인 '005930'을 찾기는 쉽지 않다.

딕셔너리에서 값으로 키를 조회해야 한다면, 애초부터 딕셔너리가 아닌 데이터프레임 같은 다른 자료형을 사용하는 것이 낫다. 굳이 딕셔너리에서 값으로 키를 조회하려면 다음과 같은 편법을 쓰면 된다.

```
self.codes = {}
... 중간 생략 ...
codes_keys = list(self.codes.keys())  # ①
codes_values = list(self.codes.values())  # ②
if code in codes_keys:  # ③
    pass
elif code in codes_values:  # ④
    idx = codes_values.index(code)  # ⑤
    code = codes_keys[idx]  # ⑥
else:
    print(f"ValueError: Code({code}) doesn't exist.")
```

① codes 딕셔너리로부터 키들을 뽑아서 키(종목코드) 리스트를 생성한다.

② codes 딕셔너리로부터 값들을 뽑아서 값(회사명) 리스트를 생성한다.

③ 사용자가 입력한 값(code)이 '005930'이라서 키(종목코드) 리스트에 존재한다면 별도의 처리 없이 그대로 사용하면 된다.

④ 사용자가 입력한 값(code)이 '삼성전자'라서 값(회사명) 리스트에 존재한다면 ⑤ 값(회사명) 리스트에서 '삼성전자'의 인덱스를 구한 뒤, ⑥ 키(종목코드) 리스트에서 동일한 인덱스에 위치한 값('005930')을 구할 수 있다.

5.4.7 Analyzer.py 전체 소스 코드

Analyzer.py 모듈을 C:\myPackage\Investar 디렉터리에 복사하자. 코드 내의 데이터베이스 비밀번호는 일별 시세 데이터를 기록하는 데이터베이스의 비밀번호로 변경한다. 명령창에서 C:\myPackage 디렉터리로 이동하여 파이썬 셸을 실행한 뒤 시세 조회 API를 사용하면 된다.

```
C:\>cd myPackage
C:\myPackage>python
Python 3.7.4 (tags/v3.7.4:e09359112e, Jul  8 2019, 19:29:22) [MSC v.1916 32 bit
(Intel)] on win32
Type "help", "copyright", "credits" or "license" for more information.
>>>
```

```
>>> from Investar import Analyzer
>>> mk = Analyzer.MarketDB()
>>> mk.get_daily_price('삼성전자', '2019-09-30', '2019.10.4')
            code        date  open  high   low  close  diff   volume
date
2019-09-30  005930  2019-09-30  48050  49250  47900  49050   650  9497119
2019-10-01  005930  2019-10-01  48900  49100  48650  48850   200  6206035
2019-10-02  005930  2019-10-02  48350  48400  47600  47600  1250  8382463
2019-10-04  005930  2019-10-04  47400  48650  47350  48000   400  8456986
>>>
```

다음은 사용자로부터 종목과 조회 기간을 입력받아서 해당 종목의 시세 정보를 조회하는 Analyzer.py의 전체 코드다. get_daily_price() 메서드는 내부적으로 시세 정보를 마리아 디비에서 가져오므로, 미리 DBUpdater.py를 실행해서 네이버 금융 데이터를 마리아디비에 업데이트해둬야 한다.

코드_ 일별 시세 조회 API

```python
# 05_StockPriceAPI\Investar\Analyzer.py
import pandas as pd
import pymysql
from datetime import datetime
from datetime import timedelta
import re

class MarketDB:
    def __init__(self):
        """생성자: MariaDB 연결 및 종목코드 딕셔너리 생성"""
        self.conn = pymysql.connect(host='localhost', user='root',
            password='********', db='INVESTAR', charset='utf8')
        self.codes = {}
        self.get_comp_info()

    def __del__(self):
        """소멸자: MariaDB 연결 해제"""
        self.conn.close()

    def get_comp_info(self):
        """company_info 테이블에서 읽어와서 codes에 저장"""
        sql = "SELECT * FROM company_info"
```

```python
        krx = pd.read_sql(sql, self.conn)
        for idx in range(len(krx)):
            self.codes[krx['code'].values[idx]] = krx['company'].values[idx]
    def get_daily_price(self, code, start_date=None, end_date=None):
        """KRX 종목의 일별 시세를 데이터프레임 형태로 반환
            - code       : KRX 종목코드('005930') 또는 상장기업명('삼성전자')
            - start_date : 조회 시작일('2020-01-01'), 미입력 시 1년 전 오늘
            - end_date   : 조회 종료일('2020-12-31'), 미입력 시 오늘 날짜
        """
        if (start_date is None):
            one_year_ago = datetime.today() - timedelta(days=365)
            start_date = one_year_ago.strftime('%Y-%m-%d')
            print("start_date is initialized to '{}'".format(start_date))
        else:
            start_lst = re.split('\D+', start_date)
            if (start_lst[0] == ''):
                start_lst = start_lst[1:]
            start_year = int(start_lst[0])
            start_month = int(start_lst[1])
            start_day = int(start_lst[2])
            if start_year < 1900 or start_year > 2200:
                print(f"ValueError: start_year({start_year:d}) is wrong.")
                return
            if start_month < 1 or start_month > 12:
                print(f"ValueError: start_month({start_month:d}) is wrong.")
                return
            if start_day < 1 or start_day > 31:
                print(f"ValueError: start_day({start_day:d}) is wrong.")
                return
            start_date=f"{start_year:04d}-{start_month:02d}-{start_day:02d}"

        if (end_date is None):
            end_date = datetime.today().strftime('%Y-%m-%d')
            print("end_date is initialized to '{}'".format(end_date))
        else:
            end_lst = re.split('\D+', end_date)
            if (end_lst[0] == ''):
                end_lst = end_lst[1:]
            end_year = int(end_lst[0])
            end_month = int(end_lst[1])
            end_day = int(end_lst[2])
            if end_year < 1800 or end_year > 2200:
                print(f"ValueError: end_year({end_year:d}) is wrong.")
```

```
                return
        if end_month < 1 or end_month > 12:
            print(f"ValueError: end_month({end_month:d}) is wrong.")
            return
        if end_day < 1 or end_day > 31:
            print(f"ValueError: end_day({end_day:d}) is wrong.")
            return
        end_date = f"{end_year:04d}-{end_month:02d}-{end_day:02d}"

    codes_keys = list(self.codes.keys())
    codes_values = list(self.codes.values())
    if code in codes_keys:
        pass
    elif code in codes_values:
        idx = codes_values.index(code)
        code = codes_keys[idx]
    else:
        print("ValueError: Code({}) doesn't exist.".format(code))

    sql = f"SELECT * FROM daily_price WHERE code = '{code}'"\
        f" and date >= '{start_date}' and date <= '{end_date}'"
    df = pd.read_sql(sql, self.conn)
    df.index = df['date']
    return df
```

5.5 핵심 요약

- 야후 파이낸스에서 제공하는 국내 주식 데이터는 정확하지 않다. 네이버에서 제공하는 주식 데이터는 정확하지만 웹 스크레이핑으로 가져와야 하기 때문에 속도가 느리다. 네이버에서 제공하는 주식 데이터를 웹 스크레이핑해 데이터베이스에 저장한 뒤 사용하면 속도 문제를 해결할 수 있다.

- 명령행 인터페이스 기반의 마이에스큐엘 클라이언트를 사용해서 마리아디비를 관리할 수 있지만, 마리아디비와 함께 설치되는 그래픽 사용자 인터페이스 기반의 헤이디에스큐엘을 이용하는 것이 더 편리하다.

- DBUpdater 클래스는 매일 한국거래소부터 상장기업 목록을 조회한 뒤 네이버로부터 일별 시세를 읽어와서 마리아디비로 업데이트한다. 매일 오후 5시에 실행하는 데 타이머 모듈을 사용했다.

- daily_price 테이블에서 code와 date 칼럼에 복합 기본키를 지정했다. 그래서 동일한 code와 date

값을 가지는 데이터 행은 daily_price 테이블에 중복 삽입할 수 없다. 대신 기본키에는 자동으로 색인이 설정되므로 code와 date 값으로 조회하면 빠르게 조회 결과를 얻을 수 있다.

- 이미 존재하는 테이블에 대해서 CREATE TABLE 구문을 사용하면 오류가 발생하면서 프로그램이 종료된다. 이미 존재하는 데이터 행에 대하여 INSERT INTO 구문을 사용해도 마찬가지다. 따라서 예외 처리를 해줘야 한다.

- 프로그램 파일 경로를 Run 레지스트리에 등록하면 서버가 재시작되더라도 자동으로 해당 프로그램이 실행된다.

- MarketDB 클래스는 야후 파이낸스 API처럼 국내 주식 데이터를 조회할 수 있는 함수를 제공한다.

- 사용자가 어떠한 형식으로 연−월−일을 입력하더라도 정규표현식을 이용하여 숫자가 아닌 하나 이상의 문자(\D+)로 분리하면 연−월−일에 해당하는 값을 리스트로 반환할 수 있다.

트레이딩 전략과 구현

트레이딩의 목적은 가격 변화를 예측해 수익을 창출하는 것이다. 성공적으로 트레이딩하려면 다른 분야와 마찬가지로 전략이 필요하다. 이번 장에서 시장에 알려진 트레이딩 전략을 파이썬으로 직접 구현하면서, 자신에게 맞는 트레이딩 전략을 직접 찾아보자.

이 장에서 다루는 내용은 다음과 같다.

- 현대 포트폴리오 이론과 효율적 투자선
- 볼린저 밴드를 이용한 추세추종, 반전 매매기법
- 세 가지 창으로 시장을 분석하는 삼중창 매매기법
- 상대 모멘텀과 절대 모멘텀을 합친 듀얼 모멘텀 전략

6.1 현대 포트폴리오 이론

해리 맥스 마코위츠Harry Max Markowitz는 1952년에 발표한 논문 「포트폴리오 셀렉션portfolio selection」에 새로운 포트폴리오 구축 방법을 제시했다. 그가 제시한 평균-분산 최적화mean-variance optimization, MVO는 예상 수익률과 리스크의 상관관계를 활용해 포트폴리오를 최적화하는 기법이다. 그 후로 많은 투자자와 학자가 이 모델을 따랐고, 해리 마코위츠는 1990년에 현대 포트폴리오 이론modern portfolio theory, MPT을 창안한 업적으로 노벨 경제학상을 수상했다.

6.1.1 수익률의 표준편차

수익률의 표준편차standard deviation of returns는 자산 가격이 평균값에서 벗어나는 정도, 즉 리스크risk를 측정하는 방법이다. 주식 시장에서의 리스크는 흔히 주가의 변동성을 의미한다.

정규분포 그래프에서 예상 수익률은 평균값인 μ뮤로 나타내고, 리스크는 표준편차인 σ시그마로 나타낸다. 어떤 값이 평균에서 떨어진 정도를 편차라고 하며, 각 편차를 제곱해 더한 뒤 평균을 구한 것이 분산이다. 단순히 편차를 더하기만 하면 0이 될 수 있기 때문에 분산을 이용하면 흩어진 정도를 더 정확히 나타낼 수 있다. 표준편차는 분산의 제곱근으로 구한다.

그림_ 정규분포와 표준편차

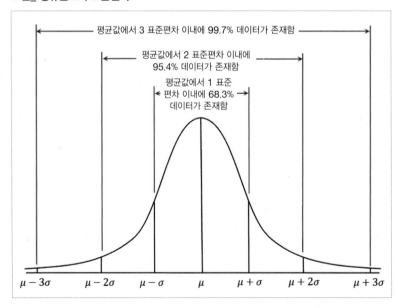

예를 들어 예상 수익률(μ)이 7%이고 수익률 표준편차(σ)가 5%인 주식이 있다면, 그 주식은 2%에서 12% 사이의 수익을 낼 확률이 68.3%가 된다. 2%(μ-σ)는 7%(μ)의 왼쪽으로 표준편차 1이고, 12%(μ+σ)는 7%(μ)의 오른쪽으로 표준편차 1이다.

6.1.2 효율적 투자선

효율적 투자선Efficient Frontier이란 현대 포트폴리오 이론의 핵심 개념으로서, 투자자가 인내할 수 있는 리스크 수준에서 최상의 기대수익률을 제공하는 포트폴리오들의 집합을 나타낸다.

아래 그래프에서 X축은 리스크(표준편차)이고 Y축은 예상 수익률(평균)이다. 파란색 점선으로 표시된 부분을 효율적 투자선이라고 부르며, 붉은 점들은 개별 포트폴리오를 나타낸다.

그림_ 효율적 투자선

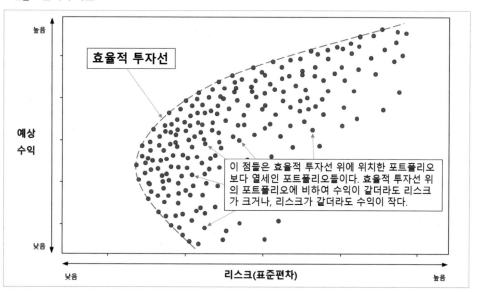

효율적 투자선 위에 위치한 포트폴리오는 주어진 리스크에서 최대 수익을 낸다. 현명한 투자자라면 당연히 효율적 투자선 위에 위치한 포트폴리오에 따라 자산을 배분한다.

시총 상위 4 종목으로 효율적 투자선 구하기

2019년 현재 KOSPI 시가총액 1위부터 4위까지 해당하는 종목으로 포트폴리오를 구성한다고 가정했을 때, 효율적 투자선을 구해보자. 시세 데이터는 5장에서 개발했던 MarketDB 클래스의 일별 시세 조회 API를 사용한다.

삼성전자가 2018년 5월 4일에 액면분할을 실시했고, 네이버가 2018년 10월 12일에 액면분할을 실시했는데, 액면분할 전후 주가가 뒤섞이면 수익률 계산이 어렵다. 따라서 액면분할의 영향을 피하도록 검색 기간을 2016년 1월 4일부터 액면분할 이전인 2018년 4월 27일까지로 지정했다.

```python
import numpy as np
import pandas as pd
import matplotlib.pyplot as plt
from Investar import Analyzer

mk = Analyzer.MarketDB()
stocks = ['삼성전자', 'SK하이닉스', '현대자동차', 'NAVER']
df = pd.DataFrame()
for s in stocks:
    df[s] = mk.get_daily_price(s, '2016-01-04', '2018-04-27')['close']
```

get_daily_price() 함수를 이용해 가져온 데이터프레임을 확인하면 다음과 같다.

```
>>> df
          삼성전자  SK하이닉스  현대자동차  NAVER
date
2016-01-04  1205000    30150   144000   632000
2016-01-05  1208000    30600   143500   637000
2016-01-06  1175000    30750   140000   623000
2016-01-07  1163000    30200   137500   652000
2016-01-08  1171000    29700   136500   652000
...             ...      ...      ...      ...
2018-04-23  2595000    84400   159500   735000
2018-04-24  2523000    82100   162500   725000
2018-04-25  2520000    82400   164000   743000
2018-04-26  2607000    86500   156500   725000
2018-04-27  2650000    87100   158000   716000

[570 rows x 4 columns]
```

데이터가 570개(행)다. 위 데이터를 토대로 종목별로 일간 수익률, 연간 수익률, 일간 리스크, 연간 리스크를 구하는 코드는 다음과 같다.

```
daily_ret = df.pct_change()        # ①
annual_ret = daily_ret.mean() * 252  # ②
daily_cov = daily_ret.cov()         # ③
annual_cov = daily_cov * 252        # ④

port_ret = []        #
port_risk = []       # ⑤
port_weights = []    #
```

① 시총 상위 4 종목의 수익률을 비교하려면 종가 대신 일간 변동률로 비교를 해야 하기 때문에 데이터프레임에서 제공하는 pct_change() 함수를 사용해 4 종목의 일간 변동률을 구한다. 일간 수익률 daily_ret값을 출력한 결과는 다음과 같다.

```
>>> daily_ret
            삼성전자 SK하이닉스 현대자동차     NAVER
date
2016-01-04      NaN      NaN      NaN      NaN
2016-01-05  0.002490  0.014925 -0.003472  0.007911
2016-01-06 -0.027318  0.004902 -0.024390 -0.021978
2016-01-07 -0.010213 -0.017886 -0.017857  0.046549
2016-01-08  0.006879 -0.016556 -0.007273  0.000000
...             ...      ...      ...      ...
2018-04-23  0.005424  0.000000 -0.003125  0.009615
2018-04-24 -0.027746 -0.027251  0.018809 -0.013605
2018-04-25 -0.001189  0.003654  0.009231  0.024828
2018-04-26  0.034524  0.049757 -0.045732 -0.024226
2018-04-27  0.016494  0.006936  0.009585 -0.012414

[570 rows x 4 columns]
```

② 일간 변동률의 평균값에 252를 곱해서 연간 수익률을 구한다. 252는 미국의 1년 평균 개장일로, 우리나라 실정에 맞게 다른 숫자로 바꾸어도 무방하다. 연간 수익률 annual_ret값을 출력하면 다음과 같다.

```
>>> annual_ret
삼성전자       0.383296
SK하이닉스    0.528546
현대자동차    0.079697
NAVER         0.099470
dtype: float64
```

③ 일간 리스크는 cov() 함수를 사용해 일간 변동률의 공분산으로 구한다. 일간 리스크 daily_cov값은 다음과 같다.

```
>>> daily_cov
              삼성전자   SK하이닉스  현대자동차    NAVER
삼성전자       0.000270   0.000166  -0.000009   0.000060
SK하이닉스    0.000166   0.000463   0.000018   0.000050
현대자동차   -0.000009   0.000018   0.000308   0.000043
NAVER         0.000060   0.000050   0.000043   0.000353
```

④ 연간 공분산은 일간 공분산에 252를 곱해 계산한다. 연간 리스크 annual_cov값은 다음과 같다.

```
>>> annual_cov
              삼성전자   SK하이닉스  현대자동차    NAVER
삼성전자       0.067946   0.041724  -0.002342   0.015076
SK하이닉스    0.041724   0.116797   0.004459   0.012703
현대자동차   -0.002342   0.004459   0.077648   0.010791
NAVER         0.015076   0.012703   0.010791   0.088908
```

⑤ 시총 상위 4 종목 비중을 다르게 해 포트폴리오 20,000개를 생성한다. 포트폴리오 수익률, 리스크, 종목 비중을 저장할 각 리스트를 생성한다.

몬테카를로 시뮬레이션

시총 상위 4 종목으로 구성된 포트폴리오 20,000개를 생성하자. 넘파이 random() 함수를 사용해 각 포트폴리오에 포함된 4 종목의 비중이 모두 다르게 했다. 이처럼 매우 많은 난수를 이용해 함수의 값을 확률적으로 계산하는 것을 몬테카를로 시뮬레이션Monte Carlo simulation이라고 한다. 몬테카를로 시뮬레이션의 명칭은 유럽의 도시 국가 모나코에서 카지노로 유명한 몬테카를로 지역의 명칭을 본따서 지어졌다.

다음은 몬테카를로 시뮬레이션을 이용해 포트폴리오 20,000개를 생성한 후 각각의 포트폴리오별로 수익률, 리스크, 종목 비중을 데이터프레임으로 구하는 코드다.

```python
for _ in range(20000):  # ①
    weights = np.random.random(len(stocks))  # ②
    weights /= np.sum(weights)  # ③

    returns = np.dot(weights, annual_ret)  # ④
    risk = np.sqrt(np.dot(weights.T, np.dot(annual_cov, weights)))  # ⑤

    port_ret.append(returns)        #
    port_risk.append(risk)          # ⑥
    port_weights.append(weights)    #

portfolio = {'Returns': port_ret, 'Risk': port_risk}
for i, s in enumerate(stocks):  # ⑦
    portfolio[s] = [weight[i] for weight in port_weights]  # ⑧
df = pd.DataFrame(portfolio)
df = df[['Returns', 'Risk'] + [s for s in stocks]]  # ⑨
```

① 포트폴리오 20,000개를 생성하는 데 range() 함수와 for in 구문을 사용했다. for in 구문에서 반복횟수를 사용할 일이 없으면 관습적으로 _ 변수에 할당한다.

② 4개의 랜덤 숫자로 구성된 배열을 생성한다.

```
>>> weights
array([0.67632529, 0.17687653, 0.19918146, 0.84748341])
```

③에서는 ②에서 구한 4개의 랜덤 숫자를 랜덤 숫자의 총합으로 나눠 4 종목 비중의 합이 1이 되도록 조정한다.

```
>>> weights
array([0.35598566, 0.09309944, 0.1048397 , 0.4460752 ])
```

④ 랜덤하게 생성한 종목별 비중 배열과 종목별 연간 수익률을 곱해 해당 포트폴리오 전체 수익률(returns)을 구한다.

⑤ 종목별 연간 공분산과 종목별 비중 배열을 곱한 뒤 이를 다시 종목별 비중의 전치로 곱한다. 이렇게 구한 결괏값의 제곱근을 sqrt() 함수로 구하면 해당 포트폴리오 전체 리스크(Risk)를 구할 수 있다.

$$\text{포트폴리오 리스크} = \sqrt{(\text{종목별 비중})T\,((\text{종목별 연간 공분산})(\text{종목별 비중}))}$$

⑥ 포트폴리오 20,000개 수익률, 리스크, 종목별 비중을 각각 리스트에 추가한다.

⑦ i값은 0, 1, 2, 3 순으로 변한다. 이때 s값은 '삼성전자', 'SK하이닉스', '현대자동차', 'NAVER' 순으로 변한다.

⑧ portfolio 딕셔너리에 '삼성전자', 'SK하이닉스', '현대자동차', 'NAVER' 키 순서로 비중값을 추가한다. 다음은 전체 포트폴리오 개수가 3개라고 가정했을 때 portfolio 딕셔너리를 출력한 결과다.

```
>>> portfolio
{'Returns': [0.2889303799644185, 0.22898336467659758, 0.35755268090489567],
 'Risk': [0.19051982280751711, 0.17203565023876374, 0.2183829544575184],
 '삼성전자': [0.14525664453434237, 0.2873795637023981, 0.15018351897703885],
 'SK하이닉스': [0.3614874929807239, 0.12695098488187623, 0.5090387530712256],
 '현대자동차': [0.34759114665632934, 0.3299597596607682, 0.14967867355176354],
 'NAVER': [0.14566471582860435, 0.25570969175495745, 0.19109905439997202]}
```

⑨ 최종 생성된 df 데이터프레임을 출력하면, 시총 상위 4 종목의 보유 비율에 따라 포트폴리오 20,000개가 각기 다른 리스크와 예상 수익률을 가지는 것을 확인할 수 있다.

```
>>> df
      Returns      Risk   삼성전자  SK하이닉스  현대자동차    NAVER
0    0.323668  0.213186  0.057739   0.492818  0.184409  0.265033
1    0.289533  0.187107  0.570347   0.080793  0.327866  0.020994
2    0.198659  0.189083  0.037525   0.222667  0.354173  0.385635
3    0.187012  0.214882  0.294618   0.013067  0.085222  0.607092
```

```
4       0.294929  0.184611  0.260710  0.293487  0.225881  0.219921
...     ...       ...       ...       ...       ...       ...
19995   0.325648  0.216076  0.114203  0.455546  0.085987  0.344263
19996   0.245946  0.231361  0.018778  0.330408  0.031527  0.619288
19997   0.102933  0.210811  0.013160  0.021575  0.481938  0.483328
19998   0.354470  0.223591  0.086019  0.544405  0.152011  0.217566
19999   0.237513  0.188057  0.262831  0.155119  0.157444  0.424606

[20000 rows x 6 columns]
```

df 데이터프레임을 산점도로 출력하면, 몬테카를로 시뮬레이션으로 생성한 효율적 투자선을 눈으로 직접 확인할 수 있다. scatter() 함수를 호출할 때 x축 값으로 해당 포트폴리오의 리스크를, y축 값으로 예상 수익률을 넘겨주면 된다.

```python
df.plot.scatter(x='Risk', y='Returns', figsize=(10, 7), grid=True)
plt.title('Efficient Frontier')
plt.xlabel('Risk')
plt.ylabel('Expected Returns')
plt.show()
```

그림_ 시총 상위 4 종목으로 구현한 효율적 투자선

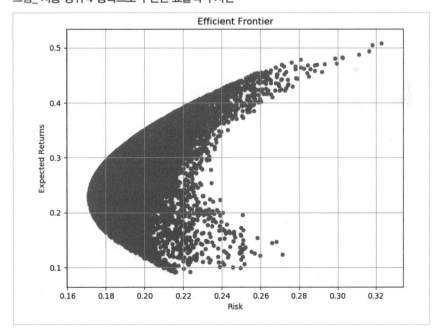

위의 그림은 시가 총액 상위 4 종목에 투자한다고 가정하고 각 종목의 비율을 임의로 정해 포트폴리오 20,000개를 만들어 산점도로 표시한 결과다. 점 하나가 각각의 포트폴리오를 나타내며 X축이 해당 포트폴리오의 리스크이고 Y축은 해당 포트폴리오의 예상 수익률이다.

그림의 좌측에서 파란색 점들이 나이키 상표처럼 곡선으로 이어져 보이는 부분이 효율적 투자선Efficient Frontier이며, 주어진 리스크에서 최대 수익을 내는 포트폴리오의 집합이다. 이는 시가 총액 상위 4 종목에 대해서 투자할 경우, 효율적 투자선 위의 포트폴리오의 비율에 맞추어 4 종목에 분산 투자하는 것이 가장 효율적인 투자 방법임을 의미한다.

전체 소스 코드

다음은 효율적 투자선을 구하는 소스 코드다. MarketDB 클래스의 get_dialy_price() 함수를 이용해 시총 상위 4 종목의 종가 데이터를 구했는데, 5장을 모두 따라하지 않은 독자라면 야후 파이낸스의 데이터를 이용해도 무방하다. 4 종목의 비율은 넘파이의 random() 함수를 이용해 임의로 지정했고, 포트폴리오 20,000개를 생성해 scatter() 함수를 이용해 산점도를 출력했다.

코드_ 시총 상위 4 종목으로 구현한 효율적 투자선

```python
# ch06_01_EfficientFrontier.py
import numpy as np
import pandas as pd
import matplotlib.pyplot as plt
from Investar import Analyzer

mk = Analyzer.MarketDB()
stocks = ['삼성전자', 'SK하이닉스', '현대자동차', 'NAVER']
df = pd.DataFrame()
for s in stocks:
    df[s] = mk.get_daily_price(s, '2016-01-04', '2018-04-27')['close']

daily_ret = df.pct_change()
annual_ret = daily_ret.mean() * 252
daily_cov = daily_ret.cov()
annual_cov = daily_cov * 252

port_ret = []
port_risk = []
```

```
port_weights = []

for _ in range(20000):
    weights = np.random.random(len(stocks))
    weights /= np.sum(weights)

    returns = np.dot(weights, annual_ret)
    risk = np.sqrt(np.dot(weights.T, np.dot(annual_cov, weights)))

    port_ret.append(returns)
    port_risk.append(risk)
    port_weights.append(weights)

portfolio = {'Returns': port_ret, 'Risk': port_risk}
for i, s in enumerate(stocks):
    portfolio[s] = [weight[i] for weight in port_weights]
df = pd.DataFrame(portfolio)
df = df[['Returns', 'Risk'] + [s for s in stocks]]

df.plot.scatter(x='Risk', y='Returns', figsize=(8, 6), grid=True)
plt.title('Efficient Frontier')
plt.xlabel('Risk')
plt.ylabel('Expected Returns')
plt.show()
```

6.2 샤프 지수와 포트폴리오 최적화

현대 포트폴리오 이론에 따르면 개별 리스크가 주어졌을 때 효율적 투자선보다 높은 수익률은 기대할 수는 없다. 그렇다면 리스크를 최소화하고 수익률은 최대화하는 포트폴리오는 어떻게 찾아낼 수 있을까? 해리 마코위츠의 초기 이론만으로는 이를 해결하기에는 부족하다.

마코위츠의 제자인 윌리엄 샤프William Sharpe의 후속 연구를 살펴보자.

6.2.1 샤프 지수

노벨 수상자인 윌리엄 샤프가 창안한 샤프 지수Sharpe Ratio는 현대 포트폴리오 이론에서 매우 중요하다. 샤프 지수는 측정된 위험 단위당 수익률을 계산한다는 점에서 수익률의 표준편차와 다른 점이 있다.

$$\text{샤프 지수} = \frac{\text{포트폴리오 예상 수익률} - \text{무위험률}}{\text{수익률의 표준편차}}$$

본 책에서는 계산의 편의를 고려해 무위험률을 0으로 가정했으며, 샤프 지수는 포트폴리오의 예상 수익률을 수익률의 표준편차로 나누어서 구했다. 예를 들어 예상 수익률이 7%이고 수익률의 표준편차가 5%인 경우, 샤프 지수는 7 ÷ 5 = 1.4가 된다. 샤프 지수가 높을수록 위험에 대한 보상이 더 크다.

6.2.2 포트폴리오 최적화

KOSPI 시총 상위 4개 종목이 각각 랜덤한 비율로 구성된 20,000개 포트폴리오 중에서 단순히 예상 수익률이 가장 높은 포트폴리오를 구해도 되지만, 샤프 지수를 이용하면 20,000개 포트폴리오 중에서 측정된 위험 단위당 수익이 제일 높은 포트폴리오를 구할 수 있다.

이전 소스 코드에서 'Sharpe' 칼럼을 추가하자. 샤프 지수가 제일 큰 포트폴리오는 데이터프레임에서 max() 함수를 이용해서 'Sharpe' 칼럼값이 가장 큰 행을 반환하면 된다.

```
max_sharpe = df.loc[df['Sharpe'] == df['Sharpe'].max()]
```

전체 소스 코드

포트폴리오 최적화를 구현하자. 앞서 작성한 효율적 투자선(ch06_01_EfficientFontier.py) 코드에 약간의 코드만 추가하면 된다. 위험 단위당 수익률이 가장 높은 포트폴리오는 Sharpe값이 가장 큰 행을 찾으면 되고, 가장 안전한 포트폴리오는 Risk값이 가장 작은 행을 찾으면 된다.

코드_ 시총 상위 4 종목으로 구현한 포트폴리오 최적화

```python
# ch06_02_PortfolioOptimization.py
import numpy as np
import pandas as pd
import matplotlib.pyplot as plt
from Investar import Analyzer

mk = Analyzer.MarketDB()
stocks = ['삼성전자', 'SK하이닉스', '현대자동차', 'NAVER']
df = pd.DataFrame()
for s in stocks:
    df[s] = mk.get_daily_price(s, '2016-01-04', '2018-04-27')['close']

daily_ret = df.pct_change()
annual_ret = daily_ret.mean() * 252
daily_cov = daily_ret.cov()
annual_cov = daily_cov * 252

port_ret = []
port_risk = []
port_weights = []
sharpe_ratio = []

for _ in range(20000):
    weights = np.random.random(len(stocks))
    weights /= np.sum(weights)

    returns = np.dot(weights, annual_ret)
    risk = np.sqrt(np.dot(weights.T, np.dot(annual_cov, weights)))

    port_ret.append(returns)
    port_risk.append(risk)
    port_weights.append(weights)
    sharpe_ratio.append(returns/risk)  # ①
portfolio = {'Returns': port_ret, 'Risk': port_risk, 'Sharpe': sharpe_ratio}
for i, s in enumerate(stocks):
    portfolio[s] = [weight[i] for weight in port_weights]
df = pd.DataFrame(portfolio)
df = df[['Returns', 'Risk', 'Sharpe'] + [s for s in stocks]]  # ②

max_sharpe = df.loc[df['Sharpe'] == df['Sharpe'].max()]  # ③
min_risk = df.loc[df['Risk'] == df['Risk'].min()]  # ④
```

```
df.plot.scatter(x='Risk', y='Returns', c='Sharpe', cmap='viridis',
    edgecolors='k', figsize=(11,7), grid=True)  # ⑤
plt.scatter(x=max_sharpe['Risk'], y=max_sharpe['Returns'], c='r',
    marker='*', s=300)  # ⑥
plt.scatter(x=min_risk['Risk'], y=min_risk['Returns'], c='r',
    marker='X', s=200)  # ⑦
plt.title('Portfolio Optimization')
plt.xlabel('Risk')
plt.ylabel('Expected Returns')
plt.show()
```

① 포트폴리오의 수익률을 리스크로 나눈 값을 샤프 지수 리스트에 추가한다.

② 샤프 지수 칼럼을 데이터프레임에 추가한다. 생성된 데이터프레임은 다음과 같다.

```
>>> df
          Returns       Risk     Sharpe     삼성전자   SK하이닉스  현대자동차      NAVER
0        0.208260   0.175165   1.188936   0.261536   0.094813   0.309660   0.333991
1        0.346745   0.206586   1.678451   0.389475   0.321439   0.060202   0.228884
2        0.314948   0.204393   1.540893   0.353618   0.269836   0.033783   0.342762
3        0.282860   0.202179   1.399057   0.371837   0.183039   0.034620   0.410504
4        0.227981   0.191433   1.190918   0.145722   0.211974   0.192260   0.450044
...           ...        ...        ...        ...        ...        ...        ...
19995    0.260007   0.202951   1.281135   0.407945   0.106076   0.038578   0.447402
19996    0.302495   0.196342   1.540651   0.118689   0.407765   0.284446   0.189099
19997    0.212021   0.183647   1.154501   0.380382   0.020171   0.205669   0.393779
19998    0.328569   0.203083   1.617906   0.366948   0.293788   0.056032   0.283232
19999    0.221441   0.172535   1.283453   0.394548   0.041169   0.388265   0.176018

[20000 rows x 7 columns]
```

③ 샤프 지수 칼럼에서 샤프 지숫값이 제일 큰 행을 max_sharpe로 정한다.

④ 리스크 칼럼에서 리스크값이 제일 작은 행을 min_risk로 정한다.

⑤ 포트폴리오의 샤프 지수에 따라 컬러맵을 'viridis'로 표시하고 테두리는 검정(k)으로 표시한다.

⑥ 샤프 지수가 가장 큰 포트폴리오를 300 크기의 붉은 별표(★)로 표시한다.

⑦ 리스크가 제일 작은 포트폴리오를 200 크기의 붉은 엑스표(✖)로 표시한다.

그림_ 시총 상위 4 종목으로 구현한 포트폴리오 최적화

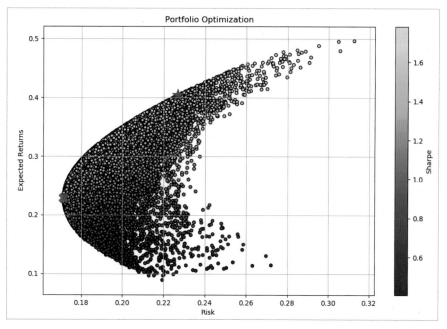

위 산점도에서 리스크당 수익률이 가장 큰 포트폴리오는 별표로 표시된 포트폴리오다. 데이터 프레임에서 4,144번째 행에 해당하는 포트폴리오로, 약 1년 반 동안 22%의 변동률을 겪으면서 40%의 수익을 안겼다. 종목별 비중을 살펴보면 삼성전자 비율이 48%로 제일 높다.

```
>>> max_sharpe
       Returns      Risk    Sharpe   삼성전자 SK하이닉스 현대자동차    NAVER
4144  0.406614  0.228251  1.781435  0.482282  0.401774  0.107804  0.00814
```

가장 리스크가 적은 포트폴리오는 X자로 표시한 포트폴리오다. 17% 리스크에 22% 수익률을 올렸다. 종목별 비중은 현대자동차 비중이 35%로 제일 높다.

```
>>> min_risk
       Returns      Risk    Sharpe   삼성전자 SK하이닉스 현대자동차    NAVER
3645  0.227804  0.171216  1.330507  0.338142  0.091935  0.358392  0.211531
```

6.3 볼린저 밴드 지표

국내 모 암호화폐 거래소에서 투자자들의 보조지표 이용 패턴을 분석한 결과에 따르면, 기본 보조지표인 이동평균선을 제외하고 가장 많이 설정된 보조지표는 일목균형표, 볼린저 밴드 Bollinger Band, 매물대, 상대강도지수RSI, 이동평균 수렴확산MACD 순인 것으로 나타났다. 볼린저 밴드는 주가의 변동이 표준 정규분포를 따른다는 가정에서 주가의 위아래에 밴드를 표시함으로써 주가의 상대적인 높낮이를 알려준다. 기술적 분석을 선호하는 투자자들이 주로 사용한다.

볼린저 밴드의 개발자인 존 볼린저John Bollinger가 저술한 『볼린저 밴드 투자 기법 Bollinger on Bollinger Bands』(이레미디어, 2010)에는 존 볼린저가 어떤 동세익픽 기법을 이용해서 볼린저 밴드를 개발했는지, 볼린저 밴드를 다른 지표들과 어떻게 연계해야 최적의 결과를 도출할 수 있는지에 대해 상세히 기록되어 있다. 이번 절에서는 볼린저 밴드의 %b와 대역폭에 대해 알아보고, 존 볼린저가 제시한 매매기법을 파이썬으로 구현해보자.

6.3.1 볼린저 밴드 구하기

볼린저 밴드는 주가의 20일 이동 평균선을 기준으로, 상대적인 고점을 나타내는 상단 밴드와 상대적인 저점을 나타내는 하단 밴드로 구성된다. 따라서 주가가 상단 밴드 근처에 있을수록 상대적인 고점에, 주가가 하단 밴드 근처에 있을수록 상대적인 저점에 있다고 판단할 수 있다.

상단 밴드와 하단 밴드의 사이의 폭은 주가의 표준편차와 특정 상수의 곱으로 나타낼 수 있으며, 밴드폭이 좁을수록 주가 변동성이 작고, 밴드폭이 넓을수록 변동성이 크다는 것을 나타낸다.

표준 볼린저 밴드 공식

- 상단 볼린저 밴드 = 중간 볼린저 밴드 + (2 × 표준편차)
- 중간 볼린저 밴드 = 종가의 20일 이동평균
- 하단 볼린저 밴드 = 중간 볼린저 밴드 − (2 × 표준편차)

네이버 종가 데이터를 이용해서 파이썬으로 직접 볼린저 밴드를 그려보자. 실제로 그래프에서 나타낼 4개 선은 네이버 종가(close), 상단 볼린저 밴드(upper), 중간 볼린저 밴드(MA20), 하단 볼린저 밴드(lower)다.

코드_ 네이버 볼린저 밴드

```python
# ch06_03_BollingerBand.py
import matplotlib.pyplot as plt
from Investar import Analyzer

mk = Analyzer.MarketDB()
df = mk.get_daily_price('NAVER', '2019-01-02')

df['MA20'] = df['close'].rolling(window=20).mean()  # ①
df['stddev'] = df['close'].rolling(window=20).std() # ②
df['upper'] = df['MA20'] + (df['stddev'] * 2)   # ③
df['lower'] = df['MA20'] - (df['stddev'] * 2)   # ④
df = df[19:]  # ⑤

plt.figure(figsize=(9, 5))
plt.plot(df.index, df['close'], color='#0000ff', label='Close')    # ⑥
plt.plot(df.index, df['upper'], 'r--', label = 'Upper band')       # ⑦
plt.plot(df.index, df['MA20'], 'k--', label='Moving average 20')
plt.plot(df.index, df['lower'], 'c--', label = 'Lower band')
plt.fill_between(df.index, df['upper'], df['lower'], color='0.9')  # ⑧
plt.legend(loc='best')
plt.title('NAVER Bollinger Band (20 day, 2 std)')
plt.show()
```

① 20개 종가를 이용해서 평균을 구한다.

② 20개 종가를 이용해서 표준편차를 구한 뒤 stddev 칼럼으로 df에 추가한다.

③ **중간 볼린저 밴드 + (2 × 표준편차)**를 상단 볼린저 밴드로 계산한다.

④ **중간 볼린저 밴드 − (2 × 표준편차)**를 하단 볼린저 밴드로 계산한다.

⑤ ① ~ ④는 19번째 행까지 NaN이므로 값이 있는 20번째 행부터 사용한다.

⑥ x좌표 df.index에 해당하는 종가를 y좌표로 설정해 파란색(#0000ff) 실선으로 표시한다.

⑦ x좌표 df.index에 해당하는 상단 볼린저 밴드값을 y좌표로 설정해 검은 실선(k--)으로 표시한다.

⑧ 상단 볼린저 밴드와 하단 볼린저 밴드 사이를 회색으로 칠한다.

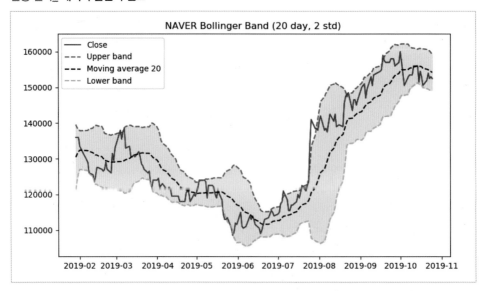

위 그림은 네이버 주가를 이용해 볼린저 밴드를 표시한 것이다. 통계학에 따르면 평균값에서 ±2×표준편차 이내에 표본값 95.4%가 존재하므로, 마찬가지로 주가가 볼린저 밴드 내부에 존재할 확률도 95.4%이다.

6.3.2 볼린저 밴드 지표 I : %b

주가가 볼린저 밴드 어디에 위치하는지를 나타내는 지표가 %b다. %b값은 종가가 상단 밴드에 걸쳐 있을 때 1.0이 되고, 중간에 걸쳐 있을 때 0.5가 되며, 하단에 걸쳐 있을 때 0.0이 된다. %b는 상한선이나 하한선이 없기 때문에 종가가 상단 밴드보다 위에 있으면 1.0을 넘게 되고 종가가 하단 밴드 아래에 있으면 0보다 작은 수가 된다. 예를 들어 %b가 1.1이라면 주가가 상단 밴드보다 밴드폭의 10%만큼 위에 있다는 의미다.

%b 산출 공식은 다음과 같다.

$$\%b = \frac{종가 - 하단\ 볼린저\ 밴드}{상단\ 볼린저\ 밴드 - 하단\ 볼린저\ 밴드}$$

앞에서 그렸던 볼린저 밴드 차트에 %b를 추가해서 볼린저 밴드의 변화에 따른 %b값 변화를 살펴보자. %b를 구하려면 기존 코드에서 파이썬 코드 한 줄 ①만 추가하면 된다. 나머지는 %b 를 그래프로 출력하는 코드다.

코드_ 네이버 볼린저 밴드와 %b

```python
# ch06_04_BollingerBand_PercentB.py
import matplotlib.pyplot as plt
from Investar import Analyzer

mk = Analyzer.MarketDB()
df = mk.get_daily_price('NAVER', '2019-01-02')

df['MA20'] = df['close'].rolling(window=20).mean()
df['stddev'] = df['close'].rolling(window=20).std()
df['upper'] = df['MA20'] + (df['stddev'] * 2)
df['lower'] = df['MA20'] - (df['stddev'] * 2)
df['PB'] = (df['close'] - df['lower']) / (df['upper'] - df['lower'])  # ①
df = df[19:]

plt.figure(figsize=(9, 8))
plt.subplot(2, 1, 1)  # ②
plt.plot(df.index, df['close'], color='#0000ff', label='Close')
plt.plot(df.index, df['upper'], 'r--', label = 'Upper band')
plt.plot(df.index, df['MA20'], 'k--', label='Moving average 20')
plt.plot(df.index, df['lower'], 'c--', label = 'Lower band')
plt.fill_between(df.index, df['upper'], df['lower'], color='0.9')
plt.title('NAVER Bollinger Band(20 day, 2 std)')
plt.legend(loc='best')

plt.subplot(2, 1, 2)  # ③
plt.plot(df.index, df['PB'], color='b', label='%B')  # ④
plt.grid(True)
plt.legend(loc='best')
plt.show()
```

① (종가 - 하단 밴드) / (상단 밴드 - 하단 밴드)를 구해 %B 칼럼을 생성한다.

② 기존의 볼린저 밴드 차트를 2행 1열의 그리드에서 1열에 배치한다.

③ %B 차트를 2행 1열의 그리드에서 2열에 배치한다.

④ x좌표 `df.index`에 해당하는 %b값을 y좌표로 설정해 파란(b) 실선으로 표시한다.

실행 결과_ 네이버 볼린저 밴드와 %b

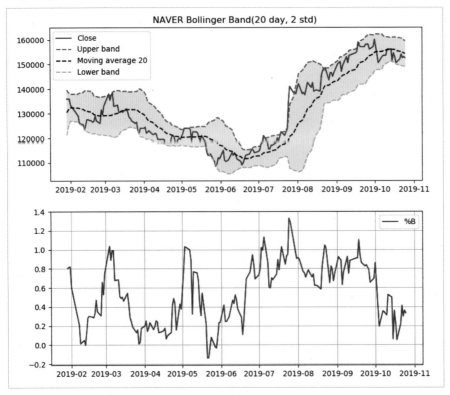

%b는 현재 주가가 하단 볼린저 밴드(0), 중간 볼린저 밴드(0.5), 상단 볼린저 밴드(1)를 기준으로 어디쯤에 있는지를 수치로 나타낸 것이므로, 위 그림에서 %b의 그래프는 실제 주가의 흐름과 유사한 모양으로 표시된다.

6.3.3 볼린저 밴드 지표 II : 밴드폭

밴드폭BandWidth은 상단 볼린저 밴드와 하단 볼린저 밴드 사이의 폭을 의미한다. 밴드폭은 스퀴즈squeeze를 확인하는 데 유용한 지표다. 스퀴즈란 변동성이 극히 낮은 수준까지 떨어져 곧이어 변동성 증가가 발생할 것으로 예상되는 상황을 말한다. 볼린저가 저술한 바에 따르면 밴드폭이 6개월 저점을 기록하는 것을 보고 스퀴즈를 파악할 수 있다고 한다.

밴드폭 산출 공식은 다음과 같다.

$$밴드폭 = \frac{상단\ 볼린저\ 밴드\ -\ 하단\ 볼린저\ 밴드}{중간\ 볼린저\ 밴드}$$

밴드폭의 또 다른 중요한 역할은 강력한 추세의 시작과 마지막을 포착하는 것이다. 강력한 추세는 스퀴즈로부터 시작되는데 변동성이 커지면서 밴드폭 수치가 급격히 높아진다. 이때 밴드폭이 넓어지면서 추세의 반대쪽에 있는 밴드는 추세 반대 방향으로 향한다. 예를 들어 강한 상승 추세에서는 하단 볼린저 밴드가 아래로 향하는 모습을 띄게 된다. 이후 밴드폭 수치의 변동이 없거나 줄어들면서 볼린저 밴드가 추세 반대쪽으로 방향을 바꾸면 추세가 끝났다고 본다.

앞에서 작성했던 볼린저 밴드 %b 코드(ch06_04_BollingerBand_PercentB.py)에서 두 줄(①, ②)만 고치자.

코드_ 네이버 볼린저 밴드와 밴드폭

```python
# ch06_05_BollingerBand_BandWidth.py
import matplotlib.pyplot as plt
from Investar import Analyzer

mk = Analyzer.MarketDB()
df = mk.get_daily_price('NAVER', '2019-01-02')

df['MA20'] = df['close'].rolling(window=20).mean()
df['stddev'] = df['close'].rolling(window=20).std()
df['upper'] = df['MA20'] + (df['stddev'] * 2)
df['lower'] = df['MA20'] - (df['stddev'] * 2)
df['bandwidth'] = (df['upper'] - df['lower']) / df['MA20'] * 100  # ①
df = df[19:]

plt.figure(figsize=(9, 8))
plt.subplot(2, 1, 1)
plt.plot(df.index, df['close'], color='#0000ff', label='Close')
plt.plot(df.index, df['upper'], 'r--', label ='Upper band')
plt.plot(df.index, df['MA20'], 'k--', label='Moving average 20')
plt.plot(df.index, df['lower'], 'c--', label ='Lower band')
plt.fill_between(df.index, df['upper'], df['lower'], color='0.9')
```

```
plt.title('NAVER Bollinger Band(20 day, 2 std)')
plt.legend(loc='best')

plt.subplot(2, 1, 2)
plt.plot(df.index, df['bandwidth'], color='m', label='BandWidth')   # ②
plt.grid(True)
plt.legend(loc='best')
plt.show()
```

① (상단 밴드 – 하단 밴드) / 중간 밴드 × 100을 구해 bandwidth(밴드폭) 칼럼을 생성한다.

② x좌표 df.index에 해당하는 bandwidth값을 y좌표로 설정해 자홍색(magenta) 실선으로 표시한다.

실행 결과_ 네이버 볼린저 밴드와 밴드폭

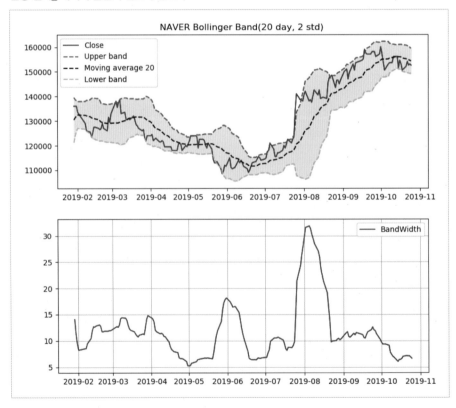

밴드폭은 상단 볼린저 밴드와 하단 볼린저 밴드 사이의 폭을 수치로 나타낸 것이기 때문에, 위 그림에서 상단 볼린저 밴드와 하단 볼린저 밴드의 사이가 넓어질 때마다 밴드폭 수치가 높아지는 것을 확인할 수 있다.

6.4 볼린저 밴드 매매기법

'상단 밴드에서 매도하고 하단 밴드에서 매수하라'는 볼린저 밴드에 관한 잘못된 통념이다. 밴드 태그(주가가 밴드에 닿는 현상)가 일어났다고 해서 그 자체로 매수 신호나 매도 신호가 되는 것은 아니다.

앞에서 살펴본 %b는 볼린저 밴드 어디에 주가가 위치하는지를 나타내며 주가와 연계해 트레이딩 시스템을 구축할 때 필요한 핵심 수단이다. 밴드폭은 밴드의 너비를 수치로 나타낸 것으로 추세의 시작과 끝을 포착하는 역할을 한다. 변동성과 추세는 볼린저 밴드를 구축할 때 이미 반영되었으므로 이 두 가지를 주가의 움직임을 확증하는 근거로 삼으면 안 된다. 확증에 활용할 지표들은 범주별로 하나씩만 고르면 된다.

기술적 지표들을 범주별로 나눠보면 다음과 같다. 볼린저 밴드와 함께 주로 사용되는 지표는 거래량 지표들이며 아래 표에서 확인할 수 있다.

표_ 범주별 기술적 지표

범주	기술적 지표
모멘텀	변화율, 스토캐스틱
추세	선형회귀, MACD
거래량	일중강도(II), 매집/분산(A/D), 현금흐름지표(MFI), 거래량가중 MACD
과매수/과매도	CCI, RSI
심리	여론조사선, 풋-콜 비율

존 볼린저는 '변동성 돌파', '추세 추종', '반전'이라는 세 가지 매매기법을 제시하면서, 독자가 실제로 적용해보고 자신에게 제일 잘 맞는 기법을 사용하라고 말한다. '변동성 돌파' 매매기법은 주가가 상단 밴드를 상향 돌파할 때 매수하고 주가가 하단 밴드를 하향 이탈할 때 공매도하

는 기법인데, 현실적으로 우리나라에서 일반인은 공매도를 하기가 쉽지 않다. 그래서 이 책에서는 '추세 추종'과 '반전' 두 매매기법을 파이썬으로 구현한다.

6.4.1 볼린저 밴드를 이용한 추세 추종 매매기법

추세 추종Trend Following은 상승 추세에 매수하고 하락 추세에 매도하는 기법이다. 상승 추세나 하락 추세의 시작을 단순히 %b 지표만 이용해서 주가가 볼린저 상/하단 밴드에 태그했는지 여부로만 판단하지는 않는다. 현금흐름지표MFI나 일중강도II 같은 거래량 관련 지표를 함께 이용해 시 확증이 이루어진 경우에만 매수/매도에 들어간다.

- 매수 : 주가가 상단 밴드에 접근하며, 지표가 강세를 확증할 때만 매수
  (%b가 0.8보다 크고, MFI가 80보다 클 때)
- 매도 : 주가가 하단 밴드에 접근하며, 지표가 약세를 확증할 때만 매도
  (%b가 0.2보다 작고, MFI가 20보다 작을 때)

MFI (현금흐름지표, Money Flow Index)

일반적으로 주가를 나타낼 때 종가를 사용하지만, 중심 가격Typical Price을 사용하면 트레이딩이 집중적으로 발생하는 주가 지점을 더 잘 나타낼 수 있다. 중심 가격이란 일정 기간의 고가, 저가, 종가를 합한 뒤에 3으로 나눈 값이다.

중심 가격에 거래량을 곱한 값이 바로 현금 흐름Money Flow이다. 다른 지표들이 보통 가격 한 가지만 분석하는 데 반해, MFI는 가격과 거래량을 동시에 분석하므로 상대적으로 신뢰도가 더 높다고 볼 수 있다.

거래량 지표들은 일반적으로 주가에 선행한다는 특징이 있다. MFI는 거래량 데이터에 상대강도지수RSI 개념을 도입한 지표로 생각할 수 있다. RSI가 n일 동안의 상승일 상승폭 합과 하락일 하락폭 합계를 이용하듯이, MFI도 이와 유사하게 상승일 동안의 현금 흐름의 합(긍정적 현금 흐름)과 하락일 동안의 현금 흐름의 합(부정적 현금 흐름)을 이용한다.

$$MFI = 100 - \left(100 \div \left(1 + \frac{긍정적\ 현금\ 흐름}{부정적\ 현금\ 흐름} \right) \right)$$

- 긍정적 현금 흐름 : 중심 가격이 전일보다 상승한 날들의 현금 흐름의 합
- 부정적 현금 흐름 : 중심 가격이 전일보다 하락한 날들의 현금 흐름의 합

다음은 10일 기준의 현금흐름지표를 구하는 코드다.

```
df['TP'] = (df['high'] + df['low'] + df['close']) / 3  # ①
df['PMF'] = 0
df['NMF'] = 0
for i in range(len(df.close)-1): # ②
    if df.TP.values[i] < df.TP.values[i+1]:  # ③
        df.PMF.values[i+1] = df.TP.values[i+1] * df.volume.values[i+1]  # ④
        df.NMF.values[i+1] = 0  # ⑤
    else:
        df.NMF.values[i+1] = df.TP.values[i+1] * df.volume.values[i+1]
        df.PMF.values[i+1] = 0
df['MFR'] = df.PMF.rolling(window=10).sum() /
    df.NMF.rolling(window=10).sum()  # ⑥
df['MFI10'] = 100 - 100 / (1 + df['MFR'])  # ⑦
```

① 고가, 저가, 종가의 합을 3으로 나눠서 중심 가격 TP^typical price를 구한다.

② range 함수는 마지막 값을 포함하지 않으므로 0부터 종가 개수 −2까지 반복한다.

③ i번째 중심 가격보다 i+1번째 중심 가격이 높으면 ④ i+1번째 중심 가격과 i+1번째 거래량의 곱을 i+1번째 긍정적 현금 흐름 PMF^positive money flow에 저장한다.

⑤ i+1번째 부정적 현금 흐름 NMF^negative money flow값은 0으로 저장한다.

⑥ 10일 동안의 긍정적 현금 흐름의 합을 10일 동안의 부정적 현금 흐름의 합으로 나눈 결과를 현금 흐름 비율 MFR^money flow ratio 칼럼에 저장한다.

⑦ 10일 기준으로 현금흐름지수를 계산한 결과를 MFI10^money flow index 10 칼럼에 저장한다.

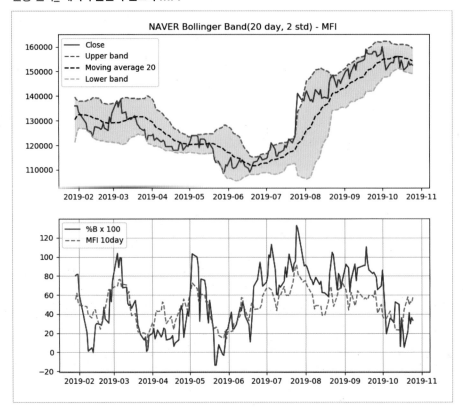

위의 그림은 가격 기반의 볼린저 밴드와 거래량 기반의 MFI를 함께 표시하고 있다. 이처럼 성질이 다른 지표를 함께 사용하면 하나의 지표만 사용할 때보다 신뢰성 있는 결과를 얻을 수 있다. MFI는 0에서 100 사이를 움직이는 한계 지표로, MFI가 80을 상회하면 아주 강력한 매수 신호를 나타내고 MFI가 20을 하회하면 아주 강력한 매도 신호를 나타낸다.

추세 추종 매매 구현

네이버 종목의 일별 시세를 이용해볼린저 밴드의 추세 추종 매매기법을 구현해보자. 추세 추종 매매기법은 볼린저 밴드의 %b와 거래량 지표인 MFI를 함께 사용하므로 'ch06_04_BollingerBand_PercentB.py' 파일을 열어서 앞에서 설명한 MFI 관련 코드를 추가하면 된다.

```python
# ch06_06_BollingerBand_TrendFollowing.py
import matplotlib.pyplot as plt
from Investar import Analyzer

mk = Analyzer.MarketDB()
df = mk.get_daily_price('NAVER', '2019-01-02')

df['MA20'] = df['close'].rolling(window=20).mean()
df['stddev'] = df['close'].rolling(window=20).std()
df['upper'] = df['MA20'] + (df['stddev'] * 2)
df['lower'] = df['MA20'] - (df['stddev'] * 2)
df['PB'] = (df['close'] - df['lower']) / (df['upper'] - df['lower'])
df['TP'] = (df['high'] + df['low'] + df['close']) / 3
df['PMF'] = 0
df['NMF'] = 0
for i in range(len(df.close)-1):
    if df.TP.values[i] < df.TP.values[i+1]:
        df.PMF.values[i+1] = df.TP.values[i+1] * df.volume.values[i+1]
        df.NMF.values[i+1] = 0
    else:
        df.NMF.values[i+1] = df.TP.values[i+1] * df.volume.values[i+1]
        df.PMF.values[i+1] = 0
df['MFR'] = df.PMF.rolling(window=10).sum() / \
    df.NMF.rolling(window=10).sum()
df['MFI10'] = 100 - 100 / (1 + df['MFR'])
df = df[19:]

plt.figure(figsize=(9, 8))
plt.subplot(2, 1, 1)
plt.title('NAVER Bollinger Band(20 day, 2 std) - Trend Following')
plt.plot(df.index, df['close'], color='#0000ff', label='Close')
plt.plot(df.index, df['upper'], 'r--', label ='Upper band')
plt.plot(df.index, df['MA20'], 'k--', label='Moving average 20')
plt.plot(df.index, df['lower'], 'c--', label ='Lower band')
plt.fill_between(df.index, df['upper'], df['lower'], color='0.9')
for i in range(len(df.close)):
    if df.PB.values[i] > 0.8 and df.MFI10.values[i] > 80:      # ①
        plt.plot(df.index.values[i], df.close.values[i], 'r^')  # ②
    elif df.PB.values[i] < 0.2 and df.MFI10.values[i] < 20:    # ③
        plt.plot(df.index.values[i], df.close.values[i], 'bv')  # ④
plt.legend(loc='best')
```

```
plt.subplot(2, 1, 2)
plt.plot(df.index, df['PB'] * 100, 'b', label='%B x 100')          # ⑤
plt.plot(df.index, df['MFI10'], 'g--', label='MFI(10 day)')        # ⑥
plt.yticks([-20, 0, 20, 40, 60, 80, 100, 120])                     # ⑦
for i in range(len(df.close)):
    if df.PB.values[i] > 0.8 and df.MFI10.values[i] > 80:
        plt.plot(df.index.values[i], 0, 'r^')
    elif df.PB.values[i] < 0.2 and df.MFI10.values[i] < 20:
        plt.plot(df.index.values[i], 0, 'bv')
plt.grid(True)
plt.legend(loc='best')
plt.show();
```

① %b가 0.8보다 크고 10일 기준 MFI가 80보다 크면 ② 매수 시점을 나타내기 위해 첫 번째 그래프의 종가 위치에 빨간색 삼각형(▲)을 표시한다.

③ %b가 0.2보다 작고 10일 기준 MFI가 20보다 작으면 ④ 매도 시점을 나타내기 위해 첫 번째 그래프의 종가 위치에 파란색 삼각형(▼)을 표시한다.

⑤ MFI와 비교할 수 있게 %b를 그대로 표시하지 않고 100을 곱해서 푸른색 실선으로 표시한다.

⑥ 10일 기준 MFI를 녹색의 점선으로 표시한다.

⑦ y축 눈금을 -20부터 120까지 20 단위로 표시한다.

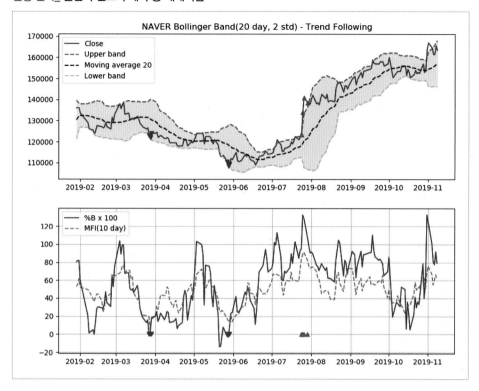

매수 조건은 %b가 0.8보다 크고 MFI가 80보다 클 때로 붉은색 윗방향 삼각형(▲)으로 표시했고, 매도 조건은 %b가 0.2보다 작고 MFI가 20보다 작을 때로 파란색 아래방향 삼각형(▼)으로 표시했다.

2019년 7월 말에 네이버 종가 123,000원 부근에서부터 매수 신호(▲) 네 개가 연달아 나온 후 연말까지 매도 신호(▼)가 발생하지 않았으므로, 만일 2019년 7월 말에 볼린저 밴드의 '추세 추종' 매수 신호에 따라 매수했다면, 2019년 11월 현재 네이버 종가가 163,000원 정도이므로 대략 32%의 수익이 발생했을 것이다.

6.4.2 볼린저 밴드를 이용한 반전 매매기법

볼린저 밴드를 이용한 반전Reversals 매매기법은 주가가 반전하는 지점을 찾아내 매수 또는 매도하는 기법이다. 주가가 하단 밴드를 여러 차례 태그하는 과정에서 강세 지표가 발생하면 매수하고, 주가가 상단 밴드를 여러 차례 태그하는 과정에서 약세 지표가 발생하면 매도한다.

존 볼린저는 책에서 일중 강도율Intraday Intensity %과 매집 분산율AD%을 기술적 지표의 예로 들지만, 이 책에서는 매도/매수 조건의 일관성을 고려해서 기술적 지표는 일중 강도율II% 하나만 사용한다.

- 매수 ; 주가가 하단 밴드 부근에서 W형 패턴을 나타내고 강세 지표가 확증할 때 매수(%b가 0.05보다 작고 II%가 0보다 크면 매수)
- 매도 : 상단 밴드 부근에서 일련의 주가 태그가 일어나며, 약세 지표가 확증할 때 매도(%b가 0.95보다 크고 II%가 0보다 작으면 매도)

일중 강도

일중 강도intraday intensity, II는 데이빗 보스티언David Bostian이 개발한 거래량 지표다. 거래 범위에서 종가의 위치를 토대로 주식 종목의 자금 흐름을 설명한다. II는 장이 끝나는 시점에서 트레이더들의 움직임을 나타내는데, 종가가 거래 범위 천정권에서 형성되면 1, 중간에서 형성되면 0, 바닥권에서 형성되면 −1이 된다.

21일 기간 동안의 II 합을 21일 기간 동안의 거래량 합으로 나누어 표준화한 것이 일중 강도율intraday intensity %, II%이다.

일중 강도와 일중 강도율을 구하는 식은 다음과 같다.

$$일중\ 강도 = \frac{2 \times 종가 - 고가 - 저가}{고가 - 저가} \times 거래량$$

$$일중\ 강도율 = \frac{일중강도의21일합}{거래량의\ 21일\ 합} \times 100$$

다음은 SK하이닉스 일별 시세를 이용해 일중 강도율을 출력하는 코드다.

코드_ SK하이닉스 볼린저 밴드와 일중 강도율

```python
# ch06_07_BollingerBand_IIP21.py
import matplotlib.pyplot as plt
from Investar import Analyzer

mk = Analyzer.MarketDB()
df = mk.get_daily_price('SK하이닉스', '2018-11-01')

df['MA20'] = df['close'].rolling(window=20).mean()
df['stddev'] = df['close'].rolling(window=20).std()
df['upper'] = df['MA20'] + (df['stddev'] * 2)
df['lower'] = df['MA20'] - (df['stddev'] * 2)
df['PB'] = (df['close'] - df['lower']) / (df['upper'] - df['lower'])

df['II'] = (2*df['close']-df['high']-df['low']) \
    /(df['high']-df['low'])*df['volume']  # ①
df['IIP21'] = df['II'].rolling(window=21).sum() \
    /df['volume'].rolling(window=21).sum()*100  # ②
df = df.dropna()

plt.figure(figsize=(9, 9))
plt.subplot(3, 1, 1)
plt.title('SK Hynix Bollinger Band(20 day, 2 std) - Reversals')
plt.plot(df.index, df['close'], 'b', label='Close')
plt.plot(df.index, df['upper'], 'r--', label ='Upper band')
plt.plot(df.index, df['MA20'], 'k--', label='Moving average 20')
plt.plot(df.index, df['lower'], 'c--', label ='Lower band')
plt.fill_between(df.index, df['upper'], df['lower'], color='0.9')

plt.legend(loc='best')
plt.subplot(3, 1, 2)
plt.plot(df.index, df['PB'], 'b', label='%b')
plt.grid(True)
plt.legend(loc='best')

plt.subplot(3, 1, 3)  # ③
plt.bar(df.index, df['IIP21'], color='g', label='II% 21day')  # ④
plt.grid(True)
plt.legend(loc='best')
plt.show()
```

① SK하이닉스의 종가, 고가, 저가, 거래량을 이용해 일중 강도 II를 구한다.

② 21일간의 일중 강도 II 합을 21일간의 거래량 합으로 나누어 일중 강도율 II%를 구한다.

③ 3행 1열의 세 번째 그리드에 일중 강도율을 그린다.

④ 녹색 실선으로 21일 일중 강도율을 표시한다.

실행 결과_ SK하이닉스 볼린저 밴드와 일중 강도율

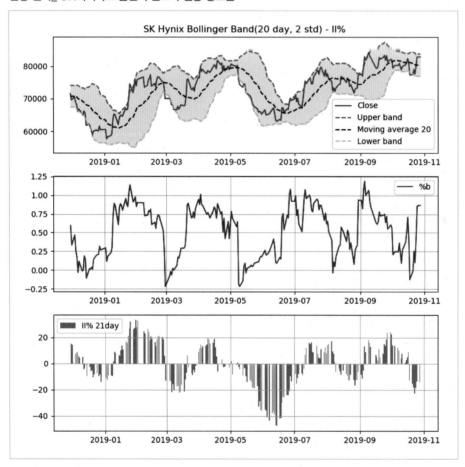

위 그림에서 세 번째 차트에 표시된 일중 강도율은 기관 블록 거래자의 활동을 추적할 목적으로 만들어진 지표다. 존 볼린저는 일중 강도율을 볼린저 밴드를 확증하는 도구로 사용하는데, 주가가 하단 볼린저 밴드에 닿을 때 일중 강도율이 +이면 매수하고, 반대로 주가가 상단 볼린저 밴드에 닿을 때 일중 강도율이 −이면 매도하라고 조언한다.

반전 매매 구현

SK하이닉스의 일별 시세를 이용해볼린저 밴드의 반전 매매기법을 구현해보자. '반전' 매매기법은 볼린저 밴드의 %b와 거래량 지표인 일중강도율 II%를 함께 사용할 것이므로, 앞에서 작성한 ch06_07_BollingerBand_IIP21.py 파일을 열어서 매매 조건에 따라 매수 신호와 매도 신호를 표시하는 코드를 추가하자.

코드_ 볼린저 밴드 반전 매매 구현

```python
# ch06_08_BollingerBand_Reversals.py
import matplotlib.pyplot as plt
from Investar import Analyzer

mk = Analyzer.MarketDB()
df = mk.get_daily_price('SK하이닉스', '2018-11-01')

df['MA20'] = df['close'].rolling(window=20).mean()
df['stddev'] = df['close'].rolling(window=20).std()
df['upper'] = df['MA20'] + (df['stddev'] * 2)
df['lower'] = df['MA20'] - (df['stddev'] * 2)
df['PB'] = (df['close'] - df['lower']) / (df['upper'] - df['lower'])

df['II'] = (2*df['close']-df['high']-df['low'])/(df['high']-
df['low'])*df['volume']
df['IIP21'] = df['II'].rolling(window=21).sum()/df['volume'].rolling(window=21).s
um()*100
df = df.dropna()

plt.figure(figsize=(9, 9))
plt.subplot(3, 1, 1)
plt.title('SK Hynix Bollinger Band(20 day, 2 std) - Reversals')
plt.plot(df.index, df['close'], 'm', label='Close')
plt.plot(df.index, df['upper'], 'r--', label ='Upper band')
plt.plot(df.index, df['MA20'], 'k--', label='Moving average 20')
plt.plot(df.index, df['lower'], 'c--', label ='Lower band')
plt.fill_between(df.index, df['upper'], df['lower'], color='0.9')
for i in range(0, len(df.close)):
    if df.PB.values[i] < 0.05 and df.IIP21.values[i] > 0:        # ①
        plt.plot(df.index.values[i], df.close.values[i], 'r^')  # ②
    elif df.PB.values[i] > 0.95 and df.IIP21.values[i] < 0:      # ③
        plt.plot(df.index.values[i], df.close.values[i], 'bv')  # ④
```

```
plt.legend(loc='best')
plt.subplot(3, 1, 2)
plt.plot(df.index, df['PB'], 'b', label='%b')
plt.grid(True)
plt.legend(loc='best')

plt.subplot(3, 1, 3)
plt.bar(df.index, df['IIP21'], color='g', label='II% 21day')
for i in range(0, len(df.close)):
    if df.PB.values[i] < 0.05 and df.IIP21.values[i] > 0:
        plt.plot(df.index.values[i], 0, 'r^')  # ⑤
    elif df.PB.values[i] > 0.95 and df.IIP21.values[i] < 0:
        plt.plot(df.index.values[i], 0, 'bv')  # ⑥
plt.grid(True)
plt.legend(loc='best')
plt.show()
```

① %b가 0.05보다 작고, 21일 기준 II%가 0보다 크면 ② 첫 번째 그래프에 매수 시점을 나타내는 종가 위치에 빨간색 삼각형(▲)을 표시한다.

③ %b가 0.95보다 크고, 21일 기준 II%가 0보다 작으면 ④ 첫 번째 그래프에 매도 시점을 나타내는 종가 위치에 파란색 삼각형(▼)을 표시한다.

⑤ 세 번째 일중 강도율 그래프에서 매수 시점을 빨간색 삼각형(▲)으로 표시한다.

⑥ 세 번째 일중 강도율 그래프에서 매도 시점을 파란색 삼각형(▼)으로 표시한다.

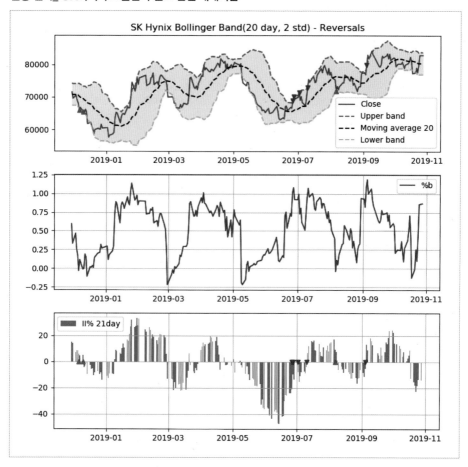

SK하이닉스 종목에 볼린저 밴드의 '반전' 기법을 적용해보니, 2019년 1월에 65,000원 부근에서 매수 신호(▲)가 나온 뒤 7월에 70,000원 부근에서 매도 신호(▼)가 나왔다. 8월에 72,000원 부근에서 매수 신호가 나온 뒤 9월에 80,000원 부근에서 매도 신호(▼)가 나왔다. 단순히 볼린저 밴드의 '반전' 매매 신호에 따라 매매했다면, 첫 번째 거래에서 약 7%의 수익을 거두고 두 번째 거래에서 약 11%의 수익을 거두게 되므로 약 18%(1.07 * 1.11) 수익을 얻었을 것이다.

6.5 심리투자 법칙

알렉산더 엘더Alexander Elder의『주식시장에서 살아남는 심리투자 법칙 Trading for a Living』(이레미디어, 2010)은 전업투자자에게는 생존교본 같은 서적이다.

앞서 살핀『볼린저 밴드 투자 기법』이 각종 시장 지표를 활용한 매매기법을 위주로 다룬 반면, 이 책은 정신분석학자가 쓴 책 답게 성공적인 매매를 위한 세 가지 요소인 3M을 강조한다.

- 정신(Mind) : 시장 노이즈에 휩쓸리지 않도록 해주는 원칙
- 기법(Method) : 시장 지표를 활용해 주가를 분석하고 이를 매매에 활용하는 기법
- 사냄(Money) : 리스크를 거래의 일부로 포함시키는 자금 관리

6.5.1 시장 지표

시장 지표market indicator를 크게 세 가지로 나눌 수 있다. 이동평균, MACD 같이 시장의 흐름을 나타내는 지표를 추세trend 지표라고 하는데, 시장이 움직일 때는 잘 맞지만 시장이 횡보할 때 잘못된 신호를 보낼 수 있다.

스토캐스틱이나 RSI처럼 과거 일정 기간의 가격 범위 안에서 현재 가격의 상대적인 위치를 나타내는 지표를 오실레이터oscillator라고 하는데, 현재 가격 위치가 주기적으로 변화하는 모습이 오실레이터 발진기에서 생성하는 교류 주파수 모습과 유사하다. 오실레이터는 횡보장에서 전환점을 포착하는 데 적합하지만 가격보다 앞서 변하는 경향이 있다. 기타 지표들은 강세장과 약세장에 따른 강도를 예측한다.

표_ 시장 지표의 분류

구분	발생 시점	지표
추세	동행 또는 후행	이동평균(Moving Averages)
		이동평균 수렴확산(MACD)
		MACD 히스토그램
		방향성 시스템(the Directional System)
		거래량 균형 지표(On-Balance Volume, OBV)
		누적분산 지표(Accumulation/Distribution, AD)

오실레이터	선행 또는 동행	스토캐스틱(Stochastic)
		변화율(Rate of Change)
		평활화된 변화율(Smoothed RoC)
		모멘텀(Momentum)
		상대강도지수(Relative Strength Index, RSI)
		엘더레이(Elder-ray)
		강도지수(the Force Index)
		윌리엄스(Williams %R)
		상대가격변동폭(the Commodity Channel Index)
기타 지표	선행 또는 동행	신고점-신저점 지수(New High-New Low Index)
		풋-콜 비율(the Put-Call Ratio)
		상승하락 지수(the Advance/Decline Index, A/D)
		트레이더 지수(the Trader's Index, TRIN)

6.5.2 단순 이동평균

흔히 이동평균이라고 부르는 단순 이동평균simple moving averages, SMA은 가장 기본적이면서도 널리 쓰이는 시장 지표다. 이동평균은 2차 세계대전 당시 대공포 부대에서 적기의 이동 경로를 예측하는 데서 유래되었다.

단순 이동평균은 일정 기간 동안의 가격을 모두 더한 뒤 이를 가격 개수로 나누어 평균값을 구한 것이다. 이렇게 구해진 이동평균 값들을 선으로 이으면 이동평균선이 되는데, 이동평균선 진행 방향을 보면 전반적인 가격 흐름을 예측할 수 있다. 단순 이동평균을 수식으로 나타내면 다음과 같다.

$$\text{단순 이동평균 } SMA = \frac{P_1 + P_2 + P_3 + P_N}{N}$$

- P : 가격
- N : 이동평균이 구해지는 시간

이동평균은 가장 오래된 가격이 제외되고 새로운 가격이 추가되면서 값이 달라진다. 만일 오래 돼서 제외되는 가격이 매우 높은 가격이었다면 이동평균도 많이 하락하게 되는데, 이는 단지 오래된 과거의 가격 변동으로 인한 것일 뿐 최근 가격이 하락했다는 의미가 아니다. 단순 이동 평균은 오래된 가격의 변동과 최근 가격의 변동을 동일하게 반영하기 때문에 최근 가격의 변동 이 왜곡될 가능성이 있다.

6.5.3 지수 이동평균

지수 이동평균exponential moving average, EMA은 단순 이동평균보다 한 단계 더 세련된 도구나. 최근의 데이터에 가중치를 부여해 단순 이동평균에 비해서 최근의 데이터 변동을 잘 반영하도록 설계 되었다.

지수 이동평균의 수식은 다음과 같다.

$$\text{지수 이동평균 } EMA = P_{today} \times K + EMA_{yesterday} \times (1 - K)$$

- $K : \dfrac{2}{N + 1}$
- N : 지수 이동평균 일수
- P_{today} : 오늘의 가격
- $EMA_{yesterday}$: 어제의 지수 이동평균

지수 이동평균은 단순 이동평균에 비해서 두 가지 장점이 있다. 첫째, 최근 거래일에 더 많 은 가중치를 주므로 최근 가격의 변동을 더 잘 나타낸다. 둘째, 오래된 지수 이동평균 데 이터가 천천히 사라지므로 오래된 데이터가 빠져나갈 때 지수 이동평균이 급등락하지 않 는다.

지수 이동평균선이 오르면 추세가 상승하고 있음을 나타내므로 매수 측에서 매매해야 한다. 반 대로 지수 이동평균선이 내리고 있다면 매도 측에서 매매하는 것이 좋다. 알렉산더 엘더에 따 르면 이동평균의 기간은 시장the dominant market 사이클의 절반 정도가 적당하다. 즉 20일 주기를 발견했다면 10일 이동평균선을 사용하면 된다. 참고로 알렉산더 엘더는 매매할 때 주로 13일 지수이동평균을 사용한다.

6.5.4 이동평균 수렴확산(MACD)

뉴욕의 애널리스트이자 펀드매니저였던 제럴드 아펠Gerald Appel은 세 가지 지수 이동평균선을 이용해 이동평균 수렴확산Moving Average Convergence DIvergence, MACD을 개발했다.

실제 MACD 차트에서는 두 선으로 표시되는데, 하나는 MACD선(실선)이고 다른 하나는 신호선(점선)이다. 이 두 선의 교차점에서 매매 신호가 발생한다.

MACD선은 종가의 12일 지수 이동평균선에서 26일 지수 이동평균선을 뺀 것으로, 가격 변화에 상대적으로 빨리 반응한다. 한편, 신호선은 MACD선의 9일 지수 이동평균을 구한 선으로 MACD선을 평활화시킨 것이기 때문에 가격 변화에 상대적으로 늦게 반응한다.

빠른 MACD선이 늦은 신호선을 상향 돌파하는 것은 매수세가 시장을 주도한다는 뜻이므로 매수적 관점에서 대응하는 것이 좋다. 반대로 빠른 MACD선이 늦은 신호선을 하향 돌파할 때는 매도 관점에서 대응해야 한다.

6.5.5 MACD 히스토그램

MACD 히스토그램MACD Histogram은 원래의 MACD보다 매수와 매도 상태를 더 잘 표현한다. 단순히 매수와 매도의 비중을 표시할 뿐만 아니라 강해지고 있는지 약해지고 있는지를 보여주므로, 기술적 분석가에게는 최고의 도구다.

MACD 히스토그램의 수식은 다음과 같다.

$$MACD \text{ 히스토그램} = MACD\text{선} - \text{신호선}$$

MACD 히스토그램의 기울기를 확인하는 것은 히스토그램이 중심선(0) 위에 있는지 아니면 아래에 있는지 확인하는 것보다 중요하다. 현재 봉이 이전 봉보다 높다면 기울기는 올라가고 있으므로 매수를 해야 한다. 최고의 매수 신호는 MACD 히스토그램이 중심선 아래에 있고, 기울기가 상향 반전하고 있을 때 발생한다.

MACD 히스토그램과 가격과의 다이버전스는 일 년에 몇 번만 일어나며 기술적 분석에서 가장 강력한 신호다. 가격이 신저점까지 낮아졌으나 MACD 히스토그램이 저점에서 상승하기 시작했다면, 강세 다이버전스bullish divergence가 형성됨을 뜻한다. 반면에 가격이 신저점을 갱신하면서 MACD 히스토그램도 낮아지고 있다면 단순히 하향추세 신호다.

6.5.6 스토캐스틱

스토캐스틱Stochastic은 조지 레인George Lane에 의해서 대중화된 오실레이터로서, 지난 n일 동안의 거래 범위에서 현재 가격 위치를 백분율로 나타낸다. 14일 스토캐스틱이 70이면 지난 14일간 거래에서 최저점과 최고점 사이 70%에 위치해 있다는 의미다. 일반적으로 80 이상은 과매수 상태를 나타내고 20 이하는 과매도 상태를 나타낸다.

스토캐스틱은 두 선으로 이루어져 있으며 빠른 선은 %K, 느린 선은 %D다. 일반적으로 %K의 기간은 14일로 설정하지만 알렉산더 엘더는 짧은 반전을 잡아내기 용이한 5일로 설정한다(반면 기간이 길면 중요 변곡점을 잡아내는 데 유용하다).

%K를 구하는 수식은 다음과 같다.

$$\%K = \frac{C_{today} - L_n}{H_n - L_n} \times 100$$

- C_{today} : 오늘의 종가
- H_n : 선정된 기간의 고점
- L_n : 선정된 기간의 저점
- n : 트레이더에 의해 선정된 기간

느린 선 %D는 빠른 선 %K를 평활화해 얻는다. 일반적으로 3일을 이용한다. 수식은 다음과 같다.

$$\%D = \frac{(C_{today} - L_n) \text{의 3일간 합계}}{(H_n - L_n) \text{의 3일간 합계}} \times 100$$

스토캐스틱은 시장이 박스권[1]에서 움직일 때는 잘 작동하지만 시장이 추세에 들어갈 때는 그렇지 않다. 시장이 상승 추세에 들어가면 스토캐스틱은 일찍 과매수 상태로 판단해서 매도 신호를 보내지만 시장은 계속 상승할 수 있다. 반대로 시장이 하락 추세에 들어가면 스토캐스틱은 일찍 과매도 상태로 판단해서 매수 신호를 보내지만 시장은 계속 하락할 수 있다.

따라서 스토캐스틱은 장기 추세 추종형 지표와 결합해서 사용해야 한다. 다음 절에서 다룰 알렉산더 엘더의 삼중창 매매 시스템Triple Screen Trading System은 MACD 히스토그램의 주간 추세가 상승하고 있을 때, 일간 스토캐스틱에서 매수 신호를 취하도록 설계되었다.

6.6 삼중창 매매 시스템

알렉산더 엘더가 개발한 삼중창 매매 시스템은 1986년 4월에 『퓨처스 매거진 Futures Magazine』에 실리면서 대중에게 공개되었다. 삼중창 시스템은 추세 추종과 역추세 매매법을 함께 사용하며, 세 단계의 창Screen을 거쳐 더 정확한 매매 시점을 찾도록 구성되어 있다.

같은 시장이더라도 지표들이 내는 신호들이 서로 다를 수 있다. 예를 들어 시장이 상승 추세일 때 추세 추종형 지표는 일반적으로 매수 신호를 주지만, 오실레이터는 과매수 상태로 판단해 매도 신호를 준다. 따라서 삼중창 매매 시스템은 한 가지 지표만 사용했을 때의 단점을 보완하고자 추세 추종형 지표와 오실레이터를 적절히 결합해 사용한다.

주식 시장의 중요한 딜레마 중 하나는 시간의 관점에 따라 주가 차트가 오를 수도 있고 내릴 수도 있다는 점이다. 예를 들어 일봉 차트에서는 상승 추세라 할지라도 주봉 차트에서는 하락일 수 있고, 그 반대일 수도 있다. 그렇기 때문에 삼중창은 서로 다른 시간 단위에서 신호를 비교함으로써 정확한 매매 시점을 파악하도록 개발되었다.

6.6.1 첫 번째 창 – 시장 조류

트레이더에게는 매수, 매도, 관망 세 가지 선택지가 주어진다. 삼중창의 첫 번째 창First Screen을 이용하면 이 중 한 선택지를 제거할 수 있다. 시장이 상승 추세인지 하락 추세인지 판단해 상승

---

1 박스권(box pattern)이란 주가가 특정 가격 범위 안에서만 움직이면서 박스 형태의 구간을 벗어나지 못하는 패턴을 말한다.

추세에서는 매수하거나 관망하고, 하락 추세에서는 매도하거나 관망하면 된다.

삼중창의 첫 번째 창은 시장 조류Market Tide, 즉 장기 차트를 분석하는 것이다. 트레이더는 자신이 매매하는 시간 단위보다 한 단계 긴 단위 차트를 이용해 분석하면 된다. 예를 들어 트레이더가 일간 차트를 기준으로 매매한다면 이보다 긴 주간 차트로 추세를 분석하는 것이다. 마찬가지로 5분 차트를 기준으로 매매하는 데이 트레이더라면 30분 봉으로 추세를 분석해야 한다.

다음은 삼중창 매매 시스템의 첫 번째 창을 파이썬으로 구현한 코드다.

코드_ 삼중창 매매 시스템 – 첫 번째 창

```python
# ch06_09_FirstScreen.py
import pandas as pd
import matplotlib.pyplot as plt
import datetime
from mpl_finance import candlestick_ohlc
import matplotlib.dates as mdates
from Investar import Analyzer

mk = Analyzer.MarketDB()
df = mk.get_daily_price('엔씨소프트', '2017-01-01')

ema60 = df.close.ewm(span=60).mean()    # ① 종가의 12주 지수 이동평균
ema130 = df.close.ewm(span=130).mean()  # ② 종가의 26주 지수 이동평균
macd = ema60 - ema130                    # ③ MACD선
signal = macd.ewm(span=45).mean()        # ④ 신호선(MACD의 9주 지수 이동평균)
macdhist = macd - signal                 # ⑤ MACD 히스토그램

df = df.assign(ema130=ema130, ema60=ema60, macd=macd, signal=signal,
    macdhist=macdhist).dropna()
df['number'] = df.index.map(mdates.date2num)  # ⑥
ohlc = df[['number','open','high','low','close']]

plt.figure(figsize=(9, 7))
p1 = plt.subplot(2, 1, 1)
plt.title('Triple Screen Trading - First Screen (NCSOFT)')
plt.grid(True)
candlestick_ohlc(p1, ohlc.values, width=.6, colorup='red',
    colordown='blue')  # ⑦
p1.xaxis.set_major_formatter(mdates.DateFormatter('%Y-%m'))
plt.plot(df.number, df['ema130'], color='c', label='EMA130')
plt.legend(loc='best')
```

```
p2 = plt.subplot(2, 1, 2)
plt.grid(True)
p2.xaxis.set_major_formatter(mdates.DateFormatter('%Y-%m'))
plt.bar(df.number, df['macdhist'], color='m', label='MACD-Hist')
plt.plot(df.number, df['macd'], color='b', label='MACD')
plt.plot(df.number, df['signal'], 'g--', label='MACD-Signal')
plt.legend(loc='best')
plt.show()
```

① 종가의 12주 지수 이동평균에 해당하는 60일 지수 이동평균을 구한다.

② 종가의 26주 지수 이동평균에 해당하는 130일 지수 이동평균을 구한다.

③ 12주(60일) 지수 이동평균에서 26주(130일) 지수 이동평균을 빼서 MACD선을 구한다.

④ MACD의 9주(45일) 지수 이동평균을 구해서 신호선으로 저장한다.

⑤ MACD선에서 신호선을 빼서 MACD 히스토그램을 구한다.

⑥ 캔들 차트에 사용할 수 있게 날짜(date)형 인덱스를 숫자형으로 변환한다.

⑦ ohlc의 숫자형 일자, 시가, 고가, 저가, 종가 값을 이용해서 캔들 차트를 그린다.

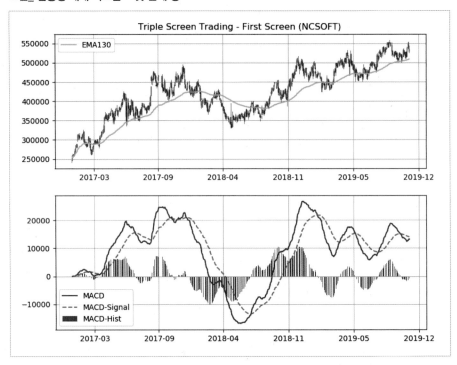

위의 그림은 삼중창 매매 시스템의 첫 번째 창이다. 시장의 장기 추세를 분석하기 위해서 26주 지수 이동평균에 해당하는 EMA 130 그래프와 주간 MACD 히스토그램을 함께 표시하고 있다. 26주는 130 거래일에 해당하며, 1년 동안의 개장일의 절반에 해당한다. 26주 지수 이동평균 대신 일간 지수 이동평균을 130일로 설정해서 사용해도 된다.

초기의 삼중창 시스템에서는 시장의 장기 추세를 파악하는 데 MACD 히스토그램의 기울기를 이용했는데, 이는 MACD 히스토그램에서 최근 두 봉 높이를 비교해 파악할 수 있다. 알렉산더 엘더의 두 번째 서적인 『나의 트레이딩 룸으로 오라Come Into My Trading Room』(이레미디어, 2009)에서 저자 자신도 처음에는 주간 추세추종 지표로 주간 MACD 히스토그램의 기울기를 사용했으나, 최근에는 26주 지수이동평균을 사용한다고 밝혔다.

실제로 필자가 테스트를 해봐도 주간 MACD 히스토그램을 사용했을 때는 불필요한 매수/매도 신호가 자주 발생해서, 필자도 지금은 26주 지수 이동평균(EMA 130)을 주간 추세추종 지표로 사용하고 있다. 결론적으로 말하자면, 삼중창 매매 시스템의 첫 번째 창에서는 EMA 130 그래프가 오르고 있을 때에만 시장에 참여하면 된다.

6.6.2 두 번째 창 – 시장 파도

삼중창 매매 시스템의 두 번째 창Second Screen에서는 첫 번째 창의 추세 방향과 역행하는 파도market wave를 파악하는 데 오실레이터를 활용한다. 오실레이터는 시장이 하락할 때 매수 기회를 제공하고, 시장이 상승할 때 매도 기회를 제공한다. 즉, 주봉 추세가 상승하고 있을 때 일봉 추세가 하락하면 매수 기회로 본다.

『주식시장에서 살아남는 심리투자 법칙 Trading for a Living』(이레미디어, 2010)에서는 주간 히스토그램이 상승하고 있을 때 스토캐스틱이 30 아래로 내려가면 매수하고, 주간 MACD 히스토그램이 하락하고 있을 때 스토캐스틱이 70 위로 올라가면 매도하라고 나와있다. 하지만 앞에서 설명했듯이 주간 히스토그램보다 130일 지수 이동평균의 신뢰성이 높기 때문에, 130일 지수 이동평균과 스토개스틱을 함께 사용할 것이다.

다음은 삼중창 매매 시스템의 두 번째 창을 파이썬으로 구현한 코드다.

코드_ 삼중창 매매 시스템 – 두 번째 창

```python
# ch06_10_SecondScreen.py
import pandas as pd
import matplotlib.pyplot as plt
import datetime
from mpl_finance import candlestick_ohlc
import matplotlib.dates as mdates
from Investar import Analyzer

mk = Analyzer.MarketDB()
df = mk.get_daily_price('엔씨소프트', '2017-01-01')

ema60 = df.close.ewm(span=60).mean()
ema130 = df.close.ewm(span=130).mean()
macd = ema60 - ema130
signal = macd.ewm(span=45).mean()
macdhist = macd - signal

df = df.assign(ema130=ema130, ema60=ema60, macd=macd, signal=signal,
    macdhist=macdhist).dropna()
df['number'] = df.index.map(mdates.date2num)
ohlc = df[['number','open','high','low','close']]
```

```
ndays_high = df.high.rolling(window=14, min_periods=1).max()      # ①
ndays_low = df.low.rolling(window=14, min_periods=1).min()        # ②
fast_k = (df.close - ndays_low) / (ndays_high - ndays_low) * 100  # ③
slow_d= fast_k.rolling(window=3).mean()                           # ④
df = df.assign(fast_k=fast_k, slow_d=slow_d).dropna()             # ⑤

plt.figure(figsize=(9, 7))
p1 = plt.subplot(2, 1, 1)
plt.title('Triple Screen Trading - Second Screen (NCSOFT)')
plt.grid(True)
candlestick_ohlc(p1, ohlc.values, width=.6, colorup='red', colordown='blue')
p1.xaxis.set_major_formatter(mdates.DateFormatter('%Y-%m'))
plt.plot(df.number, df['ema130'], color='c', label='EMA130')
plt.legend(loc='best')

p1 = plt.subplot(2, 1, 2)
plt.grid(True)
p1.xaxis.set_major_formatter(mdates.DateFormatter('%Y-%m'))
plt.plot(df.number, df['fast_k'], color='c', label='%K')
plt.plot(df.number, df['slow_d'], color='k', label='%D')
plt.yticks([0, 20, 80, 100])  # ⑥
plt.legend(loc='best')
plt.show()
```

① 14일 동안의 최댓값을 구한다. min_periods=1을 지정할 경우, 14일 기간에 해당하는 데이터가 모두 누적되지 않았더라도 최소 기간인 1일 이상의 데이터만 존재하면 최댓값을 구하라는 의미다.

② 14일 동안의 최솟값을 구한다. min_periods=1로 지정하면, 14일 치 데이터 모두 누적되지 않았더라도 최소 기간인 1일 이상의 데이터만 존재하면 최솟값을 구하라는 의미다.

③ 빠른 선 %K를 구한다.

④ 3일 동안 %K의 평균을 구해서 느린 선 %D에 저장한다.

⑤ %K와 %D로 데이터프레임을 생성한 뒤 결측치는 제거한다.

⑥ Y축 눈금을 0, 20, 80, 100으로 설정하여 스토캐스틱의 기준선을 나타낸다.

그림_ 삼중창 매매 시스템 – 두 번째 창

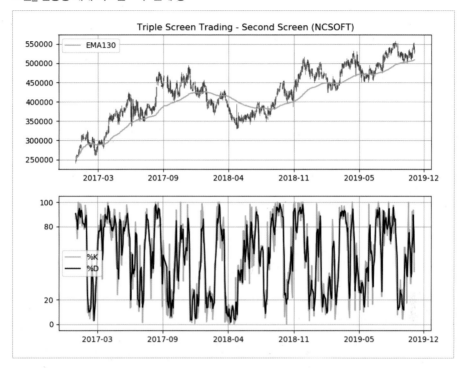

위 그림은 삼중창 매매 시스템의 두 번째 창이다. 위에는 130일 지수 이동평균 그래프를 표시하고, 아래에는 스토캐스틱 그래프를 표시하고 있다. 스토캐스틱에는 빠른 선인 %K와 느린 선인 %D가 있다. %K 대신 느린 %D를 사용할 경우 더 적은 신호를 만들어내기 때문에 그만큼 더 확실한 신호로 볼 수 있다.

삼중창 매매 시스템의 두 번째 창에서는 130일 지수 이동 평균이 상승하고 있을 때 스토캐스틱이 30 아래로 내려가면 매수 기회로 보고, 130일 지수 이동 평균이 하락하고 있을 때 스토캐스틱이 70 위로 올라가면 매도 기회로 보면 된다.

6.6.3 세 번째 창 – 진입 기술

세 번째 창Third Screen은 차트나 지표를 필요로 하지 않는다. 단지 첫 번째 창과 두 번째 창이 동시에 매매 신호를 냈을 때 진입 시점을 찾아내는 기법Entry Technique만 존재할 뿐이다. 주간 추세가 상승하면 추적 매수 스톱Trailing buy stop 기법을 사용해 가격 변동에 따라 주문 수준을 수정한다. 하락 추세에서는 추적 매도 스톱Trailing sell stop 기법을 사용해 가격 변동에 따라 주문 수준을 수정해간다.

주간 추세가 상승하고 있을 때, 일간 오실레이터가 하락하면서 매수 신호가 발생하면 전일 고점보다 한 틱 위에서 매수 주문을 낸다. 이를 추적 매수 스톱이라고 한다. 만약 주간 추세대로 가격이 계속 상승해 전일 고점을 돌파하는 순간Intraday Breakout 매수 주문이 체결될 것이다. 매수 주문이 체결되면, 전일의 저가나 그 전일의 저가 중 낮은 가격보다 한 틱 아래에 매도 주문을 걸어 놓음으로써 손실을 막을 수 있다.

만약 가격이 하락한다면 매수 스톱은 체결되지 않을 것이다. 매수 주문이 체결되지 않으면 다시 전일 고점 1틱 위까지 매수 주문의 수준을 낮추도록 한다. 주간 추세가 반대 방향으로 움직이거나 매수 신호가 취소될 때까지 매일 매수 스톱을 낮추면서 주문을 걸어놓는다.

다음은 주간 추세와 일간 오실레이터의 변동에 따라 주문을 내는 법을 정리한 표다.

표_ 진입 시점을 찾아내는 기법

주간 추세	일간 오실레이터	행동	주문
상승	상승	관망	
상승	하락	매수	추적 매수 스톱
하락	하락	관망	
하락	상승	매도	추적 매도 스톱

6.6.4 전체 소스 코드

필자는 두 번째 창에 일간 오실레이터로 스토캐스틱의 %D를 사용했으며, 기준 포인트도 70, 30 대신 80, 20을 사용해 더 확실한 신호를 잡아내도록 했다. 즉, 130일 이동 지수평균이 상승하고 %D가 20 아래로 떨어질 때 매수하고, 130일 이동 지수평균이 하락하고 %D가 80 위로 올라갈 때 매도하도록 구현했다.

코드_ 삼중창 매매 시스템

```python
# ch06_11_TripleScreen.py
import pandas as pd
import matplotlib.pyplot as plt
import datetime
from mpl_finance import candlestick_ohlc
import matplotlib.dates as mdates
from Investar import Analyzer

mk = Analyzer.MarketDB()
df = mk.get_daily_price('엔씨소프트', '2017-01-01')

ema60 = df.close.ewm(span=60).mean()
ema130 = df.close.ewm(span=130).mean()
macd = ema60 - ema130
signal = macd.ewm(span=45).mean()
macdhist = macd - signal
df = df.assign(ema130=ema130, ema60=ema60, macd=macd, signal=signal,
    macdhist=macdhist).dropna()

df['number'] = df.index.map(mdates.date2num)
ohlc = df[['number','open','high','low','close']]

ndays_high = df.high.rolling(window=14, min_periods=1).max()
ndays_low = df.low.rolling(window=14, min_periods=1).min()

fast_k = (df.close - ndays_low) / (ndays_high - ndays_low) * 100
slow_d = fast_k.rolling(window=3).mean()
df = df.assign(fast_k=fast_k, slow_d=slow_d).dropna()

plt.figure(figsize=(9, 9))
p1 = plt.subplot(3, 1, 1)
plt.title('Triple Screen Trading (NCSOFT)')
plt.grid(True)
candlestick_ohlc(p1, ohlc.values, width=.6, colorup='red', colordown='blue')
p1.xaxis.set_major_formatter(mdates.DateFormatter('%Y-%m'))
plt.plot(df.number, df['ema130'], color='c', label='EMA130')
for i in range(1, len(df.close)):
    if df.ema130.values[i-1] < df.ema130.values[i] and \
        df.slow_d.values[i-1] >= 20 and df.slow_d.values[i] < 20:    # ①
            plt.plot(df.number.values[i], 250000, 'r^')              # ②
    elif df.ema130.values[i-1] > df.ema130.values[i] and \
        df.slow_d.values[i-1] <= 80 and df.slow_d.values[i] > 80:   # ③
```

```
        plt.plot(df.number.values[i], 250000, 'bv')                # ④
plt.legend(loc='best')

p2 = plt.subplot(3, 1, 2)
plt.grid(True)
p2.xaxis.set_major_formatter(mdates.DateFormatter('%Y-%m'))
plt.bar(df.number, df['macdhist'], color='m', label='MACD-Hist')
plt.plot(df.number, df['macd'], color='b', label='MACD')
plt.plot(df.number, df['signal'], 'g--', label='MACD-Signal')
plt.legend(loc='best')

p3 = plt.subplot(3, 1, 3)
plt.grid(True)
p3.xaxis.set_major_formatter(mdates.DateFormatter('%Y-%m'))
plt.plot(df.number, df['fast_k'], color='c', label='%K')
plt.plot(df.number, df['slow_d'], color='k', label='%D')
plt.yticks([0, 20, 80, 100])
plt.legend(loc='best')
plt.show()
```

① 130일 이동 지수평균이 상승하고 **%D**가 20 아래로 떨어지면 ② 빨간색 삼각형으로 매수 신호(▲)를 표시한다.

③ 130일 이동 지수평균이 하락하고 **%D**가 80 위로 상승하면 ④ 파란색 삼각형으로 매수 신호(▼)를 표시한다.

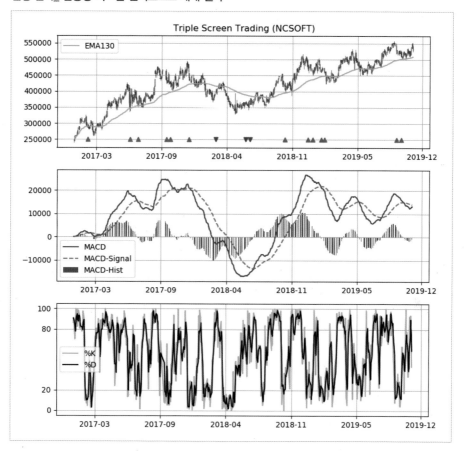

첫 번째 그래프에서 130일 이동 지수평균이 상승하고 %D가 20 아래로 떨어질 때 매수 신호 (▲)를 표시했고, 130일 이동 지수평균이 하락하고 %D가 80 위로 올라갈 때 매도 신호(▼)를 표시했다.

2017년부터 삼중창 시스템에 따라 엔씨소프트를 매매했다면, 2017년 2월에 290,000원 부근에 매수해 2018년 3월에 400,000원 부근에서 매도해 37%의 수익을 낸 뒤, 2018년 10월에 다시 400,000원에 매수해 2019년 11월 현재 530,000원 부근에서 종가가 형성되어 있으므로, 2017년 2월 대비 약 82%의 수익이 냈을 것이다.

약 2년 동안 주가가 크게 우상향했던 종목이기 때문에 이 정도의 수익을 내는 것은 당연하다고 말할 수도 있겠지만, 그것은 주가가 오른 후의 결과를 알기 때문에 그럴 수 있는 것이지 실제로 주식이 오르기 시작하는 시점을 찾아내는 것은 그리 쉬운 일이 아니다. 중요한 것은 주가가 오른 만큼 수익을 낼 수 있느냐가 아니고, 자신의 전략대로 매매를 했을 때 어느 정도의 승률로 수익을 낼 수 있느냐는 것이다.

6.7 듀얼 모멘텀 투자

물리학 용어로 모멘텀Momentum은 '물체를 움직이는 힘'을 의미한다. 아이작 뉴턴은 『자연 철학의 수학적 원리Philosophiae Naturalis Principia Mathematica』에서 뉴턴 운동 제1법칙인 '관성의 법칙'을 설명했는데, 이는 '외부 힘이 작용하지 않는 한 물체의 질량 중심은 일정한 속도로 움직인다'는 것이다.

주식 시장에서도 모멘텀은 비슷한 의미로 쓰이는데, 한 번 움직이기 시작한 주식 가격이 계속 그 방향으로 나아가려는 성질을 가리킨다. 안타깝게도 뉴턴은 1718년~1721년 남해회사 거품 사건에 말려들어 전재산의 90%를 잃고는 훗날 다음과 같은 말을 남겼다.

> 천체의 움직임은 계산할 수 있었지만, 사람들의 광기는 계산할 수 없다.

6.7.1 모멘텀 현상

모멘텀 현상은 행동재무학에서 일컫는 군집 행동, 정박 효과, 확증 편향, 처분 효과 등의 행동 편향action bias에 의해서 발생한다고 알려졌다. 예를 들어 최근 주가 움직임이 미래에도 이어질 것이라고 믿는 확증 편향에 사로잡힌 투자자들이 최근 상승주에 더 투자하기 때문에 모멘텀이 이어진다는 것이다. 이러한 편향들로 인해 정보에 대한 과소평가 혹은 과대평가가 생겨나게 되며, 이는 가격의 비효율성으로 이어져 투자자들의 비이성적 행동을 낳게 된다.

- 군집 행동(herding) : 다수 그룹의 행동을 따라하는 경향
- 정박 효과(anchoring) : 정보를 처음 제공받은 시점에 지나치게 의존하는 경향
- 확증 편향(confirmation bias) : 본인의 믿음과 반대되는 정보를 무시하는 경향
- 처분 효과(disposition effect) : 수익이 난 주식을 금방 팔고, 손해 본 주식을 계속 보유하는 경향

모멘텀의 역사

고전파 경제학자 데이비드 라카도David Ricardo는 성공한 투자자로도 유명하다. 런던증권거래소 중개인이었던 아버지로부터 증권 거래를 배운 그는 이미 20대 중반에 백만장자가 되었으며 워털루 전쟁 당시 영국이 발행한 채권에 투자해 엄청난 부를 쌓았다. 그는 자신의 트레이딩 황금율을 다음과 같이 소개했다.

> 손실은 짧게 자르고, 이익은 계속 달리게 하라.

그는 오늘날 화폐 가치로 6,500만 달러의 재산을 모은 후 42세에 은퇴하면서 "스스로의 모든 욕망 뿐만 아니라 나와 관련된 모든 사람들의 합리적 욕망을 충족시킬 만큼의 부를 축적했다"고 말했다.

1923년에 출간된 『어느 주식투자자의 회상 Reminiscences of Stock Operator』에서 전설적인 트레이더였던 제시 리버모어Jesse Livermore는 시장 전체의 추세를 판단해야 한다고 말했는데, 추세 추종 역시 모멘텀 투자의 한 방법이다.

> 큰 돈을 벌려면 개별적인 등락이 아니라 시장 전체의 추세를 판단해야 한다.

제시 리버모어는 주가가 신고가를 갱신할 때 주식을 사는 방법으로 모멘텀 개념을 소개했다. 그는 1907년 시장 패닉과 1929년 시장 붕괴에서 상당한 부를 축적했으나, 아쉽게도 재산의 대부분을 잃었다. 리버모어는 자신의 규칙을 지키지 않는 것이 그가 재산을 잃은 주된 이유라고 설명했다.

현대의 모멘텀

모멘텀은 1937년 알프레드 카울스Alfred Cowles III와 허버트 존스Herbert Jones가 최초로 체계화했다. 당시에는 컴퓨터가 없던 시절이라 1920년~1935년 주식 통계를 일일이 손으로 작성해야만 했음에도 불구하고, 두 사람은 전년도에 수익률이 가장 높았던 종목들이 이듬해에도 수익률이 높은 경향이 있음을 발견했다.

컴퓨터를 이용한 모멘텀 연구는 로버트 레비Robert Levy가 시초였다. 그는 상대 강도Relative Strength라는 용어를 만들었는데, 상대 강도가 높은 주식이란 26주 이동평균선을 기준으로 더 많이 오른 종목을 일컫는다. 로버트 래비는 1968년에 출간된 『주식 가격 예상을 위한 상대 강도 개념 The Relative Strength Concept of Common Stock Price Forecasting』이라는 책에서 상대 강도가 높은 주식들을 매수했을 때 26주 이후부터 시장 초과 수익이 발생한다고 밝혔다.

> 과거에 상위 10%에 속했던 강세주들은 이후 26주 동안 평균 9.6% 상승한 반면, 하위 10% 약세주들은 이후 26주 동안 평균 2.9% 상승하는 데 그쳤다.

모멘텀에 대한 연구는 1993년에 나라심한 제가디시Narasimhan Jegadeesh와 쉐리탄 티트먼Sheridan Titman이 발표한 「승자주 매수 및 패자주 매도의 수익률 : 효율적 시장 가설에 대한 영향 Returns to Buying winners and Selling Losers: Implication for Stock Market Efficiency」 논문을 통해 일대 도약한다.

그들은 3~12개월 동안의 강세주들이 이후 동일한 기간 동안에도 강세주라는 사실을 밝혀냈다. 기간이 6~12개월인 경우에는 더 확실했다. 따라서 그들은 '최근 6~12개월간 최강세주 상위 10~30%를 매수해 1~3개월 보유한 후 재평가해서 포트폴리오를 리밸런싱rebalancing하라'고 조언한다.

기간별 모멘텀에 대한 여러 연구 결과를 종합하면 3~12개월 동안의 중기 매매에서는 추세 지속 현상이 발생하지만, 1개월 이내의 단기 매매나 2년 이상의 장기 매매에서는 상승 또는 하락했던 주가가 제 위치를 찾아가는 역추세 현상이 나타나는 것으로 알려져 있다.

6.7.2 듀얼 모멘텀 투자

1800년대 초반부터 모멘텀에 대한 수많은 학술 연구가 이루어진 덕분에 모멘텀 투자 전략이 거의 모든 자산 유형에 대해 유효하다는 사실이 밝혀졌다. 심지어 효율적 시장 가설의 창시자인 유진 파마Eugene F. Fama마저도 2008년 논문에서 "모멘텀은 제1의 시장 이례 현상이다"라고 인정했을 정도다.

최근 6~12개월 동안의 상대적으로 수익률이 높은 종목을 매수하는 상대적 모멘텀 전략이 나름대로 일리가 있어 보이지만, 반면에 이미 수익이 난 종목을 매수하기 때문에 소위 상투를 잡게 될 위험성이 커진다. 이에 대한 해결책이 바로 절대적 모멘텀 전략으로 상승장에서만 투자하고 하락장에서는 미국 단기 국채나 현금으로 갈아타는 전략이다.

즉, 투자하는 종목들의 최근 수익률이 채권 수익률에 비해 높을 때 매수하고, 채권 수익률에 미치지 못하면 해당 종목들을 매도하고 단기 국채를 매수하거나 현금을 보유하는 방법이다.

게리 안토나치의 듀얼 모멘텀 투자Dual Momentum Investing는 상대 강도가 센 주식 종목들에 투자하는 상대적 모멘텀 전략과, 과거 6~12개월의 수익이 단기 국채 수익률을 능가하는 강세장에서만 투자하는 절대적 모멘텀 전략을 하나로 합친 듀얼 전략이다.

절대 모멘텀 자체는 상승장에서 투자하고 하락장에서 쉬어가는 매우 단순한 전략이지만, 상대 모멘텀과 함께 사용함으로써 상대 모멘텀만 사용했을 때보다 MDD를 줄일 뿐만 아니라 더 높은 수익률을 달성할 수 있다.

듀얼 모멘텀 클래스 구조

우리가 구현할 듀얼 모멘텀 클래스 구조는 비교적 간단하다. 전체 종목코드를 구하는 생성자 함수와 상대 모멘텀을 구하는 함수, 절대 모멘텀을 구하는 함수가 전부다.

```python
class DualMomentum:
    def __init__(self):
        """생성자: KRX 종목코드(codes)를 구하기 위한 MarketDB 객체 생성"""
        self.mk = Analyzer.MarketDB()

    def get_rltv_momentum(self, start_date, end_date, stock_count):
        """특정 기간 동안 수익률이 제일 높았던 stock_count 개의 종목들 (상대 모멘텀)
            - start_date  : 상대 모멘텀을 구할 시작일자 ('2020-01-01')
            - end_date    : 상대 모멘텀을 구할 종료일자 ('2020-12-31')
            - stock_count : 상대 모멘텀을 구할 종목수
        """
        ... 중간 생략 ...
        return df

    def get_abs_momentum(self, rltv_momentum, start_date, end_date):
        """특정 기간 동안 상대 모멘텀에 투자했을 때의 평균 수익률 (절대 모멘텀)
            - rltv_momentum : get_rltv_momentum() 함수의 리턴값 (상대 모멘텀)
            - start_date    : 절대 모멘텀을 구할 매수일 ('2020-01-01')
            - end_date      : 절대 모멘텀을 구할 매도일 ('2020-12-31')
```

```
    """
    ... 중간 생략 ...
    return
```

듀얼 모멘텀을 구하는 순서는 다음과 같다. 먼저 get_rltv_momentum() 함수를 이용해서 상대 모멘텀을 구한 뒤에, 절대 모멘텀을 구하기 위한 get_abs_momentum() 함수를 호출할 때 앞에서 구했던 상대 모멘텀을 인수로 넘겨주면 된다.

```
dm = DualMomentum()
상대 모멘텀 = dm.get_rltv_momentum(시작일, 종료일, 종목수)
절대 모멘텀 = dm.get_abs_momentum(상대 모멘텀, 시작일, 종료일)
```

6.7.3 상대 모멘텀

상대 모멘텀Relative Momentum은 특정 기간 동안 상대적으로 수익률이 좋았던 n개 종목을 구하는 것이다. 사용자로부터 시작일(start_date)과 종료일(end_date)을 입력받아서 실제로 DB에서 조회되는 일자로 변경해주는 코드부터 작성해보자.

```
def get_rltv_momentum(self, start_date, end_date, stock_count):

    connection = pymysql.connect(host='localhost', port=3306,
        db='INVESTAR', user='root', passwd='******', autocommit=True)
    cursor = connection.cursor()

    sql = f"select max(date) from daily_price where date <= '{start_date}'"
    cursor.execute(sql)  # ①
    result = cursor.fetchone()
    if (result[0] is None):
        print ("start_date : {} -> returned None".format(sql))
        return
    start_date = result[0].strftime('%Y-%m-%d')  # ②

    sql = f"select max(date) from daily_price where date <= '{end_date}'"
    cursor.execute(sql)
    result = cursor.fetchone()
    if (result[0] is None):
```

```
        print ("end_date : {} -> returned None".format(sql))
        return
end_date = result[0].strftime('%Y-%m-%d')
```

① daily_price 테이블에서 사용자가 입력한 일자와 같거나 작은 일자를 조회함으로써 실제 거래일을 구한다.

② DB에서 조회된 거래일을 **%Y-%m-%d 포맷 문자열로** 변환해 사용자가 입력한 조회 시작 일자 변수에 반영한다.

종목별 수익률 계산

상대 모멘텀은 종목별 수익률을 구하는 것이다. 앞에서 구한 시작일자와 종료일자에 해당하는 종가를 DB에서 조회해 종목별 수익률을 구해보자.

```
rows = []  # ③
columns = ['code', 'company', 'old_price', 'new_price', 'returns']
for _, code in enumerate(self.mk.codes):
    sql = f"select close from daily_price "\
        f"where code='{code}' and date='{start_date}'"
    cursor.execute(sql)
    result = cursor.fetchone()
    if (result is None):
        continue
    old_price = int(result[0])  # ④
    sql = f"select close from daily_price "\
        f"where code='{code}' and date='{end_date}'"
    cursor.execute(sql)
    result = cursor.fetchone()
    if (result is None):
        continue
    new_price = int(result[0])  # ⑤
    returns = (new_price / old_price - 1) * 100   # ⑥
    rows.append([code, self.mk.codes[code], old_price, new_price,
        returns])  # ⑦
```

③ rows라는 빈 리스트를 먼저 만든 후, 나중에 2차원 리스트로 처리한다.

④ start_date 일자에 해당하는 가격(old_price)을 daily_price 테이블로부터 조회한다.

⑤ end_date 일자에 해당하는 가격(new_price)을 daily_price 테이블로부터 조회한다.

⑥ 해당 종목의 수익률은 **returns = (new_price / old_price - 1) * 100**으로 구한다.

⑦ 종목별로 구한 종목코드, 종목명, 구 가격, 신 가격, 수익률을 rows에 2차원 리스트 형태로 추가한다.

상대 모멘텀 데이터프레임 생성

2차원 리스트에 종목별 수익률을 저장했다면, 이를 다시 데이터프레임으로 변환해서 수익률(returns)이 높은 순서로 출력해보자.

```
df = pd.DataFrame(rows, columns=columns)  # ⑧
df = df[['code', 'company', 'old_price', 'new_price', 'returns']]
df = df.sort_values(by='returns', ascending=False)  # ⑨
df = df.head(stock_count)
df.index = pd.Index(range(stock_count))  # ⑩

connection.close()
print(df)
print(f"\nRelative momentum ({start_date} ~ {end_date}) : "\
    f"{df['returns'].mean():.2f}% \n")
return df
```

⑧ rows 리스트를 인수로 받아서 데이터프레임을 생성한 뒤, 칼럼 5개만 갖도록 구조를 수정한다.

⑨ 상대 모멘텀 데이터프레임을 수익률(returns) 칼럼을 기준으로 내림차순으로 정렬한다.

⑩ 상대 모멘텀 데이터프레임의 인덱스를 수익률 순위로 변경한다.

상대 모멘텀 예시

현재 날짜가 2019년 1월 1일이라고 가정하고, 이전 6개월 동안 가장 수익률이 좋았던 종목을 순서대로 300개만 구해보자. get_rltv_momentum() 함수를 호출하면서 조회할 기간(2018-07-01 ~ 2018-12-31)과 종목수(300)를 인수로 입력한다.

그림_ 6개월 상대 모멘텀

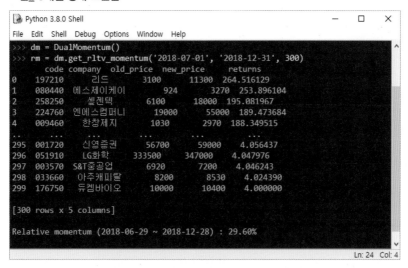

위 그림은 지난 6개월 동안 300 종목의 상대 모멘텀을 구한 화면이다. 수익률 1위인 리드 (264.51%)부터 수익률 300위인 듀켐바이오(4.00%)까지 300개 종목의 수익률을 모두 합해서 종목수로 나눴더니 29.60%가 나왔다(실제로 상대 모멘텀을 구해보면 조회 기간 및 종목 개수에 따라 수익률이 판이하게 달라진다).

"3~12개월 동안의 강세주들이 이후 동일한 기간 동안에도 강세주다"라는 제가디시와 티트먼의 모멘텀 연구 결과에 따르면, 위 그림에서 표시된 강세주 300 종목을 매수할 경우 6개월 후에도 수익이 날 것이라 예상할 수 있다. 실제 수익 발생 여부는 다음으로 이어지는 절대 모멘텀 결과에서 확인할 것이다.

6.7.4 절대 모멘텀

절대 모멘텀Absolute Momentum은 자산의 가치가 상승하고 있을 때만 투자하고 그렇지 않을 때는 단기 국채를 매수하거나 현금을 보유하는 전략이다. 절대 모멘텀을 구하는 데 제일 먼저 할 일은 인수로 받은 상대 모멘텀 데이터프레임 rltv_momentum에서 종목 칼럼(code)을 추출해 다음처럼 종목 리스트(stocklist)를 생성하는 것이다.

```
def get_abs_momentum(self, rltv_momentum, start_date, end_date):
    stocklist = list(rltv_momentum['code'])
    ... 이하 생략 ...
```

일단 종목 리스트 stocklist가 구해졌다면, 상대 모멘텀을 구할 때와 동일한 방식으로 stocklist에 대한 수익률을 구하면 된다. get_abs_momentum() 함수의 나머지 부분은 get_rltv_momentum() 함수와 거의 같아서 추가 설명은 생략한다. 절대 모멘텀을 구하는 코드는 뒤에 나오는 전체 소스 코드를 참고하기 바란다.

그림_ 6개월 절대 모멘텀

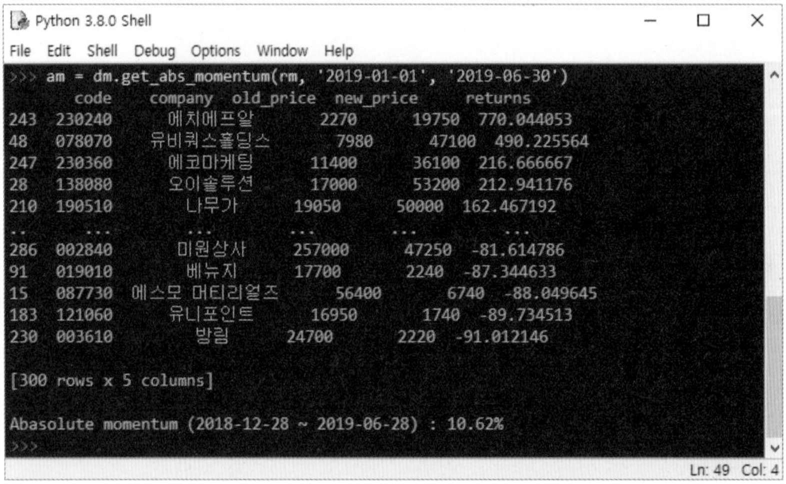

위 그림은 상대 모멘텀으로 구한 강세주 300 종목의 6개월 이후 수익률을 조회한 화면이다. 상대 모멘텀의 수익률이 국채 수익률을 상회했으므로 절대 모멘텀의 룰에 따라 시장에 참여한 것으로 가정한다. 앞에서 상대 모멘텀으로 구한 강세주 300 종목을 매수했다면, 6개월 뒤에는 10.62%의 수익을 올린 것을 확인할 수 있다.

6.7.5 한국형 듀얼 모멘텀 전략

『듀얼 모멘텀 투자 전략』 한국어판 강환국 역자에 따르면, 게리 안토나치가 주로 12개월 듀얼 모멘텀 전략을 사용했지만, 21세기 한국 시장에서는 3개월 전략이 훨씬 수익이 좋았다고 한다.

따라서 한국 자산만으로 운영하는 전략에는 3개월 듀얼 모멘텀을 적용하고, 한국 자산과 해외 자산을 혼합하는 경우에는 12개월 듀얼 모멘텀을 적용하는 한국형 전략도 고려해볼 만하다.

또한, 90일 미국 국채를 직접 매수하는 대신 'iShares 20+ Year Treasury Bond ETF(TLT)' 같은 ETF에 투자할 경우, 미국 국채 수익률을 추종하면서 환 헤지까지 할 수 있는 한국 투자자만의 장점이 있다고 한다.

그림_ 3개월 한국형 듀얼 모멘텀

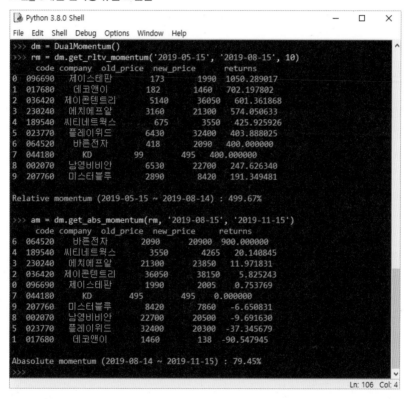

위 그림에서 보듯이 3개월 기간으로 듀얼 모멘텀을 적용했더니 수익률이 현저히 높아졌다. 국내 증권 데이터로 백테스트를 했을 때 다른 기간에 비해서 3개월 기간의 승률이 확실히 좋았고, 같은 3개월 조건에서는 종목수가 적을수록 수익률이 증가했다.

듀얼 모멘텀 전체 코드

다른 종목보다 수익률이 높았던 종목에 투자하는 상대 모멘텀과 상승장에서만 투자하는 절대 모멘텀을 소스 코드로 구현하면 다음과 같다. 아래 코드에서는 단순히 KRX에 상장한 기업들을 대상으로 했지만, 시가 총액을 기준으로 대상 종목을 제한하거나 유/무상 증자 또는 액면 분할에 주가 변동 처리를 추가하는 등 다양한 방법으로 수익률을 높일 수 있을 것이다.

코드_ 듀얼 모멘텀

```python
# ch06_12_DualMomentum.py
import pandas as pd
import pymysql
from datetime import datetime
from datetime import timedelta
from Investar import Analyzer

class DualMomentum:
    def __init__(self):
        """생성자: KRX 종목코드(codes)를 구하기 위한 MarkgetDB 객체 생성"""
        self.mk = Analyzer.MarketDB()

    def get_rltv_momentum(self, start_date, end_date, stock_count):
        """특정 기간 동안 수익률이 제일 높았던 stock_count 개의 종목들 (상대 모멘텀)
            - start_date  : 상대 모멘텀을 구할 시작일자 ('2020-01-01')
            - end_date    : 상대 모멘텀을 구할 종료일자 ('2020-12-31')
            - stock_count : 상대 모멘텀을 구할 종목수
        """
        connection = pymysql.connect(host='localhost', port=3306,
            db='INVESTAR', user='root', passwd='******', autocommit=True)
        cursor = connection.cursor()

        # 사용자가 입력한 시작일자를 DB에서 조회되는 일자로 보정
        sql = f"select max(date) from daily_price where date <= '{start_date}'"
        cursor.execute(sql)
        result = cursor.fetchone()

        if (result[0] is None):
            print ("start_date : {} -> returned None".format(sql))
            return
        start_date = result[0].strftime('%Y-%m-%d')

        # 사용자가 입력한 종료일자를 DB에서 조회되는 일자로 보정
```

```python
        sql = f"select max(date) from daily_price where date <= '{end_date}'"
        cursor.execute(sql)
        result = cursor.fetchone()
        if (result[0] is None):
            print ("end_date : {} -> returned None".format(sql))
            return
        end_date = result[0].strftime('%Y-%m-%d')

        # KRX 종목별 수익률을 구해서 2차원 리스트 형태로 추가
        rows = []
        columns = ['code', 'company', 'old_price', 'new_price', 'returns']
        for _, code in enumerate(self.mk.codes):
            sql = f"select close from daily_price "\
                f"where code='{code}' and date='{start_date}'"
            cursor.execute(sql)
            result = cursor.fetchone()
            if (result is None):
                continue
            old_price = int(result[0])
            sql = f"select close from daily_price "\
                f"where code='{code}' and date='{end_date}'"
            cursor.execute(sql)
            result = cursor.fetchone()
            if (result is None):
                continue
            new_price = int(result[0])
            returns = (new_price / old_price - 1) * 100
            rows.append([code, self.mk.codes[code], old_price, new_price,
                returns])

        # 상대 모멘텀 데이터프레임을 생성한 후 수익률순으로 출력
        df = pd.DataFrame(rows, columns=columns)
        df = df[['code', 'company', 'old_price', 'new_price', 'returns']]
        df = df.sort_values(by='returns', ascending=False)
        df = df.head(stock_count)
        df.index = pd.Index(range(stock_count))
        connection.close()
        print(df)
        print(f"\nRelative momentum ({start_date} ~ {end_date}) : "\
            f"{df['returns'].mean():.2f}% \n")
        return df

    def get_abs_momentum(self, rltv_momentum, start_date, end_date):
```

```python
"""특정 기간 동안 상대 모멘텀에 투자했을 때의 평균 수익률 (절대 모멘텀)
    - rltv_momentum : get_rltv_momentum() 함수의 리턴값 (상대 모멘텀)
    - start_date    : 절대 모멘텀을 구할 매수일 ('2020-01-01')
    - end_date      : 절대 모멘텀을 구할 매도일 ('2020-12-31')
"""
stockList = list(rltv_momentum['code'])
connection = pymysql.connect(host='localhost', port=3306,
    db='INVESTAR', user='root', passwd='******', autocommit=True)
cursor = connection.cursor()

# 사용자가 입력한 매수일을 DB에서 조회되는 일자로 변경
sql = f"select max(date) from daily_price "\
    f"where date <= '{start_date}'"
cursor.execute(sql)
result = cursor.fetchone()
if (result[0] is None):
    print ("{} -> returned None".format(sql))
    return
start_date = result[0].strftime('%Y-%m-%d')

# 사용자가 입력한 매도일을 DB에서 조회되는 일자로 변경
sql = f"select max(date) from daily_price "\
    f"where date <= '{end_date}'"
cursor.execute(sql)
result = cursor.fetchone()
if (result[0] is None):
    print ("{} -> returned None".format(sql))
    return
end_date = result[0].strftime('%Y-%m-%d')

# 상대 모멘텀의 종목별 수익률을 구해서 2차원 리스트 형태로 추가
rows = []
columns = ['code', 'company', 'old_price', 'new_price', 'returns']
for _, code in enumerate(stockList):
    sql = f"select close from daily_price "\
        f"where code='{code}' and date='{start_date}'"
    cursor.execute(sql)
    result = cursor.fetchone()
    if (result is None):
        continue
    old_price = int(result[0])
    sql = f"select close from daily_price "\
        f"where code='{code}' and date='{end_date}'"
```

```
        cursor.execute(sql)
        result = cursor.fetchone()
        if (result is None):
            continue
        new_price = int(result[0])
        returns = (new_price / old_price - 1) * 100
        rows.append([code, self.mk.codes[code], old_price, new_price,
            returns])

    # 절대 모멘텀 데이터프레임을 생성한 후 수익률순으로 출력
    df = pd.DataFrame(rows, columns=columns)
    df = df[['code', 'company', 'old_price', 'new_price', 'returns']]
    df = df.sort_values(by='returns', ascending=False)
    connection.close()
    print(df)
    print(f"\nAbsolute momentum ({start_date} ~ {end_date}) : "\
        f"{df['returns'].mean():.2f}%")
    return
```

6.8 핵심 요약

- 현대 포트폴리오 이론(Modern Portfolio Theory)에서는 위험도를 수익률의 표준편차(Standard Deviation of Returns)로 나타낸다. 정규분포 그래프에서 예상 수익률은 평균값을 나타내는 μ(뮤)로 표시하고, 위험도는 표준편차를 나타내는 σ(시그마)로 표시한다.

- 효율적 투자선(Efficient Frontier)이란 현대 포트폴리오 이론의 핵심 개념으로서, 투자자가 인내할 수 있는 리스크 수준에서 최상의 기대수익률을 제공하는 포트폴리오들의 집합을 나타낸다.

- 한국거래소 시가총액 상위 4 종목으로 구성된 포트폴리오를 생성하되, 4개 종목의 보유 비율이 모두 다르도록 random() 함수를 이용해 포트폴리오 20,000개를 생성했다. 각 포트폴리오가 지니는 위험도와 예상수익률의 산점도를 그려서 효율적 투자선을 구했다. 이처럼 매우 많은 난수를 이용해 어떠한 함수의 값을 확률적으로 계산하는 것을 몬테카를로 시뮬레이션(Monte Carlo Simulation)이라고 한다.

- 볼린저 밴드(Bollinger Band)는 주가의 20일 이동 평균선을 기준으로, 주가의 상대적인 고점을 나타내는 상단 밴드(+2×표준편차)와 주가의 상대적인 저점을 나타내는 하단 밴드(-2×표준편차)로 구성된다. 주가가 상단 밴드 근처에 있을수록 상대적인 고점에 있다고 판단할 수 있고, 주가가 하단 밴드 근처에 있을수록 상대적인 저점에 있다고 판단할 수 있다.

- 추세 추종(Trend Following)은 상승 추세에 매수하고 하락 추세에 매도하는 기법이다. 상승 추세나 하락 추세의 시작을 판단하는 데 %b 지표를 이용하며, 현금흐름지표(MFI)나 일중강도(II) 같은 거래량 관련 지표를 이용해 확증이 이루어진 경우에만 매매한다.

- 알렉산더 엘더의 삼중창 매매 시스템(Triple Screen Trading System)은 서로 다른 세 단계 창을 이용해 매매 시점을 파악한다. 삼중창의 첫 번째 창에서는 시장 조류(Market Tide)에 해당하는 장기 차트를 분석하고, 두 번째 창(Second Screen)에서는 시장 조류에 역행하는 파도(Market Wave)를 파악한다. 세 번째 창(Third Screen)에서는 주간 추세가 상승하고 일간 오실레이터가 하락하면서 매수 신호가 발생할 때 추적 매수 스톱(Trailing buy stop) 기법을 이용한다.

- 주식 시장에서 모멘텀(Momentum)은 '한번 움직이기 시작한 주식 가격이 계속 그 방향으로 나아가려는 성질'을 가리킨다. 1993년 제가디시와 티트먼은 '3~12개월 동안의 강세주들이 이후 동일한 기간 동안에도 최강세주'라는 사실을 밝혀냈다.

- 게리 안토나치의 듀얼 모멘텀 투자(Dual Momentum Investing)는 상대 강도가 센 주식 종목들에 투자하는 상대적 모멘텀 전략과, 시장이 상승 추세일 때만 참여하는 절대적 모멘텀 전략을 하나로 합친 듀얼 전략이다. 절대 모멘텀으로 추세를 측정하게 되면, 상대 모멘텀만 사용했을 때보다 MDD를 줄일 수 있고, 장기적으로는 더 높은 수익률을 달성할 수 있다.

장고 웹 서버 구축 및 자동화

이전 장에서 투자의 구루guru들이 사용하는 트레이딩 전략을 알아보고 직접 파이썬으로 구현했다. 볼린저 밴드 매매기법에 추세 지표와 거래량 지표를 함께 사용했다. 삼중창 매매 시스템에 단기 시간 프레임과 장기 시간 프레임을 함께 사용했다. 듀얼 모멘텀에서 상대 모멘텀과 절대 모멘텀을 함께 사용했다. 이렇듯 트레이딩 전략은 한 가지 기준으로만 시장을 판단하지 않고 최소한 둘 이상 기준을 적용해 시장을 분석하려는 공통점이 있다.

이번 장에서는 파이썬 기반의 웹 시스템을 구축하는 장고Django 웹 프레임워크와 웹 시스템 상황을 주기적으로 스마트폰으로 전달하는 슬랙 라이브러리, 6장에서 직접 구현했던 트레이딩 전략을 백트레이더 라이브러리를 이용해서 더 쉽게 백테스트하는 법을 차례대로 알아보겠다.

7.1 장고 웹 프레임워크

야후 파이낸스, 네이버 금융 같은 서비스들은 투자자들에게 필요한 주요 비즈니스 뉴스, 기업 정보, 주가 차트를 웹 시스템을 기반으로 제공한다. 최근 들어 bootstrap 같은 반응형 웹 템플릿 라이브러리를 사용하면, 한 번의 코드 작성으로 PC와 모바일 단말기를 모두 지원하는 웹 프론트엔드를 개발할 수 있다. 여기서 웹 프론트엔드란 사용자에게 보이는 영역을 의미한다.

장고는 파이썬 기반 인기 웹 프레임워크로서 주로 백엔드 개발에 사용된다. 백엔드란 사용자 눈에는 보이지 않으며 말 그대로 시스템 뒤에서 전산 처리되는 영역을 의미한다.

장고 홈페이지(www.djangoproject.com)에 접속하면 '장고는 더 적은 코드로 더 빨리 더 나은 웹 애플리케이션을 더 쉽게 만들 수 있다Django makes it easier to build better Web apps more quickly and with less code.'는 문구를 만나게 된다. 장고 웹 프레임워크를 이보다 더 쉽게 설명할 수는 없을 것이다. 이제 장고를 이용하여 실시간 계좌잔고를 확인하는 웹 시스템을 개발해보자.

7.1.1 장고의 개발 배경

장고는 '로렌스 저널 월드' 신문사의 웹 프로그래머였던 애드리안 홀로바티Adrian Holovaty와 사이먼 윌리슨Simon Willison이 2003년에 개발을 시작했다. 당시 애드리안 홀로바티가 PHP로 로렌스 사이트(Lawrence.com)를 개발한 상태에서 사이먼 윌리슨이 인턴으로 합류하게 되었는데, 그들은 로렌스 같이 큰 규모의 웹 사이트를 PHP로 유지 보수하는 것은 적절하지 않다고 생각했다. PHP를 버리고 파이썬으로 개발하고 싶었으나 아파치 웹 서버에 내장되는 파이썬 인터프리터인 mod_python을 제외하고는 적당한 파이썬 웹 개발 도구를 찾을 수 없었다. 하지만 mod_python 마저도 확장성을 확신할 수 없어서 직접 장고 개발에 돌입하게 되었다. 장고 개발에는 약 2년간 시간이 들었다. 참고로 장고라는 이름은 홀로바티가 좋아하던 집시 재즈 기타리스트인 장고 라인하르트Django Reinhardt에서 따온 것이다.

장고는 처음부터 웹 프레임워크로 개발된 것이 아니라 단지 로렌스 웹 사이트를 운용하는 용도로 개발되었지만, 홀로바티와 윌리슨은 로렌스의 소유자인 더 월드 컴퍼니The World Company를 설득하여 2005년 7월에 장고를 오픈 소스인 BSD 라이선스로 공개했다.

장고는 초당 5만 번 이상의 트래픽을 견딜만큼 견고할 뿐만 아니라, 십 수년이 지난 지금도 꾸준히 새 버전이 출시되고 있다. 인스타그램(www.instagram.com), 모질라(www.mozilla.org), 핀터레스트(www.pinterest.com) 같이 유명한 사이트들도 장고를 활용하여 개발되었다.

7.1.2 장고 vs. 플라스크

현재 파이썬 웹 프레임워크로는 장고와 플라스크Flask가 가장 유명하다. 앞에서 살펴본 대로 장고가 대규모 웹 사이트 개발하는 프레임워크에 가깝다면, 플라스크는 파이썬 마이크로프레임워크A Python Microframework를 표방하기 때문에 가볍고 간결하다.

장고와 플라스크는 지향하는 바가 다르기 때문에 어떤 프레임워크가 낫다고 단정적으로 이야기 하긴 어렵다. 장고에서는 웹 개발 시 공통적으로 개발해야 할 기능들을 패키지로 제공하기 때문에 일일이 개발할 필요 없이 사용하기만 하면 된다. 반면에 플라스크는 패키지가 부족해 필요한 기능을 직접 구현해야 하는 불편함은 있지만, 개발자가 원하는대로 만들어 사용할 수 있어 자유도가 높다.

웹 개발 경험이 없거나 초보자라면 플라스크보다는 장고를 선택하는 것이 낫다. 장고에서 제공하는 기능을 단순히 사용해보는 것만으로도 웹 개발에 필요한 기본 개념을 쉽게 익힐 수 있을 것이다.

7.1.3 장고 웹 프레임워크 설치

장고를 PyPI에서 다운로드받아 설치하자. 명령창을 관리자 모드로 실행한 후 **pip install django** 명령을 입력한다.

그림_ 장고 설치

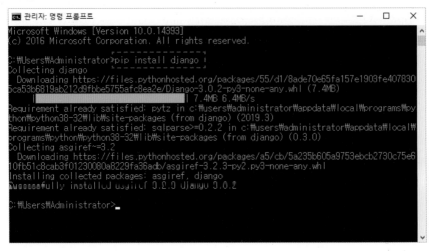

python -m django --version 명령을 입력해 설치된 장고의 버전을 확인하자. 2020년 1월 현재 Django 최신 버전은 3.0.2이다.

```
C:\>python -m django --version
3.0.2
```

7.1.4 장고 프로젝트 생성하기

C:\mySite 디렉터리를 생성하고, 해당 디렉터리로 이동하여 **django-admin startproject Investar** 명령을 입력하자. 물론 프로젝트명은 Investar 대신 독자가 원하는 프로젝트명으로 설정해도 된다.

django-admin.exe 파일은 django가 설치될 때 PATH 환경 변수에 포함되어 있는 C:\Users\사용자계정명\AppData\Local\Programs\Python\Python38\Scripts 디렉터리에 생성되기 때문에, 해당 디렉터리로 이동할 필요 없이 파일명만 입력해서 바로 실행할 수 있다.

```
C:\>mkdir mySite

C:\>cd mySite

C:\mySite>django-admin startproject Investar
```

7.1.5 장고 서버 실행하기

명령이 잘 수행되었다면 Investar 디렉터리가 생성되고, Investar 디렉터리 안에 manage.
py 파일이 생성될 것이다. Investar 디렉터리로 이동한 뒤 **python manage.py runserver
0.0.0.0:8000**으로 웹 서버를 실행하자. 이때 외부에서 runserver로 실행 중인 서버에 접속할
수 있게 하려면 IP를 반드시 0.0.0.0으로 설정해야 한다.

```
C:\mySite>cd Investar

C:\mySite\Investar>python manage.py runserver 0.0.0.0:8000
Performing system checks...

System check identified no issues (0 silenced).

You have 17 unapplied migration(s). Your project may not work properly until you
apply the migrations for app(s): admin, auth, contenttypes, sessions.
Run 'python manage.py migrate' to apply them.
November 26, 2019 - 02:45:52
Django version 2.2.7, using settings 'Investar.settings'
Starting development server at http://0.0.0.0:8000/
Quit the server with CTRL-BREAK.
```

정상적으로 서버가 구동되었다면, 웹 브라우저에서 http://localhost:8000으로 접속했을 때
다음과 같이 로켓 발사 그림이 표시될 것이다.

그림_ 장고 설치 성공 페이지

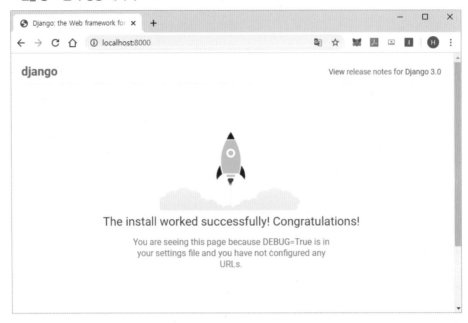

아직은 장고가 설치된 서버 내부에서만 접속할 수 있다. 서버 외부에서 접속하면 "DisallowedHost at /" 오류가 발생한다. C:\mySite\Investar\Investar\settings.py 파일을 열어 ALLOWED_HOSTS 설정에 실제 서버 IP를 추가해주자. 그러면 접속할 수 있다.

```
ALLOWED_HOSTS = ['127.0.0.1', 'localhost', 'xxx.xxx.xxx.xxx']
```

7.2 Hello Django 애플리케이션

장고만의 특징을 알아보자. 그러고 나서 장고 애플리케이션을 본격적으로 개발하기 전에 간단히 "Hello, Django!"를 출력하는 애플리케이션을 작성하자.

7.2.1 MTV 패턴

장고 개발 목적은 기사를 마감 기한 내에 빠르게 웹 사이트에 올리는 것이었다. 그래서 장고 프레임워크만이 갖는 고유의 사상과 개발 방식이 있다.

흔히 웹 프로그램을 개발할 때 MVC[model-view-controller] 패턴에 따라 각 요소가 다른 요소에게 영향을 주지 않도록 설계하는 경우가 많은데, 장고에서도 이와 유사한 MTV[model-template-view] 패턴이 있다.

모델[model]은 데이터베이스에 데이터를 읽고 쓰는 역할을, 템플릿[template]은 사용자에게 보여주는 부분 렌더링 처리를, 뷰[view]는 URL 요청에 맞게 함수를 호출하고 처리된 데이터를 템플릿에 전달하는 역할을 담당한다.

그림_ MTV 패턴과 ORM

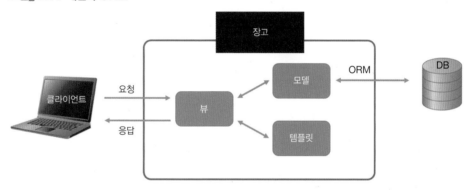

7.2.2 ORM

ORM[object relational mapping]은 파이썬 객체와 관계형 데이터베이스를 연결해준다. 기존 웹 프로그래머들은 SQL 언어를 이용하여 데이터베이스에 접근했지만, ORM 기법에서는 models.py 파일에 모델 클래스를 정의하면 이에 대한 매핑 테이블이 데이터베이스에 자동으로 생성된다. 또한 모델 클래스의 속성은 해당 테이블의 칼럼으로 매핑되기 때문에, 애플리케이션 입장에서는 SQL이 없어도 객체를 통해 데이터베이스에 접근할 수 있어 편리하다.

7.2.3 장고 애플리케이션 생성하기

장고에서는 웹 사이트를 프로젝트 단위로 구분하고, 프로젝트를 구성하는 모듈화된 프로그램들을 애플리케이션이라고 부른다. 즉, 애플리케이션들이 모여서 프로젝트가 된다.

이미 Investar 프로젝트를 생성했으니, 이어서 hello 애플리케이션을 생성해보자.

```
C:\mySite\Investar>python manage.py startapp hello
```

장고가 내부적으로 사용하는 sqlite3 데이터베이스에 변경 사항을 반영한다.

```
C:\mySite\Investar>python manage.py migrate
```

hello 애플리케이션이 잘 생성되었다면 명령창에서 **tree /f** 명령을 입력했을 때 다음과 같은 디렉터리와 파일들이 보일 것이다. hello 디렉터리는 애플리케이션 디렉터리이고, Investar는 프로젝트 디렉터리다.

그림_ 장고 프로젝트 디렉터리 구조

```
C:\mySite\Investar>tree /f
SSD500 볼륨에 대한 폴더 경로의 목록입니다.
볼륨 일련 번호는 1AC3-25FE입니다.
C:.
    db.sqlite3
    manage.py

├─hello
│      admin.py
│      apps.py
│      models.py
│      tests.py
│      views.py
│      __init__.py
│
│  └─migrations
│          __init__.py
│
└─Investar
        settings.py
        urls.py
        wsgi.py
        __init__.py

    └─__pycache__
            settings.cpython-38.pyc
            urls.cpython-38.pyc
            wsgi.cpython-38.pyc
            __init__.cpython-38.pyc
```

C:\mySite\Investar\Investar\setting.py 파일에서는 프로젝트와 관련된 설정을 할 수 있다. hello 애플리케이션을 생성했으니 setting.py 파일을 텍스트 편집기로 열어서 INSTALLED_APPS 리스트의 마지막에 ① 'hello'를 추가하자. 'hello' 문자열 뒤의 쉼표(,)는 없어도 무방하다.

```python
INSTALLED_APPS = [
    'django.contrib.admin',        # 관리자 기능 관련 기본 앱
    'django.contrib.auth',         # 인증 처리
    'django.contrib.contenttypes', # 모델 관리
    'django.contrib.sessions',     # 세션 및 방문자 관리
    'django.contrib.messages',     # 메시지 처리
    'django.contrib.staticfiles',  # 정적 파일 처리
    'hello', # ①
]
```

7.2.4 URLConf 설정하기

settings.py 파일은 프로젝트와 관련된 설정 사항을 기록하는 파일이다. ROOT_URLCONF를 확인해보면 '프로젝트명.urls' 파일로 지정되어 있을 것이다. 즉, 최상위 URLConf가 Investar.urls라는 것을 알 수 있다.

```python
ROOT_URLCONF = 'Investar.urls'
```

setting.py 파일이 있는 디렉터리에 urls.py 파일도 있다. urls.py 파일을 텍스트 편집기로 열어보면 아래와 유사하게 나올 것이다. Django 버전에 따라 내용은 조금씩 달라질 수 있다.

```python
"""Investar URL Configuration  # ②
The 'urlpatterns' list routes URLs to views. For more information please see:
    docs.djangoproject.com/en/2.1/topics/http/urls/
Examples:
Function views  # ③
    1. Add an import:  from my_app import views
    2. Add a URL to urlpatterns:  path(', views.home, name='home')
Class-based views
```

```
    1. Add an import:  from other_app.views import Home
    2. Add a URL to urlpatterns:  path(', Home.as_view(), name='home')
Including another URLconf
    1. Import the include() function: from django.urls import include, path
    2. Add a URL to urlpatterns:  path('blog/', include('blog.urls'))
"""
from django.contrib import admin
from django.urls import path


urlpatterns = [
    path('admin/', admin.site.urls),
]
```

7.2.5 정규표현식으로 URL-View 매핑하기

앞에서 살펴본 urls.py 파일의 ② 영문 주석을 보면 URL 설정을 위한 세 가지 방식이 나와 있다. 첫 번째 예제에서 설명한 ③ Function views 방식으로 urlpatterns 리스트를 설정해보자.

urlpatterns 리스트는 URL에 따라 실제로 보여줄 뷰를 매핑하는 역할을 한다.

```
from django.contrib import admin
from hello import views # ④
from django.urls import path, re_path # ⑤

urlpatterns = [
    path('admin/', admin.site.urls),
    re_path(r'^(?P<name>[A-Z][a-z]*)$', views.sayHello), # ⑥
]
```

먼저 ④ **from 애플리케이션명 import views** 형식으로 hello 애플리케이션의 views를 임포트한 뒤, ⑤ django.urls로부터 re_path() 함수를 추가적으로 임포트한다. 그런 다음 ⑥ urlpatterns 리스트의 마지막에 hello 애플리케이션의 URL에 대한 뷰 처리를 추가한다.

path() 함수와 달리 ⑤ re_path() 함수를 사용하면 정규표현식regular expression을 사용해 URL 패턴을 처리할 수 있다. 정규표현식 **[A-Z][a-z]*** 는 첫 글자가 반드시 대문자이고 그 이후부터는 소문자가 나오거나 없는 경우이다. 따라서 영문 이름처럼 첫 글자가 대문자이면 hello 애플리케이션의 views.py에 존재하는 **sayHello()** 함수를 호출한다.

URL을 통해 입력받은 영문 이름을 Hello 메시지와 함께 출력하려면 **(?P<이름>패턴)** 형식을 이용하여 '이름' 파라미터로 넘겨주어야 한다. 즉 **'^ (?P<name>[A-Z][a-z]*)$'**는 [A-Z][a-z]* 패턴에 매치되는 영문 이름을 name 파라미터로 뷰에게 넘겨주라는 의미다.

파이썬뿐만 아니라 다른 언어로 프로그래밍하더라도 정규표현식을 자주 사용하게 되니 기본적인 정규표현식은 외워두자. 정규표현식을 제대로 설명하려면 책 한 권 분량이 되어야 하겠지만, 일단 아래 표에서는 중요한 표현들 위주로 정리해보았다.

표_ 주요 정규표현식

표현	의미	동일한 표현
^	문자열의 시작	
$	문자열의 끝	
x | y	x나 y	
[abc]	괄호 내부에 있는 개체 중 한 개, 즉 a, b, c 중 한 개	[a-c]
[a-z]	a부터 z까지 영소문자 중 한 개	
[^a-z]	a부터 z까지 영소문자를 제외한 개체 한 개	
{n}	n번 반복	
{m,n}	최소 m번에서 최대 n번까지 반복	
*	0번 이상 반복	{0,}
+	1번 이상 반복	{1,}
?	0번 또는 1번 반복	{0,1}
\s	공백(white space) 한 개	
\S	공백이 아닌 개체 한 개	
\d	숫자(digit) 한 개	[0-9]
\D	숫자가 아닌 개체 한 개	[^0-9]
\w	영문, 숫자, 밑줄(_) 중 한 개	[a-zA-Z0-9_]
\W	영문, 숫자, 밑줄(_)이 아닌 개체 한 개	[^a-zA-Z0-9_]

7.2.6 views 수정하기

다음으로 hello 애플리케이션의 C:\mySite\Investar\hello\views.py를 다음과 같이 변경하자. 웹 브라우저의 주소창에 URL을 입력해 호스트와 포트 번호 다음에 나오는 리소스 경로를 받아와서 "Hello, " 문자열에 이어서 출력해볼 것이다.

보통 request 인수 하나만 있으면 되지만, URL 리소스 경로를 파라미터로 받도록 name 인수를 추가한다. <h1> 태그는 HTML 내에서 글자를 크게 표시할 때 쓰는 태그다.

```python
from django.http import HttpResponse

def sayHello(request, name):
    html = "<h1>Hello, {}!</h1>".format(name)
    return HttpResponse(html)
```

python c:\mySite\Investar\manage.py runserver 0.0.0.0:8000으로 장고 서버를 실행한 후 웹 브라우저에서 http://localhost:8000/Django 주소로 접속하면, 다음과 같이 "Hello, Django!"가 보일 것이다.

그림_ **Hello Django 애플리케이션**

웹 브라우저의 주소창에 http://localhost:8000/Django 대신 http://localhost:8000/Python을 입력해보자. Python 문자열도 ⑥ urlpatterns 리스트에서 정의했던 대문자+소문자 조합 규칙([A-Z][a-z]*)에 맞아떨어지므로 "Hello, Python" 메시지가 표시될 것이다.

7.2.7 장고 관리자 페이지

최상위 URLConf를 ⑦ 'admin/' URL에 대한 관리자 페이지 매핑을 본 기억이 있을 것이다.

```
urlpatterns = [
    path('admin/', admin.site.urls),  # ⑦
    re_path(r'^(?P<name>[A-Z][a-z]*)$', views.sayHello),
]
```

웹 브라우저에서 http://localhost:8000/admin 주소로 접속해보면 다음과 같이 장고에서 제공하는 관리자 로그인 페이지가 표시될 것이다.

그림_ Django 관리자 로그인 페이지

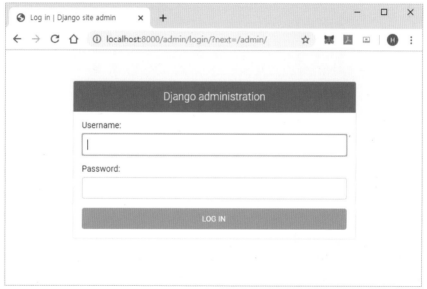

아직 관리자 계정을 생성한 적이 없으므로 다음과 같이 명령창을 관리자 모드에서 실행한 후 superuser 계정을 생성한다. 관리자 계정으로 사용할 사용자명과 이메일 주소를 입력한 뒤 암호를 입력한다.

그림_ Django 관리자 계정 생성

생성한 관리자 계정으로 로그인을 하면 다음과 같이 장고에서 제공하는 관리자 페이지가 보일 것이다. 관리자 페이지에서는 사용자 및 그룹에 대한 권한을 설정할 수 있다.

- 장고 관리자 페이지 : localhost:8000/admin

그림_ Django 관리자 페이지

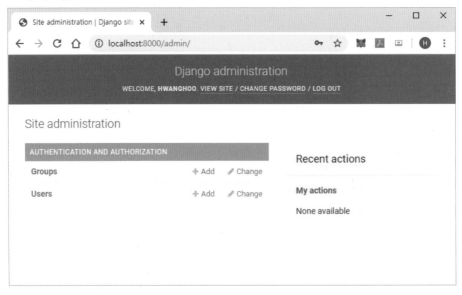

7.3 장고 인덱스 페이지

지금까지 HttpResponse() 함수를 사용해 "Hello, Django!" 문자열을 출력하는 간단한 애플리케이션을 만들었다. 애플리케이션이 단순할 때는 HTML 코드를 작성해서 HttpResponse로 일일이 응답해도 괜찮지만, 수천 줄이 넘는 복잡한 애플리케이션을 개발할 때는 HTML 코드 부분을 템플릿template 파일로 작성하고, 동적인 데이터 부분은 파이썬 코드로 개발하는 것이 훨씬 효과적이다.

기존에 웹 개발을 해본 분이라면 wwwroot 같은 웹 루트 디렉터리에 index.html 파일이나 index.asp 파일을 넣어두는 방식에 익숙하겠지만, 장고에서는 보안성을 높이려는 의도로 파이썬 코드와 HTML 페이지들을 한 디렉터리에 두지 못한다. 또한 장고에서 이미지 파일을 표시하려면 추가 절차가 필요하다.

4장에서 HTML 코드를 설명하는 데 사용한 HtmlSample.htm 파일을, 장고에서 웹 페이지로 표시하는 index 애플리케이션으로 바꿔보자. index 애플리케이션을 구현하다 보면 장고에서 웹 페이지를 표시하는 절차를 알 수 있을 것이다.

7.3.1 index 애플리케이션 생성하기

index 애플리케이션을 생성하자. 명령창에 **cd c:\mySite\Investar** 명령을 입력하여 디렉터리를 이동한 후 **python manage.py startapp index** 명령을 입력하면 된다. 이어서 C:\mySite\Investar\Investar\settings.py의 INSTALLED_APPS 리스트에 ① 'index' 앱을 추가하자.

```
INSTALLED_APPS = [
    'django.contrib.admin',
    'django.contrib.auth',
    'django.contrib.contenttypes',
    'django.contrib.sessions',
    'django.contrib.messages',
    'django.contrib.staticfiles',
    'hello',
    'index',  # ①
]
```

7.3.2 URLConf 추가하기

C:\mySite\Investar\Investar\urls.py 파일을 열어서 ② index 모듈 내의 views를 index_views로 임포트한 후, ③ 제일 마지막 라인에 path() 함수를 추가해서 URLConf를 수정한다. URL이 'index/'이면 index 애플리케이션 뷰의 **main_view()** 함수로 매핑하라는 의미다.

```
from index import views as index_views  # ②

urlpatterns = [
    path('admin/', admin.site.urls),
    re_path(r'^(?P<name>[A-Z][a-z]*)$', views.sayHello),
    path('index/', index_views.main_view),  # ③
]
```

7.3.3 뷰 수정하기

실제로 index 애플리케이션의 뷰에는 **main_view()** 함수가 없으므로, index/views.py 파일을 열어서 다음과 같이 **main_view()** 함수를 작성하자. **main_view()** 함수는 단순히 **django. shortcuts**의 **render()** 함수에 템플릿으로 사용할 파일명(index.html)만 넘겨주는 역할을 한다.

```
from django.shortcuts import render

def main_view(request):
    return render(request, 'index.html')
```

7.3.4 템플릿 작성

index 애플리케이션 디렉터리 밑에 templates 디렉터리를 생성한 뒤 템플릿으로 사용할 index.html 파일을 다음과 같이 작성하자.

코드_ 장고 인덱스 페이지

```html
<!-- ch07_01_index.html -->
<html>
    <head>
        <title>This is title.</title>
    </head>
    <body>
        <h1>This is heading1 text.</h1>
        <h2>This is heading2 text.</h2>
        <h3>This is heading3 text.</h3>
        <p>This is a paragraph.</p>
        This is plain text.<br />
        <b>This is bold text.</b><br />
        <i>This is Italic text.</i><br />
        <s>This is strike text.</s><br />
        <ol>
            <li>the first orderd list</li>
            <li>the second orderd list</li>
            <li>the third orderd list</li>
        </ol>
        <ul>
            <li>unorderd list</li>
            <li>unorderd list</li>
            <li>unorderd list</li>
        </ul>
        <table border=1>
            <tr>
                <th>table header 1</th>
                <th>table header 2</th>
                <th>table header 3</th>
            </tr>
            <tr>
                <td>table data 4</td>
                <td>table data 5</td>
                <td>table data 6</td>
            </tr>
            <tr>
                <td>table data 7</td>
                <td>table data 8</td>
                <td>table data 9</td>
            </tr>
        </table><br />
```

```
        <a href="www.djangoproject.com">Visit Django homepage!<br />
        <img src="Django_Logo.jpg" /></a> <!--④-->
    </body>
</html>
```

위의 코드에서 ④ `<img>` 태그로 이미지 파일을 HTML 페이지에 표시하려면 실제 이미지 파일이 필요하다. 장고 홈페이지에서 장고 로고 그림 파일을 캡처해서 Django_Logo.jpg 파일명으로 저장한 뒤 templates 디렉터리에 함께 넣어두자. 반드시 장고 로고 그림을 구할 필요는 없고 아무 그림 파일이나 사용해도 된다. index 애플리케이션의 최종 디렉터리 구조는 다음과 같다.

그림_ 장고 인덱스 애플리케이션 트리 구조

웹 브라우저로 http://localhost:8000/index 페이지로 접속해보면 다음과 같이 표시될 것이다. 예제에 기본 태그를 사용했다. 위의 HTML 코드와 실제로 표시된 내용을 비교해보면 쉽게 사용법을 익힐 수 있을 것이다.

그림_ 장고 인덱스 페이지

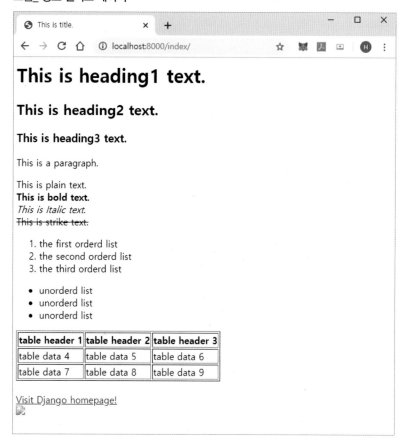

위의 그림에서 붉은 점선으로 표시한 원형 부분을 자세히 보면 제일 마지막 **\<img\>** 태그의 그림 파일이 제대로 표시되지 않았다. 장고에서는 이미지 파일이나 css 파일 등을 정적인^{static} 파일이라고 부르는데, 정적인 파일을 사용하려면 추가 작업이 필요하다.

7.3.5 정적인 파일

먼저 index 디렉터리 밑에 static 디렉터리를 생성한 후 다시 index 디렉터리를 생성하자. 그런 다음 index/static/index 디렉터리로 Django_Logo.jpg 파일을 이동한다. 파일 경로가 다소 복잡해보이긴 하지만, static 파일들의 파일명이 동일하더라도 애플리케이션별로 구분하여 관리할 수 있는 방식이다.

7.3.6 템플릿 태그

이미지가 제대로 보이게 하려면 C:\mySite\Investar\index\templates 디렉터리에 있는 index.html 파일의 맨 위에 ⑤ **{% load static %}**을 추가한 후 ⑦ ⟨img⟩ 태그의 src 속성을 **{% tag %}** 형식으로 변경해야 한다. **{% tag %}** 형식은 템플릿 태그template tags라고 부르며 파이썬 정식 문법은 아니지만 파이썬 객체를 사용하여 템플릿 내의 로직을 처리하는 데 쓴다.

코드_ 인덱스 페이지에 템플릿 태그 추가하기

```html
<!-- ch07_02_index.html -->
{% load static %}  <!--⑤-->
<html>
  <head>
    <title>This is title.</title>
    <link rel="stylesheet" href={% static "index/style.css" %} />  <!--⑥-->
  </head>
  <body>
    <!--... 중간 생략 ...-->
    <img src={% static "index/Django_Logo.jpg" %} /></a>  <!--⑦-->
  </body>
</html>
```

7.3.7 CSS(캐스케이딩 스타일 시트)

CSS 파일은 캐스케이딩 스타일 시트Cascading Style Sheets 또는 종속형 시트라고 불리며, HTML과 XHTML 같은 마크업 언어가 화면에 표시되는 방법을 기술하는 데 사용된다. HTML 파일이 사람의 몸이라면 CSS 파일은 옷에 해당하는 개념으로, HTML 파일의 수정 없이 CSS 파일만 변경하더라도 웹 시스템 전체가 CSS 파일에서 지정한 스타일로 보이게 된다.

테이블을 예쁘게 꾸며보자. index.html 파일에서 ⑥ CSS 파일의 위치를 지정해주자. 그런 다음 다음처럼 CSS 파일(style.css)을 작성해 index/static/index 디렉터리 밑에 함께 넣어 둔다.

코드_ 캐스케이딩 스타일 시트

```css
/* ch07_03_style.css */

/* 테이블 데이터와 테이블 헤더에 대한 스타일 지정  */
table td, table th {
    border: 1px solid #ddd;
    padding: 8px;
}

/* 테이블 행이 짝수 번째일 경우의 색상 지정 */
table tr:nth-child(even){background-color: #f2f2f2;}

/* 테이블 행에 마우스 커서를 올렸을 때의 색상 지정 */
table tr:hover {background-color: #ddd;}

/* 테이블 헤더에 대한 스타일 지정 */
table th {
    padding-top: 12px;
    padding-bottom: 12px;
    text-align: left;
    background-color: #4CAF50;
    color: white;
}
```

테이블 관련 태그들에 대하여 CSS 스타일을 지정하고, 이미지 파일도 제대로 표시되도록 static 경로를 생성한 이후, 웹 브라우저에서 http://localhost:8000/index에 다시 접속하면 다음과 같은 페이지가 표시된다.

위의 그림에서 보듯이 HTML 코드(index.html)에 CSS를 적용했더니 테이블이 녹색으로 변했다. 또한 장고 로고 이미지 파일을 static 경로로 옮겼더니 기존에 표시되지 않던 장고 로고 이미지가 정상 표시된다.

7.4 웹으로 계좌 잔고 확인하기

웹 브라우저의 주소창에 **http://localhost:8000/balance/?KEY1=VALUE1&KEY2=VALUE 2A&KEY2=VALUE2B**를 입력하면, 웹 브라우저는 ? 이후에 적힌 KEY와 VALUE 쌍들을 & 단위로 구분하여 서버에 전달한다. HTTP에서는 이러한 요청 방식을 GET 방식이라고 부른다.

실제로 장고 서버의 뷰에서 **request.GET.copy()** 함수를 통해서 넘겨받은 인수들을 출력해 보면, 다음과 같이 딕셔너리 형태로 표시된다. 동일한 키(KEY2)로 여러 값(VALUE2A와 VALUE2B)을 전달받을 수 있도록, 값 부분을 리스트 형태로 처리했다.

```
<QueryDict: {'KEY1': ['VALUE1'], 'KEY2': ['VALUE2A', 'VALUE2B']}>
```

사용자가 웹 브라우저에서 GET 방식으로 종목코드와 주식수를 입력했을 때, 네이버 금융으로 부터 해당 종목의 현재가를 조회하여 전체 평가 금액을 구하는 balance 애플리케이션을 작성 해보자.

예를 들어 사용자가 네이버 30주와 삼성전자 100주를 갖고 있다면, 웹 브라우저의 주소창에 다음처럼 종목코드와 주식수를 입력해서 계좌 잔고를 확인할 수 있을 것이다.

- **http://localhost:8000/balance/?NAVER종목코드=NAVER주식수&삼성전자종목코드=삼성 전자주식수**

http://localhost:8000/balance/?035420=30&005930=100에 접속해 계좌 잔고를 확인 해보자.

그림_ 웹으로 계좌 잔고 확인하기 #1

종목명	종목코드	현재가	주식수	등락률	평가금액
NAVER	035420	172,000	30	-0.58%	5,160,000
삼성전자	005930	50,300	100	-1.95%	5,030,000
계좌 잔고				10,190,000	

7.4.1 balance 애플리케이션 생성하기

명령창을 관리자 모드로 실행하고 **cd c:\mySite\Investar**를 입력하여 디렉터리를 이동한 후 **python manage.py startapp balance**를 입력하여 balance 애플리케이션을 생성한다. 그리고 Investar/setting.py의 **INSTALLED_APPS** 리스트에 ① 'balance'를 추가한다.

```
INSTALLED_APPS = [
    'django.contrib.admin',
    'django.contrib.auth',
    'django.contrib.contenttypes',
    'django.contrib.sessions',
    'django.contrib.messages',
    'django.contrib.staticfiles',
    'hello',
    'index',
    'balance',  # ①
]
```

7.4.2 URLConf 추가하기

Investar/urls.py 파일을 열어서 ② balance 모듈의 **views**를 **balance_views**로 임포트하고 ③ 제일 마지막 라인에 **path('balance/', balance_views.main_view),**를 추가한다. 이제 URL이 balance인 경우 balance 애플리케이션 뷰의 **main_view()** 함수로 매핑될 것이다.

```
from balance import views as balance_views  # ②

urlpatterns = [
    path('admin/', admin.site.urls),
    re_path(r'^(?P<name>[A-Z][a-z]*)$', views.sayHello),
    path('index/', index_views.main_view),
    path('balance/', balance_views.main_view),  # ③
]
```

7.4.3 현재가 구하기

현재가는 finance.naver.com/item/sise.nhn?code=종목코드 페이지에 접속해서 구한다. 네이버 종목코드는 035420이므로 finance.naver.com/item/sise.nhn?code=035420페이지로 접속하면 다음과 같이 네이버 종목에 대한 정보가 보일 것이다. 아래 빨간 사각형 점선으로 표시한 부분에서 네이버 종목의 현재가와 등락률을 뷰티풀 수프로 읽어오자.

그림_ 네이버 금융 종목별 시세 페이지

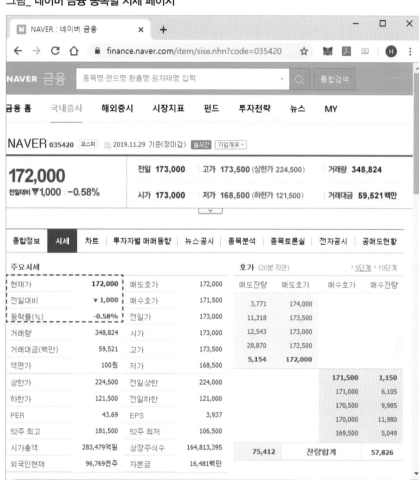

크롬 웹 브라우저에서 F12 키를 누른 뒤 Ctrl+Shift+F 키를 누르면 다음과 같은 검색창이 표시되는데, 이때 '등락률'로 검색하면 관련된 소스 코드가 표시된다.

그림_ 크롬 소스 코드 검색

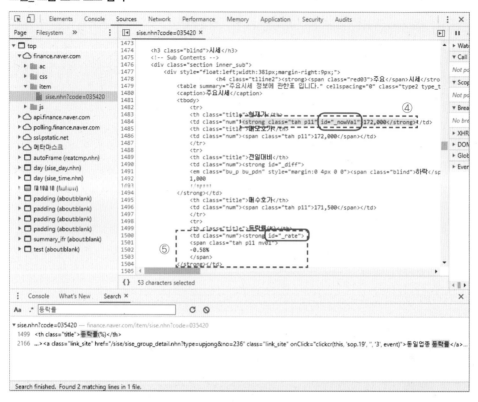

Beautiful Soup을 사용하여 `<title>` 태그에서 종목명을 추출한 뒤 ④ id가 '_nowVal'인 `<strong>` 태그에서 현재가를 추출하고, ⑤ id가 '_rate'인 `<strong>` 태그에서 등락률을 추출하면 된다.

7.4.4 뷰 수정하기

아직까지 balance 애플리케이션의 뷰에 `main_view()` 함수를 작성한 적은 없으므로 balance/views.py 파일을 열어서 다음과 같이 `main_view()` 함수를 작성한다.

코드_ **balance** 애플리케이션의 뷰

```python
# ch07_04_balance_views.py
from django.shortcuts import render
from bs4 import BeautifulSoup
import requests

def get_data(symbol):
    url = 'http://finance.naver.com/item/sise.nhn?code={}'.format(symbol)
    html = requests.get(url, headers={'User-agent':'Mozilla/5.0'}).text
    soup = BeautifulSoup(html, "lxml", from_encoding="euc-kr")
    cur_price = soup.find('strong', id='_nowVal')  # ①
    cur_rate = soup.find('strong', id='_rate')  # ②
    stock = soup.find('title')  # ③
    stock_name = stock.text.split(':')[0].strip()  # ④
    return cur_price.text, cur_rate.text.strip(), stock_name

def main_view(request):
    querydict = request.GET.copy()
    mylist = querydict.lists()  # ⑤
    rows = []
    total = 0

    for x in mylist:
        cur_price, cur_rate, stock_name = get_data(x[0])  # ⑥
        price = cur_price.replace(',', '')
        stock_count = format(int(x[1][0]), ',')  # ⑦
        sum = int(price) * int(x[1][0])
        stock_sum = format(sum, ',')
        rows.append([stock_name, x[0], cur_price, stock_count, cur_rate,
            stock_sum])  # ⑧
        total = total + int(price) * int(x[1][0])  # ⑨

    total_amount = format(total, ',')
    values = {'rows' : rows, 'total' : total_amount}  # ⑩
    return render(request, 'balance.html', values)  # ⑪
```

① id가 '_nowVal'인 <strong> 태그를 찾는다. cur_price 변수에 <strong class="tah p11" id="_nowVal">172,000</strong> 태그가 저장된다.

② id가 '_rate'인 <strong> 태그를 찾는다. cur_rate 변수에 <strong id="_rate"><span class="tah p11 nv01">-0.58%</span></strong> 태그가 저장된다.

③ `<title>` 태그를 찾는다. `stock` 변수에 `<title>NAVER : 네이버 금융</title>` 태그가 저장된다.

④ `<title>` 태그에서 콜론 (`':'`) 문자를 기준으로 문자열을 분리하여 종목명을 구한 뒤 문자열 좌우의 공백문자를 제거한다.

⑤ GET 방식으로 넘어온 `QueryDict` 형태의 URL을 리스트 형태로 변환한다.

⑥ `mylist`의 종목코드로 `get_data` 함수를 호출하여 현재가, 등락률, 종목명을 구한다.

⑦ `mylist`의 종목수를 `int`형으로 변환한 뒤 천 자리마다 쉼표(`','`)를 포함하는 문자열로 변환한다.

⑧ 종목명, 종목코드, 현재가, 주식수, 등락률, 평가금액을 리스트로 생성해서 `rows` 리스트에 추가한다.

⑨ 평가금액을 주식수로 곱한 뒤 total 변수에 더한다.

⑩ balance.html 파일에 전달할 값들을 `values` 딕셔너리에 저장한다.

⑪ balance.html 파일을 표시하도록 `render()` 함수를 호출하면서 인숫값에 해당하는 `values` 딕셔너리를 넘겨준다.

7.4.5 뷰에서 템플릿으로 컨텍스트 전달하기

템플릿에서 표시해야 할 컨텍스트가 있다면 딕셔너리 형태로 `render()` 함수의 세 번째 인수를 통해 넘겨주면 된다. 위의 뷰 코드에서는 **values = {'rows' : rows, 'total' : totalAmount}** 부분이 템플릿으로 전달되며, rows는 중첩된 리스트이기 때문에 템플릿에서도 {% for %} 태그를 중첩해서 사용해야 rows의 모든 원소를 출력할 수 있다.

```
{% for row in rows %}
<tr>
    {% for x in row %}
    <td>{{ x }}</td>
    {% endfor %}
</tr>
{% endfor %}
```

7.4.6 템플릿 작성

balance 애플리케이션 디렉터리 밑에 templates 디렉터리를 생성한 뒤 템플릿으로 사용할 balance.html 파일을 다음과 같이 작성하자.

코드_ balance 애플리케이션의 템플릿 페이지

```html
<!-- ch07_05_balance.html -->
{% load static %}
<html>
    <head>
        <title>Balance: {{ total }}</title>  <!--①-->
        <link rel="stylesheet" href="{% static 'balance/b_style.css' %}"/>
    </head>
    <body>
        <table>
            <tr>
                <th>종목명</th>
                <th>종목코드</th>
                <th>현재가</th>
                <th>주식수</th>
                <th>등락률</th>
                <th>평가금액</th>
            </tr>
            {% for row in rows %}
            <tr>
                {% for x in row %}
                <td>{{ x }}</td>  <!--②-->
                {% endfor %}
            </tr>
            {% endfor %}
            <tr>
                <th colspan=3>계좌 잔고</th>
                <th colspan=3>{{ total }}</th>  <!--③-->
            </tr>
        </table>
    </body>
</html>
```

① 웹 페이지의 타이틀 영역에 계좌 잔고 {{total}}를 표시한다.

② 중첩된 {% for %} 태그를 이용해서 중첩된 리스트인 rows의 모든 원소{{x}}를 출력한다.

③ 3개 칼럼을 하나로 통합하여 계좌 잔고 {{total}}를 표시한다.

7.4.7 캐스케이딩 스타일 시트 적용

b_style.css 파일도 작성해 balance/static/balance 디렉터리에 함께 넣어두자.

코드_ balance 애플리케이션의 CSS 페이지

```
/* ch07_06_b_style.css */

/* 테이블 폰트 및 테두리선 설정 */
table {
    font-family: Arial, Helvetica, sans-serif;
    border-collapse: collapse;
}

/* 테이블 데이터 및 테이블 헤더 설정 */
table td, table th {
    border: 1px solid #ddd;
    padding: 8px;
}

/* 테이블 행이 짝수 번째일 때의 색상 지정 */
table tr:nth-child(even){background-color: #f2f2f2;}

/* 테이블 행 위에 마우스 컬러가 올려졌을 때의 색상 지정 */
table tr:hover {background-color: #ddd;}

/* 테이블 헤더의 스타일 지정 */
table th {
    padding-top: 12px;
    padding-bottom: 12px;
    background-color: #4D92AA;
    text-align: center;
    color: white;
}

/* 테이블 데이터의 텍스트 정렬 방식을 지정 */
table td:nth-child(1){text-align: left;}
table td:nth-child(2){text-align: center;}
table td:nth-child(3){text-align: right;}
table td:nth-child(4){text-align: right;}
table td:nth-child(5){text-align: right;}
table td:nth-child(6){text-align: right;}
```

7.4.8 웹으로 계좌 잔고 확인하기

balance 애플리케이션과 관련된 코드를 모두 작성했으니 장고 서버를 재시작하고 웹 브라우저 주소창에 여러분이 보유한 주식 종목코드와 수를 **http://localhost:8000/balance/?종목코드=종목수&종목코드=종목수** 형식으로 입력해보자. 다음처럼 입력한 종목이 모두 표시되고 별다른 에러 없이 계좌 잔고까지 표시되면 제대로 작성했다고 볼 수 있다.

그림_ 웹으로 계좌 잔고 확인하기 #2

종목명	종목코드	현재가	주식수	등락률	평가금액
NAVER	035420	172,000	30	-0.58%	5,160,000
삼성전자	005930	50,300	100	-1.95%	5,030,000
셀트리온	068270	174,000	50	-2.52%	8,700,000
카카오	035720	155,500	40	-0.96%	6,220,000
TIGER 미국채10년선물	305080	11,575	2,200	+0.17%	25,465,000
계좌 잔고					50,575,000

balance 애플리케이션 자체는 그리 복잡하지 않았지만, 장고에서 웹 페이지로 표시하려면 URL 처리, 뷰 처리, 템플릿 태그 처리 등 기본적으로 거쳐야 하는 과정이 제법 있다. 이 책의 목적이 장고를 완벽하게 익히는 데 있지 않으므로 장고를 더 상세히 다루지 않는다. 장고를 더 익히고 싶다면 지금까지 다룬 내용을 응용하여 6장에서 소개했던 트레이딩 전략 결과를 장고 웹 페이지로 보여주도록 바꿔보기 바란다.

7.5 슬랙으로 알림 메시지 보내기

슬랙 API를 활용하면 슬랙 사용자에게 알림 메시지를 보낼 수 있다. 이 기능을 활용하면 매매 체결 내역이라든가 서버 시스템 에러 상황을 사용자에게 알려줄 때 요긴하다. 또한 주기적으로 계좌 잔고를 보내주거나 주가가 5% 이상 등락할 때 알림 메시지를 보내주는 등 활용 방안이 많기 때문에 시스템 자동화에 반드시 필요한 라이브러리다.

먼저, 슬랙 API와 슬래커라는 파이썬 라이브러리를 활용하여, 슬랙 사용자의 PC나 스마트 폰으로 메시지를 전송해보자.

7.5.1 슬랙의 특징

슬랙은 사진 공유 사이트 플리커Flickr 공동창업자 출신의 스튜어트 버터필드Stewart Butterfield가 만든 클라우드 기반 팀 협업 도구이자 서비스다. 슬랙은 그가 타이니 스펙Tiny Speck를 설립하여 온라인 게임 글리치Glitch를 제작하는 데 사용하던 내부 개발자용 협업 도구에서 시작되었다. IRCInternet Relay Chat와 유사한 채팅방을 제공한다. 슬랙은 모든 대화와 지식을 검색할 수 있는 로그Searchable Log of All Conversation and Knowledge의 줄임말로, 파일, 대화, 사람 등을 비롯하여 슬랙 내부의 모든 컨텐츠를 검색할 수 있다.

7.5.2 워크스페이스와 앱 만들기

슬랙으로 알림 메시지를 보내려면 제일 먼저 슬랙 홈페이지(www.slack.com)에 접속해 워크스페이스를 만들어야 한다. 워크스페이스workspace는 회사 사람들이나 친구들을 초대하여 함께 일하거나 대화할 수 있는 공간으로, 여러 채팅방을 모아놓은 개념이다. 슬랙 홈페이지에서 이메일 주소를 입력하고 'Try for free' 버튼을 클릭하면 'Create workspace' 메뉴를 찾을 수 있다. 필자는 Investar라는 이름으로 워크스페이스를 만들었으니, 여러분도 원하는 이름으로 워크스페이스를 만들자.

워크스페이스를 생성했으면, 슬랙 API 홈페이지에 접속하여 앱(Slack Application)을 생성하자.

• 슬랙 API 홈페이지 : api.slack.com

메뉴명이나 위치는 자주 바뀌므로 캡처 그림을 참고하여 잘 찾아야 한다. ① 앱 이름으로 mySTockBot을 입력하고, ② 워크스페이스에는 이전 단계에서 생성한 워크스페이스명을 선택한다.

그림_ 슬랙 앱 생성하기

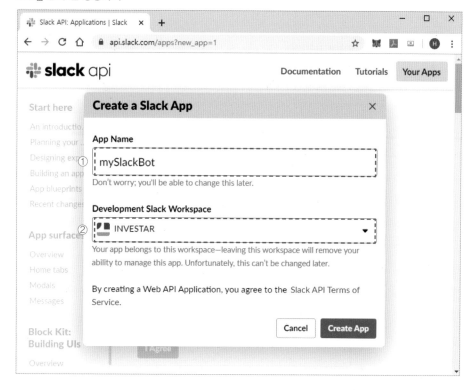

7.5.3 봇 기능 추가하기

앱이 생성된 다음에는 화면 좌측에 있는 ③ OAuth & Permissions 메뉴를 클릭한다.

그림_ 슬랙 봇 기능 추가하기

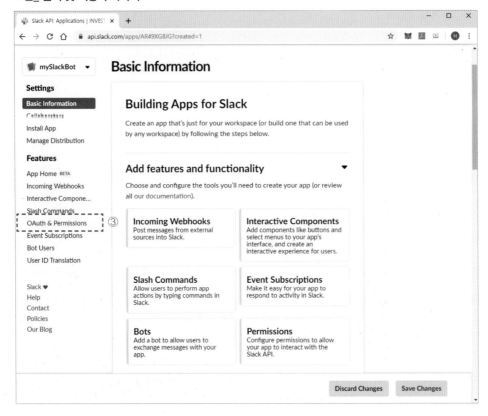

7.5.4 토큰 발급하기

다음으로 할 일은 봇Bots의 토큰 영역을 설정하는 것이다. 우리는 봇을 사용해 앱 사용자들과 메시지를 교환하는 것이 목적이므로 Bot Token Scope에서 ④ chat:write를 선택한 후 ⑤ 'Add an OAuth Scope' 버튼을 클릭한다.

그림_ 봇 토큰 영역 설정하기

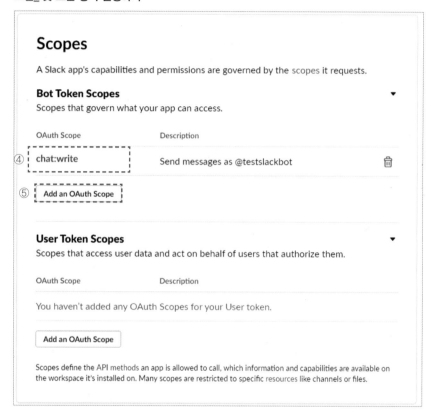

이후 'Install App to Workspace' 버튼을 활성화되면 이를 클릭하여 워크스페이스에 앱을 설치한다. 워크스페이스에 앱을 설치하면, 앱을 인증받을 때 사용할 수 있는 토큰token이 발급된다.

그림_ 슬랙 토큰 발급하기

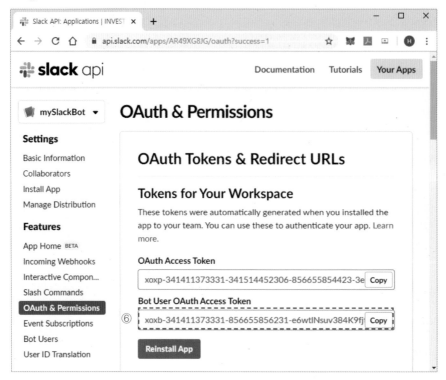

토큰은 일종의 패스워드와 같은 개념으로, 토큰 종류에 따라 사용할 수 있는 슬랙 API 범위가 달라진다. 우리는 ⑥ 두 번째 xoxb로 시작되는 봇 사용자용 토큰을 사용할 것이다.

7.5.5 슬랙으로 메시지 보내기

슬랙 API를 사용해서 메시지를 보내려면 파이썬 외부 라이브러리인 슬래커slacker가 필요하므로, 명령창에서 **pip install slacker**를 입력하여 설치한다.

슬랙으로 메시지를 보내는 코드는 단 세 줄이다. Slacker 객체를 생성하며 봇 사용자용 토큰을 넘겨주어야 한다. 또한 post_message() 함수의 첫 번째 인수로 워크스페이스가 아닌 채팅방 이름channel을 넘겨줘야 한다. 채널명 앞 부분에 있는 #은 있으나 없으나 상관없다.

```
from slacker import Slacker
slack = Slacker('xoxb-341411373331-856655856231-e6wtlNsuv384K9fjtaIS7WiX')
slack.chat.post_message('#general', 'Hello, my friend!')
```

그림_ 슬랙 봇으로 메시지를 보낸 모습

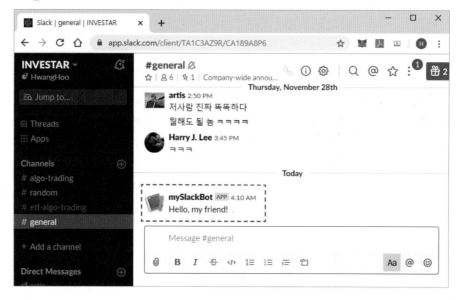

7.5.6 다양한 포맷으로 메시지 보내기

텍스트가 모노 폰트로 출력되어 단조로운 감이 있다면, 마크다운 형식을 사용하여 텍스트 포맷을 변경하여 출력할 수도 있다. 또한, 첨부를 활용하면 더 다양한 방식으로 표현이 가능하고 버튼 등을 표시할 수도 있다.

그림_ 마크다운 메시지 보내기

```
# ch07_07_Slack_SendMessage.py
from slacker import Slacker
slack = Slacker('xoxb-341411373331-856655856231-e6wtlNsuv384K9fjtaIS7WiL')

markdown_text = '''
```

```
This message is plain.
*This message is bold.*
'This message is code.'
_This message is italic._
~This message is strike.~
'''

attach_dict = {
    'color'      :'#ff0000',
    'author_name':'INVESTAR',
    'author_link':'github.com/investar',
    'title'      :'오늘의 증시 KOSPI',
    'title_link' :'http://finance.naver.com/sise/sise_index.nhn?code=KOSPI',
    'text'       :'2,326.13 ⚊11.89 (+0.51%)',
    'image_url'  :'https://ssl.pstatic.net/imgstock/chart3/day/KOSPI.png'
}

attach_list = [attach_dict]
slack.chat.post_message(channel="#general", text=markdown_text,
attachments=attach_list)
```

다음은 위의 코드로 보낸 메시지를 스마트폰에서 캡처한 그림이다. 첨부 블럭의 내부에는
KOSPI 그래프 그림 파일을 링크하여 표시했고, 작성자나 제목 텍스트를 누르면 지정한 웹 페
이지로 자동으로 연결되도록 했다.

그림_ 마크다운 메시지를 스마트폰에서 받은 모습

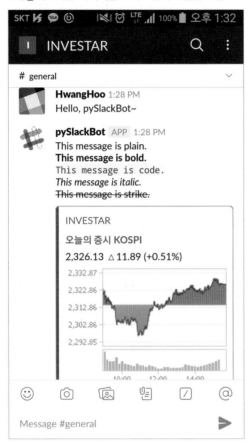

7.6 백트레이더를 활용한 백테스트

백테스트는 최근 인기를 끌고 있는 퀀트 투자quantitative investment에서 핵심 요소다. 특정 투자 전략을 실제로 시장에 적용해보기 전에, 과거 데이터historical data를 사용해 해당 전략이 얼마나 효과적인지를 검증하는 데 사용된다.

백테스트는 백back이라는 단어에서도 알 수 있듯이 과거 데이터를 기반으로 테스트를 진행하기 때문에, 백테스트에서 좋은 결과가 나온다고 해도 미래에도 동일한 결과가 나온다고 보장할 수는 없다. 따라서 조금이라도 더 신뢰할 수 있는 결과를 얻으려면 최대한 긴 기간 동안 수집된 다량의 데이터를 이용해 검증해야 한다.

일반적인 백테스트 소프트웨어의 기본 기능은 사용자가 입력한 초기 투자 금액을 과거의 지정된 기간 동안 사용자가 설정한 매매기법에 따라 운용했을 때 발생하는 최종 수익을 알려주는 것이다. 소프트웨어마다 다르기는 하지만 백테스트 결과를 더 효율적으로 나타내기 위해서 다음과 같은 여러 통계적 지표를 제공하기도 한다.

- CAGR(Compound Annual Growth Rates, 연평균 성장률)
- MDD(Maximum Drawdown, 최대 손실 낙폭)
- 상관계수(Coefficient of Correlation)
- 샤프지수(Sharpe Ratio)

사실 위에 언급된 지표들은 그동안 이 책에서 순수 파이썬 코드로 모두 구현했던 지표들로, 계량 투자뿐만 아니라 모든 투자에 임하기에 앞서 기본적으로 검토해야 할 사항들이다. 혹시라도 확실하게 이해하고 있지 못한 부분이 있다면, 지금이라도 다시 해당 페이지를 펼쳐서 반드시 이해하고 넘어가기 바란다.

백테스트에 사용할 파이썬 라이브러리로는 집라인Zipline, 파이알고트레이드PyAlgoTrade, 트레이딩위드파이썬TradingWithPython, 파이백테스트PyBacktest 등이 있다. 이 중 집라인이 대중적으로 많이 사용되나, 파이썬 버전 대응이 느린 단점이 있다. 최근 들어 오픈 소스 기반의 백트레이더Backtrader 라이브러리가 각광을 받는데, 문서화가 잘 되어있고 무엇보다 다른 라이브러리에 비해서 직관적이고 사용하기 쉽다.

7.6.1 백트레이더 설치

언제나 그렇듯이 **pip install backtrader**로 backtrader 라이브러리부터 설치하자. backtrader의 리포트 출력 기능을 사용하려면 **pip install matplotlib**으로 맷플롯립 라이브러리를 미리 설치해둬야 한다.

백트레이더 홈페이지 주소는 www.backtrader.com다. 접속해서 Quick Start 및 미리 준비된 여러 문서를 읽어보자. 커뮤니티에 접속하면 질의응답뿐만 아니라 수많은 백트레이더 사용자와 깊이 있는 토론을 나눌 수 있다.

그림_ 백트레이더 홈페이지

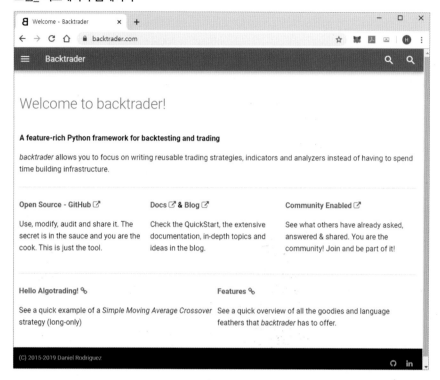

7.6.2 상대적 강도 지수

첫 백테스트로 엔씨소프트(036570) 주식을 상대적 강도 지수relative strength index, RSI를 이용해서 매매했을 때의 수익률을 확인해보자. 이미 6장에서 엔씨소프트 종목을 삼중창 매매 시스템으로 구현한 적이 있으므로, 이번에도 비교하기 쉽도록 같은 기간에 대해 백테스트를 수행하겠다.

이에 앞서, RSI에 대해서 간단히 짚어보고 가자. RSI는 금융 시장 분석을 위한 기술적 지표 중의 하나로, 1978년에 웰리스 와일더Welles Wilder가 개발했다. RSI는 가격의 움직임의 강도를 백분율로 나타내며, 언제 추세가 전환될지 예측하는 데 유용하다.

$$RS = \frac{N일간의\ 상승폭\ 평균}{N일간의\ 하락폭\ 평균}\ ,\ RSI = 100 - \frac{100}{(1 + RS)}$$

일반적으로 RSI가 70 이상일 때 과매수overbought 구간으로 보고 매도 시점으로 해석한다. 반대로 30 이하이면 과매도oversold 구간으로 보고 매수 시점으로 해석한다.

7.6.3 RSI를 이용한 단순 백테스트

아래 코드는 백트레이더 라이브러리를 이용하여 엔씨소프트 종가 정보를 취합한 뒤 천만 원의 초기 투자 금액으로 RSI 지표에 따라 매매했을 때의 백테스트 결과를 출력하는 예다.

그림 백트레이더와 RSI를 이용한 단수 백테스트

```python
# ch07_08_Backtrader_RSI.py
from datetime import datetime
import backtrader as bt

class MyStrategy(bt.Strategy):  # ①
    def __init__(self):
        self.rsi = bt.indicators.RSI(self.data.close)  # ②
    def next(self):  # ③
        if not self.position:
            if self.rsi < 30:
                self.order = self.buy()
        else:
            if self.rsi > 70:
                self.order = self.sell()

cerebro = bt.Cerebro()  # ④
cerebro.addstrategy(MyStrategy)
data = bt.feeds.YahooFinanceData(dataname='036570.KS',  # ⑤
    fromdate=datetime(2017, 1, 1), todate=datetime(2019, 12, 1))
cerebro.adddata(data)
cerebro.broker.setcash(10000000)  # ⑥
cerebro.addsizer(bt.sizers.SizerFix, stake=30)  # ⑦

print(f'Initial Portfolio Value : {cerebro.broker.getvalue():,.0f} KRW')
cerebro.run()  # ⑧
print(f'Final Portfolio Value   : {cerebro.broker.getvalue():,.0f} KRW')
cerebro.plot()  # ⑨
```

① bt.Strategy 클래스를 상속받아서 MyStrategy 클래스를 작성한다.

② RSI 지표를 사용하려면 **MyStrategy** 클래스 생성자에서 RSI 지표로 사용할 변수를 지정한다.

③ next() 메서드는 주어진 데이터와 지표^{indicator}를 만족시키는 최소 주기마다 자동으로 호출된다. 시장에 참여하고 있지 않을 때 RSI가 30 미만이면 매수하고, 시장에 참여하고 있을 때 RSI가 70을 초과하면 매도하도록 구현한다.

④ **Cerebro** 클래스는 백트레이더의 핵심 클래스로서, 데이터를 취합하고 백테스트 또는 라이브 트레이딩을 실행한 뒤 그 결과를 출력하는 기능을 담당한다.

⑤ 엔씨소프트(036570.KS)의 종가 데이터는 야후 파이낸스 데이터를 이용해서 취합한다.

⑥ 초기 투자 자금을 천만 원으로 설정한다.

⑦ 엔씨소프트 주식의 매매 단위는 30주로 설정한다. 보유한 현금에 비해 매수하려는 주식의 총 매수 금액(주가×매매 단위)이 크면 매수가 이루어지지 않음에 유의하자.

⑧ **Cerebro** 클래스로 백테스트를 실행한다.

⑨ 백테스트 결과를 차트로 출력한다.

실행 후 출력되는 텍스트는 다음과 같다. 1,000만 원의 초기 투자금액이 1,292만 원으로 늘어났다.

```
Initial Portfolio Value : 10,000,000 KRW
Final Portfolio Value   : 12,925,000 KRW
```

몇 줄 안 되는 코드지만, 백트레이더는 백테스트 결과를 멋지게 출력한다. 연두색 상향 삼각형은 매수 시점을 빨간색 하향 삼각형은 매도 시점을 나타낸다.

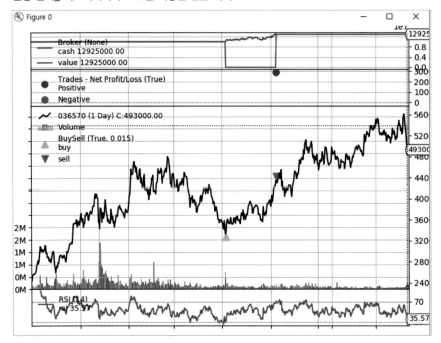

위 그림을 보면 2018년 5월에 매수해서 2018년 9월에 매도해 단 한 차례 매매로 29% 수익을 올렸음을 알 수 있다. 6장에서 살펴본 삼중창 매매 시스템에서 동일한 테스트 기간 동안 두 차례 매매로 82% 수익을 올렸던 것에 비해 상당히 저조하다. 하지만 이번 예시는 백트레이더 기능 설명에 초점을 맞추고자 단순히 RSI 지표만 이용했기 때문이지 백트레이더 기능 자체가 단순해서 그런 것은 아니다.

7.6.4 RSI_SMA를 이용한 백테스트

지금까지 기본적인 백트레이더 사용법을 익혔다. 하지만 앞선 예제에서는 수수료나 세금 계산이 빠져 있고, 주식 매매 단위도 100으로 고정되어 실제 매매와는 다소 차이가 난다.

매매 주문에 대한 처리 결과를 상세히 출력하도록 기존 코드를 보완하자. 이번에는 엔씨소프트 주식으로 백테스트를 수행하되, 기존에 사용한 RSI 지표 대신 21일 단순 이동 평균에 대한 RSI_SMA를 지표로 사용한다. RSI_SMA는 커틀러 RSI라고도 하며 상승분과 하락분을 계산할 때 지수 이동 평균 대신 단순 이동 평균을 이용한다.

bt.indicators 패키지는 Accdecoscillator, ATR, Bollinger, CCI, Crossover, Deviation, DirectionalMove, DMA, EMA, Ichimoku, MACD, Momentum, Sma, Stochastic, Williams, WMA 등 대부분 지표를 이미 모듈로 제공하고 있다.

코드_ RSI_SMA를 이용한 백테스트

```python
# ch07_09_Backtrader_RSI_SMA.py
import backtrader as bt
from datetime import datetime

class MyStrategy(bt.Strategy):
    def __init__(self):
        self.dataclose = self.datas[0].close
        self.order = None
        self.buyprice = None
        self.buycomm = None
        self.rsi = bt.indicators.RSI_SMA(self.data.close, period=21)

    def notify_order(self, order):  # ①
        if order.status in [order.Submitted, order.Accepted]:
            return
        if order.status in [order.Completed]:  # ②
            if order.isbuy():
                self.log(f'BUY  : 주가 {order.executed.price:,.0f}, '
                    f'수량 {order.executed.size:,.0f}, '
                    f'수수료 {order.executed.comm:,.0f}, '
                    f'자산 {cerebro.broker.getvalue():,.0f}')
                self.buyprice = order.executed.price
                self.buycomm = order.executed.comm
            else:
                self.log(f'SELL : 주가 {order.executed.price:,.0f}, '
                    f'수량 {order.executed.size:,.0f}, '
                    f'수수료 {order.executed.comm:,.0f}, '
                    f'자산 {cerebro.broker.getvalue():,.0f}')
            self.bar_executed = len(self)
        elif order.status in [order.Canceled]:
            self.log('ORDER CANCELD')
        elif order.status in [order.Margin]:
            self.log('ORDER MARGIN')
```

```
        elif order.status in [order.Rejected]:
            self.log('ORDER REJECTED')
        self.order = None

    def next(self):
        if not self.position:
            if self.rsi < 30:
                self.order = self.buy()
        else:
            if self.rsi > 70:
                self.order = self.sell()

    def log(self, txt, dt=None):  # ③
        dt = self.datas[0].datetime.date(0)
        print(f'[{dt.isoformat()}] {txt}')

cerebro = bt.Cerebro()
cerebro.addstrategy(MyStrategy)
data = bt.feeds.YahooFinanceData(dataname='036570.KS',
    fromdate=datetime(2017, 1, 1), todate=datetime(2019, 12, 1))
cerebro.adddata(data)
cerebro.broker.setcash(10000000)
cerebro.broker.setcommission(commission=0.0014)  # ④
cerebro.addsizer(bt.sizers.PercentSizer, percents=90)  # ⑤

print(f'Initial Portfolio Value : {cerebro.broker.getvalue():,.0f} KRW')
cerebro.run()
print(f'Final Portfolio Value   : {cerebro.broker.getvalue():,.0f} KRW')
cerebro.plot(style='candlestick')  # ⑥
```

① 기존 코드에 비해서 가장 큰 변화는 MyStrategy 클래스에 notify_order() 메서드가 추가되었다는 점이다. 이 메서드는 주문(order) 상태에 변화가 있을 때마다 자동으로 실행된다. 인수로 주문(order)를 객체를 넘겨받는다. 주문 상태는 완료(Completed), 취소(Canceled), 마진(Margin), 거절(Rejected) 등으로 나뉜다.

② 주문 상태가 완료(Completed)이면 매수인지 매도인지 확인하여 상세 주문 정보를 출력한다. 주문 처리 관련 코드는 기존과 같다. 단지 주문 상태를 출력해주는 기능을 추가했다.

③ log() 메서드는 텍스트 메시지를 인수로 받아서 셀 화면에 주문 일자와 함께 출력하는 역할을 한다.

④ 수수료(commission)는 매수나 매도가 발생할 때마다 차감된다. 우리나라는 주식을 매도할 때 0.25%를 증권거래세로 내야 하고, 증권회사별로 다르긴 하지만 주식을 매수하거나 매도할 때 일반적으로 0.015%를 증권거래수수료로 내야 한다. 즉, 주식을 한 번 거래(매수/매도)할 때 대략 0.28% 비용이 소요된다. 백트레이더에서는 매수와 매도 시점마다 수수료가 동일 비율로 두 번 차감되므로, 0.28%를 2로 나누어 수수료를 0.14%로 설정했다.

⑤ 사이즈(size)는 매매 주문을 적용할 주식수를 나타내며, 특별히 지정하지 않으면 1이다. PercentSizer를 사용하면 포트폴리오 자산에 대한 퍼센트로 지정할 수 있는데, 100으로 지정하면 수수료를 낼 수 없어서 ORDER MARGIN이 발생하므로, 수수료를 차감한 퍼센트로 지정해야 한다.

⑥ 주가를 표시할 때 캔들스틱 차트로 표시한다.

위의 소스 코드를 실행한 결과는 아래 그림과 같다. RSI 지표를 사용했을 때 한 차례 매매만 발생했던 것에 비해 RSI_SMA 지표는 세 번 매매가 발생했으며, 수익률도 RSI가 29%였던 것에 비해 43%로 많이 증가했다.

그림_ 텍스트 출력 결과

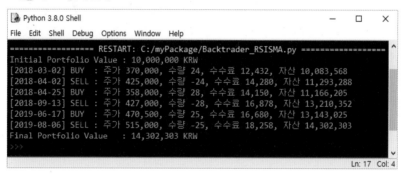

백트레이더의 실행 결과 차트도 함께 분석해보자. 네 가지 그래프가 표시되는데 위에서부터 ① 현금/전체 자산 비율, ② 수익 금액, ③ 주가 차트 및 매수/매도 시점, ④ RSI SMA 그래프다.

실행 결과_ RSI_SMA를 이용한 백테스트

위의 그림에서 제일 위의 그래프는 자산 가치를 나타내는 파란 선과 현금을 나타내는 빨간 선으로 이루어져 있다. 우측 상단의 빨간 박스로 표시된 부분은 포트폴리오에서 남은 최종 현금인 14,302,303원을 나타낸다. 이는 2019년 8월 6일에 엔씨소프트 25주를 매도하고 남은 금액을 포함한다.

두 번째 그래프는 매매(매수/매도) 결과에 대한 수익 금액을 표시해준다. 파란 원은 수익을 나타내고 빨간 원은 손실을 나타내는데, 원의 높이가 바로 수익 또는 손실 금액의 크기다. 파란 원이 세 개이므로, 매매 세 번 모두 수익으로 이어졌음을 알 수 있다.

세 번째 그래프는 엔씨소프트의 주가 흐름을 캔들스틱 차트로 나타내면서, 매수 시점을 연두색 삼각형으로 표시하고 매도 시점을 빨간 삼각형으로 표시한 예다.

네 번째 그래프에서는 주가 흐름에 따른 상대적 강도 지수의 단순 이동 평균RSI SMA을 보여준다. 빨간 색 점선 원으로 표시한 부분을 보면 상대적 강도 지수가 30 이하이므로 과매도 시점으로 판단할 수 있고, 이후 하락하던 주가가 상승으로 추세 전환하는 모습을 확인할 수 있다.

7.7 핵심 요약

- 장고는 초당 5만 번 이상의 트래픽을 견딜 수 있을만큼 견고하다. 반면 플라스크는 마이크로프레임워크를 표방하기 때문에 가볍고 개발 자유도가 높다.

- 웹 프로그램을 개발할 때 MVC(model-view-controller) 패턴을 이용하면 각 요소가 다른 요소에 영향을 주지 않는다. 장고에도 이와 유사한 MTV(model-template-view) 패턴이 있다.

- MTV 패턴에서 모델(model)은 데이터베이스에 데이터를 읽고 쓰며, 템플릿(template)은 사용자에게 보여줄 부분을 렌더링 처리하고, 뷰(view)는 URL 요청에 맞게 함수를 호출하고 처리된 데이터를 템플릿에 전달한다.

- ORM(object-relational mapping)은 파이썬 객체와 관계형 데이터베이스를 연결한다. 기존의 웹 프로그래머들은 SQL 언어를 이용하여 데이터베이스에 접근했지만, ORM에서는 models.py 파일에 모델 클래스를 정의하면 이에 대한 매핑 테이블이 데이터베이스에 자동으로 생성된다.

- 기존의 웹 개발 방식에서는 wwwroot 같은 디렉터리에 index.html 파일이나 index.asp 파일을 함께 넣어두는 것이 가능했지만, 장고에서는 보안성을 높이기 위해 파이썬 코드와 HTML 페이지를 동일한 디렉터리에 두지 못한다.

- 장고에서 이미지 파일들이나 css 파일 등을 정적 파일이라고 부른다.

- 백테스트는 과거 데이터를 사용해 미리 해당 전략이 얼마나 효과적인지를 가늠하는 데 사용된다. 그동안 파이썬 백테스트 라이브러리로 집라인(Zipline)이 많이 사용됐지만 최근 들어서는 백트레이더(backtrader)가 인기를 끌고 있다.

- 상대적 강도 지수(relative strength index, RSI)는 모멘텀 오실레이터 중의 하나로 가격 움직임의 강도를 백분율로 나타내며, 언제 추세가 전환될지 예측하는 데 유용하다. 일반적으로 RSI가 70 이상일 때 과매수 구간으로 보고 매도 시점으로 해석한다. 반대로 30 이하이면 과매도 구간으로 보고 매수 시점으로 대응해야 한다.

## CHAPTER 8

변동성 돌파 전략과 자동매매

이번 장에서는 래리 윌리엄스의 변동성 돌파 전략과 대신증권 크레온 API를 이용해 자동 매매 시스템을 구축해보자. 매일 아침 자동매매 프로그램이 구동되어 대신증권에 로그인한 후 변동성 돌파 전략에 따라 자동으로 매수/매도 주문을 내도록 크레온 API를 이용할 것이다. 슬랙 API을 이용하여 주문 및 처리 결과 메시지를 실시간으로 스마트폰으로 전달한다.

이 장에서 다루는 내용은 다음과 같다.

- 래리 윌리엄스의 변동성 돌파 전략
- 크레온 플러스 API를 이용한 주가 및 계좌 정보 조회
- 최유리 FOK 매수 주문/최유리 IOC 매도 주문 구현
- 자동매매를 하도록 작업 스케줄러 등록

8.1 래리 윌리엄스의 변동성 돌파 전략

변동성 돌파volatility break-out 전략은 선물 트레이더의 대가인 래리 윌리엄스Larry R. Williams가 개발한 투자 전략이다. 가격이 전일 가격 범위의 K% 이상이 될 때 매수한 후 장마감 시 매도해서 수익을 실현하는 단기 트레이딩 기법이며, 추세가 한 번 형성되면 가격은 계속 그 방향으로 움직인다는 추세 추종trend following 이론에 기반한다.

래리 윌리엄스는 1987년 월드컵 선물 트레이딩 챔피언십에서 1년 동안 실제로 1만 달러를 110만 달러 이상으로 만들어 우승한 경험이 있다. 아버지의 가르침을 받은 딸 미셸 윌리엄스도 10년 후 같은 대회에 17세의 나이로 출전해서 우승했다.

래리 윌리엄스가 개발한 Williams %R 지표는 스토캐스틱에서 파생되었다. 일정 기간 동안의 최고가와 최저가 중심축에서 현재가가 중심축의 어느 위치에 있는지를 %로 표시한다.

8.1.1 변동성 돌파 전략

변동성 돌파 전략은 일day 단위로 이루어지는 단기 매매기법이다. 매매 기간이 하루를 넘기지 않고 무조건 종가에 매도하기 때문에 장마감 후 악재가 발생하더라도 매매에 영향을 미치지 않아서 다음 날 시가에 매도하는 것보다 상대적으로 더 안전하다.

> 1. 전날의 고가high에서 저가low를 빼서 가격 변동폭을 계산한다.
>
> 2. 장중 가격이 오늘 시가open + 전일 변동폭 * K를 돌파할 때 매수한다(일반적으로 K값은 0.5를 사용하지만, 수익률에 따라 조정하는 것이 좋다).
>
> 3. 장마감 시 무조건 매도한다.

위의 매매 단계를 그래프로 표현해보면 다음과 같다.

그림_ 변동성 돌파 전략

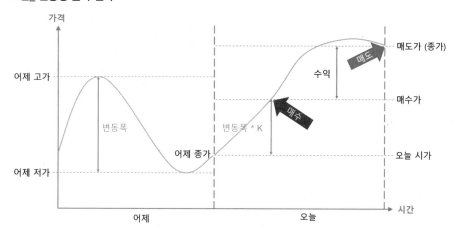

8.2 크레온 플러스 API

2020년 현재 파이썬에서 사용 가능한 API를 제공하는 국내 증권회사는 키움증권, 대신증권, 이베스트증권이 있다. 최근에는 일부 증권사에서 거래 수수료를 받지 않는 경우가 있지만, 아직까지 API 거래 수수료를 받지 않는 증권사는 존재하지 않는다. 회사별로 제공하는 API가 지니는 장단점은 다음과 같다.

표_ 증권사별 API 기능 비교

	키움증권 Open API+	대신증권 CREON 플러스 API	이베스트증권 xingAPI
제공 방식	OCX[1]	COM	COM, DLL
파이썬 지원	보통	좋음	보통
API 사용성	보통	좋음	좋음
API 거래 수수료	0.015% (HTS 수준)	0.015% (HTS 수준) 또는 월정액 15,000원 + 0.0088%	0.015% (HTS 수준)

---

1 OLE Custom Control. ActiveX 모듈의 확장자가 .ocx다. 객체 연결 및 포함(Object Linking and Embedding, OLE)은 윈도우 내부에서 객체를 연결/삽입해서 데이터를 공유하는 프로토콜이다.

우리는 변동성 돌파 전략을 구현하는 데 대신증권 크레온 플러스 API를 사용한다. 그 이유는 함수 호출 즉시 결괏값을 받을 수 있어서 직관적인 프로그래밍이 가능하기 때문이다. 또한 문서화가 잘되어 있고, 공식 홈페이지에서 Q&A 게시판을 제공한다.

8.2.1 크레온 로그인

먼저 크레온 계좌를 생성해야 한다. 신분증(주민등록증, 운전면허증)과 스마트폰, 본인 명의의 다른 은행/증권 계좌가 있다면, 굳이 대신증권에 방문하지 않아도 스마트폰에서 크레온 앱을 실행해서 비대면 계좌 개설이 가능하다.

계좌 개설을 완료했다면 크레온 홈페이지(https://www.creontrade.com)에 먼저 ID로 접속 한 후, '온라인지점 〉 서비스 신청관리 〉 시스템 트레이딩' 메뉴로 이동 후 시스템 트레이딩을 신청 한다. 이어서 '고객라운지 〉 트레이딩 안내 〉 다운로드센터'로 이동해 CREON HTS 프로그램을 다운로드해 실행하자. CREON HTS 프로그램 안에 CREON 플러스 API가 포함되어 있으므로, CREON HTS 프로그램만 설치해도 CREON 플러스 API도 함께 사용할 수 있다.

그림_ 크레온 HTS 다운로드

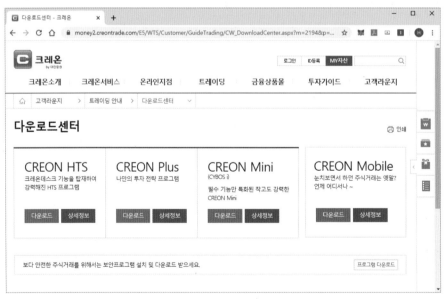

다운로드한 크레온 HTS 프로그램을 실행하면 다음과 같은 로그인 화면이 보인다. 이때 상단에 있는 'creon plus'를 선택한 후, 계좌개설 과정에서 설정한 사용자 ID, 비밀번호, 공인인증 비밀번호를 입력해 정상적으로 로그인되는지 확인한다.

그림_ 크레온 플러스 로그인

윈도우 작업표시줄 우측에 있는 트레이 메뉴에서 크레온 플러스 아이콘을 마우스로 우클릭한 후, '주문 오브젝트 사용 동의'를 선택하고 '주문내역 확인'을 비활성화한다. '주문 오브젝트 사용 동의'는 크레온 API를 사용하는 주문 관련 COM 객체 사용에 동의한다는 뜻이다.

'주문내역 확인'에 체크가 되어 있으면 크레온 플러스 API를 사용해서 주문하더라도 매번 주문 확인 창이 발생해 사용자가 직접 확인 버튼을 클릭해야 다음으로 넘어갈 수 있다. 따라서 자동 매매를 하려면 '주문내역 확인' 체크를 해제해야 한다.

그림_ 크레온 플러스 주문 설정

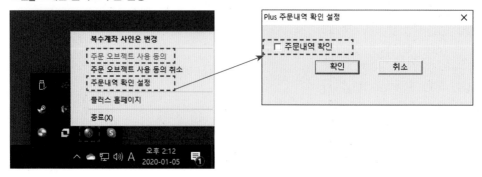

8.2.2 크레온 플러스 자동 접속

크레온 플러스 API는 MS가 제공하는 COM^{Component Object Model} 모듈 형태로 개발되었기 때문에
파이썬뿐만 아니라 다른 프로그래밍 언어에서도 호출해 사용할 수 있다. 하지만 크레온 플러스
API는 32비트로 개발되어 있기 때문에 이를 호출해서 사용하는 파이썬이나 IDLE 프로그램
도 모두 32비트여야 한다는 제약 사항이 있다. 이미 로컬 환경에 64비트 파이썬을 설치했다면
2.2.3절 '32비트 파이썬 가상화(venv) 설치'를 참고하여 32비트 파이썬을 추가 설치하자.

또 한 가지 제약 사항은 운영체제 내부의 COM 모듈에 접근하는 프로그램은 관리자 권한으로
실행해야 한다는 점이다. 따라서 Python, Pythonw, IDLE 등 크레온 플러스 API를 사용하
는 프로그램들을 모두 관리자 권한으로 실행되도록 설정해야 한다.

32비트 파이썬 3.8 버전을 로컬 환경에 설치했다면 C:\Users\사용자명\AppData\Local\
Programs\Python\Python38-32 디렉터리에 pyhon.exe과 pythonw.exe 파일이 존재하고,
C:\Users\사용자명\AppData\Roaming\Microsoft\Windows\Start Menu\Programs\
Python 3.8 디렉터리에 'IDLE (Python 3.8 32-bit)' 바로 가기 파일이 존재할 것이다.

2장에 나온 대로 32비트 파이썬 3.8 버전을 가상 환경에 설치했다면 C:\VirtualEnv\
Py380_32\Scripts 디렉터리에 python.exe과 pythonw.exe 파일이 존재하고 C:\
Users\사용자명\AppData\Roaming\Microsoft\Windows\Start Menu\Programs\
Python 3.8 디렉터리에 'IDLE (Python 3.8 32-bit)' 바로 가기 파일이 존재할 것이다. 해당
파일들을 마우스로 우클릭해 아래 그림처럼 '관리자 권한으로 실행'되도록 속성을 변경한다.

그림_ 관리자 권한 실행 설정

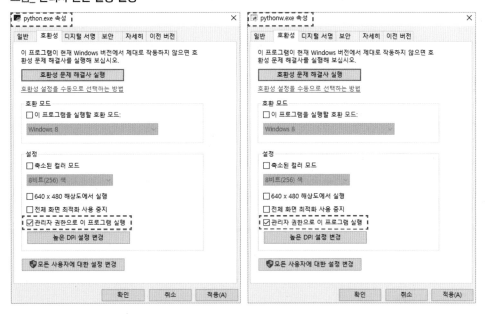

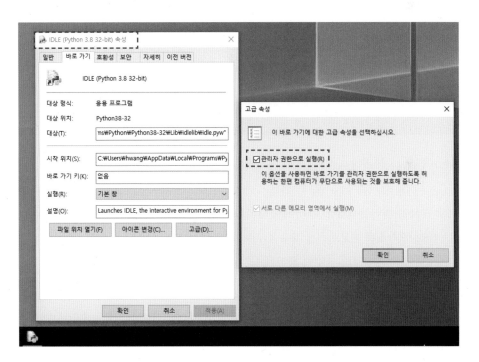

크레온 플러스 접속 과정을 자동화하는 파이윈오토^{pywinauto} 라이브러리를 사용하자. 먼저 **pip install pywinauto**로 설치하자. 파이윈오토는 윈도우 GUI 자동화 파이썬 라이브러리로서 보통 로그인 창에서 사용자 ID와 패스워드를 자동 입력할 때 쓴다. 크레온은 굳이 키보드 입력과 마우스 클릭을 자동화하지 않더라도 로그인 프로그램을 실행할 때 인숫값을 사용자 ID, 패스워드, 공인인증서 암호로 설정해 로그인 과정을 자동화할 수 있다.

C:\myPackage 폴더에 AutoConnect.py 파일을 생성하고 다음과 같이 코드를 입력한 후 실행하자. 크레온 플러스에 자동으로 로그인되면 정상 동작하는 것이다.

```python
# ch08_01_AutoConnect.py
from pywinauto import application
import os, time

os.system('taskkill /IM coStarter* /F /T')  # ①
os.system('taskkill /IM CpStart* /F /T')
os.system('taskkill /IM DibServer* /F /T')
os.system('wmic process where "name like \'%coStarter%\'" call terminate')  # ②
os.system('wmic process where "name like \'%CpStart%\'" call terminate')
os.system('wmic process where "name like \'%DibServer%\'" call terminate')

time.sleep(5)
app = application.Application()
app.start('C:\CREON\STARTER\coStarter.exe /prj:cp '
    '/id:**** /pwd:**** /pwdcert:**** /autostart')  # ③
time.sleep(60)
```

① 프로세스 종료 명령 **taskkill**로 실행 중인 크레온 관련 프로세스(coStarter.exe, CpStart.exe, DibServer.exe)를 종료했다. 인수는 '이미지명이 coStarter로 시작하는 프로세스(/IM coStarter*)를 강제로(/F) 종료하라(/T)'는 뜻이다. 만일 실행 중인 크레온 관련 프로세스가 없으면 해당 프로세스를 찾을 수 없다고 오류 메시지가 발생할 수 있으나, 실행중인 프로세스를 찾아서 종료하는 것이 목적이므로 프로세스를 못 찾는다는 오류 메시지는 무시해도 된다.

② WMIC^{Windows Management Instrumentation Command-line}는 윈도우 시스템 정보를 조회하거나 변경할 때 사용하는 명령이다. 크레온 프로그램은 강제 종료 신호를 받으면 확인 창을 띄우기 때문에 강제로 한 번 더 프로세스를 종료해야 한다.

③ 파이원오토를 이용하여 크레온 프로그램(coStarter.exe)을 크레온 플러스 모드(/prj:cp)로 자동으로 시작한다. 사용자 ID(/id:****), 암호(/pwd:****), 공인인증서 암호(/pwdcert:****)를 실행 인수로 지정해 놓으면 로그인 창에 자동으로 입력된다(* 표시를 자신의 정보로 대체하기 바란다).

8.2.3 크레온 시스템 접속 체크

C:\myPackage 폴더에 EtfAlgoTrader.py라는 파일을 생성하고 다음과 같이 코드를 입력한 후 실행하자. 앞으로 변동성 돌파 자동매매와 관련하여 구현하는 모든 코드는 EtfAlgoTrader.py 파일에 저장할 것이다.

크레온 API에서 제공하는 COM 오브젝트를 사용하려면 파이윈32[pywin32] 라이브러리가 필요하다. 파이윈32는 일반적으로 파이원오토를 설치할 때 함께 설치되지만, 파이윈32만 필요하면 **pip install pywin32**로 단독으로 설치해서 win32com 패키지를 사용할 수 있다.

씨타입스[ctypes] 라이브러리는 파이썬에서 C 자료형을 사용하거나 윈도우에 설치된 DLL[Dynamic Link Library] 모듈을 호출할 때 사용되는 라이브러리다.

```python
# ch08_03_EtfAlgoTrader.py
import ctypes
import win32com.client
# CREON Plus 공통 Object
cpStatus = win32com.client.Dispatch('CpUtil.CpCybos')        # 시스템 상태 정보
cpTradeUtil = win32com.client.Dispatch('CpTrade.CpTdUtil') # 주문 관련 도구

# CREON Plus 시스템 점검 함수
def check_creon_system():
    # 관리자 권한으로 프로세스 실행 여부
    if not ctypes.windll.shell32.IsUserAnAdmin():
        print('check_creon_system() : admin user -> FAILED')
        return False

    # 연결 여부 체크
    if (cpStatus.IsConnect == 0):
        print('check_creon_system() : connect to server -> FAILED')
        return False
```

```
# 주문 관련 초기화
if (cpTradeUtil.TradeInit(0) != 0):
    print('check_creon_system() : init trade -> FAILED')
    return False

return True
```

다음처럼 check_creon_system() 함수를 호출했을 때 True가 반환되면 크레온 플러스가 정상 동작하는 것이다.

```
>>> check_creon_system()
True
```

8.2.4 크레온 데이터 조회

크레온 플러스 API에서 데이터를 요청하는 방법은 BlockRequest() 함수를 사용하는 방식과 이벤트 객체를 사용하는 방식이 있다. 이벤트 객체를 사용하는 방식은 메시지 처리 로직을 별도로 만들어서 이벤트 객체를 처리해야 하므로 다소 개발하기 어렵다는 단점이 있다. 따라서 이 책에서는 모든 데이터 조회를 BlockRequest() 함수 방식으로 구현했다.

BlockRequest() 함수를 사용해서 삼성전자(종목코드 005930)의 현재가와 전일대비 가격을 구하는 예는 다음과 같다.

```
import win32com.client
obj = win32com.client.Dispatch("DsCbo1.StockMst")  # ①
obj.SetInputValue(0, 'A005930')  # ②
obj.BlockRequest()  # ③
sec = {}
sec['현재가'] = obj.GetHeaderValue(11)  # ④
sec['전일대비'] =  obj.GetHeaderValue(12)  # ⑤
```

① 주식마스터(StockMst) COM 객체를 생성한다.

② SetInputValue() 함수로 조회할 데이터를 삼성전자(A005930)로 지정한다.

③ BlockRequest() 함수로 삼성전자에 대한 블록 데이터를 요청한다.

④ GetHeaderValue() 함수로 현재가 정보(11)를 가져와서 sec 딕셔너리에 넣는다.

⑤ GetHeaderValue() 함수로 전일대비 가격변동 정보(12)를 가져와서 sec 딕셔너리에 넣는다.

참고로 크레온 플러스 홈페이지에는 SetInputValue() 함수와 GetHeaderValue() 함수에 대한 도움말뿐만 아니라 각종 샘플 코드, FAQ, Q&A가 상세히 나와있으니 반드시 방문해보자.

sec 딕셔너리를 출력하면 삼성전자의 현재가와 전일대비 가격을 확인할 수 있다.

```
>>> scc
{'현재가': 60800, '전일대비': -1500}
```

8.2.5 로그 메시지 출력

C:\myPackage\EtfAlgoTrader.py 파일에 다음과 같이 dbgout() 함수를 추가하자. dbgout() 함수는 자동매매 과정 중에 발생하는 에러나 처리 결과를 슬랙 메시지로 전달한다.

```
from slacker import Slacker
from datetime import datetime

slack = Slacker('xoxb-341411373331-390645946323-wPFYKNbhlgef4bMUiP1CvSyX')  # ①
def dbgout(message):
    print(datetime.now().strftime('[%m/%d %H:%M:%S]'), message)  # ②
    strbuf = datetime.now().strftime('[%m/%d %H:%M:%S] ') + message
    slack.chat.post_message('#etf-algo-trading', strbuf)  # ③
```

① '07장 장고 웹 서버 구축 및 자동화'에서 발급한 토큰을 입력한다.

② datetime.now() 함수로 현재 시간을 구한 후 [월/일 시:분:초] 형식으로 출력한 후 한 칸 띄우고 함수 호출 시 인수로 받은 message 문자열을 출력한다.

③ #etf-algo-trading 채널로 메시지를 보내려면 워크스페이스에 etf-algo-trading 채널

을 미리 만들어둬야 한다. 별도의 채널을 만들기 싫다면 #etf-algo-trading 대신 #general 을 인수로 주어 일반 채널로 메시지를 보내도 된다.

dbgout() 함수를 호출하면 파이썬 셸뿐만 아니라 슬랙에도 동일한 로그 메시지가 출력될 것이다.

```
>>> dbgout('This is test log.')
[01/05 20:16:52] This is test log.
```

무료 사용자 계정의 슬랙 메시지는 전송할 수 있는 메시지양이 제한되어 있다. 따라서 중요한 로그 메시지만 dbgout() 함수를 이용하여 슬랙과 파이썬 셸에서 동시에 출력하고, 그리 중요하지 않은 로그 메시지는 printlog() 함수로 파이썬 셸에 출력할 것이다.

```
def printlog(message, *args):
    print(datetime.now().strftime('[%m/%d %H:%M:%S]'), message, *args)
```

8.3 주가 및 계좌 정보 조회

네이버 금융에서 조회한 'TIGER 미국채10년선물' 시세 정보가 크레온 API로 조회했을 때와 같은지 확인해보자. 'TIGER 미국채10년선물' 현재가는 11,390원이고, 매수호가는 11,385원, 매도호가는 11,390원이다.

그림_ 네이버 금융 TIGER 미국채10년선물 시세 정보

8.3.1 현재가 조회

크레온 API로 시세 정보를 조회하는 get_current_price() 함수를 작성하자. 이 함수는 인수로 종목코드를 받아서 해당 종목의 현재가, 매수호가, 매도호가를 차례로 반환한다.

```python
cpStock = win32com.client.Dispatch("DsCbo1.StockMst")  # 주식 종목별 정보

def get_current_price(code):
    cpStock.SetInputValue(0, code)  # 종목코드에 대한 가격 정보
    cpStock.BlockRequest()

    item = {}
    item['cur_price'] = cpStock.GetHeaderValue(11)   # 현재가
    item['ask'] = cpStock.GetHeaderValue(16)         # 매수호가
    item['bid'] = cpStock.GetHeaderValue(17)         # 매도호가

    return item['cur_price'], item['ask'], item['bid']
```

실제로 함수를 호출해보면 'TIGER 미국채10년선물' 현재가는 11,390원이고, 매수호가는 11,385원, 매도호가는 11,390원이다. 크레온 API로 조회한 시세 정보가 네이버 금융의 시세 정보와 같다.

```
>>> get_current_price('A305080')
(11390, 11390, 11385)
```

8.3.2 OHLC 조회

네이버 금융에서 'TIGER 미국채10년선물'에 대한 열흘 동안의 일별 시세 정보를 조회해보니 다음과 같이 표시되었다.

그림_ 네이버 금융 TIGER 미국채10년선물 일별 시세

날짜	종가	전일비	시가	고가	저가	거래량
2020.01.03	11,390	▲ 140	11,320	11,405	11,260	57,321
2020.01.02	11,250	▼ 25	11,245	11,265	11,210	60,671
2019.12.30	11,275	▼ 20	11,310	11,310	11,260	100,159
2019.12.27	11,295	▲ 25	11,325	11,325	11,270	34,586
2019.12.26	11,270	▼ 40	11,345	11,345	11,265	30,225
2019.12.24	11,310	▲ 25	11,285	11,315	11,275	33,408
2019.12.23	11,285	▲ 35	11,250	11,290	11,245	33,360
2019.12.20	11,250	▼ 45	11,260	11,305	11,250	36,475
2019.12.19	11,295	▼ 75	11,360	11,360	11,280	40,450
2019.12.18	11,370	▲ 35	11,335	11,370	11,315	50,759

크레온 API로 동일하게 일별 시세를 조회하는 함수를 만들어보자. get_ohlc() 함수는 인수로 종목코드와 수량을 입력받아서 수량에 해당하는 기간 동안의 일별 OHLC 시세를 표시해준다.

```python
cpOhlc = win32com.client.Dispatch("CpSysDib.StockChart")  # OHLC 정보

def get_ohlc(code, qty):
    cpOhlc.SetInputValue(0, code)            # 종목코드
    cpOhlc.SetInputValue(1, ord('2'))        # 1:기간, 2:개수
    cpOhlc.SetInputValue(4, qty)             # 요청 개수
    cpOhlc.SetInputValue(5, [0, 2, 3, 4, 5]) # 0:날짜, 2~5:OHLC
    cpOhlc.SetInputValue(6, ord('D'))        # D:일단위
    cpOhlc.SetInputValue(9, ord('1'))        # 0:무수정주가, 1:수정주가
    cpOhlc.BlockRequest()

    count = cpOhlc.GetHeaderValue(3)  # 3:수신 개수
    columns = ['open', 'high', 'low', 'close']
    index = []
    rows = []
    for i in range(count):  # ①
        index.append(cpOhlc.GetDataValue(0, i))  # ②
        rows.append([cpOhlc.GetDataValue(1, i), cpOhlc.GetDataValue(2, i),
            cpOhlc.GetDataValue(3, i), cpOhlc.GetDataValue(4, i)])  # ③

    df = pd.DataFrame(rows, columns=columns, index=index)  # ④
    return df
```

① count값은 수신한 데이터 개수를 의미하며, 인수로 받은 qty값과 동일해야 정상값이다. 수신한 데이터 개수만큼 반복하면서 데이터 프레임을 생성하는 index 리스트와 rows 리스트를 구성한다.

② 첫 번째 칼럼에서 날짜 데이터를 구해서 index 리스트에 추가한다.

③ 두 번째 칼럼부터 시가, 고가, 저가, 종가 데이터를 차례로 구해서 rows 리스트에 추가한다.

④ 날짜 데이터를 인덱스로 갖고 OHLC를 각각의 칼럼으로 갖는 데이터 프레임을 생성한다.

get_ohlc() 함수를 호출해보면 크레온 API로 조회한 'TIGER 미국채10년선물' 일별 시세가 네이버 금융의 일별 시세 정보와 같다.

```
>>> get_ohlc('A305080', 10)
          open   high    low  close
20200103  11320  11405  11260  11390
20200102  11245  11265  11210  11250
20191230  11310  11310  11260  11275
20191227  11325  11325  11270  11295
20191226  11345  11345  11265  11270
20191224  11285  11315  11275  11310
20191223  11250  11290  11245  11285
20191220  11260  11305  11250  11250
20191219  11360  11360  11280  11295
20191218  11335  11370  11315  11370
```

8.3.3 주식 잔고 조회

크레온 계좌에 어떤 주식 종목이 얼마의 수량만큼 있는지 조회할 때 사용하는 get_stock_balance() 함수를 작성해보자. 인수로 특정 주식의 종목코드를 받으면 해당 종목의 종목명과 수량을 반환하고, 인수로 'ALL'을 받으면 현재 계좌에 보유 중인 모든 종목에 대해서 종목명과 수량을 반환한다.

```python
cpTradeUtil = win32com.client.Dispatch('CpTrade.CpTdUtil') # 주문 관련 도구
cpBalance = win32com.client.Dispatch('CpTrade.CpTd6033')    # 계좌 정보
cpCodeMgr = win32com.client.Dispatch('CpUtil.CpStockCode')  # 종목코드

def get_stock_balance(code):
    cpTradeUtil.TradeInit()
    acc = cpTradeUtil.AccountNumber[0]        # 계좌번호
    accFlag = cpTradeUtil.GoodsList(acc, 1)  # -1:전체, 1:주식, 2:선물/옵션
    cpBalance.SetInputValue(0, acc)           # 계좌번호
    cpBalance.SetInputValue(1, accFlag[0])    # 상품 구분 - 주식 상품 중 첫 번째
    cpBalance.SetInputValue(2, 50)            # 요청 건수(최대 50)
    cpBalance.BlockRequest()

    if code == 'ALL':
        dbgout('계좌명: ' + str(cpBalance.GetHeaderValue(0)))
        dbgout('결제잔고수량 : ' + str(cpBalance.GetHeaderValue(1)))
        dbgout('평가금액: ' + str(cpBalance.GetHeaderValue(3)))
```

```python
        dbgout('평가손익: ' + str(cpBalance.GetHeaderValue(4)))
        dbgout('종목수: ' + str(cpBalance.GetHeaderValue(7)))

    stocks = []
    for i in range(cpBalance.GetHeaderValue(7)):
        stock_code = cpBalance.GetDataValue(12, i)  # 종목코드
        stock_name = cpBalance.GetDataValue(0, i)    # 종목명
        stock_qty = cpBalance.GetDataValue(15, i)    # 수량
        if code == 'ALL':
            dbgout(str(i+1) + ' ' + stock_code + '(' + stock_name + ')'
                + ':' + str(stock_qty))
            stocks.append({'code': stock_code, 'name': stock_name,
                'qty': stock_qty})
        if stock_code == code:
            return stock_name, stock_qty
    if code == 'ALL':
        return stocks
    else:
        stock_name = cpCodeMgr.CodeToName(code)
        return stock_name, 0
```

다음은 종목코드로 조회했을 때와 'ALL'로 조회했을 때의 출력 결과다.

```
>>> get_stock_balance('A305080')
('TIGER 미국채10년선물', 0)

>>> get_stock_balance('ALL')
[01/17 15:15:01] 계좌명: 홍길동
[01/17 15:15:02] 결제잔고수량 : 0
[01/17 15:15:02] 평가금액: 1032268
[01/17 15:15:02] 평가손익: 32268
[01/17 15:15:11] 종목수:5
[01/17 15:15:12] 1 A133690(TIGER 미국나스닥100):3
[01/17 15:15:12] 2 A168580(KINDEX 중국본토CSI300):7
[01/17 15:15:12] 3 A182480(TIGER 미국MSCI리츠(합성 H)):12
[01/17 15:15:12] 4 A192090(TIGER 차이나CSI300):19
[01/17 15:15:13] 5 A204480(TIGER 차이나CSI300레버리지(합):8
```

8.3.4 주문 가능 금액 조회

get_current_cash() 함수는 현재 크레온 계좌에서 주문 가능한 금액이 얼마인지 조회한다.

```python
cpTradeUtil = win32com.client.Dispatch('CpTrade.CpTdUtil') # 주문 관련 도구
cpCash = win32com.client.Dispatch("CpTrade.CpTdNew5331A")  # 주문 가능 금액

def get_current_cash():
    cpTradeUtil.TradeInit()
    acc = cpTradeUtil.AccountNumber[0]           # 계좌번호
    accFlag = cpTradeUtil.GoodsList(acc, 1)      # -1:전체, 1:주식, 2:선물/옵션
    cpCash.SetInputValue(0, acc)                 # 계좌번호
    cpCash.SetInputValue(1, accFlag[0])          # 상품 구분 - 주식 상품 중 첫 번째
    cpCash.BlockRequest()

    return cpCash.GetHeaderValue(9) # 증거금 100% 주문 가능 금액
```

8.4 ETF 매수/매도

변동성 돌파 전략은 일반적인 주식 종목뿐만 아니라 선물, ETF, 암호화폐 등 다양한 금융 자산에 적용할 수 있다. 필자가 처음으로 변동성 돌파 전략을 구현했던 상품은 변동성이 큰 암호화폐였는데, CCXT[CryptoCurrency eXchange Trading]라는 라이브러리(https://github.com/ccxt/ccxt)를 사용하면 전세계 119개의 암호화폐 거래소에서 거래를 할 수 있다는 장점이 있다.

국내 암호화폐 거래소는 업비트, 코인원, 빗썸이 CCXT를 지원하지만 실제로 쓸 만한 수준의 국내 거래소 API를 찾기 어려웠다. 그나마 중국 암호화폐 거래소인 바이낸스[BINANCE]의 API가 기능 면에서나 안정성 면에서 우수했는데 원화를 지원하지 않다 보니 트레이딩용으로는 적합하지 않았다. 결국 암호화폐는 포기하고 ETF[Exchange Traded Fund]로 눈을 돌리게 됐다.

ETF는 상장지수펀드라고도 불리며, 인덱스 펀드를 거래소에 상장시켜 주식처럼 편리하게 매매할 수 있도록 만든 상품이다. 시장지수를 추종하는 전통적인 ETF를 비롯해서 최근에는 금, 은, 석유, 채권 등 다양한 자산의 수익률을 추구하는 ETF가 출시되고 있다.

ETF의 가장 큰 장점은 주식처럼 거래마다 세금을 내지 않아도 된다는 점이다. 바로 이 점이 우

리가 주식 대신 ETF로 변동성 돌파를 구현하는 이유다. 또한 채권처럼 일정 규모 이상의 큰 투자 금액이 필요한 자산도 ETF를 이용하면 소액으로 투자할 수 있다는 장점이 있다.

8.4.1 네이버 ETF 정보 스크레이핑

국내 모든 ETF 종목의 코드와 시세 정보는 '네이버 금융 〉 국내증시 〉 주요시세정보 〉 ETF'에서 조회할 수 있다. 가급적 시가총액이 크고 거래량이 많은 종목 중에서 수익률이 높은 종목으로 선택하는 것이 좋다.

그림_ 네이버 금융 ETF 페이지

https://finance.naver.com/sise/etf.nhn

위의 네이버 금융 페이지는 ETF 관련 수치 정보를 동적으로 처리하기 때문에 뷰티풀 수프만으로는 웹 스크레이핑이 불가능하다. 하지만 웹 애플리케이션 테스트 라이브러리 셀레니움^{Selenium}을 이용해 크롬 브라우저를 헤드리스^{headless} 모드로 실행하면, 동적 페이지의 최종 처리 결과를 뷰티풀 수프로 읽어올 수 있다. 다음과 같은 순서로 ETF 정보를 수집해보자.

① pip install selenium으로 셀레니움을 설치한다.

② 크롬 브라우저를 실행한 뒤 주소창에 chrome://version을 입력해서 버전을 확인한다.

③ https://sites.google.com/a/chromium.org/chromedriver/downloads에서 자신의 크롬 버전에 맞는 웹드라이버를 다운로드한 후 압축을 풀고chromedriver.exe 파일을 C:\myPackage 폴더로 복사한다.

④ 탐색기에서 python.exe, idle.exe, chromedriver.exe 파일의 속성창을 열어서 호환성 탭에서 '관리자 권한으로 이 프로그램 실행' 체크박스에 체크한다.

⑤ 아래 코드와 같이 DynamicPageScraping_NaverETF.py를 작성해서 실행한다.

코드_ 네이버 ETF 페이지 스크레이핑

```python
# ch08_02_DynamicPageScraping_NaverETF.py
from selenium import webdriver
from bs4 import BeautifulSoup
import pandas as pd

# 옵션값 설정
opt = webdriver.ChromeOptions()
opt.add_argument('headless')

# 웹드라이버를 통해 네이버 금융 ETF 페이지에 접속
drv = webdriver.Chrome('C:\myPackage\chromedriver.exe', options=opt)
drv.implicitly_wait(3)
drv.get('https://finance.naver.com/sise/etf.nhn')

# 뷰티풀 수프로 테이블을 스크레이핑
bs = BeautifulSoup(drv.page_source, 'lxml')
drv.quit()
table = bs.find_all("table", class_="type_1 type_etf")
df = pd.read_html(str(table), header=0)[0]

# 불필요한 열과 행을 삭제하고 인덱스를 재설정해서 출력
df = df.drop(columns=['Unnamed: 9'])
df = df.dropna()
df.index = range(1, len(df)+1)
print(df)

# 링크 주소에 포함된 종목코드를 추출하여 전체 종목코드와 종목명 출력
etf_td = bs.find_all("td", class_="ctg")
etfs = {}
for td in etf_td:
    s = str(td.a["href"]).split('=')
    code = s[-1]
    etfs[td.a.text] = code
print("etfs :", etfs)
```

위의 코드를 실행하자. 그러면 크롬 브라우저가 헤드리스 모드로 실행되고 네이버 금융에서 제공하는 ETF 정보를 스크레이핑해온다.

그림_ 네이버 금융 ETF 정보 웹 스크레이핑 결과

위의 출력 결과는 국내에 상장된 모든 ETF 종목의 정보를 ① 시가총액순으로 나열한 것이다. 만일 거래대금을 기준으로 내림차순으로 정렬하려면 **df = df.sort_values(by=['거래대금(백만)'], ascending=False)** 코드를 추가하면 된다. 또한, ② 마지막 인덱스 번호가 330이므로 전체 ETF 종목의 수가 330이라는 사실도 알 수 있다.

동적 페이지를 스크레이핑하며 전체 330개 ETF 종목코드를 구해서 **etfs** 딕셔너리를 생성했으므로 향후 자동매매 프로그램에서 전체 ETF 종목에 대한 순회 처리를 할 때 활용할 수 있다.

8.4.2 매수 목표가 계산

매수 목표가를 다음 식으로 계산한다.

$$\text{매수 목표가} = \text{금일 시작 가격} + (\text{어제 최고가} - \text{어제 최저가}) * K$$

get_target_price() 함수는 인수로 받은 종목의 목표가를 조회할 때 사용한다. K값은 일반적으로 0.5로 설정하는데 K값이 높을수록 목표가에 도달할 가능성이 낮아지고, K값이 낮으면 목표가에 도달할 가능성은 높아지므로 매수 타이밍이 하루에 몇 번 정도 발생하는지를 보고 K값을 조정하는 것이 좋다.

```python
# rh08_03_FtfAlgoTrader.py
def get_target_price(code):
    try:
        time_now = datetime.now()
        str_today = time_now.strftime('%Y%m%d')
        ohlc = get_ohlc(code, 10)   # ①
        if str_today == str(ohlc.iloc[0].name):   # ②
            today_open = ohlc.iloc[0].open   # ③
            lastday = ohlc.iloc[1]
        else:
            lastday = ohlc.iloc[0]
            today_open = lastday[3]   # ④
        lastday_high = lastday[1]
        lastday_low = lastday[2]
        target_price = today_open + (lastday_high - lastday_low) * 0.5   # ⑤
        return target_price
    except Exception as ex:
        dbgout("'get_target_price() -> exception! " + str(ex) + "'")
        return None
```

① 인수로 받은 종목의 열흘치 OHLC 데이터를 조회한다.

② 첫 번째 OHLC 행의 인덱스 날짜가 오늘이면 두 번째 OHLC 행을 어제의 OHLC 데이터로 사용하고, 첫 번째 OHLC 행의 인덱스 날짜가 오늘이 아니라면 첫 번째 OHLC 행을 어제의 OHLC 데이터로 사용한다.

③ 오늘의 시가는 첫 번째 OHLC 행의 '시가' 열을 사용한다.

④ 만일 오늘의 시가가 존재하지 않을 경우 어제의 종가를 대신 사용한다.

⑤ 목표 매수가는 오늘 시가 + (어제 최고가 - 어제 최저가) * K)로 계산한다.

8.4.3 이동평균값 조회

'06장 트레이딩 전략과 구현'에서 대가들이 사용하는 전략의 공통점을 배울 수 있었다. 그중 하나가 시장을 평가할 때 한 가지 기준이 아닌 둘 이상의 기준으로 평가한다는 점이었다.

변동성 돌파 전략의 매수 조건은 현재가가 (시가 + 전일 변동폭의 K%)를 돌파할 때다. 여기에 '현재가가 5일 이동평균선과 10일 이동평균선 위에 있어야 한다'는 조건을 추가하자.

5일 이동평균선과 10일 이동평균선을 구하는 get_movingaverage() 함수를 작성한다. 특정 종목의 종목코드와 이동평균의 기준일을 인수로 받아 해당 종목의 마지막 이동평균값을 반환하는 함수다.

```python
def get_movingaverage(code, window):
    try:
        time_now = datetime.now()
        str_today = time_now.strftime('%Y%m%d')
        ohlc = get_ohlc(code, 40)  # ①
        if str_today == str(ohlc.iloc[0].name):  # ②
            lastday = ohlc.iloc[1].name
        else:
            lastday = ohlc.iloc[0].name
        closes = ohlc['close'].sort_index()  # ③
        ma = closes.rolling(window=window).mean()  # ④
        return ma.loc[lastday]  # ⑤
    except Exception as ex:
        dbgout('get_movingaverage() -> exception! ' + str(ex) + "'")
        return None
```

① 인수로 받은 종목의 두 달치 OHLC 데이터를 조회한다.

② 첫 번째 OHLC 행의 인덱스 날짜가 오늘이면 두 번째 OHLC 행의 인덱스 날짜를 어제 날짜로 사용하고, 첫 번째 OHLC 행의 인덱스 날짜가 오늘이 아니라면 첫 번째 OHLC 행의 인덱스 날짜를 어제 날짜로 사용한다.

③ 종가 칼럼을 인덱스 날짜 기준으로 오름차순 정렬한다.

④ 종가 칼럼의 이동 평균을 구한다.

⑤ 어제에 해당하는 날짜 인덱스를 이용하여 이동 평균값을 구한 뒤 반환한다.

8.4.4 주식 매매 주문 방식

매수/매도 주문 기능을 개발하기 전에 증권 회사에서 제공하는 주문 방식을 알아보자. 주식 주문 방식에서 흔히 사용하는 보통 및 시장가 주문 방식을 제외하고, 최우선 지정가와 최유리 지정가를 'TIGER 미국채10년선물' 호가 창을 기준으로 설명한다.

그림_ 네이버 금융 TIGER 미국채10년선물 호가 창

주요시세					호가		▸5단계 ▸10단계	
현재가	11,390	매도호가	11,390		매도잔량	매도호가	매수호가	매수잔량
전일대비	▲ 140	매수호가	11,385		60,968	11,410		
등락률(%)	+1.24%	전일가	11,250		38,301	11,405		
거래량	57,321	시가	11,320		22,123	11,400		
거래대금(백만)	647,	고가	11,405		3	11,395		
액면가		저가	11,260		779	11,390		
상한가	14,625	전일상한	14,655				11,385	19,481
하한가	7,875	전일하한	7,895				11,380	20,230
PER	N/A	EPS	N/A				11,375	40,000
52주 최고	12,180	52주 최저	10,100				11,370	40,760
시가총액	649억원	상장주식수	5,700,000				11,365	40,125
외국인현재	0천주	자본금	0백만		279,882	잔량합계		222,472

현재가가 11,390원이다. 현재가는 가장 최근에 거래가 이루어진 가격을 나타낼 뿐 현재가가 11,390원이라고 해서 해당 주식을 11,390원에 매수하거나 매도할 수 있다는 보장을 하지는 않는다. 특정 호가에서 매도하려는 수량과 매수하려는 수량이 일치할 때 거래가 체결된다.

최우선 지정가 주문

- 매수자의 최우선 지정가 주문 : 호가 접수 시점에서 가장 높은 매수호가
- 매도자의 최우선 지정가 주문 : 호가 접수 시점에서 가장 낮은 매도호가

위의 호가 창을 기준으로 최우선 지정가 매수 주문을 내면 가장 높은 매수호가인 11,385원으로 매수 주문이 나가며, 최우선 지정가 매도 주문을 내면 가장 낮은 매도호가인 11,390원으로 매도 주문이 나간다.

> **최유리 지정가 주문**
>
> - 매수자의 최유리 지정가 주문 : 호가 접수 시점에서 가장 낮은 매도호가
>
> - 매도자의 최유리 지정가 주문 : 호가 접수 시점에서 가장 높은 매수호가

위의 호가 창을 기준으로 최유리 지정가 매수 주문을 내면 가장 낮은 매도호가인 11,390원으로 매수 주문이 나가며, 최유리 지정가 매도 주문을 내면 가장 높은 매수호가인 11,385원으로 매도 주문이 나간다.

> **FOK (Fill Or Kill)**
>
> 주문 즉시 전부 체결 또는 전부 취소 조건. 호가 접수 시점에서 수량 전부에 대해서 매매계약을 체결할 수 있으면 매매거래를 성립시키되, 수량 전부를 체결할 수 없으면 주문 자체를 취소한다.

위의 호가 창을 기준으로 1,000주를 매매구분-최유리 지정가, 주문 조건-FOK로 매수하면 매도 잔량이 779주로 1,000주에 못 미쳐 매도 주문이 자동 취소된다. 만일 779주를 매매구분-최유리 지정가, 주문 조건-FOK로 매수하면 779주가 모두 매수 체결된다.

> **IOC (Immediate Or Cancel)**
>
> 주문 즉시 체결 그리고 잔량 자동 취소 조건. 호가 접수 시점에서 매매계약을 체결할 수 있는 만큼 매매거래를 성립시키고 매매계약이 체결되지 않은 수량을 취소한다.

위의 호가 창을 기준으로 20,000주를 매매구분-최유리 지정가, 주문 조건-IOC로 매도하면, 11,385원에 19,481주가 즉시 매도 체결되고 나머지 519주는 자동으로 주문이 취소된다.

8.4.5 최유리 FOK 매수 주문

오전 09:15부터 오후 03:15까지는 일정 간격으로 매수 종목 후보군의 현재가, 매수 목표가, 5일 이동평균가, 10일 이동평균가를 구해서 매수 조건에 부합하는지 점검할 것이다. 현재가가

매수 목표가, 5일 이동평균가, 10일 이동평균가보다 높을 경우 매수 조건에 부합한 것으로 보고 해당 종목을 최유리 FOK 주문 방식으로 매수한다.

ETF 종목은 일반 주식 종목에 비하면 거래량이 그리 많지 않은 경우가 많으므로 한꺼번에 원하는 수량만큼 매수하려면 비싼 가격을 지불하는 경우가 발생할 수 있다. 이러한 상황을 피하려면 최유리 FOK 매수 주문을 통해 현재 가장 낮은 매도호가에 매수 주문을 냄으로써 원하는 가격에 원하는 수량만큼 매수가 가능할 때만 계약이 체결되도록 한다.

```python
def buy_etf(code):
    try:
        global bought_list       # 함수 내에서 값 변경할 수 있게 global로 지정
        if code in bought_list:  # 매수 완료 종목이면 더 이상 안 사도록 함수 종료
            print('code:', code, 'in', bought_list)
            return False

        time_now = datetime.now()
        current_price, ask_price, bid_price = get_current_price(code)  # ①
        target_price = get_target_price(code)      # 매수 목표가
        ma5_price = get_movingaverage(code, 5)     # 5일 이동평균가
        ma10_price = get_movingaverage(code, 10)   # 10일 이동평균가

        buy_qty = 0         # 매수할 수량 초기화
        if ask_price > 0:   # 매수호가가 존재하면
            buy_qty = buy_amount // ask_price  # ②
        stock_name, stock_qty = get_stock_balance(code)  # 종목명과 보유 수량 조회
        print('bought_list:', bought_list, 'len(bought_list):',
            len(bought_list), 'target_buy_count:', target_buy_count)

        if current_price > target_price and current_price > ma5_price \
            and current_price > ma10_price:  # ③

            print(stock_name + '(' + str(code) + ') ' + str(buy_qty) +
                'EA : ' + str(current_price) + ' meets the buy condition!')
            cpTradeUtil.TradeInit()
            acc = cpTradeUtil.AccountNumber[0]       # 계좌번호
            accFlag = cpTradeUtil.GoodsList(acc, 1)  # -1:전체,1:주식,2:선물/옵션

            # 최유리 FOK 매수 주문
            cpOrder.SetInputValue(0, "2")        # 1:매도, 2:매수
            cpOrder.SetInputValue(1, acc)        # 계좌번호
            cpOrder.SetInputValue(2, accFlag[0]) # 상품 구분 - 주식상품 중 첫 번째
```

```
            cpOrder.SetInputValue(3, code)        # 종목코드
            cpOrder.SetInputValue(4, buy_qty)     # 매수할 수량
            cpOrder.SetInputValue(7, "2")         # 주문조건 0:기본, 1:IOC, 2:FOK
            cpOrder.SetInputValue(8, "12")        # 주문호가 1:보통, 3:시장가
                                                  # 5:조건부, 12:최유리, 13:최우선

            # 매수 주문 요청
            ret = cpOrder.BlockRequest()  # ④
            print('최유리 FoK 매수 ->', stock_name, code, buy_qty, '->', ret)
            if ret == 4:
                remain_time = cpStatus.LimitRequestRemainTime
                print('주의: 연속 주문 제한에 걸림. 대기 시간:', remain_time/1000)
                time.sleep(remain_time/1000)  # ⑤
                return False

            time.sleep(2)
            print('종목별 주문 금액 :', buy_amount)
            stock_name, bought_qty = get_stock_balance(code)
            print('get_stock_balance :', stock_name, stock_qty)
            if bought_qty > 0:
                bought_list.append(code)  # ⑥
                dbgout("'buy_etf("+ str(stock_name) + ' : ' + str(code) +
                    ") -> " + str(bought_qty) + "EA bought!" + "'")
    except Exception as ex:
        dbgout("'buy_etf("+ str(code) + ") -> exception! " + str(ex) + "'")
```

① 인수로 주어진 종목에 대한 현재가, 매수호가, 매도호가를 조회한다.

② 종목별 현금 주문 가능 금액을 매수호가로 나누어 매수할 수량을 정한다.

③ 현재가가 매수 목표가를 돌파하고, 5일 이동평균가와 10일 이동평균가보다 높은 가격에 있다면 매수 조건으로 판단한다.

④ 최유리 지정가 FOK 조건으로 매수 주문을 낸다.

⑤ 잦은 주문으로 연속 주문 제한에 걸리면 제한이 해제될 때까지 기다린다.

⑥ FOK 조건으로 매수 주문을 냈으므로 주식이 하나 이상 존재하면 매수가 완료된 것으로 보고 매수 완료 리스트에 해당 종목을 추가한다.

8.4.6 최유리 IOC 매도 주문

오후 03:15부터 03:20까지는 매수했던 주식 종목들을 모두 매도 청산하자. 다음 날 시가에 매도해도 되지만 장 마감 이후 해외 시장의 영향에 따른 변동성이 생길 수 있으므로, 매수한 종목은 당일 매도하는 것을 원칙으로 삼는다.

```python
def sell_all():
    try:
        cpTradeUtil.TradeInit()
        acc = cpTradeUtil.AccountNumber[0]         # 계좌번호
        accFlag = cpTradeUtil.GoodsList(acc, 1)    # -1:전체, 1:주식, 2:선물/옵션

        while True:
            stocks = get_stock_balance('ALL')  # ①
            total_qty = 0
            for s in stocks:
                total_qty += s['qty']  # ②
            if total_qty == 0:
                return True

            for s in stocks:
                if s['qty'] != 0:   # ③
                    cpOrder.SetInputValue(0, "1")        # 1:매도, 2:매수
                    cpOrder.SetInputValue(1, acc)        # 계좌번호
                    cpOrder.SetInputValue(2, accFlag[0]) # 주식상품 중 첫 번째
                    cpOrder.SetInputValue(3, s['code'])  # 종목코드
                    cpOrder.SetInputValue(4, s['qty'])   # 매도수량
                    cpOrder.SetInputValue(7, "1")   # 조건 0:기본, 1:IOC, 2:FOK
                    cpOrder.SetInputValue(8, "12")  # 호가 12:최유리, 13:최우선
                    # 최유리 IOC 매도 주문 요청
                    ret = cpOrder.BlockRequest()  # ④
                    print('최유리 IOC 매도', s['code'], s['name'], s['qty'],
                        '-> cpOrder.BlockRequest() -> returned', ret)
                    if ret == 4:
                        remain_time = cpStatus.LimitRequestRemainTime
                        print('주의: 연속 주문 제한, 대기시간:', remain_time/1000)
                    time.sleep(1)
            time.sleep(30)
    except Exception as ex:
        dbgout("sell_all() -> exception! " + str(ex))
```

① 현재 계좌에 보유한 모든 주식 잔고를 조회한다. stocks 리스트는 주식 종목에 대한 종목명, 종목코드, 보유수량 정보를 딕셔너리 원소로 갖는다.

② stocks 리스트의 주식 종목별 보유수량을 모두 합해서 전체 수량을 구한다.

③ 보유 수량이 존재하는 주식 종목이 남아있다면 매도 조건으로 본다.

④ 최유리 지정가 IOC 조건으로 남은 보유 수량 전부를 매도한다. IOC 조건으로 매도 주문을 냈으므로 가능한 수량만큼 체결될 것이고 체결되지 않은 수량은 다음 반복 시 다시 매도 주문을 낸다.

8.5 메인 로직과 작업 스케줄러 등록

앞에서 구현한 함수들을 시간대별로 동작하도록 하는 것이 메인 로직이다. symbol_list에 지정한 매수 후보군 종목들의 현재가를 주기적으로 조회하다가 목표 가격을 돌파하는 종목을 매수해서 장 마감 시 무조건 매도한다. 단일 종목을 매매하는 것보다 여러 종목을 매매하는 것이 리스크 분산에 유리하기 때문에 본 예제에서는 목표 종목수를 5개로 설정했다.

8.5.1 메인 로직과 시간대별 처리

장 시작 전부터 장 마감 때까지 자동으로 매매를 수행하는 내용을 시간대별로 정리했다.

표_ 시간대별 자동매매 처리 내용

시간	실행 파일	내용
08:30	AutoConnect.py	크레온 플러스 강제 종료 및 시작
08:40	EtfAlogTrader.py	자동매매 프로그램 시작
09:05 ~ 15:15	EtfAlogTrader.py	목표 종목수가 달성될 때까지 ETF 종목들을 매수한다.
15:15 ~ 15:20	EtfAlogTrader.py	매수했던 종목들을 모두 매도 청산한다.
15:20 ~	EtfAlogTrader.py	자동 종료한다.

다음은 메인 로직을 구현한 코드다.

```python
if __name__ == '__main__':  # ①
    try:
        symbol_list = ['A122630', 'A252670', 'A233740', 'A250780', 'A225130',
            'A280940', 'A261220', 'A217770', 'A295000', 'A176950']  # ②
        bought_list = []      # 매수 완료된 종목 리스트
        target_buy_count = 5 # 매수할 종목 수
        buy_percent = 0.19   # ③

        print('check_creon_system() :', check_creon_system())  # 크레온 접속 점검
        stocks = get_stock_balance('ALL')      # 보유한 모든 종목 조회
        total_cash = int(get_current_cash())   # 100% 증거금 주문 가능 금액 조회
        buy_amount = total_cash * buy_percent  # 종목별 주문 금액 계산
        print('100% 증거금 주문 가능 금액 :', total_cash)
        print('종목별 주문 비율 :', buy_percent)
        print('종목별 주문 금액 :', buy_amount)
        print('시작 시간 :', datetime.now().strftime('%m/%d %H:%M:%S'))

        while True:
            t_now = datetime.now()
            t_start = t_now.replace(hour=9, minute=5, second=0, microsecond=0)
            t_sell = t_now.replace(hour=15, minute=15, second=0, microsecond=0)
            t_exit = t_now.replace(hour=15, minute=20, second=0,microsecond=0)

            today = datetime.today().weekday()
            if today == 5 or today == 6:  # ④
                print('Today is', 'Saturday.' if today == 5 else 'Sunday.')
                sys.exit(0)

            if t_start < t_now < t_sell :  # ⑤
                for sym in symbol_list:
                    if len(bought_list) < target_buy_count:
                        buy_etf(sym)
                        time.sleep(1)
                if t_now.minute == 30 and 0 <= t_now.second <= 5:
                    get_stock_balance('ALL')
                    time.sleep(5)
            if t_sell < t_now < t_exit:  # ⑥
                if sell_all() == True:
                    dbgout('sell_all() returned True -> self-destructed!')
                    get_stock_balance('ALL')
                    sys.exit(0)
```

```
        if t_exit < t_now:  # ⑦
            dbgout('self-destructed!')
            sys.exit(0)

        time.sleep(3)
except Exception as ex:
    dbgout('main -> exception! ' + str(ex) + '')
```

① EtfAlgoTrader.py 파일을 모듈로 실행할 때만 메인 처리 로직이 동작하도록 if문을 사용했다.

② 변동성 돌파 전략으로 매수할 ETF 후보 리스트다. 국내 모든 ETF 종목의 코드와 시세 정보는 네이버 금융 ETF 페이지에 나와있으니 이를 참고하여 본인이 원하는 종목들로 변경하면 된다. 가급적 시가총액이 크고 거래량이 많은 종목 중에서 수익률이 높은 종목으로 선택하는 것이 좋다.

③ 하루에 매수할 종목수를 5개로 정했기 때문에 종목별 주문 비율을 20%로 설정하는 것이 맞으나, 국내 상장된 기타 ETF(파생상품, 채권, 원자재, 해외 주식 등으로 이루어진 ETF)는 보유 기간 중의 매매 차익과 과세표준가격 상승에 따른 이익분 가운데 작은 금액을 기준으로 소득세(15.4%)가 과세되기 때문에 19%만 매수하고 나머지 금액은 배당소득세를 내는 데 쓰일 수 있게 남겨둔다.

④ 오늘이 토요일이나 일요일이라면 프로그램을 종료한다.

⑤ ETF 종목은 거래량이 적으면 투자자가 원하는 수량만큼 매매가 불가능할 수 있기 때문에, 한국거래소에서는 09:05 ~ 15:20 사이에 유동성 공급자^{liquidity provider, LP}가 일정 수준의 유동성을 유지하도록 하고 있다. 우리는 유동성이 확보되는 시간 범위 안에서만 매매를 할 것이므로 09:05 ~ 15:15 사이에 목표가를 돌파하는 종목이 있다면 매수한다.

⑥ 오늘 매수했던 ETF들은 15:15부터 15:20 사이에 무조건 매도 청산한다.

⑦ 15:20부터 자동매매 프로그램을 종료한다.

8.5.2 작업 스케줄러 등록

그동안 작성했던 프로그램을 매일 아침 일정 시간에 실행되도록 작업 스케줄러에 등록하자. 먼저 윈도우 검색창에서 작업 스케줄러를 검색해서 실행한다. 작업 스케줄러에 자동 접속 프로그램 AutoConnect.py와 자동매매 프로그램 EtfAlgoTrader.py를 등록하면 된다.

그림_ 작업 스케줄러 검색

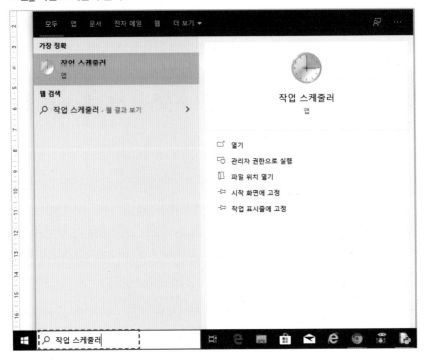

그림_ 작업 스케줄러 – 새 작업 만들기

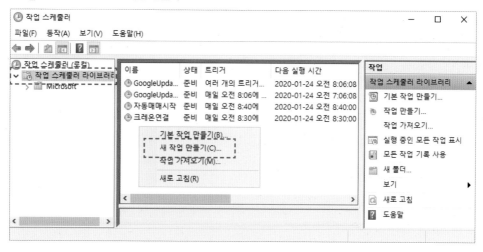

작업 스케줄러가 실행되면 작업 스케줄러 라이브러리 폴더를 클릭 후, 리스트 영역에서 마우스 우클릭으로 '새 작업 만들기' 메뉴를 실행한다.

그림_ 작업 스케줄러 – 크레온연결 작업명 설정

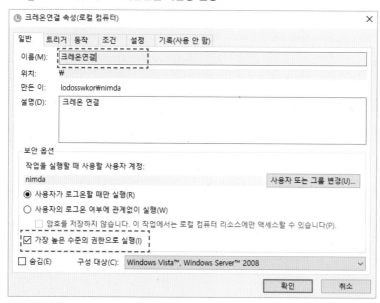

첫 번째 작업의 이름을 '크레온연결'로 지정하고, '가장 높은 수준의 권한으로 실행'에 체크한다.

그림_ 작업 스케줄러 – 크레온연결 트리거 설정

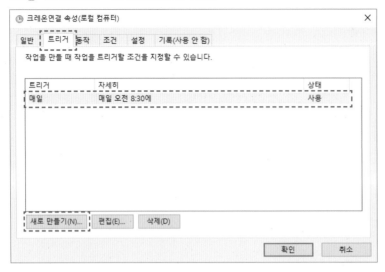

작업명을 정했으면 '트리거' 탭을 클릭한다. 트리거는 총의 방아쇠 부분을 지칭하지만, 여기서는 작업을 실행하는 조건을 의미한다. '새로 만들기' 버튼을 클릭한 후 매일 오전 08:30에 실행되도록 설정한다.

그림_ 작업 스케줄러 – 크레온연결 동작 설정

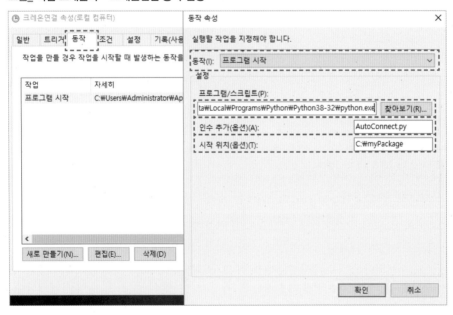

'동작' 탭에서는 매일 오전 08:30에 어떤 동작을 실행할지 지정한다. 프로그램에는 32비트 파이썬 python.exe 파일의 절대 경로를 지정하고, 인수로는 실제로 실행시킬 프로그램 AutoConnect.py를 지정한다. 시작 위치는 AutoConnect.py 파일이 존재하는 C:\myPackage 폴더로 지정한다.

같은 방식으로 매일 오전 08:40에 C:\myPackage\EtfAlgoTrader.py 파일을 실행하는 작업을 추가하고 '자동매매시작'이라고 작업명을 설정하자.

그림_ 작업 스케줄러 – 작업 실행

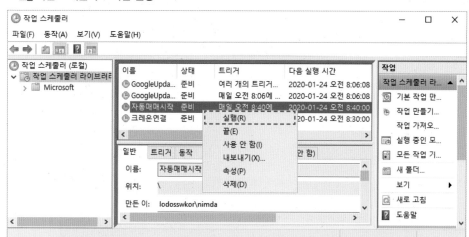

작업을 모두 생성했다면 다음 날 오전까지 기다릴 필요 없이 마우스 우클릭 후 '실행' 메뉴를 클릭함으로써 바로 실행해볼 수 있다. 실행 결과가 이상 없이 잘 동작한다면 앞으로 매일 오전에 동일한 동작이 실행될 것이다.

8.5.3 전체 코드 및 실행 결과

전체 소스 코드(EtfAlgoTrader.py)는 분량 상의 이유로 본문에는 싣지 않고 GitHub(http://github.com/INVESTAR/StockAnalysisInPython)에 업로드해두었다. 지금까지 소개한 대로 작업 스케줄러를 잘 등록했다면 EtfAlgoTrader.py는 매일 오전 08:40에 자동으로 실행되어 스스로 매매를 수행한 뒤 그 결과를 슬랙으로 전송할 것이다. 다음은 실제로 자동매매가 진행되면서 출력되는 로그를 캡처한 화면이다.

그림_ 변동성 돌파 자동매매 실행 결과

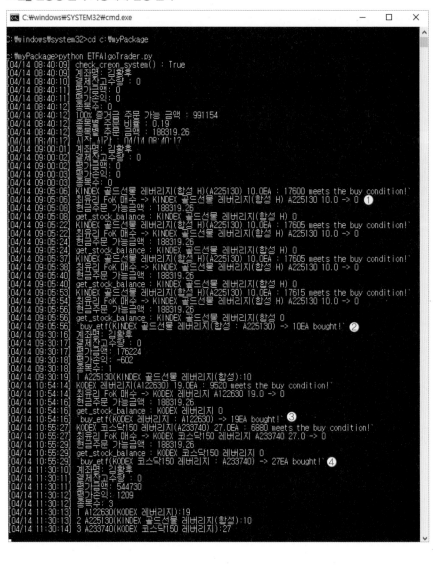

위 그림의 ①에서 KINDEX 골드선물 레버리지의 가격이 17,600원이 되면서 매수 조건을 충족하여 최유리 FoK 조건으로 10주 매수 주문을 넣었으나 거래는 체결되지 않았다. 실제로 매수는 ②에서 이루어졌다. 이후 ③에서 KODEX 레버리지 19주를 매수했고, ④에서 KODEX

코스닥150 레버리지 27주를 매수한 것을 확인할 수 있다.

그림_ 자동매매 슬랙 메시지와 크레온 계좌 잔고

좌측 그림은 자동매매의 수행 결과를 슬랙 메시지로 받은 모습이고, 우측 그림은 실제로 크레온 계좌에 입고된 ETF 종목을 캡처한 것이다. ① KINDEX 골드선물 레버리지, ② KODEX 레버리지, ③ KODEX 코스닥150 레버리지 종목이 매수한 수량에 맞게 정확히 입고된 것을 확인할 수 있다.

자동매매 프로그램은 최대 4종목까지 매수할 수 있도록 작성되어 있지만, 이 날 실제로 매수된 종목은 모두 3종목이었다. 매수 조건, 최대 매수 종목수, 매수 후보 종목 리스트 등을 변경해보면서 자동매매의 알고리즘을 보완하면 수익률을 더 높일 수 있을 것이다.

8.6 핵심 요약

- 변동성 돌파(Volatility Break-out) 전략은 가격이 전일 가격 변동폭의 K% 이상이 될 때 매수한 후 장마감 시 매도해서 수익을 실현하는 단기 트레이딩 기법이다.

- 크레온 플러스 API는 32비트 COM 모듈이다. 이를 호출해 사용하려면 파이썬이나 IDLE 프로그램도 모두 32비트여야 한다. 또한 운영체제 내부의 COM 모듈에 접근해야 하므로 관리자 권한으로 실행해야 한다.

- 주식은 거래 시마다 매번 세금을 내는데, ETF는 그렇지 않아서 프로그램으로 자동매매를 구현하는 데 유리하다. 단, 국내 상장된 기타 ETF(파생상품, 채권, 원자재, 해외 주식 등으로 이루어진 ETF)는 보유 기간 중의 매매 차익과 과세표준가격 상승에 따른 이익분 가운데 작은 금액을 기준으로 소득세 15.4% 가 과세된다.

- ETF 종목을 한꺼번에 원하는 수량만큼 매수하려면 비싼 가격을 지불해야 할 수 있다. 최유리 FOK 매수 주문을 이용하면 현재 가장 낮은 매도호가에 매수 주문을 낼 수 있다.

- 한국거래소에서는 ETF 종목의 거래량이 작아서 매매가 위축되지 않도록 09:05 ~ 15:20 사이에 유동성 공급자(liquidity provider, LP)가 일정 수준의 유동성을 유지하도록 제도화하고 있다.

- 윈도우의 작업 스케줄러를 이용하면 특정 시간에 '크레온'을 실행해 '자동매매'를 할 수 있다.

## CHAPTER 9

딥러닝을 이용한 주가 예측

2016년 3월 구글 딥마인드팀이 만든 인공지능 바둑 프로그램 알파고가 이세돌 9단에게 4 대 1로 승리할 때까지만 하더라도, 일반인들에게 인공지능 기술은 다소 생소한 영역이었다.

하지만 스마트폰과 AI 스피커가 널리 보급되면서 이제는 누구나 음성 인식, AI 비서, 챗봇 등의 AI 기술을 실생활에서 사용하는 시대가 되었다. 그야말로 구글의 CEO 순다 피차이 Sundar Pichai가 2017년 '구글 I/O' 기조 연설에서 강조했던 것처럼 "모바일 우선에서 인공지능 우선으로Mobile first to AI first" 모든 것이 변해가고 있다.

이번 장에서는 최근 들어 각광을 받는 인공지능 기술에 대해서 알아보고, 구글 텐서플로를 이용한 딥러닝 기반 주가 예측을 살펴본다.

9.1 인공지능

인공지능을 나타내는 영단어 artificial intelligence는 1956년 다트머스 대학에서 개최한 학술회의에서 처음 사용되었는데, 단어 그대로 해석하면 '인공적으로 만들어진 지적인 능력'을 나타낸다.

최단 경로 알고리즘의 창시자로 유명한 데이크스트라$^{\text{Edsger W. Dijkstra}}$는 "기계가 생각할 수 있냐는 질문은 잠수함이 수영할 수 있냐는 질문만큼이나 무의미하다"고 말했다. '수영하다'에 대한 정의에 따라 잠수함이 수영할 수도 있고 그렇지 않을 수 있는 것처럼 '생각하다'의 정의에 따라 기계도 생각할 수도 있고 그렇지 않을 수도 있다는 말이다.

'생각하다'에 대한 정의가 어찌 되었든 간에 이미 바닷 속에서는 잠수함이 운항을 하고 있고, 특정 분야에서 인간보다 뛰어난 능력을 지닌 것으로 평가받는 인공지능이 점점 늘어나고 있는 추세다. 심지어 국내 여러 증권 회사에서는 인공지능 기반의 매수 종목 추천이나 포트폴리오 관리 등의 서비스를 앞다투어 제공하기 시작했다.

9.1.1 인공지능 기술의 분류

인공지능, 머신러닝, 딥러닝 등 인공지능 기술을 가리키는 여러 단어가 있지만 각각 의미하는 바가 다르다. 엔비디아의 블로그에 포스팅된 인공지능, 머신러닝, 딥러닝의 차이점은 다음과 같다.

그림_ 인공지능, 머신러닝, 딥러닝 차이점 (출처 : blogs.nvidia.com)

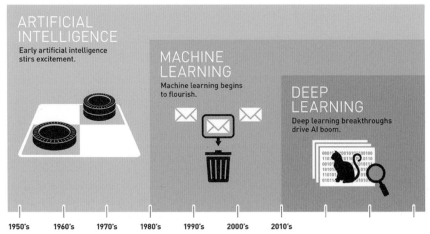

인공지능은 1950년대에 체커Checkers[1] 게임을 프로그램으로 개발하면서 태동했으며, 1980년대 이후 스팸 이메일 필터링처럼 실생활에 적용 가능한 머신러닝 기술이 나타나기 시작했다. 2010년에 들어서면서부터 딥러닝이 인공지능 붐을 주도하며, 단순히 고양이과 개를 구별하는 수준을 넘어서 MRI 스캔으로 암을 진단하는 수준에 이르렀다.

9.1.2 머신러닝

위키백과에서 머신러닝을 검색하면 다음과 같은 정의를 찾아볼 수 있다. 기존의 컴퓨터 프로그램과 달리 모델과 추론을 이용한다는 것을 알 수 있다.

> "머신러닝은 컴퓨터 시스템이 사용하는 알고리즘과 통계적 모델에 대한 과학적인 연구다. 컴퓨터는 명시적인 지시 사항들을 이용하는 대신에 모델과 추론에 의존하여 효과적으로 작업을 수행한다. 머신러닝은 인공지능의 하위 집합으로 간주된다."

카네기 멜론 대학 톰 미첼Tom Mitchell 교수가 정의한 머신러닝은 다음과 같다.

> "컴퓨터 프로그램이 수행하는 작업 T가 경험 E를 통해서 성능 P만큼 향상된 것으로 측정될 때, 우리는 컴퓨터 프로그램이 학습한다고 말한다."

'기계가 학습한다'는 의미를 더 구체적으로 정의했다. 위의 정의를 자율 자동차 운전a robot driving learning problem에 대입하여 생각해보면, 각각의 구성 요소들은 다시 다음과 같이 정의될 수 있을 것이다.

- 작업 T : 시각 센서를 이용하여 4차선 고속도로에서 운전하기
- 성능 측정 P : 에러가 발생하기 전까지의 평균 이동 거리(인간 감독관의 판단에 따른)
- 경험 훈련 E : 인간의 운전을 관찰하는 동안 기록된 일련의 이미지 및 조향 명령

정리해보면 머신러닝은 인공지능의 하위 집합으로서, 기계가 수행하는 작업 T가 경험 E를

---

1 12개의 말을 사용하여 상대방의 말을 모두 잡거나 움직이지 못하게 하면 이기는 서양의 소형 장기

통해서 성능이 P 만큼 향상되는 것을 나타낸다.

9.1.3 퍼셉트론 알고리즘

프랭크 로젠블랫Frank Rosenblatt이 1957년에 고안한 퍼셉트론perceptron 알고리즘은 신경망neural network 알고리즘의 기초가 되었다. 퍼셉트론은 신경 세포neuron를 인공적으로 모델링한 것으로, 신경 세포처럼 다른 신경 세포로부터 정보를 받아서 새로운 정보를 생성한 후, 또 다른 신경 세포로 전달한다.

아래 그림은 입력으로 두 신호를 받은 퍼셉트론을 신경 세포에 비유하여 나타낸 것이다. x_1과 x_2는 입력 신호, y는 출력 신호, w_1과 w_2는 가중치weight를 나타낸다. 가중치는 결합 하중이라고도 하며 각각의 입력 신호에 곱하는 값으로, 입력 신호가 결과에 미치는 중요도를 결정하는 매개변수다. 가중치 값이 클수록 전달 효율이 좋아지므로 더 많은 정보를 전달할 수 있다.

그림_ 퍼셉트론의 신호 전달 (AI_Perceptron.jpg)

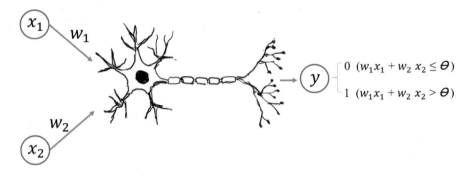

$$0 \quad (w_1 x_1 + w_2 x_2 \leq \theta)$$
$$1 \quad (w_1 x_1 + w_2 x_2 > \theta)$$

퍼셉트론은 여러 입력 신호(x_1, x_2)에 대하여 각각 고유한 가중치(w_1, w_2)를 지니고 있다. 퍼셉트론은 입력받은 신호의 총합($x_1 w_1 + x_2 w_2$)이 임계값(θ) 이하일 때는 0을 출력하지만 입력받은 신호의 총합($x_1 w_1 + x_2 w_2$)이 임계값(θ)을 넘어설 때 1을 출력하는데, 이를 활성화한다activate라고 표현한다.

퍼셉트론은 구조를 변경하지 않으면서 매개변수(가중치와 임계값)만 변경함으로써 AND, NAND, OR 세 가지의 논리 회로를 만들 수 있다. 예를 들어 w_1, w_2, θ 값을 각각 0.5, 0.5, 0.7로 설정하면 AND 논리 회로와 동일하게 동작한다.

```
def AND(x1, x2):
    w1 = 0.5
    w2 = 0.5
    theta = 0.7
    if w1 * x1 + w2 * x2 > theta:
        return 1
    else:
        return 0

>>> AND(0, 0)
0
>>> AND(0, 1)
0
>>> AND(1, 0)
0
>>> AND(1, 1)
1
```

퍼셉트론의 w_1, w_2, θ 값을 -0.5, -0.5, -0.7로 설정하면 NAND 논리 회로가 되고, 0.5, 0.5, 0.2로 설정하면 OR 회로가 된다. 퍼셉트론 하나로는 절대로 만들 수 없는 XOR 논리 회로도 다음처럼 퍼셉트론을 여러 층으로 쌓은 다층 퍼셉트론을 이용하면 만들 수 있다.

```
def NAND(x1, x2):
    w1 = -0.5
    w2 = -0.5
    theta = -0.7
    if w1 * x1 + w2 * x2 > theta:
        return 1
    else:
        return 0

def OR(x1, x2):
    w1 = 0.5
    w2 = 0.5
    theta = 0.2
    if w1 * x1 + w2 * x2 > theta:
        return 1
    else:
        return 0
```

```
def XOR(x1, x2):
    return AND(NAND(x1, x2), OR(x1, x2))

>>> XOR(0, 0)
0
>>> XOR(0, 1)
1
>>> XOR(1, 0)
1
>>> XOR(1, 1)
0
```

퍼셉트론은 입력 신호마다 다른 가중치를 부여하여 처리하며, 입력 신호의 합이 일정값을 초과하면 그 결과를 다른 퍼셉트론으로 전달한다. 신경 세포와 매우 유사한 퍼셉트론의 이러한 동작은 인공 신경망의 연구의 시발점이 되었다.

참고로 다층 퍼셉트론을 이용하면 컴퓨터도 만들어낼 수 있는 것으로 알려져 있다. 실제로 전세계 100여 개가 넘는 대학교와 고등학교에서 NAND 논리 회로를 이용해서 테트리스 게임이 가능한 컴퓨터를 만드는 강의를 개설했다(www.nand2tetris.org).

9.1.4 활성화 함수

입력 신호의 총합이 임계값을 넘어 설 때 특정값을 출력하는 함수를 활성화 함수activation function 라고 한다. 출력 신호가 계단 모양을 닮은 계단 함수, 출력 신호가 S자를 닮은 시그모이드 함수, 최근 들어 시그모이드 함수를 대체해 사용하는 ReLU 함수 등 다양한 활성화 함수가 있는데 각 함수들이 지닌 특징을 살펴보자.

계단 함수

계단 함수step function는 출력 신호가 계단 모양과 유사하다. 계단 함수를 파이썬으로 구현해보면 x좌표의 0을 경계로 출력값이 0에서 1로 변경된다.

코드_ 계단 함수

```python
# ch09_01_StepFunction.py
import numpy as np
import matplotlib.pyplot as plt

def stepfunc(x):
    return np.where(x <= 0, 0, 1)  # ①

x = np.arange(-10, 10, 0.1)  # ②
y = stepfunc(x)  # ③

plt.plot(x, y)
plt.title('step function')
plt.show()
```

① x값이 부등식(x <= 0)을 만족하면 0을 반환하고, x값이 부등식을 만족하지 못하면 1을 반환한다.

② x값으로 -10부터 9.9까지 0.1 간격의 소수로 이루어진 배열을 준비한다. arange() 함수에서 마지막 값은 제외하므로 마지막 값은 9.9이다. e + 01은 앞의 수 × 10^1을 의미하고 e +00은 앞의 수 × 10^0을 나타낸다.

```
>>> x
array([-1.00000000e+01, -9.90000000e+00, -9.80000000e+00, -9.70000000e+00,
       -9.60000000e+00, -9.50000000e+00, -9.40000000e+00, -9.30000000e+00,
       -9.20000000e+00, -9.10000000e+00, -9.00000000e+00, -8.90000000e+00,
       -8.80000000e+00, -8.70000000e+00, -8.60000000e+00, -8.50000000e+00,
       -8.40000000e+00, -8.30000000e+00, -8.20000000e+00, -8.10000000e+00,
              ... 중간 생략 ...
        8.40000000e+00,  8.50000000e+00,  8.60000000e+00,  8.70000000e+00,
        8.80000000e+00,  8.90000000e+00,  9.00000000e+00,  9.10000000e+00,
        9.20000000e+00,  9.30000000e+00,  9.40000000e+00,  9.50000000e+00,
        9.60000000e+00,  9.70000000e+00,  9.80000000e+00,  9.90000000e+00])
```

③ 계단형 함수의 출력값인 y는 다음과 같다.

```
>>> y
array([0, 0, 0, 0, 0, 0, 0, 0, 0, 0, 0, 0, 0, 0, 0, 0, 0, 0, 0, 0, 0, 0,
       0, 0, 0, 0, 0, 0, 0, 0, 0, 0, 0, 0, 0, 0, 0, 0, 0, 0, 0, 0, 0, 0,
       0, 0, 0, 0, 0, 0, 0, 0, 0, 0, 0, 0, 0, 0, 0, 0, 0, 0, 0, 0, 0, 0,
       0, 0, 0, 0, 0, 0, 0, 0, 0, 0, 0, 0, 0, 0, 0, 0, 0, 0, 0, 0, 0, 0,
       0, 0, 0, 0, 0, 0, 0, 0, 0, 0, 0, 0, 0, 1, 1, 1, 1, 1, 1, 1, 1, 1,
       1, 1, 1, 1, 1, 1, 1, 1, 1, 1, 1, 1, 1, 1, 1, 1, 1, 1, 1, 1, 1, 1,
       1, 1, 1, 1, 1, 1, 1, 1, 1, 1, 1, 1, 1, 1, 1, 1, 1, 1, 1, 1, 1, 1,
       1, 1, 1, 1, 1, 1, 1, 1, 1, 1, 1, 1, 1, 1, 1, 1, 1, 1, 1, 1, 1, 1,
       1, 1, 1, 1, 1, 1, 1, 1, 1, 1, 1, 1, 1, 1, 1, 1, 1, 1, 1, 1, 1, 1,
       1, 1])
```

맷플롯립으로 계단 함수를 출력해보면 다음과 같이 계단 모양의 그래프가 나타난다.

그림_ 계단 함수

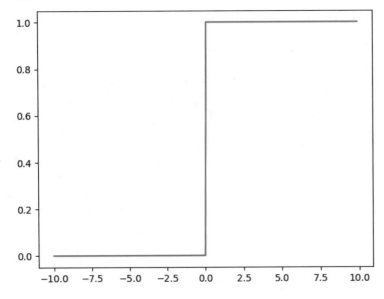

시그모이드 함수

시그모이드sigmoid는 라틴 문자 S를 닮았다는 의미를 가지고 있으며, 실제로 시그모이드 함수에 의해 출력되는 결과는 S자와 유사하다. 그리스 문자인 시그마(σ)가 라틴 문자 S에 해당하기 때문에 σ로 줄여서 표기하기도 한다. 시그모이드 함수를 구하는 식은 다음과 같다.

$$y = \frac{1}{1 + e^{-x}}$$

앞에서 살펴 본 계단 함수를 사용할 경우에는 0 또는 1이 출력되지만, 시그모이드 함수를 사용할 경우 0 ~ 1 사이의 연속적인 실수가 출력된다. 퍼셉트론의 활성화 함수를 계단 함수에서 시그모이드 함수로 변경해 비로소 복잡한 신경망에 대한 계산도 가능해졌다.

코드_ 시그모이드 함수

```
# ch09_02_SigmoidFunction.py
import numpy as np
import matplotlib.pyplot as plt

def sigmoid(x):
    return 1 / (1 + np.exp(-x))  # ①

x = np.arange(-10, 10, 0.1)  # ②
y = sigmoid(x)  # ③

plt.plot(x, y)
plt.title('sigmoid function')
plt.show()
```

① 넘파이의 exp(x) 함수는 e^x를 구하는 지수 함수이다 (e는 자연상수). x값이 0으로부터 음수 방향으로 멀어지면 분모(1 + np.exp(-x))의 값이 커지므로 y값은 0에 가까워진다. x값이 0으로부터 양수 방향으로 멀어지면 exp(-x)가 0에 가까워지므로 y값은 1에 가까워진다.

② x값으로 -10부터 9.9까지 0.1 간격의 소수로 이루어진 배열을 준비한다. -1.00000000e+n은 -1.00000000 × 10^n을 의미하므로, x의 첫 번째 수 -1.00000000e+01은 -1.00000000 × 10^1이 되어 -10을 나타낸다.

```
>>> x
array([-1.00000000e+01, -9.90000000e+00, -9.80000000e+00, -9.70000000e+00,
       -9.60000000e+00, -9.50000000e+00, -9.40000000e+00, -9.30000000e+00,
       -9.20000000e+00, -9.10000000e+00, -9.00000000e+00, -8.90000000e+00,
```

```
        -8.80000000e+00, -8.70000000e+00, -8.60000000e+00, -8.50000000e+00,
        -8.40000000e+00, -8.30000000e+00, -8.20000000e+00, -8.10000000e+00,
            ... 중간 생략 ...
         8.40000000e+00,  8.50000000e+00,  8.60000000e+00,  8.70000000e+00,
         8.80000000e+00,  8.90000000e+00,  9.00000000e+00,  9.10000000e+00,
         9.20000000e+00,  9.30000000e+00,  9.40000000e+00,  9.50000000e+00,
         9.60000000e+00,  9.70000000e+00,  9.80000000e+00,  9.90000000e+00])
```

③ 시그모이드 함수의 출력값인 y는 다음과 같다. 1.00000000e-n은 $1.00000000 \times 10^{-n}$을 의미하므로, 첫 번째 수 4.53978687e-05는 $4.53978687 \times 10^{-5}$이 되어 0.0000453978687 을 나타낸다.

```
>>> y
array([4.53978687e-05, 5.01721647e-05, 5.54485247e-05, 6.12797396e-05,
       6.77241496e-05, 7.48462275e-05, 8.27172229e-05, 9.14158739e-05,
       1.01029194e-04, 1.11653341e-04, 1.23394576e-04, 1.36370327e-04,
       1.50710358e-04, 1.66558065e-04, 1.84071905e-04, 2.03426978e-04,
           ... 중간 생략 ...
       9.99775183e-01, 9.99796573e-01, 9.99815928e-01, 9.99833442e-01,
       9.99849290e-01, 9.99863630e-01, 9.99876605e-01, 9.99888347e-01,
       9.99898971e-01, 9.99908584e-01, 9.99917283e-01, 9.99925154e-01,
       9.99932276e-01, 9.99938720e-01, 9.99944551e-01, 9.99949828e-01])
```

그림_ 시그모이드 함수

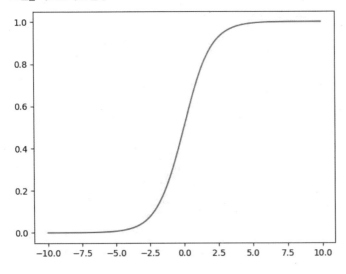

tanh 함수

쌍곡탄젠트[2] 함수는 시그모이드 함수처럼 S자 모양의 그래프로 표시되지만, 시그모이드 함수가 0 ~ 1 사이의 값을 출력하는 것에 비해 쌍곡탄젠트 함수는 -1 ~ 1 사이의 값을 출력한다는 차이점이 있다. 쌍곡탄젠트를 구하는 식은 다음과 같다.

$$y = \frac{e^x - e^{-x}}{e^x + e^{-x}}$$

코드_ tanh 함수

```python
# ch09_03_TanhFunction.py
import numpy as np
import matplotlib.pyplot as plt

def tanh(x):
    return (np.exp(x) - np.exp(-x)) / (np.exp(x) + np.exp(-x))

x = np.arange(-10, 10, 0.1)  # ①
y = tanh(x)   # ②

plt.plot(x, y)
plt.title('tanh function')
plt.show()
```

① x값으로 -10부터 9.9까지 0.1 간격의 소수로 이루어진 배열을 준비한다.

② 넘파이에서 제공하는 np.tanh() 함수를 사용해도 결과는 동일하다.

2　hyperbolic tangent. 하이퍼볼릭 탄젠트라고도 한다. 이 책에서는 대한수학회 용어를 따랐다.

그림_ **tanh 함수**

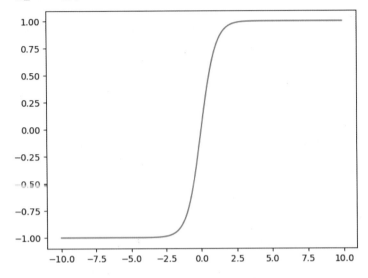

ReLU 함수

신경망 분야에서는 오래전부터 시그모이드 함수를 사용해 왔지만 최근 들어서 ReLU[rectified linear unit] 함수가 주로 사용되고 있다. ReLU에서 rectified는 '정류된'이라는 의미로, ReLU 함수는 음수를 0으로 만든다. 즉, 입력이 0 이하일 경우에는 0을 출력하지만 입력이 0을 넘으면 입력받은 값을 그대로 출력한다.

코드_ **ReLU 함수**

```python
# ch09_04_ReLUFunction.py
import numpy as np
import matplotlib.pyplot as plt

def relu(x):
    return np.maximum(0, x)  # ①

x = np.arange(-10, 10, 0.1)  # ②
y = relu(x)  # ③

plt.plot(x, y)
```

```
plt.title('ReLU function')
plt.show()
```

① 넘파이의 maximum() 함수는 인수로 주어진 수 중에서 가장 큰 수를 반환한다. 따라서 x가 0보다 작거나 같을 때 0을 반환하고, x가 0보다 크면 x를 반환한다.

② x값으로 -10부터 9.9까지 0.1 간격으로 이루어진 배열을 준비한다.

```
>>> x
array([-1.00000000e+01, -9.90000000e+00, -9.80000000e+00, -9.70000000e+00,
       -9.60000000e+00, -9.50000000e+00, -9.40000000e+00, -9.30000000e+00,
       -9.20000000e+00, -9.10000000e+00, -9.00000000e+00, -8.90000000e+00,
       -8.80000000e+00, -8.70000000e+00, -8.60000000e+00, -8.50000000e+00,
       -8.40000000e+00, -8.30000000e+00, -8.20000000e+00, -8.10000000e+00,
           ... 중간 생략 ...
        8.40000000e+00,  8.50000000e+00,  8.60000000e+00,  8.70000000e+00,
        8.80000000e+00,  8.90000000e+00,  9.00000000e+00,  9.10000000e+00,
        9.20000000e+00,  9.30000000e+00,  9.40000000e+00,  9.50000000e+00,
        9.60000000e+00,  9.70000000e+00,  9.80000000e+00,  9.90000000e+00])
```

③ ReLU 함수의 출력값인 y는 다음과 같다.

```
>>> y
array([0. , 0. , 0. , 0. , 0. , 0. , 0. , 0. , 0. , 0. , 0. , 0. , 0. ,
       0. , 0. , 0. , 0. , 0. , 0. , 0. , 0. , 0. , 0. , 0. , 0. , 0. ,
       0. , 0. , 0. , 0. , 0. , 0. , 0. , 0. , 0. , 0. , 0. , 0. , 0. ,
       0. , 0. , 0. , 0. , 0. , 0. , 0. , 0. , 0. , 0. , 0. , 0. , 0. ,
       0. , 0. , 0. , 0. , 0. , 0. , 0. , 0. , 0. , 0. , 0. , 0. , 0. ,
       0. , 0. , 0. , 0. , 0. , 0. , 0. , 0. , 0. , 0. , 0. , 0. , 0. ,
       0. , 0. , 0. , 0. , 0. , 0. , 0. , 0. , 0. , 0. , 0. , 0. , 0. ,
       0. , 0. , 0. , 0. , 0. , 0. , 0. , 0. , 0. , 0.1, 0.2, 0.3,
       0.4, 0.5, 0.6, 0.7, 0.8, 0.9, 1. , 1.1, 1.2, 1.3, 1.4, 1.5, 1.6,
       1.7, 1.8, 1.9, 2. , 2.1, 2.2, 2.3, 2.4, 2.5, 2.6, 2.7, 2.8, 2.9,
       3. , 3.1, 3.2, 3.3, 3.4, 3.5, 3.6, 3.7, 3.8, 3.9, 4. , 4.1, 4.2,
       4.3, 4.4, 4.5, 4.6, 4.7, 4.8, 4.9, 5. , 5.1, 5.2, 5.3, 5.4, 5.5,
       5.6, 5.7, 5.8, 5.9, 6. , 6.1, 6.2, 6.3, 6.4, 6.5, 6.6, 6.7, 6.8,
       6.9, 7. , 7.1, 7.2, 7.3, 7.4, 7.5, 7.6, 7.7, 7.8, 7.9, 8. , 8.1,
       8.2, 8.3, 8.4, 8.5, 8.6, 8.7, 8.8, 8.9, 9. , 9.1, 9.2, 9.3, 9.4,
       9.5, 9.6, 9.7, 9.8, 9.9])
```

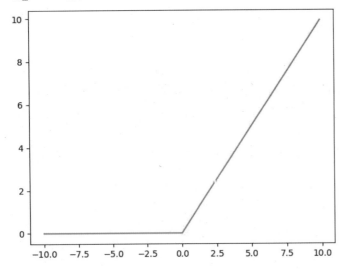

소프트맥스 함수

소프트맥스softmax 함수는 분류 문제를 다룰 때 사용되는 활성화 함수로 입력받은 값들을 0 ~ 1 사이 값으로 정규화한다. 출력값들의 총합은 항상 1이 된다. 입력값 x가 n개일 때 다음과 같은 수식으로 나타낼 수 있다.

$$y = \frac{e^x}{\displaystyle\sum_{k=1}^{n} e^{x_k}}$$

코드_ **소프트맥스 함수**

```python
# ch09_05_SoftmaxFunction.py
import numpy as np
import matplotlib.pyplot as plt

def softmax(x):
    return np.exp(x) / np.sum(np.exp(x))
```

소프트맥스 함수에 의해서 출력되는 값은 각각 0~ 1 범위에 있으며 가장 큰 출력값을 부여받은 클래스로 분류될 확률이 가장 높다. 전체 출력값의 합계는 항상 1이다. 가령 다음처럼 [1, 1, 2]가 입력값으로 주어지면, 2에 대항하는 클래스로 분류될 확률이 57%로 가장 높다.

```
>>> softmax([1, 1, 2])
array([0.21194156, 0.21194156, 0.57611688])
```

9.1.5 다층 퍼셉트론

앞서 우리는 퍼셉트론을 여러 층으로 구성한 것을 다층 퍼셉트론multi-layer perceptron, MLP이라고 하며, 다층 퍼셉트론을 이용하면서부터 단층 퍼셉트론에서는 불가능했던 비선형 문제를 해결할 수 있었고 XOR 게이트를 만들 수 있다는 사실을 배웠다. 지금부터는 다층 퍼셉트론의 입력층에서 출력층까지 신호가 전달되는 과정을 파이썬의 넘파이를 통해 구현할 것이다.

다음은 다층 퍼셉트론의 입력층에서 은닉층으로 신호가 전달되는 과정을 표시한 그림이다. 일반적으로 좌측의 입력층input layer부터 0층으로 표시하며 우측으로 갈수록 높은 층으로 표시한다. 가장 우측 층을 출력층output layer이라고 부르고, 입력층과 출력층 사이를 은닉층hidden layer이라고 부르는데, 은닉층은 여러 층으로 구성할 수 있다. 은닉층이 무수히 많은 신경망을 심층 신경망이라고 부른다.

그림_ 다층 퍼셉트론 은닉층 계산

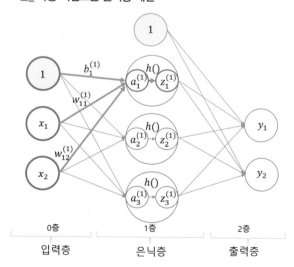

$a_2^{(1)}$은 1층의 퍼셉트론 중 두 번째임을 나타낸다. $w_{ij}^{(n)}$은 n층의 가중치 중에서 n-1층의 j 번째 퍼셉트론으로부터 n층의 i 번째 퍼셉트론으로 향하는 가중치를 나타낸다. $b_i^{(n)}$은 n층의 i 번째 퍼셉트론으로 향하는 편향bias을 나타낸다. 편향은 '한쪽에 치우침'을 뜻한다. 가중치가 각각의 입력 신호에 대한 중요도를 조절하는 매개변수라면 편향은 퍼셉트론이 얼마나 쉽게 활성화하는지를 조절하는 매개변수다. 그리고 h()는 은닉층의 활성화 함수를 의미한다.

위 그림에서 은닉층의 첫 번째 퍼셉트론 $a_1^{(1)}$을 수식으로 나타내면 다음과 같다.

$$a_1^{(1)} = b_1^{(1)} + w_{11}^{(1)}x_1 + w_{12}^{(1)}x_2$$

입력층으로부터 은닉층의 세 개의 퍼셉트론까지 신호가 전달되는 과정을 행렬의 내적을 이용하여 나타낸 수식은 다음과 같다.

$$A^{(1)} = XW^{(1)} + B^{(1)}$$

$$\begin{pmatrix} a_1^{(1)} & a_2^{(1)} & a_3^{(1)} \end{pmatrix} = \begin{pmatrix} x_1 & x_2 \end{pmatrix} \begin{pmatrix} w_{11}^{(1)} & w_{21}^{(1)} & w_{31}^{(1)} \\ w_{12}^{(1)} & w_{22}^{(1)} & w_{32}^{(1)} \end{pmatrix} + \begin{pmatrix} b_1^{(1)} & b_2^{(1)} & b_3^{(1)} \end{pmatrix}$$

넘파이 라이브러리를 이용해서 위의 수식을 직접 파이썬으로 구현해보자. 다음은 입력층에서 1층까지의 신호 전달 과정을 계산한 코드다. 입력 신호, 가중치, 편향값을 임의로 지정했고, A1은 1층의 입력 신호, Z1은 1층의 출력 신호를 나타낸다.

코드_ 다층 퍼셉트론 은닉층 계산

```python
# ch09_06_MLP_HiddenLayer.py
import numpy as np
X = np.array([10, 20])  # ①
W1 = np.array([[0.1, 0.3, 0.5], [0.2, 0.4, 0.6]])  # ②
B1 = np.array([1, 2, 3])  # ③

def sigmoid(x):
    return 1 / (1 + np.exp(-x))  # ④
```

```
A1 = np.dot(X, W1) + B1  # ⑤
Z1 = sigmoid(A1)  # ⑥
```

① $(x_1 \ x_2)$값을 임의의 값인 10, 20으로 준비한다.

② 입력층$(x_1 \ x_2)$에서 1층 입력 신호$(a_1^{(1)} \ a_2^{(1)} \ a_3^{(1)})$로 향하는 가중치는 모두 6개이며, 2행 3열의 임의의 가중치를 갖는 배열로 준비한다.

③ 입력층에서 1층으로 향하는 편향은 $(b_1^{(1)} \ b_2^{(1)} \ b_3^{(1)})$이므로 모두 3개이며, 임의의 값으로 준비한다.

④ $h()$ 활성화 함수로 시그모이드 함수를 사용했으므로 0에서 1 사잇값을 반환한다.

⑤ 1층의 입력 신호를 계산한다. A1값은 다음과 같다.

```
>>> A1
array([ 6., 13., 20.])
```

⑥ 1층의 입력 신호를 시그모이드 함수로 활성화하여 출력값을 구한다. Z1값은 다음과 같다.

```
>>> Z1
array([0.99752738, 0.99999774, 1.        ])
```

위와 동일한 방식으로 은닉층으로부터 출력층까지의 나머지 신호 전달 과정도 구현해보자. 출력층의 활성화 함수는 σ()로 표시하고 시그마라고 읽는다. 활성화 함수는 풀고자 하는 문제의 종류에 따라 적당한 함수를 골라서 사용해야 하는데, 일반적으로 회귀 문제인 경우에는 항등 함수를, 2 클래스 분류 문제인 경우에는 시그모이드 함수를, 다중 클래스 분류 문제에는 소프트맥스 함수를 사용한다.

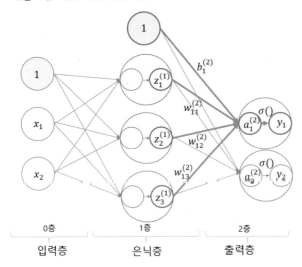

위 그림에서 출력층의 첫 번째 퍼셉트론 $a_1^{(2)}$을 수식으로 표현하면 다음과 같다.

$$a_1^{(2)} = b_1^{(2)} + w_{11}^{(2)}z_1^{(1)} + w_{12}^{(2)}z_2^{(1)} + w_{13}^{(2)}z_3^{(1)}$$

은닉층으로부터 출력층의 두 퍼셉트론까지 신호가 전달되는 과정을 행렬의 내적을 이용하여 나타낸 수식은 다음과 같다.

$$A^{(2)} = Z^{(1)}W^{(2)} + B^{(2)}$$

$$\left(a_1^{(2)} \ a_2^{(2)} \right) = \left(z_1^{(1)} \ z_2^{(1)} \ z_3^{(1)} \right) + \begin{pmatrix} w_{11}^{(2)} & w_{21}^{(2)} \\ w_{12}^{(2)} & w_{22}^{(2)} \\ w_{13}^{(2)} & w_{23}^{(2)} \end{pmatrix} \left(b_1^{(2)} \ b_2^{(2)} \right)$$

출력층의 입력값들을 모두 구한 뒤 출력층의 활성화 함수만 거치면 y_1과 y_2의 출력값을 구할 수 있다. y_1과 y_2의 출력값을 구하기 위해 추가해야 할 코드는 다음과 같다.

코드_ 다층 퍼셉트론 출력층 계산

```
# ch09_07_MLP_OutputLayer.py
W2 = np.array([[0.1, 0.4], [0.2, 0.5], [0.3, 0.6]])  # ⑦
B2 = np.array([0.1, 0.2])  # ⑧

A2 = np.dot(Z1, W2) + B2  # ⑨
Y = sigmoid(A2)  # ⑩
```

⑦ 은닉층에서 출력층 입력 신호$\left(a_1^{(2)}\ a_2^{(2)}\right)$로 향하는 가중치는 모두 6개이며, 3행 2열의 임의의 가중치를 갖는 배열로 준비한다.

⑧ 은닉층에서 출력층으로 향하는 편향은 $\left(b_1^{(2)}\ b_2^{(2)}\right)$이므로 모두 2개이며, 임의의 값으로 준비한다.

⑨ 은닉층의 출력값 Z1에 가중치 W2를 곱하고 편향 B2를 더해서 출력층의 입력값 A2를 구한다.

```
>>> A2
array([0.69975229, 1.69900982])
```

⑩ 출력층의 활성화 함수로 시그모이드 함수를 사용해서 최종적으로 Y값을 구한다.

```
>>> Y
array([0.66813285, 0.84540537])
```

위와 같은 방식으로 계산을 반복하면 아무리 복잡한 신경망도 넘파이 배열을 이용하여 최종 출력 신호를 계산할 수 있다. 현재 시중에 나와있는 인공지능 라이브러리들도 내부적으로는 이처럼 행렬의 계산을 기반으로 구현되어 있다.

9.1.6 딥러닝

1990년대에 들어서 심층 신경망은 학습 과정에서 사용된 훈련용 데이터에 최적화된 나머지 새로운 데이터에 대해서 제대로 추정하지 못하는 과적합overfitting 문제와 느린 학습 시간으로 인해 과학자들로부터 외면을 받는다. 대신 다차원의 초평면을 학습하여 데이터를 분류하는 SVMsupport vector machine이나 다수의 결정 트리를 학습하여 검출, 분류, 회귀 등을 수행하는 랜덤 포레스트random forest 같은 머신러닝 기법들이 활발히 연구되었다.

한 동안 심층 신경망의 암흑기가 흐른 뒤, 2006년에 제프리 힌튼 교수가 「신경망으로 데이터 차원 줄이기Reducing the dimensionality of data with neural networks」 논문을 발표하면서, 심층 신경망도 과적합 없이 빠른 학습이 가능함이 알려지게 된다. 해당 논문에서는 흔히 MNIST 데이터라고 부르는 손글씨 숫자 데이터를 98.4% 수준으로 인식할 수 있게 되었다고 밝혔는데, 이때부터 딥러닝이라는 용어가 본격적으로 사용된다.

이후, 일정한 확률에 따라 퍼셉트론을 무작위로 제거함으로써 과적합을 더욱 효과적으로 방지할 수 있는 드롭아웃dropout 개념이 나오고, 컴퓨팅 파워 증가로 빅 데이터에 대한 처리가 가능해지면서 딥러닝뿐 아니라 머신러닝 기술 전반이 폭발적으로 발전했다.

기존 머신러닝machine learning에서는 사람이 기계가 학습할 데이터 특징을 설계했지만, 딥러닝deep learning에서는 데이터 입력에서부터 결과 출력까지 사람의 개입을 배제할 수 있다.

9.2 텐서플로 기초

텐서플로Tensorflow는 구글 브레인팀에서 심층 신경망 연구를 위해 개발한 머신러닝 라이브러리로, 2015년 11월에 아파치 2.0 오픈소스 라이선스로 공개되었다. 비교적 나중에 출시된 라이브러리이지만 여러 머신러닝 라이브러리 벤치마크에서 1등을 차지하며, 사용자 수도 급격히 늘었다. 텐서플로는 **pip install tensorflow**로 설치할 수 있다. 성능을 고려해 코어를 C++로 구현해서 최신 버전 파이썬이나 32비트 파이썬에서는 지원되지 않는 경우가 있다. 이럴 때는 http://tensorflow.org 사이트에 접속해 텐서플로가 지원하는 파이썬 버전을 확인한 후, venv를 이용해 가상 환경에서 해당 파이썬 버전을 다시 설치해야 한다.

9.2.1 텐서플로에서 문자열 출력하기

2019년 9월 1일에 릴리즈 된 텐서플로 2.0 버전부터 대폭적인 변화가 생겼으며, 더 높은 수준의 직관적인 케라스Keras API를 사용할 수 있다. 케라스 API를 사용하면 기존에 for문으로 직접 구현해야 했던 코드들을 줄일 수 있기 때문에 전체 코드가 깔끔해질 뿐만 아니라 구현 과정에서 실수할 가능성도 훨씬 줄어들었다.

뿐만 아니라 즉시 실행eager execution 모드가 기본으로 설정되어 있기 때문에 1.x 버전에서 세션 객체를 생성하여 run() 메서드를 호출했던 것과 달리 텐서플로 코드를 바로 실행할 수 있다. 따라서 print() 함수로 모든 변수를 바로 출력할 수 있게 되었고, Hello, world! 프로그램도 다음처럼 간단히 작성할 수 있다.

```
import tensorflow as tf
hello = tf.constant('Hello, TensorFlow 2.0!')
print(hello)
```

텐서플로 2.x 버전에서 print() 함수로 hello 노드를 출력하면 해당 노드가 갖고 있는 바이트 문자열이 바로 표시된다.

```
tf.Tensor(b'Hello, TensorFlow 2.0!', shape=(), dtype=string)
```

9.2.2 텐서의 차원

텐서플로에서 모든 데이터는 텐서tensor 데이터 구조를 사용해서 표현한다. 텐서라는 단어를 처음 접하는 분이라면 다소 어렵게 느껴질 수 있겠지만 동적 크기를 지니는 다차원 데이터 배열 정도로 생각하면 된다.

텐서는 n차원의 배열이나 리스트로도 표현할 수 있으며, 프로그램 내에서 모든 데이터는 텐서의 형태로 이동한다. 각각의 텐서는 차원rank, 형태shape, 자료형data type을 지니는데, 차원은 동적으로 변할 수 있다.

표_ 텐서의 차원

차원	수학 엔티티	파이썬 코드 예
0	스칼라(크기만 지님)	s = 123
1	벡터(크기와 방향을 지님)	v = [1.1, 2.2, 3.3]
2	매트릭스(숫자 테이블)	m = [[1, 2, 3], [4, 5, 6], [7, 8, 9]]
3	3-텐서(숫자 큐브)	t = [[[2], [4], [6]], [[8], [10], [12]], [[14], [16], [18]]]
n	n-텐서	...

9.3 선형 회귀 문제

이번 절에서는 텐서플로 저수준 API를 사용해서 선형 회귀 문제를 풀어보자. 간단한 예제이지만 머신러닝에 필요한 기본 개념과 처리 순서를 배울 수 있으므로 향후 복잡한 딥러닝 문제를 푸는 연습 문제 역할을 할 것이다.

9.3.1 선형 모델

$y = ax + b$ 형태의 직선의 방정식에 대한 x, y값이 다음과 같이 주어졌을 때, 사람은 어렵지 않게 a값이 1이고, b값이 1이라는 사실을 알 수 있다.

x	1	2	3	4	5
y	2	3	4	5	6

선형 회귀 문제를 머신러닝으로 푼다는 것은 주어진 데이터를 가장 잘 나타내는 $y = ax + b$ 공식, 즉 a와 b값을 찾아내는 것이다. 머신러닝에서는 $h(x) = wx + b$라고 표현하는데, 표현만 다를 뿐 w값(가중치)과 b값(편향)을 알아내는 것은 똑같다. 컴퓨터가 주어진 데이터를 이용하여 가설 $h(x)$에서 최적의 w값과 b값을 찾는 과정을 학습이라고 하며, w값과 b값을 알아내면 결국 임의의 x값이 주어졌을 때 그에 맞는 y값을 추론할 수 있게 된다.

아래 그림은 위에서 주어진 데이터를 이용하여 선형 회귀 모델을 학습하는 과정을 나타낸 것이다. 파란 점이 실제 데이터이고, 빨간 실선이 가설이다. 1100번의 학습해 h(x) = 1.00 * x + 1.00 직선을 찾았다.

그림_ 선형 회귀 모델의 학습 과정

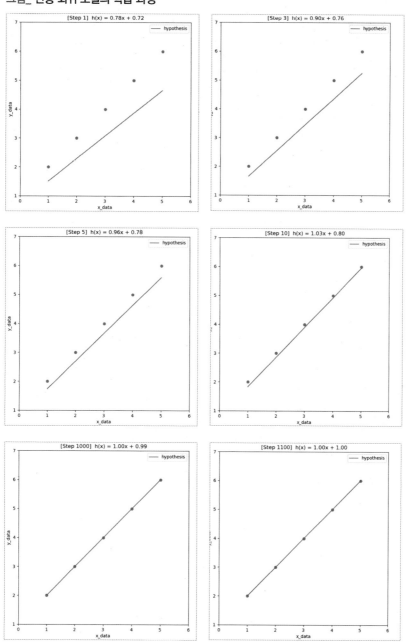

이제 위의 선형 회귀 문제를 텐서플로를 이용하여 직접 풀어보자. 먼저 다음과 같이 데이터를
준비한다.

코드_ 선형 회귀 문제의 학습 준비

```python
# ch09_08_LinearRegression.py
import matplotlib.pylab as plt
import tensorflow as tf

x_data = [1, 2, 3, 4, 5]
y_data = [2, 3, 4, 5, 6]  # ①

w = tf.Variable(0.7)  # ②
b = tf.Variable(0.7)  # ③
learn_rate = 0.01  # ④
```

① y = 1 * x + 1 인 데이터를 준비한다.

② 가중치 w를 임의의 값 0.7로 초기화한다. 초깃값과 실제 w값의 차이가 작을수록 학습에 걸
리는 시간도 줄어든다.

③ 편향 b를 임의의 값 0.7로 초기화한다. 초깃값과 실제 b값의 차이가 작을수록 학습에 걸리
는 시간도 줄어든다.

④ 학습률은 보통 0.01 ~ 0.001 사이의 값으로 설정한다. 학습률이 너무 크면 비용이 무한대
로 늘어나는 오버슈팅 현상이 발생하면서 학습이 제대로 이루어지지 않고, 학습률이 너무 작으
면 학습에 걸리는 시간이 오래 걸리므로 적절한 학습률을 설정하는 것이 중요하다.

9.3.2 경사 하강 알고리즘

예측값^{hypothesis}과 실젯값$^{\text{y\_data}}$가 얼마나 차이가 나는지 수치화한 것을 비용^{cost} 또는 손실^{loss}이라
고 한다. 비용 함수는 예측값과 실젯값의 차이를 제곱해서 평균 낸 값을 반환하는데, 이를 오차
제곱평균$^{\text{mean\_squared\_error, MSE}}$이라고 한다.

비용 함수는 아래로 볼록한 2차방정식 그래프이므로 비용 함수의 최솟값을 구하려면 임의의
(w, b)값을 선택한 후 비용이 적게 나오는 쪽으로 경사^{gradient}를 타고 내려가면 된다. 이렇게

그래프의 기울기를 구하면서 단계적으로 최솟값을 구해가는 방식을 경사 하강 알고리즘gradient descent algorithm이라고 한다.

다음은 경사 하강 알고리즘에 따라 1100회의 학습을 수행하면서 비용 함수의 값이 최소가 되는 (w, b)값을 구하는 코드다.

코드_ 선형 회귀 문제 학습하기

```python
print(f'step¦    w¦    b¦ cost')
print(f'----¦-----¦-----¦-----')

for i in range(1, 1101):  # ⑦
    with tf.GradientTape() as tape:  # ⑧
        hypothesis = w * x_data + b  # ⑨
        cost = tf.reduce_mean((hypothesis - y_data)**2)  # ⑩
    dw, db = tape.gradient(cost, [w, b])  # ⑪

    w.assign_sub(learn_rate * dw) # ⑫
    b.assign_sub(learn_rate * db)

    if i in [1, 3, 5, 10, 1000, 1100]:
        print(f'{i:4d}¦ {w.numpy():.2f}¦ {b.numpy():.2f}¦ {cost:.2f}')
        plt.figure(figsize=(7, 7))
        plt.title(f'[Step {i:d}]  h(x) = { w.numpy():.2f}x + '
            f'{b.numpy():.2f}')
        plt.plot(x_data, y_data, 'o')
        plt.plot(x_data, w * x_data + b, 'r', label='hypothesis')
        plt.xlabel('x_data')
        plt.ylabel('y_data')
        plt.xlim(0, 6)
        plt.ylim(1, 7)
        plt.legend(loc='best')
        plt.show()
```

⑦ 1회부터 1100회까지 반복해서 학습한다.

⑧ `with tf.GradientTape() as tape:` 내부의 계산 과정을 tape에 기록해두면, 나중에 `tape.gradient()` 함수를 이용해서 미분값을 구할 수 있다.

⑨ 가설은 `w * x + b`로 정한다.

⑩ 손실 비용을 오차제곱평균으로 구한다. `tf.losses.mean_squared_error(hypothesis - y_data)`라고 입력해도 결과는 동일하다.

⑪ w와 b에 대해 손실을 미분해서 `dw`, `db`값을 구한다.

⑫ 텐서플로의 `a.assign_sub(b)`는 파이썬의 `a = a - b`와 동일한 연산을 수행한다. w값에서 '학습률 * dw'를 뺀 값을 새로운 w값으로 설정한다.

위의 코드를 실행하면 스텝이 증가함에 따라 비용값이 점점 줄어드는 결과가 출력된다. 스텝이 1100회가 넘어서면 w값과 b값이 실젯값인 1.00에 도달하는 것을 확인할 수 있다. 이는 텐서플로를 이용해서 학습을 1100번 수행함으로써 $y = 1.00 * x + 1.00$ 직선을 찾아냈다는 것을 의미한다.

```
step¦    w¦    b¦ cost
----¦-----¦-----¦-----
   1¦ 0.78¦ 0.72¦ 1.62
   3¦ 0.90¦ 0.76¦ 0.55
   5¦ 0.96¦ 0.78¦ 0.19
  10¦ 1.03¦ 0.80¦ 0.02
1000¦ 1.00¦ 0.99¦ 0.00
1100¦ 1.00¦ 1.00¦ 0.00
```

9.4 RNN을 이용한 주가 예측

이번 절에서는 딥러닝 기술의 일종인 순환 신경망recurrent neural network, RNN을 이용한 주가 예측을 알아보자. 본 예제는 주가 예측이 어떤 원리로 작동하는지를 설명하는 용도로 최소한으로 작성한 코드이기 때문에, 이를 이용하여 실제로 시장에서 투자하는 것은 절대 바람직하지 않다. 본격적으로 주가 예측을 설명하기에 앞서 RNN과 LSTM에 대해서 먼저 이해하고 넘어가자.

9.4.1 순환 신경망(RNN)

사람이 대화를 할 때는 이전의 맥락을 이해하면서 단어를 해석하기 때문에, 동음이의어인 '배'

같은 단어가 나오더라도 사람 배인지, 과일 배인지, 바다에 떠 있는 배인지 알 수 있다. 하지만 기존 신경망 알고리즘에서는 이와 같은 데이터의 맥락을 학습시킬 수가 없기 때문에 순환 신경망 알고리즘이 개발되었다.

순환 신경망에서 뉴런을 셀cell이라고도 부르는데, 순환 신경망에서 순환recurrent한다는 것은 아래 그림에서 보듯이 이전의 데이터를 통해 학습된 셀의 상태 정보가 다음 데이터를 이용하여 학습시킬 때 다시 사용된다는 의미다. 따라서, 순환 신경망은 시계열 데이터를 처리할 때 적합하며, 아래 그림처럼 펼쳐서 나타낼 수 있다.

그림_ RNN 셀을 펼친 모습

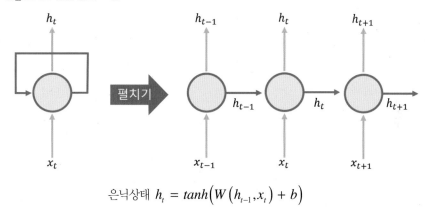

$$은닉상태 \ h_t = tanh\big(W\big(h_{t-1}, x_t\big) + b\big)$$

셀에서 만들어지는 상태 데이터를 은닉 상태hidden state라고 하며, 활성화 함수로 쌍곡탄젠트 함수를 사용하여 위와 같이 계산할 수 있다. 셀에서 사용하는 이전의 은닉 상태는 과거 문맥에 관한 정보를 가지고 있어서 앞으로 발생할 데이터를 예측하는 데 활용된다.

9.4.2 장단기 기억(LSTM)

기본적인 순환 신경망은 단기 기억short-term memory을 저장할 수 있지만, 데이터들의 연관 정보를 파악하려면 기억을 더 길게 유지시켜야 한다. 이를 해결하고자 장단기 기억long short-term memory, LSTM 알고리즘이 탄생했다.

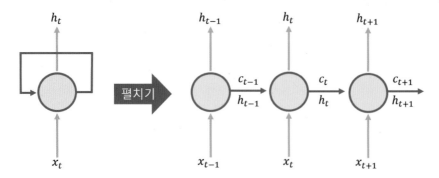

LSTM은 은닉 상태와 더불어 셀 상태$^{\text{cell state}}$를 계산하는데, 셀 상태를 계산하려면 망각 게이트 $^{\text{forget gate}}$와 입력 게이트$^{\text{input gate}}$를 이용한다. 망각 게이트(f_t)는 이전 셀 상태에서 지울 정보를 학습시킬 용도다. 반면 입력 게이트(i_t)는 새로운 데이터를 학습하는 용도다. 망각 게이트와 입력 게이트의 결과를 더하면 현재 셀 상태(c_t)를 구할 수 있다. 최종적으로 은닉 상태(h_t)를 다음과 같이 구한다.

그림_ LSTM 셀을 확대한 모습

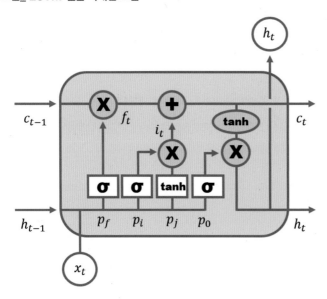

- 이전 셀의 은닉 상태와 현재 입력값에 가중치를 곱한 결과 : $p = W(h_{t-1}, x_t) + b$

- 망각 게이트 : $f_t = c_{t-1} \times sigmoid(p_f)$

- 입력 게이트 : $i_t = sigmoid(p_i) \times tanh(p_i)$

- 셀 상태 : $c_t = f_t + i_t$

- 은닉 상태 : $h_t = tanh(c_t) \times sigmoid(p_0)$

다행히도 위의 복잡한 수학 계산식을 다 이해할 필요는 없다. 텐서플로에서 이미 RNN과 LSTM을 구현해두었기 때문에 우리는 주요 개념만 이해한 후 사용법만 익혀도 충분하다.

9.4.3 주가 예측

주식 데이터는 삼성전자 액면분할 상장일이던 2018년 5월 4일부터 2020년 1월 22일까지의 OHLVC(종가-고가-저가-거래량-종가) 데이터를 이용할 것이다. 2년이 채 안되는 기간 동안 수집된 421건 데이터 중에서 70%를 훈련용 데이터로 이용하고 30%를 테스트용 데이터로 이용한다.

학습을 통해 모델이 완성되면, 예측된 종가와 실제 종가를 그래프로 그려서 비교해볼 것이다. 그런 다음, 삼성전자 2020년 2월 23일 종가를 출력한다.

```python
# ch09_09_RNN_StockPrediction.py
import tensorflow as tf
from tensorflow.keras import Sequential
from tensorflow.keras.layers import Dense, LSTM, Dropout
import numpy as np
import matplotlib.pyplot as plt
from Investar import Analyzer

mk = Analyzer.MarketDB()
raw_df = mk.get_daily_price('삼성전자', '2018-05-04', '2020-01-22')   # ①

def MinMaxScaler(data):
    """최솟값과 최댓값을 이용하여 0 ~ 1 값으로 변환"""
    numerator = data - np.min(data, 0)
    denominator = np.max(data, 0) - np.min(data, 0)
    return numerator / (denominator + 1e-7)   # ②
```

```
dfx = raw_df[['open','high','low','volume', 'close']]
dfx = MinMaxScaler(dfx)    # ③
dfy = dfx[['close']]

x = dfx.values.tolist()
y = dfy.values.tolist()
```

① 삼성전자의 OHLVC 데이터를 조회한다.

```
>>> raw_df
              code        date    open    high    low   close   diff    volume
date
2018-05-04   005930  2018-05-04   53000   53900  51800   51900   1100   39565391
2018-05-08   005930  2018-05-08   52600   53200  51900   52600    700   23104720
2018-05-09   005930  2018-05-09   52600   52800  50900   50900   1700   16128305
2018-05-10   005930  2018-05-10   51700   51700  50600   51600    700   13905263
2018-05-11   005930  2018-05-11   52000   52200  51200   51300    300   10314997
...             ...         ...     ...     ...    ...     ...    ...        ...
2020-01-16   005930  2020-01-16   59100   60700  59000   60700   1700   14381774
2020-01-17   005930  2020-01-17   61900   62000  61000   61300    600   16025661
2020-01-20   005930  2020-01-20   62000   62800  61700   62400   1100   12528855
2020-01-21   005930  2020-01-21   62000   62400  61200   61400   1000   11142693
2020-01-22   005930  2020-01-22   60500   62600  60400   62300    900   15339565
```

② 숫자 단위가 클수록 계산에 소요되는 시간이 늘어나므로 OHLVC 데이터를 0~1 사이 작은 단위로 변환 후 계산해 소요 시간을 단축한다. 0으로 나누기 에러가 발생하지 않도록 매우 작은 값(1e-7)을 더해서 나눈다.

③ 삼성전자 OHLVC 가격 정보를 MinMaxScaler() 함수를 이용하여 0~1 사잇값으로 변환했다. dfx는 OHLVC 가격 정보다.

```
>>> dfx.info()
<class 'pandas.core.frame.DataFrame'>
Index: 421 entries, 2018-05-04 to 2020-01-22
Data columns (total 5 columns):
open     421 non-null float64
high     421 non-null float64
low      421 non-null float64
```

```
volume      421 non-null float64
close       421 non-null float64
dtypes: float64(5)
memory usage: 39.7+ KB
```

dfy는 종가 정보다.

```
>>> dfy.info()
<class 'pandas.core.frame.DataFrame'>
Index: 421 entries, 2018-05-04 to 2020-01-22
Data columns (total 1 columns):
close      421 non-null float64
dtypes: float64(1)
memory usage: 26.6+ KB
```

주식 가격 x, y 리스트의 마지막 부분에 저장된 값을 출력한 결과는 다음과 같다.

```
>>> x[-6:]
[[0.898167006106321, 0.8730158730124087, 0.8873239436584011, 0.1674615836301646,
0.8637274549063578], [0.8818737270839841, 0.9166666666630291, 0.891348088527602,
0.16882989330989187, 0.9318637274511749], [0.9959266802403425,
0.968253968250126, 0.9718309859115821, 0.19665250042066781, 0.9559118236434633],
[0.9999999999959267, 0.9999999999960317, 0.9999999999959758, 0.13746944253371812,
0.999999999995992], [0.9999999999959267, 0.9841269841230789, 0.9798792756499803,
0.11400880277083453, 0.9599198396755113], [0.9389002036621633,
0.9920634920595552, 0.9476861166963876, 0.18504040089784482, 0.9959919839639438]]
```

```
>>> y[-6:]
[[0.8637274549063578], [0.9318637274511749], [0.9559118236434633],
[0.999999999995992], [0.9599198396755113], [0.9959919839639438]]
```

9.4.4 데이터셋 준비하기

window_size를 10으로 설정했으므로, 이전 10일 동안 OHLVC 데이터를 이용하여 다음 날 종가를 예측하도록 데이터셋을 준비해야 한다. 이전 10일 동안 OHLVC 데이터를 _x로, 다음 날의 종가를 _y로 처리한다.

```
data_x = []
data_y = []
window_size = 10
for i in range(len(y) - window_size):
    _x = x[i : i + window_size]  # 다음 날 종가(i+window_size)는 포함되지 않음
    _y = y[i + window_size]      # 다음 날 종가
    data_x.append(_x)
    data_y.append(_y)
print(_x, "->", _y)
```

print(_x, "->", _y)를 실행해 마지막으로 data_x 리스트에 추가된 _x값과 data_y 리스트에 추가된 _y값을 확인해보자.

```
>>> print(_x, "->", _y)
[[0.7637474541720417, 0.7857142857111677, 0.7665995975824281, 0.323174686971615,
0.7755511022013004], [0.8533604887948947, 0.8333333333300265, 0.8269617706204146,
0.33335345138624783, 0.8476953907781655], [0.8696537678172315,
0.8769841269806469, 0.8631790744432065, 0.19622106804249292, 0.8837675350665981],
[0.9022403258619053, 0.8888888888853615, 0.8953722333967993, 0.117672127572782,
0.9038076152268384], [0.9348268839065791, 0.9285714285677438, 0.927565392350392,
0.21155713424914332, 0.9038076152268384], [0.898167006106321, 0.8730158730124087,
0.8873239436584011, 0.1674615836301646, 0.8637274549063578], [0.8818737270839841,
0.916666666630291, 0.8913480885276002, 0.16882989330989187, 0.9318637274511749],
[0.9959266802403425, 0.968253968250126, 0.9718309859115821, 0.19665250042066781,
0.9559118236434633], [0.9999999999959267, 0.9999999999960317, 0.9999999999959758,
0.13746944253371812, 0.999999999995992], [0.9999999999959267, 0.9841269841230789,
0.9798792756499803, 0.11400880277083453, 0.9599198396755113]] ->
[0.9959919839639438]
```

이전 10일 동안 OHLVC 데이터 중 가장 마지막 날 종가는 0.9599198396755113이고, 10일 동안의 OHLVC 데이터에 매핑되는 다음 날 종가는 0.9959919839639438이다.

9.4.5 훈련용 데이터셋과 테스트용 데이터셋 분리

훈련용 데이터셋과 테스트용 데이터셋을 분리해서 사용하는 이유는 훈련용 데이터셋만 이용해서 학습하면 자칫 훈련용 데이터에만 최적화되어 새로운 데이터에 대해서는 올바르게 추정하지 못하는 과적합 현상이 생길 수 있기 때문이다. 학습 과정에서 사용된 적이 없는 테스트용 데이터셋을 분리해서 사용함으로써 학습이 객관적으로 잘 이루어졌는지 점검할 수 있다.

총 421개의 데이터셋 중에서 70%인 287개는 훈련용으로 사용하고, 나머지 124개의 데이터셋은 테스트용으로 사용하도록 데이터셋을 분리했다.

```python
# 훈련용 데이터셋
train_size = int(len(dataY) * 0.7)
trainX = np.array(dataX[0:train_size])
trainY = np.array(dataY[0:train_size])

# 테스트용 데이터셋
test_size = len(dataY) - train_size
testX = np.array(dataX[train_size:len(dataX)])
testY = np.array(dataY[train_size:len(dataY)])
```

9.4.6 모델 생성하기

케라스의 고수준 API를 사용하면 딥러닝 모델을 쉽게 만들 수 있다.

```python
model = Sequential()  # ①
model.add(LSTM(units=10, activation='relu', return_sequences=True,
    input_shape=(window_size, 5)))  # ②
model.add(Dropout(0.1))  # ③
model.add(LSTM(units=10, activation='relu'))
model.add(Dropout(0.1))
model.add(Dense(units=1))  # ④
model.summary()

model.compile(optimizer='adam', loss='mean_squared_error')  # ⑤
model.fit(train_x, train_y, epochs=60, batch_size=30)  # ⑥
pred_y = model.predict(test_x)  # ⑦
```

① 시퀀셜 모델 객체를 생성한다.

② 앞에서 windows_size를 10으로 설정했으므로 (10, 5) 입력 형태를 가지는 LSTM층을 추가한다. 전체 유닛 개수는 10개이고, 활성화함수는 relu를 사용한다.

③ 드롭아웃을 10%로 지정한다. 드롭아웃층은 입력값의 일부분을 선택해서 그 값을 0으로 치환하여 다음층으로 출력함으로써 훈련 데이터를 늘리지 않고도 과적합을 방지할 수 있다.

④ 유닛이 하나인 출력층을 추가한다.

⑤ 최적화 도구는 adam을 사용하고 손실 함수는 평균 제곱 오차(MSE)를 사용한다.

⑥ 훈련용 데이터셋(train_x와 train_y)으로 모델을 학습시킨다. epochs는 전체 데이터셋에 대한 학습 횟수이고, batch_size는 한 번에 제공되는 훈련 데이터 개수다.

⑦ 테스트 데이터셋(test_x)을 이용하여 예측치 데이터셋(pred_y)을 생성한다.

9.4.7 딥러닝의 학습

이쯤에서 학습에 대한 정의를 다시 살펴보자. 사이토 고키 저, 『밑바닥부터 시작하는 딥러닝』 (한빛미디어, 2017)에 나와 있는 정의는 다음과 같다.

> 학습이란 훈련 데이터로부터 가중치 매개변수의 최적값을 자동으로 획득하는 것을 뜻한다. 손실 함수는 신경망이 학습할 수 있도록 해주는 지표인데, 이 손실 함수의 결괏값을 가장 작게 만드는 가중치 매개변수를 찾는 것이 학습의 목표다.

학습 과정에서 케라스가 출력해 주는 정보를 확인해보면 실제로 Epoch 횟수가 증가할수록 손실 함수의 결괏값(loss)이 줄어든다.

```
Epoch 1/60
287/287 [==============================] - 2s 6ms/sample - loss: 0.0645
Epoch 2/60
287/287 [==============================] - 0s 247us/sample - loss: 0.0413
Epoch 3/60
287/287 [==============================] - 0s 261us/sample - loss: 0.0196
```

```
Epoch 4/60
287/287 [==============================] - 0s 251us/sample - loss: 0.0094
Epoch 5/60
287/287 [==============================] - 0s 247us/sample - loss: 0.0093
... 중간 생략 ...
Epoch 56/60
287/287 [==============================] - 0s 275us/sample - loss: 0.0040
Epoch 57/60
287/287 [==============================] - 0s 244us/sample - loss: 0.0041
Epoch 58/60
287/287 [==============================] - 0s 247us/sample - loss: 0.0039
Epoch 59/60
287/287 [==============================] - 0s 265us/sample - loss: 0.0037
Epoch 60/60
287/287 [==============================] - 0s 251us/sample - loss: 0.0039
```

60번째 훈련 이후에는 손실 함수의 결괏값이 그다지 줄어들지 않는 것으로 봐서 학습이 완료되었다고 봐도 된다.

9.4.8 예측치와 실제 종가 비교

테스트 데이터셋(test_x)을 이용하여 예측치(pred_y)값을 구한 뒤, 맷플롯립으로 출력하여 비교해보면 파란색으로 표시한 예측치와 빨간색으로 표시한 실제 종가 사이에 별 차이가 없다.

```python
plt.figure()
plt.plot(test_y, color='red', label='real SEC stock price')
plt.plot(pred_y, color='blue', label='predicted SEC stock price')
plt.title('SEC stock price prediction')
plt.xlabel('time')
plt.ylabel('stock price')
plt.legend()
plt.show()
```

그림_ 삼성전자 주가 예측 비교

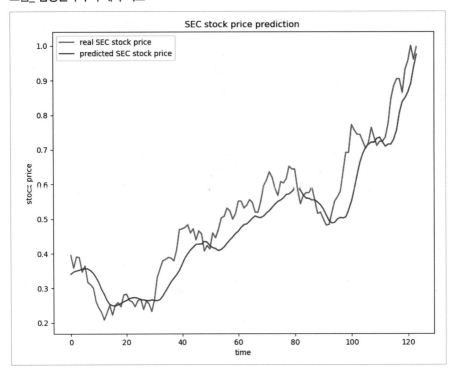

9.4.9 내일의 종가 출력

마지막으로 내일의 삼성전자 종가를 예측해서 출력해보자. 삼성전자 종가 예측치(pred_y[-1])는 부동소수형이므로 변환 전의 마지막 날 종가(raw_df.close[-1])와 변환 후의 마지막 날 종가(dfy.close[-1])의 관계식(raw_df.close[-1] : dfy.close[-1] = y : pred_y[-1])을 이용해서 내일의 예측 가격 y를 구할 수있다.

```
# 다음 날 예측 종가 출력
print("SEC tomorrow's price :", raw_df.close[-1]*pred_y[-1]/dfy.close[-1])
```

그림_ 삼성전자 예측 종가 출력

```
관리자: 명령 프롬프트                                                        —    □    ×
287/287 [==============================] - 0s 240us/sample - loss: 0.0041
Epoch 50/60
287/287 [==============================] - 0s 240us/sample - loss: 0.0043
Epoch 51/60
287/287 [==============================] - 0s 247us/sample - loss: 0.0043
Epoch 52/60
287/287 [==============================] - 0s 272us/sample - loss: 0.0038
Epoch 53/60
287/287 [==============================] - 0s 272us/sample - loss: 0.0041
Epoch 54/60
287/287 [==============================] - 0s 300us/sample - loss: 0.0042
Epoch 55/60
287/287 [==============================] - 0s 272us/sample - loss: 0.0039
Epoch 56/60
287/287 [==============================] - 0s 275us/sample - loss: 0.0040
Epoch 57/60
287/287 [==============================] - 0s 244us/sample - loss: 0.0041
Epoch 58/60
287/287 [==============================] - 0s 247us/sample - loss: 0.0039
Epoch 59/60
287/287 [==============================] - 0s 265us/sample   loss: 0.0037
Epoch 60/60
287/287 [==============================] - 0s 251us/sample - loss: 0.0039
SEC tomorrow's price : [60950.402]

C:\myPackage>_
```

RNN으로 예측한 삼성전자의 다음 날 종가는 60,950원으로 출력되었다. 실제로 다음 날인 2020년 1월 23일 삼성전자의 종가는 60,800원으로 마감했다. RNN으로 예측한 종가가 60,950원이니까 150원치 차이가 났다.

9.4.10 전체 소스 코드

이번 장에서는 딥러닝으로 주가를 예측해보았다. 삼성전자의 2020년 1월 23일 종가를 예측하는 것이 본 예제의 목표였으며 전체 소스 코드는 다음과 같다.

그림_ **RNN으로 주가 예측하기**

```python
# ch09_09_RNN_StockPrediction.py
from tensorflow.keras import Sequential
from tensorflow.keras.layers import Dense, LSTM, Dropout
import numpy as np
import matplotlib.pyplot as plt
from Investar import Analyzer

# 삼성전자 OHLVC 데이터 조회
```

```python
mk = Analyzer.MarketDB()
raw_df = mk.get_daily_price('삼성전자', '2018-05-04', '2020-01-22')

def MinMaxScaler(data):
    """최솟값과 최댓값을 이용하여 0 ~ 1 값으로 변환"""
    numerator = data - np.min(data, 0)
    denominator = np.max(data, 0) - np.min(data, 0)
    return numerator / (denominator + 1e-7)

# 데이터 전처리
dfx = raw_df[['open','high','low','volume', 'close']]
dfx = MinMaxScaler(dfx)  # 계산 속도 향상을 위해 데이터의 스케일을 0~1로 변경
dfy = dfx[['close']]
x = dfx.values.tolist()
y = dfy.values.tolist()

# 데이터셋 생성
data_x = []
data_y = []
window_size = 10  # 10일 간의 OHLVC 데이터
for i in range(len(y) - window_size):
    _x = x[i : i + window_size] # 다음 날 종가(i+windows_size)는 포함되지 않음
    _y = y[i + window_size]      # 다음 날 종가
    data_x.append(_x)
    data_y.append(_y)
print(_x, "->", _y)

# 훈련 데이터셋 생성 (70%)
train_size = int(len(data_y) * 0.7)
train_x = np.array(data_x[0 : train_size])
train_y = np.array(data_y[0 : train_size])

# 테스트 데이터셋 생성 (30%)
test_size = len(data_y) - train_size
test_x = np.array(data_x[train_size : len(data_x)])
test_y = np.array(data_y[train_size : len(data_y)])

# 모델 생성
model = Sequential()
model.add(LSTM(units=10, activation='relu', return_sequences=True,
    input_shape=(window_size, 5)))
model.add(Dropout(0.1))
model.add(LSTM(units=10, activation='relu'))
```

```python
model.add(Dropout(0.1))
model.add(Dense(units=1))
model.summary()

# 학습 및 예측
model.compile(optimizer='adam', loss='mean_squared_error')
model.fit(train_x, train_y, epochs=60, batch_size=30)  # 학습
pred_y = model.predict(test_x)  # 예측

# 실제 종가와 예측치를 그래프로 비교
plt.figure()
plt.plot(test_y, color='red', label='real SEC stock price')
plt.plot(pred_y, color='blue', label='predicted SEC stock price')
plt.title('SEC stock price prediction')
plt.xlabel('time')
plt.ylabel('stock price')
plt.legend()
plt.show()

# 다음 날 예측 종가 출력
print("SEC tomorrow's price :", raw_df.close[-1]*pred_y[-1]/dfy.close[-1])
```

9.5 핵심 요약

- 머신러닝에서는 사람이 개입하여 기계가 학습할 데이터의 특징을 설계하지만, 딥러닝에서는 데이터의 입력에서부터 결과를 출력하기까지 사람이 개입하지 않는다.

- 퍼셉트론은 신경 세포를 인공적으로 모델링한 것으로, 신경 세포가 그러하듯이 다른 퍼셉트론으로부터 정보를 받아서 새로운 정보를 생성한 후 또 다른 퍼셉트론으로 전달한다.

- 입력 신호의 총합이 임곗값을 넘어설 때 특정 신호로 출력하는 함수를 활성화 함수(activation function)라고 한다. 퍼셉트론의 활성화 함수를 계단 함수에서 시그모이드 함수로 변경함으로써 복잡한 신경망을 계산할 수 있게 됐다.

- 퍼셉트론을 여러 층으로 구성하는 것을 다층 퍼셉트론이라고 하는데, 다층 퍼셉트론을 사용하면 XOR 게이트를 만들어낼 수 있다. 또한 단층 퍼셉트론으로 불가능했던 비선형 문제를 해결할 수 있다.

- 딥러닝에서 학습이란 훈련 데이터로부터 가중치 매개변수의 최적값을 자동으로 획득하는 것을 뜻한다.

손실 함수는 신경망이 학습할 수 있도록 해주는 지표인데, 이 손실 함수의 결괏값을 가장 작게 만드는 가중치 매개변수를 찾는 것이 학습의 목표다.

- 순환 신경망에서 순환은 이전 데이터를 통해 학습된 뉴런의 상태 정보가 다음 뉴런을 학습시킬 때 다시 사용된다는 의미다. 순환 신경망에서 뉴런을 셀이라고도 부르는데, 셀에서 생성되는 은닉 상태는 과거 문맥에 관한 정보를 가지고 있기 때문에 앞으로 발생할 데이터를 예측하는 데 도움을 준다.

- 순환 신경망은 단기 기억을 저장할 수 있지만, 데이터들의 연관 정보를 파악하기 위해서는 단기 기억을 더 길게 유지시켜야 할 필요가 있다. 이를 위해 고안된 알고리즘이 장단기 기억(LSTM) 알고리즘이다.

참고 문헌

1장. 증권 데이터 분석에 앞서

- 『대한민국 주식투자 100년사』 (윤재수 지음, 길벗출판사, 2015)
- 『증권투자로 돈버는 비결(Learn to Earn)』 (피터 린치 지음, 김필규 옮김, 국일증권경제연구소, 2000)
- 『할 수 있다! 퀀트 투자』 (강환국 지음, 에프앤미디어, 2017)

2장. 파이썬 프로그래밍

- 『Data Science Essentials in Python』 (Dmitry Zinoviev, Pragmatic Bookshelf, 2016)
- 『파이썬을 활용한 금융 분석(Python for Finance)』 (이브 힐피시 지음, 김도형 옮김, 한빛미디어, 2016)

3장. 팬더스를 활용한 데이터 분석

- 『파이썬 라이브러리를 활용한 데이터 분석(Python for Data Analysis)』 (웨스 맥키니 지음, 김영근 옮김, 한빛미디어, 2013)

6장. 트레이딩 전략과 구현

- 『볼린저 밴드 투자 기법(Bollinger on Bollinger Bands)』 (존 볼린저 지음, 신가을 옮김, 이레미디어, 2010)
- 『The New Trading for a Living』 (Dr. Alexander Elder, John Wiley & Sons, Inc., 2014)
- 『주식시장에서 살아남는 심리 투자 법칙(Trading for a Living)』 (알렉산더 엘더 지음, 정인지 옮김, 국일증권경제연구소, 2004)
- 『듀얼 모멘텀 투자 전략(Dual Momentum Investing)』 (게리 안토나치 지음, 서태준강환국 옮김, 에프엔미디어, 2018)

7장. 장고 웹 서버 구축 및 자동화

- 『파이썬 웹 프로그래밍 : Django로 배우는 쉽고 빠른 웹 개발』 (김석훈 지음, 한빛미디어, 2018)

8장. 변동성 돌파 전략과 자동매매

- 『Long-Term Secrets to Short-Term Trading』 (Larry Williams, John Wiley & Sons, Inc., 1999)
- 『파이썬을 이용한 비트코인 자동매매 : 실시간 자동매매 시스템 개발 입문』 (유부장工데프 지음, 피아스탁, 2019)

9장. 딥러닝을 이용한 주가 예측

- 『밑바닥부터 시작하는 딥러닝(ゼロから作るDeep Learning)』 (사이토 고키 지음, 개앞맵시 옮김, 한빛미디어, 2017)
- 『텐서플로 첫걸음(First Contact with Tensorflow)』 (조르디 토레스 지음, 박해선 옮김, 한빛미디어, 2016)

INDEX

Absolute Momentum **311**

action bias **304**

activate **410**

activation function **412**

Adj Close **144**

alias **101**

AND 논리 회로 **410**

append( ) **78, 132**

arange( ) **413**

array **124**

Backtrader **358**

BandWidth **272**

battery included **48**

Beautiful Soup **185**

Berkshire Hathaway **34**

bias **422**

bins **149**

BlockRequest( ) **378**

Bollinger Band **268**

broadcasting **127**

built−in classes **89**

bullish divergence **292**

CAGR(Compound Annual Growth Rates) **92**

candlestick_ohlc( ) **197**

Cascading Style Sheets **338**

CCXT(CryptoCurrency eXchange Trading)
라이브러리 **386**

cigar butt approach **34**

Class **108**

class variable **111**

Coefficient of Correlation **164**

COM(Component Object Model) **60, 374**

comment **68**

commission **365**

commit **219**

composite primary key **224**

comprehension **80**

Consolas 폰트 **65**

corr( ) **165**

cost **430**

cov( ) **258**

cumprod( ) **151**

Cumulative Product **151**

daily percent change **147**

DataFrame **137**

data type **75**

deep learning **426**

del( ) **111**

describe( ) **134, 150**

dir( ) **90**

docstring **112**

INDEX

drop-out 426

drop( ) 134

Dual Momentum Investing 307

E

eager execution 427

Efficient Frontier 255, 262

EMA(exponential moving averages) 290

enumerate( ) 73

epochs 440

escape character 66

ETF(Exchange Traded Fund) 386

execute( ) 220

extend( ) 78

F

fat tail 150

fillna( ) 160

find_all( ) 187

find( ) 187

First Screen 293

Flask 321

flatten( ) 126

FOK(Fill Or Kill) 393

format( ) 79, 83

for 반복문 72

f-strings 방식 84

function 91

G

get_daily_price( ) 243

get_data_yahoo( ) 143

GET 방식 341

global variable 89

gradient descent algorithm 431

H

headless 387

head( ) 144

hedge 40

HeidiSQL 217

help( ) 97

hidden layer 421

hidden state 433

hist( ) 149

HTML 179

HyperText 179

I

IDLE(Python's Integrated Development and
        Learning Environment) 65

if 조건문 71

II(intraday intensity) 282

II%(intraday intensity %) 282

iloc 인덱서 133

import 예약어 99

index 68

indexation **159**

inner product **128**

input layer **421**

instance **108**

instance variable **111**

intelliSense **65**

Investment versus Speculation **34**

IOC(Immediate Or Cancel) **393**

iterrows( ) **142**

itertuples( ) **141**

J

join( ) **77**

K

Keras **427**

keyword **91**

KOSPI(Korea Composite Stock Price Index)

　　32, 153

L

lambda **95**

legend **145**

leptokurtic distribution **150**

library **97**

linear regression model **163**

linregress( ) **164**

local variable **89**

loc 인덱서 **133**

loss **430**

LP(liquidity provider) **399**

LSTM(long short-term memory) **433**

M

MA(Moving Average) **38**

MACD(Moving Average Convergence

　　Divergence) **291**

MACD Histogram **291**

map( ) **177**

market indicator **288**

Market Tide **294**

Markup **179**

matplotlib **118**

MDD(Maximum Drawdown) **153**

method **94**

MLP(multi-layer perceptron) **421**

MNIST 데이터 **426**

module **97**

Momentum **304**

Money Flow **276**

Monte Carlo simulation **258**

mpf.plot( ) **201**

mplfinance **195**

MPT(modern portfolio theory) **169**

MSE(mean_squared_error) **430**

MTV(model-template-view) 패턴 **325**

MVC(model-view-controller) 패턴 **325**

INDEX

MVO(mean-variance optimization) 254

N

NaN 148, 160
NAND 논리 회로 411
neuron 410
None 93
Not a Number 148
notify_order( ) 메서드 364

O

OHLC(Open, High, Low, Close) 191
OOP(object oriented programming) 108
operator precedence 70
ORM(object relational mapping) 325
oscillator 288
output layer 421
overbought 360
overfitting 426
overloading 110
overriding 110
oversold 360

P

package 97
Pandas 130
parentheses 71

path 환경 변수 51
pct_change( ) 257
perceptron 410
pillow 115
pip(Package Installer for Python) 57
post_message( ) 354
prediction 156
primary key 224
procedure 94
pseudo color 118
PyPI(Python Packages Index) 57
pywin32 377
pywinauto 376

R

randint( ) 87
random forest 426
random( ) 258, 262
range( ) 72
RDBMS 212
read_excel( ) 175
read_html( ) 175, 190
read_sql( ) 244
rebalancing 306
recurrent 433
Regression 156
regression function 164
regular expression 245, 328
Relative Momentum 308
Relative Strength 306

ReLU(rectified linear unit) **418**

render( ) **334, 346**

REPLACE INTO 구문 **228**

replace( ) **79**

Requests **114**

Reversals **282**

risk **254**

RNN(recurrent neural network) **432**

rolling( ) **153**

RSI(relative strength index) **71, 276, 359**

RSI_SMA **363**

R-squared **165**

Run 레지스트리 **241**

R value **165**

S

Scatter plot **159**

scatter( ) **261, 262**

SciPy **163**

Scripts 디렉터리 **55**

Second Screen **297**

Selenium **387**

set **85**

SHA-256 해시 **113**

Sharpe Ratio **263**

slacker **354**

slicing **69**

SMA(simple moving averages) **289**

sorted( ) **78**

sort( ) **78**

split( ) **77, 189**

sqrt( ) **260**

squeeze **272**

standard deviation of returns **254**

static **337**

step function **412**

Stochastic **292**

string **66**

stub **222**

subplot( ) **119**

SVM(support vector machine) **426**

T

tag **179**

Tag Soup **186**

tail( ) **145**

template **333**

template tags **338**

tensor **427**

Tensorflow **426**

text 속성 **189**

The Dutch East India Company **30**

The Zen of Python **106**

Third Screen **299**

timeit **87**

time series **130**

token **353**

Trailing buy stop **300**

Trailing sell stop **300**

transpose **126**

INDEX

trend 288

Trend Following 276, 370

Triple Screen Trading System 293

type( ) 66, 89, 102

Typical Price 276

V

values 속성 133

venv(virtual environment) 49, 60

volatility break-out 370

W

Web Scraper 185

while 반복문 73

Williams %R 지표 370

with ~ as 파일 객체 116

workspace 350

X

XOR 논리 회로 411

ㄱ

가중치 422, 428

강세 다이버전스 292

객체지향 프로그래밍 108

건전지 포함 48

결정계수 165

경사 하강 알고리즘 431

계단 412

과매도 구간 360

과매도 시점 366

과매수 구간 360

과적합 426, 439

관계형 데이터베이스 관리 시스템 212

관리자 권한으로 실행 374

관성의 법칙 304

괄호 71

급첨 분포 150

기본키 224

기타 지표 288

ㄴ

내장 클래스 89

내장 96

내적 128, 422, 424

내포 80

넘파이 124

누적곱 151

ㄷ

다층 퍼셉트론 421

단순 이동평균 289

담배꽁초 투자법 34

데이터프레임 137

독립변수 156

독스트링 112

동인도 회사 30

두 번째 창 297

듀얼 모멘텀 투자 307

드롭아웃 426, 440, 426

들여쓰기 92

딕셔너리 82

딥러닝 426

ㄹ

라이브러리 97

람다 95

랜덤 포레스트 426

리밸런싱 306

리스크 254

리스트 75

리퀘스트 패키지 114

ㅁ

마리아디비 210

마이에스큐엘 212

마크다운 형식 355

마크업 179

맷플롯립 118

머신러닝 409

메서드 94

모듈 97

모멘텀 304

몬테카를로 시뮬레이션 258

문자열 66

ㅂ

반응형 웹 템플릿 라이브러리 320

반전 282

배당소득세 399

배열 124

백엔드 320

백테스트 40, 43, 357

백트레이더 358

밴드폭 272

버크셔 해서웨이 주주 서한 34

범례 145

변동성 돌파 275, 370

변수 89

별칭 101

보조지표 268

복합 기본키 224

볼린저 밴드 268

INDEX

뷰 334

뷰티풀 수프 185

브로드캐스팅 127

비대면 계좌 개설 372

비용 430

빈스 149

사이파이 163

산점도 159

삼중창 매매 시스템 293

상관계수 40, 164, 165

상관관계 157

상대 강도 306

상대강도지수 71, 276, 359

상대 모멘텀 306, 308

상속 109

상장법인목록 174

샤프 지수 263

선형 회귀 모델 163

선형 회귀 문제 428

세 번째 창 299

셀레니움 387

셋 85

손실 430

수수료 365

수정 종가 144

순환 433

순환 신경망 432

스퀴즈 272

스텝 코드 222

스토캐스틱 292

슬라이싱 69

슬래커 354

슬랙 350

시계열 130

시그모이드 414

시리즈 130

시스템 환경 변수 52

시장 조류 294

시장 지표 288

신경 세포 410

심볼 143

쌍곡탄젠트 417

아나콘다 배포판 64

엘리어트 파동 136

엠피엘파이낸스 패키지 195

연간 리스크 258

연산자 우선순위 70

연평균 성장률 92

예상 수익률 254

예약어 91

예외 처리 74, 231

예측 156

오버라이딩 110

오버로딩 110

오실레이터 288

오차제곱평균 430

워크스페이스 350

웹 스크레이퍼 185

웹 프론트엔드 320

유동성 공급자 399

은닉 상태 433

은닉층 421

의사 색상 118

이동평균 수렴확산 291

이스케이프 문자 66

인공지능 408

인덱스 68

인스턴스 108

인스턴스 변수 111

인텔리센스 기능 65

일간 리스크 258

일간 변동률 147, 257

일중 강도 282

일중 강도율 282

입력층 421

ㅈ

자료형 75

작업 스케줄러 400

장고 웹 프레임워크 320

장단기 기억 433

전역 변수 89

전치 126

절대 모멘텀 307, 311

정규분포 149

정규표현식 245, 328, 329

정률투자법 36

정적인 파일 337

종속변수 156

주문내역 확인 373

주문 오브젝트 사용 동의 373

주석 68

주식회사 30

중심 가격 276

즉시 실행 모드 427

증액투자법 36

지수 이동평균 290

지수화 159

지역 변수 89

ㅊ

첫 번째 창 293

최대 손실 낙폭 153

최유리 지정가 주문 393

추세 288

추세 추종 276, 305, 370

추적 매도 스톱 기법 300

추적 매수 스톱 기법 300

INDEX

출력층 421

ㅋ

캐스케이딩 스타일 시트 338

캔들 차트 191

커밋 219

케라스 API 427

퀀트 투자 43

클래스 108

클래스 변수 111

ㅌ

타임잇 87

태그 179

태그 수프 186

텐서 427

텐서플로 426

템플릿 347

템플릿 파일 333

템플릿 태그 338

토큰 353

투자와 투기 34

튜플 81

ㅍ

파서 라이브러리 187

파이마이에스큐엘 라이브러리 219

파이썬의 선 106

파이썬 인터프리터 55

파이윈32 라이브러리 377

파이윈오토 라이브러리 376

패키지 97, 101

팬더스 130

팻 테일 150

퍼셉트론 410

페이지 소스 보기 184

편향 422, 428

평균-분산 최적화 254

표준편차 254

프로시저 94

플라스크 321

필로 115

ㅎ

하위 호환성 56

하이퍼텍스트 179

학습 428, 440

학습률 430

한국종합주가지수 32, 153

함수 91

행동 편향 304

헤드리스 387

헤이디에스큐엘 217

헤지 40

현금 흐름 276

현대 포트폴리오 이론 169

활성화 410, 412

회귀 156

회귀 분석 156

회귀 164

효율적 투자선 255, 262

히스토그램 149

 기 호

__del__ 소멸자 111

__file__ 속성 99

__init__.py 파일 104

__init__ 생성자 111

__main__ 문자열 105

__main__ 문자열 103

__name__ 속성 99, 103

__pycache__ 디렉터리 104

{ } 기호 방식 83

%b 270

% 기호 방식 83